KARL-WILHELM WELWEI
ATHEN

KARL-WILHELM WELWEI

ATHEN

Vom neolithischen Siedlungsplatz
zur archaischen Großpolis

WISSENSCHAFTLICHE BUCHGESELLSCHAFT
DARMSTADT

Einbandgestaltung: Neil McBeath, Stuttgart.

Einbandbild: Theseus und Minotauros.
Schwarzfigurige Bauchamphora um 540 v. Chr.
Bochum, Kunstsammlungen der Ruhr-Universität, Inv.-Nr. S 485.
Theseus galt als „Nationalheros" der Athener, dem die Einigung Attikas
in mythischer Vorzeit zugeschrieben wurde.

Die Deutsche Bibliothek – CIP-Einheitsaufnahme

Welwei, Karl-Wilhelm:
Athen: vom neolithischen Siedlungsplatz zur
archaischen Großpolis / Karl Wilhelm Welwei. –
Darmstadt: Wiss. Buchges., 1992
ISBN 3-534-07541-2

Bestellnummer 07541-2

Das Werk ist in allen seinen Teilen urheberrechtlich geschützt.
Jede Verwertung ist ohne Zustimmung des Verlages unzulässig.
Das gilt insbesondere für Vervielfältigungen,
Übersetzungen, Mikroverfilmungen und die Einspeicherung in
und Verarbeitung durch elektronische Systeme.

© 1992 by Wissenschaftliche Buchgesellschaft, Darmstadt
Gedruckt auf säurefreiem und alterungsbeständigem Werkdruckpapier
Gesamtherstellung: Wissenschaftliche Buchgesellschaft, Darmstadt
Printed in Germany
Schrift: Times, 9.5/11

ISBN 3-534-07541-2

INHALT

Vorwort VII

I. Die Frühzeit 1
   1. Die athenische Rückerinnerung 1
   2. Frühe Siedlungskontinuität in Athen 3
   3. Das Einwanderungsproblem 8
   4. Faktoren der sozio-kulturellen Evolution im 3. Jahrtausend 17
   5. Athen im Mittelhelladikum und der Beginn der mykenischen Zeit 23
   6. Die Bedeutung Kretas für die festländische Entwicklung 28
   7. Athen in der mykenischen Welt 32
   8. Mykenische Herrschafts- und Sozialstrukturen 39
   9. Der Zusammenbruch der Palastorganisation 45
   10. Ausklang der mykenischen Zeit in Athen und Attika . . 50
   11. Wandel der Herrschafts- und Gesellschaftsstrukturen . . 57
   12. Athen im 11. und 10. Jahrhundert 60
       a) Der archäologische Befund 60
       b) Probleme der Auswertung des Materials 65

II. Die Entstehung des Polisverbandes 76
   1. Problemstellung und Quellenlage 76
   2. Allgemeine Rahmenbedingungen der Polisbildung . . . 80
   3. Die Formierung der athenischen Oberschicht 87
      a) Archäologische Zeugnisse 87
      b) Strukturfragen und Genosproblem 91
   4. Gesellschaftliche Gliederung und Abhängigkeitsverhältnisse 95
   5. Evolution politisch-staatlicher Strukturen 101
      a) Ämter 101
      b) Rat 110
      c) Volksversammlung 113
   6. Genossenschaftliche Organisationsformen und Wehrordnung 116
      a) Phratrien 116
      b) Phylen 119
      c) Naukrarien 123
   7. Athen im Bezugsfeld griechischer Staatenbildung . . . 127

III. Wege zur Konsolidierung der Polis 133
  1. Die Verschwörung Kylons 133
  2. Die Gesetzgebung Drakons 138
  3. Außenpolitische Aktivitäten um 600 v. Chr. 146
  4. Die innere Krise vor dem Archontat Solons 150
  5. Die Reformen Solons 161
      a) Seisachtheia 161
      b) Rechtsordnung 164
      c) Institutionen und „Verfassung" 178
          aa) Zensusklassen und Ämter 178
          bb) Heliaia, Rat der 400, Volksversammlung 187
          cc) Areopag 192
      d) Das Problem der Münz-, Maß- und Gewichtsreform . 198
      e) Ergebnisse und Bedeutung der solonischen Reformen 201
  6. Von Solon zur Tyrannis des Peisistratos 206
      a) Kriegerische Verwicklungen 206
      b) Polisgemeinschaft und Adelsfaktionen 214
  7. Die Tyrannis 229
      a) Peisistratos 229
      b) Die Söhne des Peisistratos 247
      c) Die Tyrannis als Epoche der athenischen Geschichte . 258

Abkürzungsverzeichnis 267

Register 279
  1. Personen, Gruppen, Völker (auch Götter und mythische Gestalten) 279
  2. Topographische Bezeichnungen 282
  3. Begriffe, Institutionen, Bauwerke 285
  4. Quellen (in Auswahl) 289

Karten 295

VORWORT

Das vorliegende Buch soll einem historisch interessierten breiteren Leserkreis ein Bild von der Entwicklung Athens bis zum Sturz der Peisistratiden vermitteln. Die Einbeziehung der prähistorischen Zeit soll die Bedeutung langfristiger geschichtlicher Prozesse für die Entstehung von Polisstrukturen aufzeigen. Dementsprechend waren Ergebnisse verschiedener altertumswissenschaftlicher Disziplinen einzuarbeiten und allgemeine Rahmenbedingungen der griechischen Frühgeschichte zu berücksichtigen. Die Entscheidung, mit der Schilderung des Endes der Tyrannis in Athen die Darstellung abzuschließen, wurde aufgrund der Überlegung getroffen, daß die mit den Reformen des Kleisthenes beginnende Epoche eine eigene monographische Behandlung erfordert. – Im Anmerkungsapparat konnte nur ein Teil der überaus umfangreichen relevanten Literatur berücksichtigt werden. Nach Möglichkeit wurden neuere Untersuchungen zitiert, die ihrerseits über die ältere Forschung informieren.*

Während der Arbeit an diesem Buch wurde mir mannigfache Hilfe zuteil, für die ich an dieser Stelle danken möchte. Frau Astrid Ahmetaj und die Herren Uwe Aust, Oliver Iggesen, Christian Müller und Jürgen Schulte haben mich als studentische Hilfskräfte bei der Beschaffung der Literatur unterstützt und z. T. die Korrekturen mitgelesen. Frau Cornelia Leinenweber und Frau Lieselotte Sieverding übernahmen die Reinschrift des Manuskriptes. Herr Privatdozent Dr. Hans Lohmann und Herr stud. phil. Georg Kalaitzoglou gestalteten die zeichnerische Vorlage für eine Karte von Attika. Herr Akademischer Direktor Dr. Norbert Kunisch stellte freundlicherweise für das Umschlagbild die Aufnahme einer Theseus-Szene auf einer attischen Amphora aus den Kunstsammlungen der Ruhr-Universität Bochum zur Verfügung. Herrn Peter Heitmann danke ich für die Betreuung der Drucklegung.

Witten/Ruhr, im November 1991   Karl-Wilhelm Welwei

---

* Aristoteles, Staat der Athener, übers. u. erl. v. M. Chambers, Aristoteles – Werke in deutscher Übersetzung 10 I, Darmstadt 1990 (1991 ausgeliefert), konnte bei den Korrekturen leider nicht mehr berücksichtigt werden.

I. DIE FRÜHZEIT

1. Die athenische Rückerinnerung

Auf dem Boden Athens vollzog sich im Altertum über Jahrtausende hinweg ein einzigartiger historischer Prozeß: die Entwicklung von einem neolithischen Wohnplatz zum Zentrum einer ägäischen Großmacht. Die Bürger der klassischen Polis Athen waren sich dieser langen Siedlungsgeschichte freilich nicht bewußt. Die Athener verstanden sich zwar als Nachfahren von „Ureinwohnern" Attikas,[1] doch basierte diese Vorstellung nicht auf genuiner Tradition. Sie entstand vermutlich erst im Zusammenhang mit der Formierung der Polis und der Herausbildung eines Gewebes von Mythen und Sagen zur Erklärung geschichtlicher Ursprünge, die gleichsam in einer verkürzten Perspektive gesehen wurden.[2] Der Anspruch der Athener, eine autochthone politische Gemeinschaft zu sein, orientierte sich zeitlich an den damaligen Vorstellungen von der sogenannten Heroenzeit, einer „Welt", die im griechischen Geschichtsverständnis weitgehend mit den in den homerischen Epen poetisch ausgemalten Verhältnissen der „Epoche" des angeblichen Trojanischen Krieges gleichgesetzt wurde.[3] Athenische Ur-

---

[1] Vgl. etwa Hdt. I 57,3; VII 161,3; Thuk. I 2,5; II 36,1. Zahlreiche weitere Zeugnisse nennt V. J. Rosivach, Autochthony and the Athenians, CQ 81 (1987) 294–306, der vermutet, daß die „Autochthonie-Legende" der Athener erst nach der Abwehr der Invasion des Xerxes entstand und Bestandteil der „demokratischen Ideologie" wurde. – Der Name „Athenai" geht auf ein vorgriechisches Sprachsubstrat zurück, läßt sich aber nicht befriedigend erklären. Zur Problematik der Ableitung des Namens der Göttin Athena vgl. W. Pötscher, Hera. Eine Strukturanalyse im Vergleich mit Athena, Darmstadt 1987, 160 ff.

[2] Allzu optimistisch beurteilte Schachermeyr, Rückerinnerung 122 ff., 136 ff., den Aussagewert athenischer Sagen und Mythen. Dazu generell Prinz, Gründungsmythen 1–15. Vgl. auch N. Loraux, L'invention d'Athènes. Paris 1981, 148–151; E. Kearns, The Heroes of Attica, London 1989, 110 ff.

[3] Zur anhaltenden Debatte über den sog. Trojanischen Krieg, auf die hier nur hingewiesen werden kann, vgl. etwa F. Hampl, Geschichte als kritische Wissenschaft, Bd. II, Darmstadt 1975, 51 ff.; J. Cobet, Gab es den Trojanischen Krieg?, Antike Welt 14,4 (1983) 39 ff.; L. Foxhall – J. K. Davies (Hrsg.), The Trojan War: Its Historicity and Context, Bristol 1984; J. Latacz, Neues von Troja, Gymnasium 95 (1988) 385–413; ferner die Aufsätze in: Mellink, Troy, sowie B. Patzek, Mündliche Überlieferung als historisches Zeugnis. Die „Homerische Frage" in heutiger Sicht, HZ 250 (1990) 529–548.

sprungssagen dienten nicht zuletzt auch der Abgrenzung gegenüber den als Invasoren geltenden Doriern und leisteten insofern einen bedeutenden Beitrag zur spezifischen Identitätsfindung eines Polisverbandes, der auf dem Höhepunkt seiner Macht im 5. Jahrhundert für die Athener zum Inbegriff einer wahren Gemeinschaft wurde, weil es hier erstmals gelungen zu sein schien, die Idee der politischen Gleichberechtigung aller Bürger zu realisieren. Aus athenischer Sicht lag die Bedeutung dieser Errungenschaft vor allem darin, daß der hiermit verbundene politische Fortschritt in der bevölkerungsmäßig größten Polis Griechenlands erreicht worden war und sich hier äußere Macht und freiheitliche Ordnung gegenseitig bedingten. Theoretisch konnten in perikleischer Zeit mehr als 40000 Vollbürger an den Entscheidungsprozessen der athenischen Demokratie teilnehmen.[4] Athen hatte eine weitaus höhere Bürgerzahl als alle anderen griechischen Poleis. Sparta – Athens großer Antipode – hatte zwar eine breitere territoriale Basis. Während aber das Gebiet Spartas in die Ländereien der politisch vollberechtigten Spartiaten und der minderberechtigten Perioiken („Umwohner") gegliedert war und die Spartiaten ihre Güter von unterworfenen, unfreien und an die Scholle gebundenen Heloten bearbeiten ließen, bildeten alle Teile Attikas integrale Bestandteile der Polis Athen, hatten die in Marathon, Brauron, Sounion, Acharnai oder in kleineren attischen Siedlungen ansässigen Politen (Bürger) die gleichen Rechte wie ihre in Athen selbst wohnenden Mitbürger.

Die Anfänge der politischen Einigung Attikas wurden mit einem Mythos verbunden, der für die Athener selbstverständlich historische Realität war. Hiernach soll der athenische Nationalheros Theseus die „Behörden" in den einzelnen, bis dahin relativ selbständigen „Poleis" Attikas aufgehoben und durch Einführung eines gemeinsamen Rates mit einer zentralen Tagungsstätte in Athen eine neue politische Einheit geschaffen haben. In dieser zuerst bei Thukydides (II 15) überlieferten Version vom „Gründungsakt" des Königs Theseus wird die Staatswerdung Athens nicht als ein faktisches Zusammensiedeln der Einwohner Attikas, sondern als Konzentration der wichtigsten Herrschafts- und Beratungsorgane in der „Stadt" verstanden. Hierbei wird vorausgesetzt, daß politische Institutionen der entwickelten Polis bereits unter einem König existierten, der noch vor dem Trojanischen Krieg geherrscht haben soll. Vermutlich entstand der Mythos vom attischen Synoikismos unter der Regie des Theseus erst nach den Reformen des Kleisthenes (508/07 v. Chr.),[5] deren Ziel es u. a. war, die politische Einheit von Stadt und

---

[4] Die Zahl der athenischen Vollbürger kann selbstverständlich nur geschätzt werden. Sie wird aufgrund von Thuk. II 13,6–8 für das Jahr 431 v. Chr. zumeist auf 40000 bis 50000 beziffert. Eine höhere Zahl (60000) vermutet M. H. Hansen, Three Studies in Athenian Demography, Kopenhagen 1988, 14ff.

[5] Überwiegend wird freilich angenommen, daß Theseus in der Peisistratidenzeit

Land zu stärken. Bei Thukydides liegt jedenfalls eine weitere Ausgestaltung der Gründungssage aus der Perspektive des 5. Jahrhunderts vor, indem staatliches Handeln in den institutionellen Rahmen von Polisorganen gestellt wird, die als zentrale Instanzen Entscheidungen treffen, die für die Gemeinschaft allgemein verbindlich sind. Historischen Aussagewert besitzt die Fiktion einer Staatsgründung durch König Theseus nur als Zeugnis des athenischen Geschichtsbewußtseins. Es gab in spätarchaischer und klassischer Zeit keine verläßlichen Informationen über Vorgänge und Ereignisse, die zur Polisbildung in Athen und Attika führten. Über das 7. Jahrhundert hinaus reichten nur vage Rückerinnerungen, die phantasievoll ausgestaltet wurden und nicht als Grundlage für eine Rekonstruktion der athenischen Frühzeit dienen können. Ausgangsbasis für jeden Versuch, die Entwicklung Athens weiter zurückzuverfolgen, kann nur das archäologische Material sein, das in den größeren Kontext der Frühgeschichte Griechenlands einzuordnen ist.

2. *Frühe Siedlungskontinuität in Athen*

Im Umkreis von Athen lebten wahrscheinlich bereits im späten 7. Jahrtausend relativ seßhafte Familienverbände. Obsidianwerkzeuge, die in der Umgebung Athens gefunden wurden, entsprechen den Mikrolithen aus thessalischen Siedlungsplätzen, deren Bewohner damals zwar noch keine Keramik kannten, aber schon in begrenztem Umfang Ackerbau und Viehzucht trieben.[6] Vermutlich gelangten erste ackerbautreibende Gruppen über Zwischenstationen in den nördlichen Regionen der attischen Ostküste in den Raum von Athen, da ähnliche Mikrolithe aus der präkeramischen Phase der Jüngeren Steinzeit sich in den Aufschüttungen des imposanten Grabhügels fanden, den die Athener 490 v. Chr. auf dem Schlachtfeld von Marathon für ihre dort gefallenen Mitbürger errichtet haben.[7] An der Ostküste bei Nea Makri (südlich von Marathon) wurde auch die erste größere Siedlung des attischen Frühneolithikums entdeckt.[8] Da in Nea Makri bereits Keramik her-

zum bedeutendsten athenischen Gründerheros stilisiert wurde. Nach Shapiro, Art und Cult 146, soll Theseus sogar schon in der Zeit Solons Athens "national hero" gewesen sein. Vgl. demgegenüber Welwei, Staatswerdung Athens 162ff. (nachkleisthenisch); s. ferner Neils, Theseus 11f.; K. Hitzl, Gnomon 61 (1989) 148. – Eine Zusammenstellung der literarischen Tradition über den sog. attischen Synoikismos bietet M. Moggi, I sinecismi interstatali greci, I, Pisa 1976, 44ff.

[6] V. Milojčić, Präkeramisches Neolithikum auf der Balkanhalbinsel, Germania 38 (1960) 330f. Zur Chronologie der Anfänge des Ackerbaus in Griechenland vgl. jetzt Breunig, ^{14}C – Chronologie 88–101.

[7] Anderson Immerwahr, Agora XIII 19.

[8] D. R. Theocharis, Nea Makri. Eine große neolithische Siedlung in der Nähe von

gestellt wurde, ist dieses „Dorf" allerdings später anzusetzen als jene Siedlungsplätze, die aus den genannten Obsidianfunden zu erschließen sind. In Athen selbst wurden bisher keine eindeutig frühneolithischen Funde gemacht. Die Anfänge der Siedlungsgeschichte Athens sind nur schemenhaft erkennbar. Steinzeitliche Baureste sind hier durch die spätere Besiedlung fast völlig zerstört worden.[9] Lediglich am Südhang der Akropolis konnten beim späteren Asklepieion nahe der Stoa des Eumenes Ruinen einer spätneolithischen Hütte (Spuren einer Lehmmauer) nachgewiesen werden. In dem hier gestörten Wohnschutt fanden sich Scherben bemalter Keramik, die stilistisch teils mit der Diminikultur im späten Neolithikum, teils aber auch mit der Sesklokultur im mittleren Neolithikum in Verbindung zu bringen sind. Wahrscheinlich befand sich in dem Areal um die spätneolithische Hütte schon eine ältere, noch mittelneolithische Siedlung. Dem ausgehenden Mittelneolithikum ist des weiteren mit einiger Sicherheit eine beim späteren Eleusinion gefundene Marmorstatuette zuzuweisen.[10] Das Idol – eine liegende Frau mit eigentümlicher Verschiebung der Körperproportionen – scheint von einem mittelneolithischen Wohnplatz zu stammen, der an einem der Hänge des Burgberges zu lokalisieren ist.

Im späten vierten Jahrtausend (etwa 3200 – 3000 v. Chr.) existierten in dem Gebiet um die Akropolis offenbar schon mehrere Kleinsiedlungen, die wohl jeweils aus einigen Hütten bestanden. Das meiste Material aus dieser spät- bzw. bereits endneolithischen Zeit stammt aus etwa 20 Brunnenschächten in der Nähe der Klepsydra-Quelle am Nordwestfuß der Akropolis, so daß in diesem Raum eine Siedlung zu vermuten ist. Auch beim Eleusinion könnte ein Wohnplatz gelegen haben, wie Oberflächenfunde spätneolithischer Scherben in diesem Gebiet vermuten lassen. Weiterer Siedlungsschutt aus dieser Zeit fand sich an der Nordseite der Akropolis in der Nähe des Heiligtums der Aphrodite und des Eros. Die gleichzeitige Besiedlung des Südhanges der Akropolis ist aus der schon genannten spätneolithischen Hütte zu erschließen. Ferner enthielt dort eine in den Felsen getriebene Grube (Bothros) Keramikscherben und Beispiele roter Politurmusterware einer endneolithischen Facies,[11] die in Attika u. a. in Palaia Kokkinia (Peiraieus), Askitario (südlich von Raphina an der Ostküste), Thorikos, in der Kitsos-Höhle im Bergland des Laureion sowie jetzt auch in der neuentdeckten befestigten Höhensiedlung auf dem sog. Kiapha Thiti bei

---

Marathon, AM 71 (1956) 1ff.; vgl. S. S. Weinberg, The Stone Age in the Aegean, CAH I 1 (³1970) 576, 580–582, 587f.; E. Freund, in: Lauffer, Griechenland 466.

[9] Zum Folgenden vgl. die Zusammenstellung und Auswertung des Materials bei Anderson Immerwahr, Agora XIII 1ff., und Pantelidou, Athenai 242ff.

[10] Anderson Immerwahr, Agora XIII 2, 48.

[11] Vgl. H. Hauptmann, Forschungsbericht zur ägäischen Frühzeit, AA 1971, 348.

Vari südöstlich von Athen nachgewiesen ist und Attika mit Kephala auf Kea und mit Aigina, aber auch mit Naxos (Zeusgrotte) und mit der westlichen Peloponnes (Hagios Dimitrios) verbindet.[12] Die Athener Siedlungen waren zweifellos in das Kommunikationsnetz der sogenannten Attika-Kephala-Kultur eingebunden. Auf Kontakte mit Kephala deutet des weiteren ein Ringfußgefäß aus einem Agoragrab hin.[13] Vermutlich befand sich in der Nähe dieses Grabes (östlich des Metroon) ebenfalls eine Siedlung.

Die bevorzugten Siedlungsplätze lagen damals zweifellos an den Süd-, West- und Nordhängen der Akropolis, die durch den Burgfelsen geschützt waren und einen relativ hohen Grundwasserspiegel hatten. Das Acker- und Weideland in der Ebene konnte von hier aus leicht erreicht werden. Da die verschiedenen Wohnplätze dicht zusammenlagen, ist zu vermuten, daß die Bewohner der einzelnen Komplexe von Hütten und kleinen Häusern bereits gemeinsam bestimmte Sicherheitsmaßnahmen trafen bzw. Ordnungsaufgaben wahrnehmen, wie sie jetzt aus der endneolithischen Befestigung auf dem Kiapha Thiti zu erschließen sind.[14] Allerdings wurde damals im Raum von Athen wohl kaum schon der Organisationsgrad der spätneolithischen Siedlung in Dimini erreicht, wo auf der dortigen „Akropolis" ein zentrales zweiräumiges Langhaus errichtet und mit fünf oder sechs Schutzwällen gesichert worden war.

Vermutlich lebten in den verschiedenen Athener Wohnplätzen gleichrangige und im wesentlichen auch gleichartig gegliederte Gruppen, die untereinander durch Verwandtschaftsbeziehungen verbunden waren, so daß hier in einem lokal begrenzten Raum wohl auch ein gewisses Zusammengehörigkeitsgefühl entstand. Typologisch gesehen wird es sich im spät- und endneolithischen Athen um eine „egalitäre Gesellschaft" gehandelt haben, deren konstituierende Elemente aus Familienverbänden der einzelnen Kleinsiedlungen bestanden. Zu beachten ist hierbei, daß „egalitär" in diesem Zusammenhang nur eine „virtuelle Gleichheit" bezeichnet und die einzelnen Gruppenangehörigen einen ihren Fähigkeiten und Leistungen entsprechenden Status besaßen.[15]

[12] Hinweise auf einige Fundstellen verdanke ich der Freundlichkeit H. Lohmanns, der mir die Benutzung seiner ungedruckten Bochumer Habilitationsschrift über den attischen Demos Atene erlaubt hat. Zu Kiapha Thiti vgl. vorerst Hagel – Lauter, Kiapha Thiti 3 ff.
[13] Renfrew, Emergence of Civilisation 70.
[14] Nach Lohmann, Atene 198 f., bestand auf dem Kiapha Thiti eine „Wehrmauer aus gewaltigen Felsbrocken".
[15] Zum Begriff der egalitären Gesellschaft vgl. Stagl, Politikethnologie 182 (im Anschluß an Morton H. Frieds Einteilungsschema zur Klassifizierung primitiver „politischer" Organisationen nach ihren Führungssystemen). Nach der von K. Eder, Die Entstehung staatlich organisierter Gesellschaften. Ein Beitrag zu einer Theorie so-

Generell waren seit dem schon im 7. Jahrtausend in Griechenland einsetzenden Übergang zu einer relativ seßhaften Lebensweise mit Ackerbau und Viehzucht in einem langen Prozeß neue Formen sozialer Integration entstanden. Seitdem die ältere Stufe der Nahrungsbeschaffung durch „Sammeln und Jagen" überwunden worden war und Lebensmittel produziert werden konnten, entwickelten sich im Zuge der Anlage dauerhafter oder relativ dauerhafter Wohnplätze mit festen Hütten oder Häusern für die einzelnen Familien auch neue Vorstellungen von individuellem Eigentum, das der Besitzer geschützt wissen wollte. Insgesamt bedingten solche Faktoren im Neolithikum die Entstehung rudimentärer Organisationsformen innerhalb lokaler Gemeinschaften mit verbindlichen Regeln für alle Mitglieder einer dauerhaft zusammenlebenden Gruppe, die nur geschlossen ihr Areal zu verteidigen und ihre Herden zu sichern vermochten. Zweifellos waren die einzelnen Wohnplätze die primären Kristallisationskerne des Gemeinschaftslebens, dessen Organisationsmechanismen dementsprechend jeweils in lokalem Rahmen ihre sozialintegrativen Funktionen erfüllten. Selbstverständlich bestanden mit andern Primärgemeinschaften derselben Region und mit weiter entfernten Siedlungen mannigfache Kontakte. Die materielle Hinterlassenschaft gibt Aufschlüsse über den Austausch von Gütern und handwerklichen Fertigkeiten, von religiösen Vorstellungen und innovativen Ideen, und durch ein komplexes System von Interaktionen entwickelten sich bestimmte Kulturkreise (im archäologischen Sinne) mit spezifischen Ausdrucksformen etwa im Keramikrepertoire, in der Gestaltung von Idolen und in den Bestattungsbräuchen. Ferner haben im Ägäisbereich die verschiedenen Gebiete, die sich in unterschiedlicher Weise gegenseitig beeinflußten, auch Impulse aus Anatolien und dem vorderasiatischen Bereich erhalten. Größere Aktionsgemeinschaften etwa in Form von Stammeskonföderationen oder herrschaftlich organisierten Großverbänden konnten sich jedoch im spät- und endneolithischen Griechenland nicht entwickeln. Infolge der im ganzen noch recht dünnen Besiedlung und der geringen Ausdifferenzierung in der Sozialstruktur kleiner Gemeinschaften waren die Voraussetzungen für die Formierung größerer Einheiten mit zentralen Leitungsinstanzen nicht gegeben. In diesen Rahmen fügt sich das Siedlungsbild in Athen durchaus ein. Die günstige Lage der Wohnplätze im Schutz der Akropolis hat zwar sicherlich mit dazu beigetragen, daß hier im späten Neolithikum das größte Siedlungsareal in Attika entstand. Es handelt sich aber

zialer Evolution, Frankfurt a. M. 1976, 16, verwendeten Terminologie ließen sich die damaligen Organisationsformen im Raum von Athen wohl auch „segmentär differenzierten Gartenbaudörfern" zuweisen. Nach L. E. Talalay, AJA 91 (1987) 169, waren "the early agricultural communities in southern Greece ... not completely autonomous, self-sufficient units".

– wie gesagt – nicht um ein geschlossenes Wohngebiet, sondern um kleine Streusiedlungen. Athen war zweifellos nicht der „Vorort" einer größeren Region.

Der Übergang vom griechischen Spätneolithikum zur Frühen Bronzezeit (Frühhelladikum = FH) erfolgte um und nach 3000 v. Chr. vielfach gleitend. Für Athen liegt allerdings kaum Material vor, das eindeutig der ersten Phase des Frühhelladikums (FH I) zugewiesen werden kann. Vermutlich wurden hier neolithische Kulturelemente länger als an anderen frühhelladischen Fundplätzen tradiert. Die bereits im Neolithikum benutzten Stätten waren jedenfalls auch in der mittleren Phase des Frühhelladikums (FH II) bewohnt, so daß in Athen eine im ganzen kontinuierliche Besiedlung anzunehmen ist.[16]

Die Masse des frühhelladischen Athener Fundmaterials besteht aus Keramikscherben, die überwiegend aus Brunnenfüllungen stammen. Hinzu kommen vereinzelte Gräber sowie Werkzeuge und Tierknochen (Reste von Mahlzeiten). Das Siedlungsbild scheint sich gegenüber dem späten Neolithikum kaum verändert zu haben, wenn auch einige neue Wohnplätze hinzugekommen sind. Um die Akropolis waren weiterhin im Süden vor allem das Gebiet beim Asklepieion und im Norden der Bezirk beim Heiligtum der Aphrodite und des Eros bewohnt, während ein frühhelladischer Einzelfund (ein sog. Askos) beim sog. Beulé-Tor wohl wieder einem Wohnplatz in der Nähe der Klepsydra zuzuordnen ist. Auch auf der Akropolis dürfte im Frühhelladikum eine Siedlung entstanden sein (und zwar vermutlich beim Erechtheion). Weitere frühhelladische Wohnstätten lagen offenbar beim Olympieion, auf der nordwestlichen Agora, im sog. äußeren Kerameikos sowie in der Nähe der späteren Akademie Platons. Im Frühhelladikum II hatten die Athener Siedlungen zweifellos engere Kontakte zur Argolis und zu Mittelgriechenland. Zykladische oder zykladisch beeinflußte Funde sind demgegenüber seltener.

Schwer zu beurteilen ist die Situation in der folgenden Phase Frühhelladikum (FH) III (ca. 2300/2200 – 2000). In Athen und Attika wurden nur geringe Mengen an Keramik gefunden, die mit der FH III – Ware aus der Peloponnes und aus Mittelgriechenland – vergleichbar ist,[17] während die Kontakte der Athener Siedlungen zu den Kykladen offenbar wieder stärker wurden. Zudem sind gewisse Beziehungen zur nördlichen Ägäis und zum

---

[16] Hierzu und zur Fundverteilung im frühhelladischen Athen Pantelidou, Athenai 245–247.

[17] J.B. Rutter, Ceramic Change in the Aegean Early Bronze Age. The Kastri Group, Lefkandi I, and Lerna IV: A Theory Concerning the Origin of Early Helladic III Ceramics, Instit. of Archaeology, Univ. of California, Occasional Paper 5, Los Angeles 1979, 16f.

Raum von Troja zu vermuten.[18] Insgesamt gesehen ist die Zahl der Fundstellen, die eindeutig dem FH III zugewiesen werden können, in Attika recht gering, doch ist es problematisch, hieraus auf eine Entsiedelung zu schließen. Vermutlich haben sich in Attika Kulturelemente der vorausgehenden Periode FH II länger behauptet.[19] Hierdurch ergeben sich freilich weitere Schwierigkeiten in der Datierung des Endes der frühhelladischen Siedlungen auf dem Vorgebirge Hagios Kosmas südlich von Athen und bei Raphina an der attischen Ostküste. Sind diese Ereignisse mit anderen Siedlungskatastrophen in Griechenland im Übergang zum Mittelhelladikum bzw. schon am Ende der Phase FH II in Verbindung zu bringen und eventuell auf eine Landnahme neuer Bevölkerungselemente zurückzuführen, die auch in Athen ein älteres Substrat überlagerten, dessen Toponyme aber weitgehend übernahmen? Zahlreiche Ortsbezeichnungen – darunter auch der Name „Athenai" – deuten auf einen vorgriechischen Ursprung hin. Die hier skizzierten Probleme sind daher im größeren Rahmen der umstrittenen Frage der Ethnogenese der Griechen zu sehen.

3. Das Einwanderungsproblem

Grundlage aller Erklärungsmodelle zur Entstehung des Griechentums ist die Zuordnung des Griechischen zu den indogermanischen bzw. indoeuropäischen Sprachen, die wegen ihrer Übereinstimmungen in den Flexionssystemen, in der Wortbildung sowie im Wortschatz und im Lautbestand und in der Syntax eine Art Sprachfamilie bilden. Die zahlreichen Bemühungen um die Lokalisierung einer sogenannten Urheimat der Träger einer vermuteten indoeuropäischen „Grundsprache" haben indes nicht zu allgemein anerkannten Ergebnissen geführt.[20] Auch die Ausbreitung der indoeuropäischen Einzelsprachen bzw. ihrer Vorformen bleibt daher ein ungelöstes Problem.

Aus sprachhistorischen Gründen ist eine Einwanderung indoeuropäischer Bevölkerungselemente nach Griechenland anzunehmen. Als Bestätigung

[18] Pantelidou, Athenai 247.
[19] J. A. MacGillivray, On the Relative Chronology of Early Cycladic III A and Early Helladic III, AJA 87 (1983) 82. Zur Beurteilung der Keramiksequenzen im Übergang von FH II zu FH III an einer Reihe von Fundplätzen (Lefkandi auf Euboia, Hagia Irini auf Kea, Theben, Tiryns, Kolonna auf Aigina, Lerna) vgl. den Forschungsbericht von Pullen, Social Organization 70ff.
[20] Vgl. den informativen Überblick von J. P. Mallory, A History of the Indo-European Problem, JIES 1 (1973) 21–65. Zahlreiche neuere Untersuchungen und Lösungsvorschläge in derselben Zeitschrift 8 (1980) und 9 (1981). Vgl. ferner L. Kilian, Zum Ursprung der Indogermanen, Bonn 1983, 154ff.

hierfür gelten vor allem griechische Wörter, die auf -ssos und -nt(h)os enden und nach der vorherrschenden Auffassung auf ein vorhellenisches, von indoeuropäischen Zuwanderern übernommenes sprachliches Substrat in zahlreichen Ortsnamen und Bezeichnungen für mediterrane Pflanzen und Tiere zurückgehen.[21] Ältere Einwanderungstheorien basierten auf der „klassischen" Einteilung des Griechischen in die drei Hauptdialekte des Ionisch-Attischen, des Aiolischen und des Dorischen. Hiernach wurde eine Zuwanderung der Ionier um 2000, der Aioler (bzw. Achaier) vor oder um 1600 und der Dorier um und nach 1200 v. Chr. postuliert. Demgegenüber haben neuere sprachwissenschaftliche Untersuchungen gezeigt, daß die historischen griechischen Dialekte ihre charakteristische Prägung auf hellenischem Boden gewonnen haben.[22] Dieser Prozeß läßt sich freilich bis ins zweite Jahrtausend zurückverfolgen. Die Entzifferung der kretisch-mykenischen Linear B-Schrift durch M. Ventris hat gezeigt, daß in den Zentren der mykenischen Welt ein altertümliches Griechisch gesprochen wurde. Das Schriftsystem, das auf Kreta entstanden ist, dort eine ältere Schrift (Linear A) in der nichtgriechischen Sprache der sog. Minoer abgelöst hat und von mykenischen Griechen übernommen wurde, diente vor allem zur Aufzeichnung von Verwaltungsnotizen in einer Art Standardsprache (Koiné), die be-

---

[21] Als Ursprungsland dieser Wörter wird allgemein Kleinasien angenommen. Die Kategorie der griechischen Bezeichnungen mit dem -ss-Suffix ist freilich nicht einheitlich. Sie können daher nicht in toto mit anatolischen Namen, die auf -(s)sa enden, verglichen werden. Einschränkungen gelten auch in bezug auf den Vergleich anatolischer -nd-Namen und griechischer Bezeichnungen mit Endungen auf -nth-. Dazu D. A. Hester, Pre-Greek Place Names in Greece and Asia Minor, RHA 15 (1957) 107–119; ders., „Pelasgian" – A New Indo-European Language?, Lingua 13 (1964) 335–384; A. Morpurgo Davies, The Linguistic Evidence: Is there any?, in: Cadogan, Early Bronze Age 119f. Generell: J. T. Hooker, Mycenaean Greece, London 1976, 14f.

[22] Vgl. den forschungsgeschichtlichen Überblick von R. Schmitt, Einführung in die griechischen Dialekte, Darmstadt 1977, 124ff. Grundlegend für das neue Bild der Forschung wurden die Aufsätze von W. Porzig, Sprachgeographische Untersuchungen zu den altgriechischen Dialekten, IF 61 (1954) 147–169, und E. Risch, Die Gliederung der griechischen Dialekte in neuer Sicht, MH 12 (1955) 61–76. Informativ zur Forschungsdiskussion: J. Chadwick, The Prehistory of the Greek Language, CAH II 2 ([3]1975) 805–819; ders., Der Beitrag der Sprachwissenschaft zur Rekonstruktion der griechischen Frühgeschichte, AAWW 113, Nr. 7 (1976) 183–198; ders., I Dori e la creazione dei dialetti greci, in: Musti, Origini 3–12; E. Risch, La posizione del dialetto dorico, ebd. 13–35; ders., Die griechischen Dialekte im 2. vorchristlichen Jahrtausend, SMEA 20 (1979) 91–111; ders., Die Ausbildung des Griechischen im 2. Jahrtausend v. Chr. Studien zur Ethnogenese, Abhandl. d. Rheinisch-Westfälischen Akad. d. Wiss., Bd. 72, Opladen 1985, 165–187; A. Bartoněk, On the Prehistory of Ancient Greek, SMEA 26 (1987) 7–20.

reits innergriechische phonologische Veränderungen erkennen läßt. Hinzu kommen gewisse Schreibvarianten, die auf lokale bzw. regionale Mundarten zurückzuführen sind, so daß gleichsam unterhalb der Koiné, die keine direkte Fortsetzung im späteren historischen Griechentum gefunden hat, offensichtlich bereits dialektale Unterschiede bestanden.[23]

Da linguistisch die Anfänge der Entwicklung des Griechischen nicht zu ermitteln sind,[24] wurden vielfach kulturelle Wandlungen und vor allem größere Zerstörungshorizonte mit einem Zustrom neuer (indoeuropäischer) Bevölkerungselemente nach Griechenland in Verbindung gebracht. Das Problem besteht allerdings darin, daß die Archäologie und die Linguistik nicht unabhängig voneinander beweiskräftige Argumente in der Datierungsfrage zu liefern vermögen. Eine gewisse Übereinstimmung ergab sich allerdings durch die Erkenntnis, daß der Übergang vom Mittel- zum Späthelladikum sich um 1600 v. Chr. im ganzen gleitend und ohne größere Siedlungskatastrophen vollzog, so daß in der heutigen Forschung eine massive Einwanderung in jener Zeit überwiegend bestritten wird.[25] Als größerer

---

[23] Vgl. O. Panagl, in: Hiller – Panagl, Frühgriechische Texte 93–100.

[24] Dazu ausführlich A. Morpurgo Davies, a. a. O. (oben Anm. 21) 93 ff. Einen gerafften Überblick über ältere Theorien zu einem vorgriechischen Substrat gibt E. J. Furnée, Die wichtigsten konsonantischen Erscheinungen des Vorgriechischen, Den Haag – Paris 1972, 31 ff.

[25] Die Theorie einer griechischen Einwanderung um 1600 wird freilich nach wie vor von einigen Forschern vertreten. Vgl. etwa R. A. van Royen – B. H. Isaac, The Arrival of the Greeks. The Evidence of the Settlements, Amsterdam 1979, die Diskontinuität um 1600 annehmen, und zuletzt Drews, Coming of the Greeks 158 ff. Vgl. aber demgegenüber jetzt G. Graziadio, The Chronology of the Graves of Circle B at Mycenae: A New Hypothesis, AJA 92 (1988) 343–372, dessen Untersuchung bestätigt, daß sich das Späthelladikum aus der mittelhelladischen Kultur entwickelt hat. Dazu etwa auch S. Dietz, Kontinuität und Kulturwende in der Argolis von 2000–700 v. Chr., in: H. J. Weißhaar – S. Dietz – C. Podzuweit (Hrsg.), Zur ägäischen Frühzeit, Kleine Schriften aus dem Vorgeschichtlichen Seminar Marburg 17 (1984) 38 ff.; O. Dickinson, "The Origins of Mycenaean Civilisation" Revisited, in: Laffineur, Transition 131–136; St. Hiller, On the Origins of Shaft Graves, ebd. 137–144; J. Crouwel, Pictorial Pottery from Mycenae at the Time of the Shaft Graves, ebd. 155–165; A. Xenaki-Sakellariou, Problèmes chronologiques des tombes du cercle A de Mycènes, ebd. 177–182; Th. J. Papadopoulos, The Greek Mainland and its Aegean Neighbours during the Transitional Period from MBA to LBA: The Evidence of Metalwork, ebd. 183–188; R. Laffineur, Grave Circle A at Mycenae: Further Reflections on its History, in: R. Hägg – G. C. Nordquist (Hrsg.), Celebrations of Death and Divinity in the Bronze Age Argolis. Proceedings of the Sixth Intern. Symposium at the Swedish Institute at Athens, 11–13 June, 1988, Stockholm 1990, 201–206. – Eine radikale Spätdatierung der griechischen Einwanderung versucht P. W. Haider, Griechenland-Nordafrika. Ihre Beziehungen zwischen 1500 und 600 v. Chr., Darmstadt 1988, 226, der die

Einschnitt schien demgegenüber der Beginn des Mittelhelladikums (MH) um 2000 v. Chr. in Betracht zu kommen. Ältere Datierungen von Zerstörungshorizonten in diese Zeit führten zu dem Schluß, daß damals größere Wellen sogenannter Proto-Griechen nach Griechenland eingewandert seien. Diese Vorstellung eines schlagartigen Wandels, den man in Bestattungssitten, Hausformen und Keramikfabrikaten der sog. grauen minyischen Ware zu erkennen glaubte, wurde zunächst durch Grabungen in Lerna (Argolis) revidiert. J. L. Caskey konnte zeigen, daß dort eine befestigte Siedlung („Lerna III") mit einem größeren „Herrenhaus" (House of the Tiles) gegen Ende der Phase Frühhelladikum II zerstört wurde und die neue, unbefestigte Siedlung „Lerna IV" im Frühhelladikum III ein völlig anderes Bild bietet, da nunmehr Apsidenhäuser errichtet wurden, die bautechnisch einen gewissen Rückschritt darstellen, während andererseits in der Keramikherstellung die Töpferscheibe verwendet wurde.[26] Siegelabdrücke, die in „Lerna III" überaus zahlreich waren, finden sich in „Lerna IV" nicht mehr. Als neue Elemente begegnen hier demgegenüber kleine Tonanker und Steinäxte. Zudem wird die Leitform der Phase FH II – die gefirnißte asymmetrische Schnabelkanne – von dickwandigen Gefäßen abgelöst, die im ganzen statischer wirken. Ferner wurde in „Lerna IV" auch schon graue minyische Keramik verwendet, die in der älteren Forschung als typisch mittelhelladisch galt. Caskey führte den „Kulturwechsel" in Lerna auf eine Invasion von Zuwanderern zurück und datierte aufgrund des dortigen Befundes auch Zerstörungen in Tiryns, Asine, Zygouries und Hagios Kosmas in die gleiche Zeit (Ende FH II).[27]

Der Gesamtbefund wurde indes unterschiedlich bewertet. Einerseits suchte man die Katastrophen gegen Ende der Periode FH II mit kleineren Vorstößen neuer Bevölkerungselemente von der See her nach Ostattika und nach der Argolis zu erklären und hielt daran fest, daß erst in einer fortgeschrittenen Phase des FH III eine Einwanderung großen Stils von Makedonien aus über Thessalien nach Mittelgriechenland einen tiefen Einschnitt herbeigeführt und das eigentliche Mittelhelladikum eingeleitet habe.[28] An-

---

Träger der submykenischen Kultur des späten 12. und des 11. Jahrhunderts mit den „historisch-griechischen Stämmen" identifizieren möchte.

[26] J. L. Caskey, The Early Helladic Period in the Argolid, Hesperia 29 (1960) 285–303.

[27] Die Katastrophe in Kirrha (Phokis) wurde von Caskey, AJA 66 (1962) 211 ebenfalls in diese Zeit datiert. Vgl. dazu H. und M. van Effenterre, Comment croire à l'Hélladique Ancien III?, BCH 99 (1975) 35 ff.; van Effenterre, Cité grecque 77 f.

[28] E. Hanschmann – V. Milojčić, Die deutschen Ausgrabungen auf der Argissa-Magula in Thessalien, III 1. Die Frühe und beginnende Mittlere Bronzezeit, Bonn 1976, 229; Schachermeyr, Ägäische Frühzeit I 191, 241 ff. Vgl. auch E. J. Holmberg,

dererseits wurde aber auch eine Vordatierung der vermuteten Einwanderung der Griechen bzw. ihrer Vorfahren um 200 bis 300 Jahre an das Ende der Periode FH II vorgenommen. Große Bedeutung wurde zeitweise der Ausbreitung der Ockergrab- oder Kurgankulturen nördlich und nordöstlich des Schwarzen Meeres beigemessen. Nach dieser zuerst von Marija Gimbutas entwickelten Theorie sollen nomadische oder halbnomadische Träger dieser Kulturen den Kern der sog. Proto-Indoeuropäer gebildet und sich in mehreren großen Wellen ausgebreitet haben.[29] So wurde vermutet, daß Kurganvölker über Westanatolien nach Griechenland vorstießen oder von Makedonien aus nach Süden expandierten, indem sie zunächst um 2300 zur See in die Argolis gelangten und dann am Ende der Periode FH III (wiederum von Norden aus) Albanien und Epirus sowie Thessalien, Boiotien und das gesamte südliche Griechenland „eroberten".[30] Als Beweise für Einwanderungen aus dem Kurganbereich galten mittelhelladische Hügelgräber, die jedoch nur die äußere Form mit den nordpontischen Kurganen gemeinsam haben, während die Bestattungssitten und die aus den Grabfunden zu erschließenden Elemente der materiellen Kultur verschieden sind.[31] Letztlich basiert die „Kurgantheorie" auf der Annahme, daß südrussische Steppengebiete die „Urheimat" der Proto-Indoeuropäer gewesen seien. Die Steppen sind aber offenbar erst von Ackerbaukulturen in Rumänien und in der Ukraine aus besiedelt worden.[32] Ein Reservoir nomadisierender Hirtenvölker bildete schwerlich den Kern der Proto-Indoeuropäer.

Weitere Invasionstheorien rekonstruieren aus der Verbreitung bestimmter Kulturgüter des Frühhelladikums Stoßrichtungen und Chronologie regelrechter Stammesbewegungen im griechisch-ägäischen Raum. So

Some Notes on the Immigration of Indo-Europeans into Greece during the Early Bronze Age, OpAth 12 (1978) 1–9.

[29] Vgl. vor allem M. Gimbutas, The Beginning of the Bronze Age in Europe and the Indo-Europeans: 3500–2500 B.C., JIES 1 (1973) 163–214. Frau Gimbutas, die ihre Theorien mehrfach modifiziert hat, äußert sich selbst sehr vorsichtig über die Möglichkeit, daß „Kurgan-Leute" an den Zerstörungen in Griechenland Ende FH II beteiligt waren. Vgl. dies., The Destruction of Aegean and East Mediterranean Urban Civilization around 2300 B.C., in: Crossland – Birchall, Bronze Age Migrations 129–139; dies., The Three Waves of the Kurgan People into Old Europe, ASAG 43 (1979) 113–117; dies., The Kurgan Wave 2 (c. 3400–3200 B.C.) into Europe and the Following Transformation of Culture, JIES 8 (1980) 273–315.

[30] Holmberg, OpAth 12 (1978) 1–9 (oben Anm. 28).

[31] Dazu zusammenfassend A. Häusler, Die Indoeuropäisierung Griechenlands nach Aussage der Grab- und Bestattungssitten, SlovArch 29,1 (1981) 59–65. Generell zur Datierung und Anlage mittelhelladischer Tumuli: S. Müller, BCH 113 (1989) 1–42.

[32] Renfrew, Archaeology and Language 95 ff.

führt St. Hiller die nach seiner Auffassung von Norden her einwirkenden Elemente wie Apsidenhaus, Schaftlochaxt und Tonanker auf den Einbruch eines indoeuropäischen Volkes nach Makedonien und Thessalien gegen Ende des Neolithikums zurück. Er vermutet des weiteren, daß Teile dieser Bevölkerung um 2500 etwa gleichzeitig mit anatolischen Zuwanderern, denen er bestimmte Keramikformen wie einhenkelige Kännchen mit Trichterrand und kantharosartige zweihenkelige Tassen sowie das hochgezogene Depas zuordnet, in Boiotien erschienen. Um 2300 seien dann die Träger einer im Frühhelladikum II in Boiotien durch Verschmelzung verschiedener Elemente entstandenen Kultur in die Peloponnes und nach Attika eingewandert, wo sie die Vorherrschaft einer nunmehr schon griechischen Bevölkerung begründet hätten.[33] Andererseits wird aber auch eine rein anatolische Herkunft der genannten Kulturelemente angenommen und hieraus gefolgert, daß von Anatolien aus wesentlich stärkere Einwanderungswellen als von Norden her Griechenland erreichten.[34]

[33] St. Hiller, Zur Frage der griechischen Einwanderung, Mitteilungen der Österreichischen Arbeitsgemeinschaft für Ur- und Frühgeschichte 32 (1982) 41–48 (erschienen 1984); ders., Die Ethnogenese der Griechen aus der Sicht der Vor- und Frühgeschichte, in: Bernhard u. Kandler-Pálsson, Ethnogenese 21–37. Als eigentliche „Ahnen der späteren Griechen" vermutet Hiller Bevölkerungselemente aus dem makedonischen Raum. W. F. Wyatt, The Prehistory of the Greek Dialects, TAPA 101 (1970) 628ff., nimmt an, daß die proto-griechische Sprache in Teilen Thessaliens entstanden sei. Der These Wyatts folgt weitgehend Drews, Coming of the Greeks 193f.

[34] S. Hood, Northern Penetration of Greece at the End of the Early Helladic Period and Contemporary Balkan Chronology, in: Crossland – Birchall, Bronze Age Migrations 59–71; ders., Evidence for Invasion in the Aegean Area at the End of the Early Bronze Age, in: Cadogan, Early Bronze Age 31–68, der vor allem die Apsidenhäuser mit anatolischen Elementen verbindet, allerdings annimmt, daß sich die griechische Sprache erst gegen Ende der mykenischen Zeit gebildet habe. – R. Wünsche, Studien zur äginetischen Keramik der frühen und mittleren Bronzezeit, München–Berlin 1977, 93, führt die Lerna IV-Elemente auf eine Einwanderung „der" Griechen aus Anatolien (über die Kykladen) Ende FH II zurück. T. V. Gamkrelidze – V. V. Ivanov, The Ancient Near East and the Indo-European Problem, Soviet Studies in History 22 (1983) 7–22; The Migration of Tribes Speaking the Indo-European Dialects from their Original Homeland in the Near East to their Historical Habitations in Eurasia, ebd. 22 (1983) 53–95 = JIES 13 (1985) 49–91 (russische Erstpublikationen dieser Arbeiten: VDI 1980, Nr. 3, 3–27, und 1981, Nr. 2, 11–33), suchen mit sprachwissenschaftlichen Methoden eine Herkunft der Griechen aus dem Raum zwischen Kleinasien und dem nördlichen Mesopotamien nachzuweisen. Vgl. die Kritik von I. M. D'iakonov, VDI 1982, Nr. 3, 3–30, und 1982, Nr. 4, 11–25; JIES 13 (1985) 92–174, sowie von M. Gimbutas, JIES 13 (1985) 185–202. Dazu wiederum die Antwort von T. V. Gamkrelidze – V. V. Ivanov, JIES 13 (1985) 175–184. – Zur Frage der Indoeuropäer in Kleinasien vgl. auch J. Mellaart, Anatolia and the Indo-Europeans, JIES 9 (1981) 135–149.

Durch anthropologische Untersuchungen konnten größere Invasionen geschlossener Populationen aus Gebieten außerhalb des Ägäisraumes in der Bronzezeit nicht bestätigt werden. Die bisherigen Ergebnisse sind zwar aufgrund des spärlichen Materials noch unbefriedigend, sprechen aber eher für „eine gewisse morphologische Homogenität der Individuen der drei kulturellen Stufen (Früh-, Mittel- und Späthelladisch)".[35] Im Hinblick auf die sozialen Strukturen der Frühen Bronzezeit, in der sich das Gemeinschaftsleben nach wie vor im wesentlichen auf der Basis von Siedlungseinheiten vollzog, sind Wanderungsverbände in der Größenordnung von „Völkern", die in der Lage gewesen wären, weite Teile Griechenlands zu besiedeln, wenig wahrscheinlich. Im übrigen ist es keineswegs sicher, daß am Ende der Periode FH II Orte wie Asine in der Argolis und Zygouries gleichzeitig mit „Lerna III" zerstört wurden.[36] Jedenfalls wurde damals ebensowenig wie im Übergang vom Früh- zum Mittelhelladikum ganz Griechenland von Kata-

[35] N. I. Xirotiris, The Indo-Europeans in Greece: An Anthropological Approach to the Population of Bronze Age Greece, JIES 8 (1980) 209; vgl. dens., Anthropologische und archäologische Probleme der griechischen Bronzezeit, ASAG 43 (1979) 69–78; Anthropologie des Äneolithikums und der Frühbronzezeit in Mittel- und Südeuropa, SlovArch 29,1 (1981) 235–241; Die Ethnogenese der Griechen aus der Sicht der Anthropologie, in: Bernhard u. Kandler-Pálsson, Ethnogenese 39–53. Xirotiris betont in diesen Arbeiten, daß anthropologisch keine Infiltration von Kurgangruppen nach Griechenland nachweisbar ist und gewisse Abweichungen der frühbronzezeitlichen Population des griechischen Festlandes von der Bevölkerung der Mittel- und Spätbronzezeit durch die schmale Materialbasis bedingt sein kann. Eine „Bevölkerungsvermischung" in Lerna vermutet trotz des fragmentarischen Skelettmaterials J. L. Angel, The People of Lerna. Analysis of a Prehistoric Aegean Population, Princeton 1971, 104–109.

[36] Vgl. J. A. MacGillivray, AJA 87 (1983) 82 (oben Anm. 19) mit Hinweis auf die Problematik einer von der Lerna-Stratigraphie abhängigen Datierung. Die für FH II typische Ausgußtasse (sauceboat) wurde in den frühen FH III-Stufen in der Argolis und der Korinthia sowie in Boiotien und Attika offensichtlich weiterverwendet, so daß die Zerstörungen in Asine in diese Phase (nicht aber ans Ende von FH II) datiert werden können (vgl. O. Frödin – A. W. Persson, Asine, Stockholm 1938, 212–219). Zur Weiterverwendung von „Saucieren" im FH III in Tiryns vgl. H.-J. Weisshaar, AA 1981, 222; 237–251, der betont (222), daß möglicherweise ein größerer zeitlicher Abstand zwischen der Zerstörung des „Hauses der Ziegel" in Lerna und der Neubesiedlung des Ortes bestand. Daß der von Caskey aufgrund der Keramik- und Hausformen erschlossene scharfe Einschnitt in Lerna „nicht in gleicher Weise für alle Siedlungsplätze in dieser Zeit gelten muß", betonen auch Walter – Felten, Alt-Ägina III 1, 107, die ebd. 105 eine eher längerdauernde Übergangsperiode annehmen, „die nun auch erlaubt, an den Grabungsberichten etwa aus Zygouries, Korakou und Asine festzuhalten". Vgl. ebd. auch zur Weiterverwendung der Ausgußtasse in Raphina und Hagios Kosmas in Attika, dessen Ende Mylonas, Aghios Kosmas 161, in die Keramikphase FH III datierte.

strophen betroffen. Entstehung und Entwicklung der ägäischen Zivilisation im 3. Jahrtausend lassen sich als kontinuierlicher Prozeß verstehen.[37] Die Periode FH II stellt sich in der Keramikproduktion als Übergangsphase dar, in der genuin helladische Traditionen mit westanatolischen, über Euboia und die nördlichen Kykladen einwirkenden Kultureinflüssen verschmolzen sind. „Völkerverschiebungen" lassen sich aus diesem Befund ebensowenig ableiten wie aus der Verbreitung von Apsidenhäusern, Tonankern und Schaftlochäxten. Die Übertragung bestimmter Kulturelemente ist kein Beweis für eine Überlagerung oder Verdrängung ansässiger Bevölkerungen durch große Scharen von Zuwanderern.

Linguistisch kann als gesichert gelten, daß die frühgriechische Sprache der mykenischen Linear B – Texte eine größere Nähe zum klassischen Griechisch aufweist als etwa zum Lateinischen oder zum Hethitischen. Die Herausbildung des Frühgriechischen kann daher schon vor 2000 begonnen haben, doch läßt sich dieser Vorgang noch nicht befriedigend erklären. Neue Bevölkerungselemente gelangten bereits nach Mitte des 7. Jahrtausends im Zuge der Ausbreitung der frühen Ackerbaukulturen nach Thessalien und Zentralgriechenland sowie in die Peloponnes.[38] Das Ausgangsgebiet dieser Bewegung war vielleicht der Raum um Çatal Hüyük im südöstlichen Anatolien, eine der Zonen, in denen eine frühe Nutzung domestizierter Tiere und Pflanzen nachgewiesen ist. Vom nördlichen Griechenland aus verbreiteten sich Ackerbaukulturen allmählich über weite Teile Europas. C. Renfrew hat hiermit die Ausbreitung der europäischen Zweige der indoeuropäischen Sprachfamilie zu erklären versucht.[39] Er lokalisiert die „Urheimat" der Indoeuropäer in Anatolien und folgert, daß die Entwicklung des Frühgriechischen letztlich auf Idiome der Träger der ersten Ackerbaukulturen in Griechenland zurückzuführen sei. Das vorhellenische Sprachgut im Griechischen läßt sich aber auf diese Weise kaum deuten. Zu beachten ist des wei-

[37] Vgl. die geraffte Gesamtdarstellung von N. Platon, La civilisation égéenne. Du néolithique au bronze récent, I, Paris 1981, 131 ff.

[38] Zur Diskussion über Ausbreitung oder Übertragung dieser Kulturen vgl. etwa P. M. Dolukhanov, The Neolithization of Europe: A Chronological and Ecological Approach, in: C. Renfrew (Hrsg.), The Explanation of Culture Change: Modells in Prehistory, London 1973, 329–342; A. J. Ammerman – L. L. Cavalli-Sforza, A Population Model for the Diffusion of Early Farming in Europe, ebd. 343–357; W. Y. Adams – D. P. van Gerven – R. S. Levy, The Retreat from Migrationism, ARA 7 (1978) 525 f.; Breunig, ^{14}C-Chronologie 88.

[39] C. Renfrew, Problems in the General Correlation of Archaeological and Linguistic Strata in Prehistoric Greece: The Model of Autochthonous Origin, in: Crossland – Birchall, Bronze Age Migrations 263–279; ders., Archaely and Language, passim. Dazu O. Szemerényi, Concerning Professor Renfrew's Views on the Indo-European Homeland, TPhS 87 (1989) 156–165.

teren, daß die von H. Krahe entwickelte Theorie einer alteuropäischen Hydronomie im 2. Jahrtausend v. Chr. eine Sonderentwicklung „westlicher" indoeuropäischer Sprachen in einem größeren dialektgeographischen Kontinuum wahrscheinlich gemacht hat.[40] Es handelt sich um Vorläufer der späteren Sprachen der Italiker, Kelten und Germanen. Als ältere Kontaktzone dieser westlichen Gruppen kommt der mittlere Donauraum in Betracht.[41] In relativer Nachbarschaft zu diesem Gebiet scheinen sich auch „östliche" indoeuropäische Sprachgruppen herausgebildet zu haben, zu denen das Griechische gewisse Beziehungen hat.[42] Träger früher Vorstöße aus dem ungarischen Raum in Richtung Süden waren im Neolithikum offenbar die „Dimini-Leute".[43] Weitere Scharen mögen durch jeweils räumlich begrenzte Verlegung ihrer Wohnsitze allmählich in den Bannkreis der ägäischen Kulturen gelangt und gleichsam in sie hineingewachsen sein, so daß solche Bewegungen nicht mehr im einzelnen aus der Verbreitung charakteristischer Kulturelemente zu rekonstruieren sind. Dieser Prozeß, der nicht mit Migrationen von ethnisch und linguistisch einheitlichen Großverbänden zu verwechseln ist, wurde eher von kleineren Gruppen getragen, die z. T. unterschiedliche Idiome gesprochen haben mögen,[44] unabhängig voneinander neue Acker- und Weideflächen in der näheren oder weiteren Umgebung suchten und sich dabei vielfach mit der dort bereits ansässigen Bevölkerung arrangierten, wie immer man sich diese Vorgänge vorzustellen hat. Allem Anschein nach handelte es sich jeweils um kleinräumige Assimilations- und Integrationsprozesse, um eine Infiltration über längere Zeiträume, die in Griechenland zu einer allmählichen Verschmelzung verschiedener Bevölke-

[40] H. Krahe, Indogermanisch und Alteuropäisch, Saeculum 8 (1957) 1–16.
[41] Vgl. R. A. Crossland, Indo-European Origins: The Linguistic Evidence, P & P 12 (1957) 35 ff.; s. auch dens., Linguistics and Archaeology in Aegean Prehistory, in: Crossland – Birchall, Bronze Age Migrations 11, der allerdings die Entstehung eines indoeuropäischen Sprachkontinuums m. E. zu spät ansetzt.
[42] Vgl. W. Porzig, Die Gliederung des indogermanischen Sprachgebiets, Heidelberg 1954, 152 ff.; W. Euler, Indoiranisch-griechische Gemeinsamkeiten der Nominalbildung und deren indogermanische Grundlagen, Innsbruck 1979, 18 ff.; W. P. Schmid, Griechenland im Blickfeld des Sprachhistorikers, EEThess 21 (1983) 397–412; s. auch A. Nehring, Zur „Realität" des Urindogermanischen, Lingua 10 (1961) 363.
[43] Vgl. F. Schachermeyr, RE XXII 2 (1954) 1372 ff. s. v. Prähistorische Kulturen Griechenlands.
[44] R. Hiersche, Grundzüge der griechischen Sprachgeschichte bis zur klassischen Zeit, Wiesbaden 1970, 26, verwendet den problematischen Begriff der „urgriechischen Spracheinheit" für sprachliche Sonderentwicklungen, „die das Griechische von den anderen indogermanischen Einzelsprachen abheben, d. h. nach außen hin". Die eigentliche Entwicklung des Griechischen begann aber wohl auf griechischem Boden.

rungselemente geführt und hierdurch die sprachliche Entwicklung entscheidend geprägt hat.
Sicherlich kam es auch immer wieder zu Gewaltaktionen. Ein relativ bedeutender Ort wie „Lerna III" hatte aber nur einige hundert Einwohner[45] und konnte von einer nicht allzu großen Kriegerschar überwältigt werden. Ähnlich mögen lokal begrenzte Unruhen das Ende der Siedlung am Vorgebirge Hagios Kosmas südlich von Athen herbeigeführt haben. Ein abrupter ethnischer Wechsel bzw. die Landnahme eines neuen „Volkes" in Attika und Athen läßt sich hieraus kaum ableiten. Die Frühphase des Mittelhelladikums ist zwar in Athen schwer greifbar, doch stammt hier insgesamt gesehen das mittelhelladische Fundmaterial (Hausreste, Brunnen, Gräber, Gruben, Keramik) im wesentlichen wieder von den bereits früher bewohnten Plätzen, so daß wohl auch vom Früh- zum Mittelhelladikum Siedlungskontinuität bestand. Dies schließt andererseits eine über längere Zeit sich erstreckende Zuwanderung und eine allmähliche Überlagerung der älteren Bevölkerung durch neue Ansiedler keineswegs aus.[46]

4. Faktoren der sozio-kulturellen Evolution im 3. Jahrtausend

Die Streuung der Funde von den Athener Wohnplätzen des 3. Jahrtausends zeigt, daß hier – wie bereits im Neolithikum – ein relativ großes Siedlungsareal lag. Insgesamt bleibt das Material freilich spärlich, so daß bestimmende Faktoren der Entwicklung Athens im Frühhelladikum nur vor dem Hintergrund eines Gesamtbildes der sozio-kulturellen Verhältnisse und Prozesse im frühbronzezeitlichen Griechenland verständlich werden können.

Von großer Bedeutung für die allgemeine Entwicklung war die Struktur der Landwirtschaft, der wichtigsten ökonomischen Basis zahlreicher Kleingesellschaften. Offensichtlich dominierte weiterhin (wie im Neolithikum) die intensive Bearbeitung kleinerer Parzellen durch eine Art Gartenbau. Auf dieser Grundlage war großer Grundbesitz schwerlich das Ziel kompetitiven Strebens nach hochbewerteten Statuspositionen. Dies hatte zweifellos erhebliche Auswirkungen auf die Selektionsmechanismen, die über einen Erfolg in der Konkurrenz um solche Positionen entschieden.

[45] Vgl. J. L. Caskey – E. T. Blackburn, Lerna in the Argolid. A Short Guide, Athen 1977, 5.
[46] Eine „gemischte" frühhelladische Bevölkerung hat J. L. Angel, Skeletal Material from Attica, Hesperia 14 (1945) 320f., aus dem vorhandenen Skelettmaterial zu erschließen versucht. Es fragt sich indes, ob die wenigen Funde repräsentativ sind. – Daß in Boiotien vor 2000 v. Chr. "Greek speakers" neben "non-Greeks" lebten, vermutet J. M. Fossey, Topography and Population of Ancient Boiotia, I, Chicago 1988, 419.

Als gesichert kann zunächst gelten, daß in der Frühen Bronzezeit im wesentlichen noch dieselben Getreide- und Gemüsesorten (vor allem Hülsenfrüchte) wie im späten Neolithikum landwirtschaftlich genutzt wurden. Umstritten ist demgegenüber die Frage, welche Bedeutung Wein und Öl in der Agrikultur gewonnen haben. Kaum zu verifizieren ist die These C. Renfrews, daß bereits im 3. Jahrtausend die klassische mediterrane Trias von Getreide, Öl und Wein zur Grundlage einer landwirtschaftlichen Polykultur wurde, durch Domestizierung der Weinrebe und des Olivenbaums neue, für den Anbau von Getreide und Hülsenfrüchten ungeeignete Flächen erschlossen werden konnten und eine hierdurch ermöglichte Produktion von Überschüssen den Austausch von Nahrungsmitteln gegen Geräte, Waffen und „Luxusgüter" erheblich intensivierte.[47] Die Anfänge der Veredelung des Ölbaums sind noch ungeklärt, und die wenigen Funde von Olivenkernen erlauben kaum den Schluß, daß bereits im Frühhelladikum größere Olivenkulturen entstanden. Zudem konnte H. Lohmann neuerdings zeigen, daß entgegen der Annahme Renfrews die Hänge unter 700 m noch kaum für den Wein- und Ölanbau terrassiert wurden.[48] Des weiteren haben die Survey-Untersuchungen Lohmanns in Attika ergeben, daß hier seit dem Endneolithikum neben den schon früher besiedelten größeren Fruchtebenen auch kleinere Täler wie der Raum von Vari oder die Ebene von Anavyssos genutzt wurden. Insofern ist eine gewisse Ausweitung der Siedlungsräume nicht zu bezweifeln. Generell haben die für die Landwirtschaft geeigneten Gebiete in Zentral- und Südgriechenland und auf Kreta[49] jedenfalls allmählich einen Vorsprung gegenüber dem Norden (Makedonien, Thessalien) gewonnen, wo die Bevölkerung offensichtlich langsamer zunahm. Allerdings ist im südlichen Griechenland kein sprunghafter Bevölkerungsanstieg festzustellen. Eine Reihe von frühhelladischen Siedlungen im Ägäisraum war im Durchschnitt mit einer Fläche von einem Hektar nur etwa doppelt so groß wie im Neolithikum, während

---

[47] Renfrew, Emergence of Civilisation 265 ff. Dazu die kritische Untersuchung von J. M. Hansen, Agriculture in the Prehistoric Aegean: Data versus Speculation, AJA 92 (1988) 39–52. Siehe auch G. Jones, Agricultural Practice in Greek Prehistory, BSA 82 (1987) 115–123. Zur Diskussion über das Problem der Nutzung des Ölbaums in der frühen Bronzezeit vgl. ferner J. F. Cherry, The Emergence of the State in the Prehistoric Aegean, PCPhS 210, N. S. 30 (1984) 24 f.; C. N. Runnels – J. Hansen, The Olive in the Prehistoric Aegean: The Evidence for Domestication in the Early Bronze Age, OJA 5 (1985) 299–308.

[48] Lohmann, Atene 205, Anm. 51.

[49] Vgl. P. Warren, Myrtos: An Early Bronze Age Settlement in Crete, BSA Supplementary Vol. 7, Cambridge 1972. Ergänzend dazu T. W. Whitelaw, The Settlement at Fournou Korifi Myrtos and Aspects of Early Minoan Social Organisation, in: Krzyszkowska – Nixon, Minoan Society 323–345.

mehrere mesopotamische Orte im gleichen Zeitraum um ein Vielfaches wuchsen.[50] Ein wichtiger Faktor war auch die Gewinnung neuer Produkte in der Viehwirtschaft. Während nach dem Übergang zur gemischten Landwirtschaft (Acker- bzw. Gartenbau und Viehzucht) noch jahrtausendelang die Tierhaltung zur Fleischproduktion diente, wurden seit dem späten 4. Jahrtausend in zunehmendem Maße Milch und Wolle gewonnen sowie in der Folgezeit auch Zug- und Packtiere verwendet.[51] Die erweiterte Viehwirtschaft erforderte wiederum die Nutzung von Weideflächen in größerer Entfernung von festen Siedlungsplätzen. In Attika haben nach dem jetzt von H. Lohmann entwikkelten Modell offenbar endneolithische und frühbronzezeitliche Viehhirten in höheren Lagen im eigenen Sozialverband räumlich getrennt von den Bauern in den Ebenen gelebt und beide Großgruppen in einem regen Güteraustausch gestanden.[52]

In der Metallurgie bedingten Innovationen in der Bronzeverarbeitung eine fortschreitende Spezialisierung, die erhebliche Auswirkungen auf das Gesellschaftsgefüge hatte. Neue Fertigkeiten in der Herstellung von Waffen und Werkzeugen führten zu einem höheren Bedarf an solchen Gütern, der wiederum die Produktion beeinflußte und weitere Spezialisierung erforderte sowie darüber hinaus den Tauschhandel zur Beschaffung von Rohmaterial intensivierte.[53] Hierdurch ergab sich ein vielfältiges Beziehungsgeflecht von

---

[50] Renfrew, Emergence of Civilisation 244.
[51] Zur Entwicklung der Viehwirtschaft: A. G. Sherrat, The Secondary Exploitation of Animals in the Old World, World Archaeology 15 (1983) 90–104; J. F. Cherry, PCPhS 210, N. S. 30 (1984) 25f. (oben Anm. 47); ders., Pastoralism and the Role of Animals in the Pre- und Protohistoric Economies of the Aegean, in: C. R. Whittaker (Hrsg.), Pastoral Economies in Classical Antiquity, The Cambridge Philological Society 1988, 23ff. Speziell zu Melos: C. Gamble, Animal Husbandry, Population and Urbanisation, in: C. Renfrew – M. Wagstaff, An Island Polity. The Archaeology of Exploitation in Melos, Cambridge u. a. 1982, 161 ff. – Zur frühen Verwendung von Fahrzeugen: J. Wiesner, Fahren und Reiten, Archaeologia Homerica, I, F, Göttingen 1968, 76ff.; vgl. auch Renfrew, Archaeology and Language 138, 198.
[52] Lohmann, Atene 201 f.
[53] Renfrew, Emergence of Civilisation 27–44, 476–504. Vgl. N. H. Gale, Z. A. Stos-Gale, G. R. Gilmore, Alloy Types and Copper Sources of Anatolian Copper Alloy Artifacts, AS 35 (1985) 143–173, die im Anschluß an Renfrew betonen, daß sich aus dem Besitz von Blei, Silber und Gold neue Möglichkeiten des Erwerbs von Prestigeobjekten sowie neue Vorstellungen von Status und Reichtum ergaben; ferner J. D. Muhly, Beyond Typology: Aegean Metallurgy in its Historical Context, in: N. C. Wilkie – W. D. E. Coulson (Hrsg.), Contribution to Aegean Archaeology. Studies in Honour of W. A. M. McDonald, Minnesota 1985, 109–141. Zur Bedeutung des Metallhandwerks und des Metallhandels in der ägäischen Frühbronzezeit s. auch O. Höckmann, Frühbronzezeitliche Kulturbeziehungen im Mittelmeergebiet unter

Voraussetzungen, Folgen und Rückwirkungen in den verschiedensten Bereichen menschlicher Aktivitäten. So ermöglichte die Herstellung von Bronzeäxten und -sägen die Entwicklung von Langschiffen mit ca. 20–30 Ruderern und damit die Ausweitung von Handel und Kommunikation. Hierdurch entstanden aber auch für Insel- und Küstenbewohner neue Gefahren durch Piraten. Allerdings operierten Piratenschiffe schwerlich in großer Zahl. Der Bau der frühhelladischen Wehranlagen von Troja, Manika (Euboia), Aigina, Lerna III, Kastri bei Chalandriani, bei Panormos auf Naxos sowie in Askitario an der attischen Ostküste und Plasi bei Marathon läßt sich daher sicherlich nicht allein mit der Piratengefahr erklären.[54] Offenbar befürchtete man auch Angriffe überlegener feindlicher Scharen.

Planung und Durchführung von Befestigungsbauten erforderten auch in kleineren Gemeinschaften eine erhebliche Organisation, die sowohl den Zusammenhalt der Siedler als auch die Position der führenden Männer stärkte. Von Bedeutung waren des weiteren waffentechnische Neuerungen wie die Erfindung des Bronzedolches und der bronzenen Lanzenspitze, deren Übernahme für alle Gemeinschaften eine Frage der Selbstbehauptung wurde. Inwieweit sich hieraus eine Kontrolle der Siedlungsführer über die Werkstätten ergab, bleibt allerdings eine offene Frage. Nur in relativ wenigen Orten ist der Aufstieg einzelner Familien oder Individuen klar erkennbar. Besonders deutlich zeichnet sich diese Entwicklung im Frühhelladikum II in der befestigten Siedlung Lerna III durch die Abfolge zweier größerer Häuser ab. In dem jüngeren Gebäude – dem sog. House of the Tiles – wurden zahlreiche Siegelabdrücke gefunden, die offenbar zur Eigentumsbezeichnung dienten. Wir wissen zwar nicht, ob dieses „Herrenhaus" die Funktion einer Tauschzentrale hatte, doch kann man davon ausgehen, daß der Besitzer in der Gesellschaft Lernas einen hohen Rang einnahm.[55] Eine ähnliche soziale Stellung können die Herren größerer Gebäude in Akovitika in Messenien (Megaron A und Megaron B), Kolonna auf Aigina (sog. Weißes Haus) und in Theben besessen haben.[56] Typologisch manifestiert sich hierin

besonderer Berücksichtigung der Kykladen, in: Buchholz, Ägäische Bronzezeit 65 ff., 69 ff.; Kopcke, Handel 5 ff.

[54] Zur Anlage frühbronzezeitlicher Wehrbauten vgl. den Überblick von Iakovides, Wehrbauten 163 f.

[55] Zur Funktion des Siegels vgl. generell A. C. Blasingham, The Seals from the Tombs of the Messara: Inferences as to Kinship and Social Organisation, in: Krzyszkowska – Nixon, Minoan Society 11 ff. Weitere Spezialuntersuchungen enthält der Sammelband von Th. G. Palaima (Hrsg.), Aegean Seals, Sealings and Administration, Lüttich 1990.

[56] Zu den „Herrenhäusern" in Akovitika vgl. P. G. Themelis, AAA 3 (1970) 303 ff.; Schachermeyr, Ägäische Frühzeit I 211. „Weißes Haus" und „Stadt III" in Kolonna (ca. 2400–2300 v. Chr.): Walter – Felten, Alt-Ägina III 1, 14 ff., 97 ff. Zu dem in

freilich noch kein „Kleinfürstentum". Die Besitzer haben möglicherweise einigen Handwerkern Rohstoffe, die sie durch Tauschhandel mit weiter entfernten Regionen erhielten, zur Verfügung gestellt. Zweifellos waren auch durch die Abwicklung des Warenaustausches und die hiermit verbundene Mobilisierung und Unterhaltung von Arbeitskräften neue Abhängigkeitsverhältnisse entstanden, durch die wiederum Autorität und Einfluß jener Herren in ihren Siedlungen gestärkt wurden.[57] Ihre (relative) ökonomische Überlegenheit und ihre hieraus sich ergebenden Schutzfunktionen über eine gewisse Zahl von Abhängigen sicherten ihnen somit wohl einen herausragenden gesellschaftlichen Status, der zugleich die Voraussetzung für eine allgemeine Führungsrolle in ihrer Gemeinschaft war, und Prestigeobjekte, die sie teils selbst in Auftrag gegeben, teils als Gastgeschenke erhalten haben mögen, dienten der sinnfälligen Demonstration ihrer Stellung. Gleichwohl besaßen sie im ganzen nur beschränkte Ressourcen. Ihr Einflußbereich wird nicht allzu weit über das Landgebiet ihrer Siedlung hinausgereicht haben. In Landschaftskammern mit mehreren Ortschaften gab es allenfalls schwach ausgeprägte Siedlungshierarchien. Der Besitzer des „Hauses der Ziegel" war jedenfalls nicht in der Lage, genügend Kräfte zu mobilisieren, um jenen Angriff abzuwehren, der Ende des Frühhelladikums II zur Zerstörung Lernas geführt hat. Insgesamt gesehen unterstanden die einzelnen Siedlungsgemeinschaften wohl nirgendwo in Griechenland einer weiträumig organisierten Herrschaft. Sie waren zwar eingebunden in ein Netzwerk von Kontakten, doch resultierte hieraus noch keine Entwicklung früher Staatlichkeit in dem Sinne, daß von bestimmten Siedlungen die Bildung komplexer und institutionalisierter Systeme politischer Herrschaft ausging, d. h. es entstanden keine prinzipiell neuen politischen Organisationsformen. Nach dem derzeitigen Forschungsstand gab es in der mittleren Phase der Frühen Bronzezeit nur eine begrenzte Zahl von Siedlungen mit sogenannten Herrenhäusern. Es handelte sich um kleinräumig siedelnde „Rang-Gesellschaften" mit einer bereits stabileren Sozialstruktur als in den egalitären Gemeinschaften des Neolithikums und des Frühhelladikums I. Zur Errichtung einer Herrschaft über größere Räume war die „Macht" der Siedlungsführer aber nach wie vor zu gering. Ihre Stellung entsprach wohl in etwa der aus der Ethnologie bekannten Position des "Big Man", dessen Autorität auf eigenen

---

Theben entdeckten Langhaus: G. Touchais, BCH 107 (1983) 781; Pullen, Social Organization 242f. Ein größeres FH II-Gebäude befand sich möglicherweise auch in Zygouries in der Korinthia (D. J. Pullen, AJA 89, 1985, 347). Vgl. auch J. W. Shaw, The Early Helladic II Corridor House: Development and Form, AJA 91 (1987) 59ff.

[57] Skeptisch beurteilt demgegenüber die Funktion frühbronzezeitlicher „Eliten" als Organisatoren der Güterdistribution A. Gilman, The Development of Social Stratification in Bronze Age Europe, Current Anthropology 22 (1981) 1–8.

Leistungen beruht und dementsprechend personengebunden ist. Der "Big Man" investiert gewissermaßen die Ressourcen seines Haushalts in seine Führungsposition und verliert diese mit der Abnahme seiner Leistungsfähigkeit.[58]

Als Fazit bleibt festzuhalten, daß im frühbronzezeitlichen Griechenland kein System konkurrierender Herrschaften existierte, das eine stärkere Ausdifferenzierung der Sozialstruktur beschleunigt bzw. eine Überwindung der vorstaatlichen Formen des Gemeinschaftslebens und damit eine allgemeine Transformation der Gesellschaft ermöglicht hätte. Generell waren in der mittleren Phase der Frühen Bronzezeit (FH II) offensichtlich die Besitzunterschiede größer und der Lebensstandard höher als in der folgenden FH III – Periode. In den frühbronzezeitlichen Athener Siedlungen, deren Stratigraphie weitgehend unklar bleibt, läßt sich allerdings im FH II bedeutender Reichtum einzelner Personen oder Familien (wie z. B in Troja II, Poliochni V auf Lemnos, Stheno auf Leukas oder Mochlos bei Kreta) nicht nachweisen. Es muß dahingestellt bleiben, ob im Gebiet von Athen einzelne Siedlungsführer eine ähnliche Position wie in Lerna III gewonnen oder im Bereich um die Akropolis sich bereits proto-urbane Strukturen wie in der frühhelladischen Siedlung Manika auf Euboia[59] entwickelt haben. Nach dem Gesamtbefund ist dies eher unwahrscheinlich. Auch ist nicht erkennbar, daß von Athen aus schon die Kontrolle über die Blei- und Silbergewinnung im Laureion gewonnen werden konnte.[60] Vermutlich sind die

---

[58] Zum Begriff der Rang-Gesellschaft vgl. Stagl, Politikethnologie 182. "Big Man": E. R. Service, Ursprünge und Entstehung der Zivilisation. Der Prozeß der kulturellen Evolution, Frankfurt a. M. 1977, 107 ff. Engl. Ausgabe New York 1975; Ch. K. Maisels, The Emergence of Civilization, London – New York 1990, 206 f., 229.

[59] Vgl. A. Sampson, Manika, I. An Early Helladic Town in Chalkis (neugriech.), Athen 1985; Manika, II. The Early Helladic Settlement and Cemetery (neugriech.), Athen 1988.

[60] Die Bedeutung des frühbronzezeitlichen Bergbaus im Laureion ist freilich umstritten. Sie wird überaus hoch bewertet von N. H. Gale und Z. Stos-Gale, Lead and Silver in the Ancient Aegean, Scientific American 244, Nr. 6, June 1981, 142–152; Cycladic Lead and Silver Metallurgy, BSA 76 (1981) 169–224, die davon ausgehen, daß Erze aus dem Laureion und aus Siphnos isotopisch eindeutig zu unterscheiden seien. Diese These läßt sich nach freundlicher Auskunft von H. Lohmann jedoch aufgrund der Ergebnisse von E. Pernicka, Erzlagerstätten in der Ägäis und ihre Ausbeutung im Altertum: Geochemische Untersuchungen zur Herkunftsbestimmung archäologischer Metallobjekte, JRGZM 34 (1987), 680 ff., nicht halten. Lohmann betont (Atene 171, Anm. 402), daß trotz des z. Zt. noch unklaren Forschungsstandes die Bedeutung der Blei- und Silbergewinnung im Laureion in der frühen Bronzezeit nicht gering veranschlagt werden sollte. – Nachgewiesen ist eine frühbronzezeitliche Grube in Thorikos. Vgl. P. Spitaels, in: Thorikos VIII, 1972/76. Rapport préliminaire sur le 9e, 10e, 11e et 12e campagnes de fouilles, Gent 1984, 151 ff.

Athener Streusiedlungen eher mit zahlreichen anderen frühhelladischen Orten des griechischen Festlandes vergleichbar, die ihren dörflichen Charakter behielten.

5. Athen im Mittelhelladikum und der Beginn der mykenischen Zeit

Das mittelhelladische Fundmaterial ist in Athen relativ reichhaltig.[61] Es stammt – wie bereits erwähnt – im wesentlichen wieder von bereits im Frühhelladikum besiedelten Plätzen. Die Akropolis war wohl im gesamten Mittelhelladikum bewohnt. Bereits in die Frühphase der Mittleren Bronzezeit scheinen fünf sog. Kistengräber (ohne Beigaben) beim Erechtheion zu gehören. Eine weiträumige Besiedlung am Nordhang der Akropolis ergibt sich aus verstreuten Keramikfunden. Die meisten Reste stammen wieder aus dem Heiligtum der Aphrodite und des Eros. Im Bereich der Klepsydra wird eine kontinuierliche Besiedlung durch fünf Brunnenschächte bestätigt. Am Südhang wurden zwei Herde im Heiligtum des Dionysos sowie Spuren von zwei mittelhelladischen Häusern südlich der Stoa des Eumenes entdeckt. Der dort zu lokalisierenden Siedlung sind des weiteren Gruben (Bothroi), Brunnen, Kistengräber sowie eine sog. Pithosbestattung zuzuordnen. Sonstige Streufunde, Deposite und Gräber zeigen, daß weitere mittelhelladische Wohnplätze auf der Agora sowie in den Bereichen des Olympieion, des Philopappos- oder Museionhügels, des Kerameikos und der Akademie Platons lagen. Die Einzelsiedlungen waren durch ein Wegenetz miteinander verbunden. Ein klares Gesamtbild des besiedelten Areals läßt sich indes nicht rekonstruieren. Auch die Sozialstruktur im mittelhelladischen Athen bleibt aufgrund der Beschaffenheit des Fundmaterials schemenhaft. Vermutlich entsprachen die Verhältnisse in Athen zumindest in der frühen und mittleren Phase des Mittelhelladikums der Situation in zahlreichen anderen Orten dieser Zeit auf dem griechischen Festland. Während nach 2000 auf Kreta die sog. ältere Palastkultur sich entfaltete und auf Melos (Phylakopi) eine blühende „Kleinstadt" entstand, blieb auf dem Festland der Lebensstandard längere Zeit allgemein niedrig. Die Kontakte mit Kreta, den Ägäisinseln und Kleinasien waren zwar nicht unterbrochen. Offenbar hatten aber Unruhen Ende des 3. Jahrtausends längerfristige Auswirkungen auf die mittelhelladische Gesellschaftsstruktur. Die durchweg kleinen Siedlungen des frühen Mittelhelladikums hatten vermutlich eine nur gering entwickelte interne Organisation. Eine Ausnahme bildete Kolonna auf Aigina, doch handelte es sich um eine Inselsiedlung, die eher dem Typ der kykladischen Ortschaften entsprach. Erst im 17. Jahrhundert v. Chr. erreichte die materielle

---

[61] Zum Folgenden vgl. Pantelidou, Athenai 247–249.

Kultur der festländischen Mittleren Bronzezeit durch zunehmende minoische Einflüsse ein höheres Niveau. Gleichzeitig, teilweise auch schon früher, zeichneten sich Ansätze zu einer stärkeren sozialen Differenzierung in verschiedenen Regionen Griechenlands ab. Auch in einigen attischen Siedlungen wird der Beginn dieses Prozesses noch einigermaßen greifbar. Reichere Beigaben fanden sich in einem Tumulus (Grabhügel) bei Aphidna aus der späten Phase des Mittelhelladikums.[62] In einem sorgfältig ausgebauten Grabhügel im Vranatal bei Marathon – einem Gemeinschaftsgrab (sog. Tumulus Nr. 1) – waren offenbar auch Personen bestattet, die in ihrem lokalen Bereich einen gewissen sozialen Rang besessen hatten.[63]

Ein sog. Herrenhaus im Gebiet von Plasi bei Marathon läßt ebenfalls auf eine lokale Vorrangstellung des Besitzers schließen.[64] Auch in Brauron ist ein größeres mittelhelladisches Gebäude nachgewiesen.[65] In verschiedenen attischen Kleinlandschaften entwickelte sich somit ein differenzierteres Sozialgefüge. In den Athener Siedlungen dürfte dies kaum anders gewesen sein. Daß es sich bei den genannten Herrenhäusern nicht um Einzelfälle bzw. nur um Zeugnisse einer spezifisch attischen Entwicklung handelte, zeigen weitere Bauten dieser Art in Asine (Argolis) und in der befestigten Siedlung Malthi (Messenien),[66] die in das späte Mittelhelladikum zu datieren ist. Solche Gebäude hatten aber wohl kaum die Bedeutung einer regelrechten Tauschzentrale. Ihre Besitzer waren vermutlich Siedlungsführer mit einem lokal begrenzten Einfluß in mehr oder weniger eigenständigen dörflichen Gemeinschaften, die in Einzelfamilien gegliedert waren, wie die Arrangements mittelhelladischer Häuser und die Bestattungsbräuche erkennen lassen. Zweifellos bildeten Verwandtschafts- und Abstammungsverhältnisse starke soziale Klammern in der mittelhelladischen Gesellschaft. Hieraus entstanden aber allem Anschein nach keine geschlossenen, familienübergreifenden Verwandtschaftsverbände in Form von Clans oder „Geschlechtern" mit eigenen Kulten und Bräuchen. Ebensowenig entwickelten sich größere Stammesverbände. Zwar konstituierten Verwandtschaftsbeziehungen auch Bindungen, die über die Einzelgemeinde hinausgingen und sowohl zur Konsolidierung lokaler Verbände als auch zur Ausweitung des personalen Beziehungsgeflechtes erheblich beitrugen, so daß sie unter diesem

---

[62] Vgl. Hope Simpson, Mycenaean Greece 51.
[63] Sp. Marinatos, Further Discoveries at Marathon, AAA 3 (1970) 351 ff.; Schachermeyr, Ägäische Frühzeit I 246 ff.; ders., Ägäische Frühzeit II 96.
[64] Sp. Marinatos, Further News from Marathon, AAA 3 (1970) 154.
[65] Hope Simpson, Mycenaean Greece 49.
[66] Carlier, Royauté 15 ff. Eine chronologische Einordnung kann natürlich nur mit größtem Vorbehalt vorgenommen werden. Generell zur Problematik: G. Cadogan, AJA 87 (1983) 507 ff.

Aspekt gleichsam als tribale Strukturelemente gelten können. Die Basis des mittelhelladischen Gemeinschaftslebens war aber zweifellos nach wie vor die Einzelsiedlung oder die Kleinlandschaft mit mehreren, schon durch die räumliche Nähe enger verbundenen Ortschaften. Generell kann man die einzelnen Gemeinschaften zumindest in der frühen und mittleren Phase der festländischen Mittleren Bronzezeit noch als sog. Rang-Gesellschaften in dem bereits skizzierten Sinne einstufen.

Konnte man bis vor kurzem davon ausgehen, daß die athenischen und attischen Siedlungen noch auf dieser Stufe verharrten, als in der Argolis und (mit einigem Abstand) in Messenien bereits neue Formen personengebundener Macht entstanden, so ist dieses Bild nunmehr zu modifizieren, nachdem H. Lauter und D. Hagel und ihre Mitarbeiter ein kompliziertes Befestigungssystem mit zwei Ringmauern auf dem Kiapha Thiti oder Kontragliat im oberen Varital freigelegt haben.[67] Nach den Erkenntnissen der Ausgräber entstanden hier etwa im fortgeschrittenen Mittelhelladikum eine neue Siedlung und in der folgenden Periode – d. h. in der nach den berühmten Gräbern in Mykene benannten, etwa im späten 17. Jahrhundert einsetzenden frühmykenischen Schachtgräberzeit – ein „Herrensitz" auf der stark gesicherten Oberburg. In der Siedlungsstruktur zeichnet sich hier somit deutlich eine soziale Hierarchie ab. Unterhalb des Herrensitzes wohnten „die sozial immer niedrigeren Mitglieder der Gemeinschaft" auf der Mittel- und auf der Unterburg.[68] Hierin manifestiert sich nach ethnologischen Kriterien bereits eine sog. stratifizierte Gesellschaft,[69] die aus mehreren „Strata" mit unterschiedlichem Status und verschiedener Lebensweise besteht. Die Burg, die Mitte des 15. Jahrhunderts durch einen Bergrutsch zerstört wurde, beherrschte eine wichtige Wegkreuzung an der über Vari führenden Straße von Athen nach Sounion, von der unterhalb von Kiapha Thiti eine Querverbindung in Richtung Mesogaia abzweigt. Unklar bleiben die Ausdehnung des Machtbereichs dieser Burg und ihre Beziehungen zu anderen attischen Siedlungen, insonderheit zu dem frühmykenischen „Herrensitz" in Thorikos und zu Athen selbst.[70]

Es besteht freilich kaum ein Zweifel, daß die entscheidenden Impulse zu einem tiefgreifenden Wandel auf dem griechischen Festland, der zugleich den Übergang zum Späthelladikum markiert, vor allem von Mykene ausgegangen sind. Mykene entwickelte sich in relativ kurzer Zeit zum bedeu-

---

[67] Hagel – Lauter, Kiapha Thiti 3ff.; H. Lauter, Die protomykenische Burg auf Kiapha Thiti in Attika, in: Laffineur, Transition 145–149. Vgl. auch H. W. Catling, AR 1986–87, 8f.
[68] Hagel – Lauter, Kiapha Thiti 6.
[69] Vgl. Stagl, Politikethnologie 182f.
[70] Hagel – Lauter, Kiapha Thiti 13.

tendsten Machtzentrum in Griechenland. Hieraus resultiert die heutige Konvention, das Späthelladikum bzw. die Späte Bronzezeit nach diesem Herrschersitz auch als mykenische Zeit und die Träger der späthelladischen Kultur als mykenische Griechen zu bezeichnen. Der Aufstieg der Herren von Mykene manifestiert sich insonderheit an der überaus reichen Ausstattung der Schachtgräber in dem von Heinrich Schliemann aufgedeckten Steinkreis A auf dem Burgberg.[71] Offenbar ist diese Herrschaft gleichsam endogen entstanden.[72] Bereits die älteren, noch ins späte 17. Jahrhundert zu datierenden Gräber des von Papadimitriou 1951 entdeckten Steinkreises B[73] außerhalb des Löwentores lassen steigenden Reichtum der damaligen Herren Mykenes erkennen. Die Anfänge der Macht dieser Dynastie sind wohl mit einer Verschiebung der Kräfteverhältnisse innerhalb eines Systems eigenständiger mittelhelladischer Siedlungen in der Argolis zu erklären. Vermutlich besaß hier Argos zunächst größere Bedeutung als Mykene.[74] Die Basis des Aufstiegs der mykenischen Schachtgräberdynastie war allem Anschein nach eine Position, wie sie auch andere mittelhelladische Siedlungsführer als Repräsentanten einer sich allmählich formierenden Oberschicht innehatten. Spätestens seit 1650 dürfte es dann den Herren Mykenes gelungen sein, ihren Einflußbereich zu erweitern. Ausdruck ihrer militärischen Stärke sind zahlreiche Waffen, die in einigen Schachtgräbern – „wahren Rüstkammern" (Karo) – gefunden wurden. Prototypen der neuen Langschwerter des sog. Typs A mit dünnen Griffzungen waren wohl minoische Waffen, während die stabileren Schwerter des Typs B vermutlich in Mykene bzw. in der Argolis entwickelt wurden.[75] Wahrschein-

[71] Vgl. die Abschlußpublikation des Kreises A von G. Karo, Die Schachtgräber von Mykene, I–II, München 1930–33.
[72] Daß die „Schachtgräberdynastie" eine erobernde Kriegerelite war, vermutet neuerdings wieder Drews, Coming of the Greeks 158ff., der – wie schon erwähnt (oben Anm. 25) – die Einwanderung der Griechen um 1600 ansetzt und hiermit auch den sog. Tumulus I im Vranatal bei Marathon (Sp. Marinatos, AAA 3, 1970, 155ff.; Anaskaphai Marathonos, Praktika 1970, 9ff.) und andere Tumuli in Verbindung bringt. Drews sucht diese Gräber sowie die Grabkreise in Mykene im Anschluß an Pelon, Tholoi 82ff., 450f., aus der Kurgankultur abzuleiten. Vgl. dagegen A. Häusler, SlovArch 29,1 (1981) 61–64 (oben Anm. 31). – Neue Probleme ergeben sich aus der umstrittenen Heraufdatierung der Späten Bronzezeit durch P. P. Betancourt, Dating the Aegean Late Bronze Age with Radiocarbon, Archaeometry 29 (1987) 45–49. Zur Diskussion hierüber vgl. P. M. Warren, ebd. 205–211, sowie M. J. Aitken, H. N. Michael, P. P. Betancourt und P. M. Warren, ebd. 30 (1988) 165–182.
[73] Dazu die Abschlußpublikation von G. Mylonas, Ho taphikos Kyklos B ton Mykenon, I–II, Athen 1972–1973.
[74] Schachermeyr, Ägäische Frühzeit I 256.
[75] St. Foltiny, Kriegswesen, Teil 2, Angriffswaffen, Archaeologia Homerica I, E, Göttingen 1980, 249ff.

lich führten die Herren Mykenes in der ersten Hälfte des 16. Jahrhunderts auch den Streitwagen als neues Kampfinstrument in Griechenland ein. In dieser Zeit verfügten sie bereits über weite Handelsbeziehungen, wenn auch „exotische" Objekte (wie z. B. Straußeneier aus Nubien, Lapislazuli aus Mesopotamien und Bernstein aus dem Baltikum) wohl über Zwischenstationen nach Mykene gelangt sind.[76] Neben wertvollen Importstücken aus Kreta fanden sich in den Schachtgräbern auch zahlreiche Beigaben, die sowohl von minoischen als auch von einheimischen Künstlern und Handwerkern in mykenischen Werkstätten angefertigt worden sind.

Ein offenes Problem ist die Herrschaftsorganisation in Mykene. Die in den beiden Grabkreisen beigesetzten Männer können nicht ausnahmslos Monarchen gewesen sein, doch besagt dies noch nicht, daß in Mykene eine „primitive Krieger-Oligarchie" herrschte.[77] Vielleicht handelte es sich um Angehörige einer sich verzweigenden Dynastie.

Um und nach 1600 hatten sich auch in Messenien neue Herrschaftsformen ähnlichen Typs herausgebildet. Frühe Kuppelgräber (Tholoi) lassen hier auf eine Koexistenz mehrerer Dynastien schließen, die aber kaum mit der Macht der Herren Mykenes konkurrieren konnten.

Der hier skizzierte Prozeß in der Argolis und in Messenien hat offenbar bald auch die Entwicklung in Attika stark beeinflußt, wie die neuentdeckte Burg auf dem Kiapha Thiti vermuten läßt. Er führte langfristig zur Entstehung eines Systems größerer Machtzentren in verschiedenen Teilen Griechenlands, vollzog sich aber zunächst noch im Ausstrahlungsbereich der minoischen Palastkultur, die um 1600 bereits seit langem über ein entwickeltes Herrschaftsinstrumentarium verfügte und damals geradezu ein Kontrastbild zum griechischen Festland bot.

---

[76] Dazu ausführlich Harding, Mycenaeans, passim.
[77] Dickinson, Origins 57. Vgl. auch M. J. Alden, Bronze Age Population Fluctuations in the Argolid from the Evidence of Mycenaean Tombs, Göteborg 1981, 115 f.; Carlier, Royauté 22. I. Kilian-Dirlmeier, Beobachtungen zu den Schachtgräbern von Mykenai und zu den Schmuckbeigaben mykenischer Männergräber, JRGZM 33 (1986) 159–198, kommt zu dem Schluß, daß alle Toten in den beiden Gräberrunden A und B der gleichen gehobenen Statusgruppe angehört hätten, die aber durch eine mehrfach abgestufte Ranggliederung gekennzeichnet gewesen sei. Es habe sich aber kaum um einen „königlichen Bestattungsplatz" gehandelt, wie er für das Tholosgrab 3 von Peristeria bereits in SH I angenommen werden könne. Fragen der sozialen Rangordnung der damaligen Führungsschicht in Mykene erörtert auch R. Laffineur, Mobilier funéraire et hiérarchie sociale aux cercles des tombes de Mycènes, in: Laffineur, Transition 227–238.

6. Die Bedeutung Kretas für die festländische Entwicklung

In der Frühen Bronzezeit war auch in Kreta trotz deutlicher Kontinuität der Bevölkerung und der materiellen Kultur die Entwicklung nicht ungestört verlaufen. Vor allem im Frühminoikum (FM) II B (vor 2300) fanden Siedlungen ein gewaltsames Ende; andere wurden in der Phase FM III aufgegeben. Vermutlich waren Rivalitäten kretischer Siedlungsgemeinschaften die Ursachen der Unruhen.[78] Gleichwohl vollzog sich hier etwa seit Mitte des 3. Jahrtausends ein bedeutsamer Wandel, der in der Entstehung größerer Ortschaften zum Ausdruck kommt.

Die Entwicklung einiger Siedlungen zu zentralen Stätten des Handels und Handwerks noch vor Errichtung der sog. Älteren Paläste (ca. 2000/1950 v. Chr.) war weitgehend ein eigendynamischer Prozeß, der durch neue handwerkliche Fertigkeiten, durch Importe von Rohmaterialien (insonderheit Kupfer und Zinn) und durch die Verbreiterung der Ernährungsbasis ermöglicht wurde und auf die interne Organisation dieser nunmehr schon protourbanen Gesellschaften einen starken Integrationseffekt ausübte.[79] Größere vorpalatiale Bauten lassen vermuten, daß sich seit dem Frühminoikum II eine wirtschaftlich dominierende Oberschicht formierte. Sie vermochte aufgrund ihres sozio-ökonomischen Vorrangs zweifellos auch politische Leitungsfunktionen zu übernehmen, die wohl noch eher informell waren, d. h.

---

[78] Bemerkenswert ist die Höhenlage einer Reihe von Siedlungen, von denen einige zusätzlich befestigt waren. Dazu St. Alexiou, Befestigungen und Akropolen im minoischen Kreta (neugriech.), Kretologia 8 (1979) 41–56. Vgl. auch Hiller, Minoisches Kreta 89; Ch. G. Starr, Minoan Flower Lovers, in: Hägg – Marinatos, Minoan Thalassocracy 11; Buchholz, Ägäische Bronzezeit 501.

[79] Aufschlußreich für die Diskussion über die Entwicklung der minoischen Palastkultur ist vor allem J. F. Cherry, Evolution, Revolution, and the Origins of Complex Society in Minoan Crete, in: Krzyszkowska – Nixon, Minoan Society 33–45; ders., The Emergence of the State in the Prehistoric Aegean, PCPhS 210, N. S. 30 (1984) 18–48; ders., Polities and Palaces: Some Problems in Minoan State Formation, in: Renfrew – Cherry, Peer Polity Interaction 19–45; G. Cadogan, Why was Crete Different?, in: Cadogan, Early Bronze Age 153–171. Ferner: H. Geiss: Die Herausbildung des Staates in der minoischen Periode – Möglichkeiten und Grenzen, in: J. Herrmann – I. Sellnow (Hrsg.), Beiträge zur Entstehung des Staates, Berlin ²1974, 92–103; ders., Zur Entstehung der kretischen Palastwirtschaft, Klio 56 (1974) 311–323 (aus marxistischer Sicht); Hiller, Minoisches Kreta 71ff. mit der älteren Literatur; O. Pelon, Particularités et développement des palais minoens, in: Lévy, Système palatial 187–201. Siehe auch P. M. Warren, The Genesis of the Minoan Palace, in: The Function of the Minoan Palaces, Proceedings of the Fourth International Symposium at the Swedish Institute in Athens, 10–16 June, 1984, ed. by R. Hägg – N. Marinatos, Stockholm 1987, 47–56; L. Vance Watrous, The Role of the Near East in the Rise of the Cretan Palaces, ebd. 65–70.

noch nicht aus einer schon ausdifferenzierten institutionellen Ordnung resultierten. Es handelte sich im Unterschied zu den einzelnen Siedlungsführern auf dem hellenischen Festland typologisch vermutlich um „oligarchische" Eliten, deren Repräsentanten in verschiedenen größeren Siedlungsgemeinschaften durch Rivalitäten um Macht und Einfluß und in dem Bestreben, durch Kumulierung von Ressourcen größeres Prestige zu gewinnen und Konkurrenten zu überbieten, einen Transformationsprozeß eingeleitet haben, der dann letztlich zur Herausbildung monarchischer Machtstrukturen führte.[80] Daß die Herren der Älteren Paläste aus lokalen Eliten hervorgegangen sind, ist vor allem aufgrund der Anlage dieser Bauten zu vermuten. Denn die Paläste sind zwar monumentaler Ausdruck einer prinzipiell neuen Herrschaftsform mit spezialisierten Funktionären, eigenen Kultstätten[81] und Handwerksbetrieben, erscheinen aber architektonisch nicht isoliert, sondern gleichsam eingebunden in ein bestehendes urbanes Konglomerat. Ihre nördliche Ausrichtung (mit geringen örtlichen Abweichungen) und die Gruppierung der Baukörper um einen großen Mittelhof lassen des weiteren auch die Orientierung an einem gemeinsamen Grundschema erkennen. Da Kreta um 2000 keine staatliche Einheit bildete, sondern ein eigener insularer Kulturraum mit mehreren regionalen Zentren war, ist die Entstehung der Paläste zweifellos auch das Ergebnis mannigfacher Wechselbeziehungen zwischen den Zentralorten, d. h. einer Interaktion, die durch eine weitgehend homogene materielle Kultur und gleichartige gesellschaftliche Gliederung begünstigt wurde. So scheinen für die Konsolidierung neuer Formen von Macht und Herrschaft nicht nur kompetitive Elemente auf lokaler Ebene, sondern auch die Koexistenz mehrerer strukturell ähnlicher Systeme und die hieraus resultierenden wechselseitigen Impulse von Bedeutung gewesen zu sein. Hinzu kamen Verbindungen zum östlichen Mittelmeer. Sicherlich waren die frühen minoischen Paläste keine bloße Imitation der Herrschersitze des Orients,[82] doch ist aufgrund der geographischen Nähe Kretas zu den Herrschaftsgebieten östlicher

---

[80] Daß die Paläste „Königssitze" waren, ist freilich nicht unbestritten. Vgl. dazu generell A. A. Zois, Gibt es Vorläufer der minoischen Paläste auf Kreta? Ergebnisse neuer Untersuchungen, in: D. Papenfuß – V. M. Strocka (Hrsg.), Palast und Hütte, Mainz 1982, 207–215. Die Diskussion hierüber wurde vor allem durch die Freilegung schwer zu deutender architektonischer Komplexe in Mallia ausgelöst, die von H. van Effenterre (u. a. in: RH 229, 1963, 1–18) als Indiz für entwickelte kommunale Organisationsformen gewertet wurden. Vgl. dazu St. Alexiou, AA 1971, 316; Hiller, Minoisches Kreta 133 ff.

[81] Die Kulte behandelt zusammenfassend G. C. Gesell, Town, Palace, and House Cult in Minoan Crete, Göteborg 1985.

[82] Dazu J. W. Graham, The Palaces of Crete, Princeton 1962 (Nachdruck mit Zusätzen 1987) 229 ff.; ders., The Relation of the Minoan Palaces to the Near Eastern Palaces of the Second Millenium, in: E. L. Bennett Jr. (Ed.), Mycenaean

Monarchien ein Informationsfluß anzunehmen, der in erheblichem Maße dazu beitrug, daß ökonomische Macht und gesellschaftliche Geltung in politische und sakrale Herrschaft umgesetzt wurde. Durch die wohl von Erdbeben verursachte Zerstörung der sog. Älteren Paläste in Knossos und Phaistos um 1700 v. Chr. erlitt die minoische Kultur keinen Bruch. An den gleichen Stellen wurden die großartigen Jüngeren Paläste errichtet, die nach weiteren tektonischen Katastrophen um 1600 noch prachtvoller gestaltet wurden. Zahlreiche Produkte des minoischen Kunsthandwerks zeugen von der Ausstrahlungskraft dieser Palastkultur. Es ist zwar fraglich, ob Knossos – die bedeutendste Residenz Kretas – in der jüngeren Palastzeit die Herrschaft über die gesamte Insel gewinnen konnte und damals eine kretische Thalassokratie im Ägäisraum entstand,[83] doch besteht kein Zweifel, daß das griechische Festland jetzt stärker unter dem Einfluß der minoischen Kultur stand und die mykenische Schachtgräberdynastie ihren ungeheuren Reichtum nicht zuletzt ihrer Einbindung in das minoische Handelsnetz verdankte.

Mykene konnte freilich den Aufstieg neuer Machthaber in verschiedenen Teilen Griechenlands nicht verhindern, so daß hier ein System von größeren und kleineren Herrschaften entstand. Dieser Prozeß ist wiederum auf ein Zusammenwirken mehrerer Faktoren zurückzuführen. Lokale „Herren" konnten im Zuge der Ausweitung des Tauschhandels im Umkreis ihres Einflußbereichs die Kontrolle über wichtige Importgüter und damit auch über die Distribution bestimmter handwerklicher Produkte gewinnen bzw. intensivieren, durch Konzentration von Ressourcen kriegerische Gefolgschaften unterhalten oder vergrößern und hierdurch neue Bindungen und Abhängigkeitsverhältnisse schaffen, gegebenenfalls schwächere Nachbarsiedlungen unterwerfen und hieraus neue Besitzrechte über Ländereien ableiten sowie Tribute erheben, gleichzeitig soziale Erwartungen ihrer Gefolgsleute durch Landvergabe erfüllen sowie kollidierende Interessen innerhalb ihrer Anhängerschaft ausgleichen, aber auch durch symbolische Repräsentation ihrer wachsenden Macht ihre Position weiter festigen und ihrer Stellung durch Ausübung und Ausweitung priesterlicher Funktionen eine höhere sakrale Weihe verleihen, so daß in einem vielfältigen Geflecht von Ursachen und Wirkungen mit mannigfachen Rückkoppelungseffekten sich klare Verhältnisse von Über- und Unterordnung herausbildeten. Beschleunigt wurde dieser Prozeß zweifellos auch hier durch die kompetitiven Elemente eines

Studies, Madison 1964, 195–215; ders., Egyptian Features at Phaistos, AJA 74 (1970) 231–239.
[83] Dazu jetzt eine Reihe von Aufsätzen in dem Sammelband von Hägg – Marinatos, Minoan Thalassocracy, mit einer Zusammenfassung der kontroversen Standpunkte 221 f.

Konkurrenzdruckes, der sich aus der Koexistenz rivalisierender Herrschersitze ergab, indem die Machthaber gezwungen waren, mit der Entwicklung in benachbarten Landschaftskammern Schritt zu halten, um sich behaupten zu können. Sie waren allerdings vorerst noch nicht in der Lage, das entwikkelte System der minoischen Palastverwaltung zu übernehmen.[84]

Erst die Katastrophen auf Kreta um 1450, die vermutlich wieder auf Erdbeben zurückzuführen sind, leiteten eine grundlegende Veränderung der Kräfteverhältnisse ein. Kato Zakros, Gournia, Mallia, Tylissos, Phaistos, Hagia Triada sowie Wohnviertel in Knossos wurden damals zerstört. Der große Palast in Knossos blieb aber offenbar erhalten.[85] Die dortige Dynastie konnte sich wahrscheinlich auch in den Wirren nach den tektonischen Katastrophen behaupten und nunmehr sogar die Vorherrschaft über weite Teile der Insel gewinnen. Sie war hierbei jedoch auf Unterstützung durch mykenische Krieger angewiesen.[86] Offenbar um 1375 wurde indes ihr Palast zerstört, und die Herrschaft ging jetzt auf eine mykenische Dynastie über, die das spezifisch minoische Verwaltungs- und Wirtschaftssystem weiterführte.[87]

---

[84] Vgl. O. T. P. K. Dickinson, Cretan Contacts with the Mainland during the Period of the Shaft Graves, in: Hägg – Marinatos, Minoan Thalassocracy 117.

[85] Vgl. H. Pichler – W. Schiering, Der spätbronzezeitliche Ausbruch des Thera-Vulkans und seine Auswirkungen auf Kreta, AA 1980, 21 ff. Die Folgen der Explosion des genannten Vulkans für die minoische Kultur sind umstritten. Vgl. Chr. Doumas (Ed.), Thera and the Aegean World, I–II, London 1978–80; ders., The Prehistoric Eruption of Thera and its Effects, in: S. Dietz – I. Papachristodoulou (Ed.), Archaeology in the Dodecanese, Kopenhagen 1988, 34–38. Eine starke Sedimentschicht (12 cm) der Vulkanasche ist jetzt im Gölcük-See 90 km östlich von Izmir nachgewiesen: D. G. Sullivan, The Discovery of Santorini Tephra in Western Turkey, Nature, Vol. 333, June 1988, 552–554.

[86] Als Indiz hierfür gelten allgemein sog. Kriegergräber aus der Zeit um 1400 mit Waffen und wertvollen Beigaben. Vgl. aber andererseits H. Matthäus, Minoische Kriegergräber, in: Krzyszkowska – Nixon, Minoan Society 203–215, der die betr. Gräber als Anzeichen eines starken festländischen Kultureinflusses wertet.

[87] Zur kontroversen Diskussion über die Datierungsprobleme in Knossos vgl. jetzt St. Hiller, Die Mykener auf Kreta. Ein Beitrag zum Knossos-Problem und zur Zeit nach 1400 v. Chr. auf Kreta, in: Buchholz, Ägäische Bronzezeit 388–405, der wohl zutreffend das Ende der palatialen Bürokratie und der dortigen Verwendung von Linear B in späte 13. Jahrhundert datiert (mit ausführlichen Literaturangaben). Wichtig sind folgende Arbeiten: W.-D. Niemeier, Mycenaean Knossos and the Age of Linear B, SMEA 23 (1982) 219–287; ders., The Character of the Knossian Palace in the Second Half of the Fifteenth Century B. C. Mycenaean or Minoan?, in: Krzyszkowska – Nixon, Minoan Society 217–236; ders., The End of the Minoan Thalassocracy, in: Hägg – Marinatos, Minoan Thalassocracy 205–215; H. W. Catling, Some Problems of Aegean Prehistory c. 1450–1380 B. C., Oxford 1989. Demgegenüber führt H. W. Haskell, From Palace to Town Administration: The Evidence of Coarse-

An die Stelle der minoischen Linear A-Schrift trat freilich das Linear B-System.[88] Nach dem Niedergang der minoischen Macht entstanden auf dem griechischen Festland sog. Palastburgen, die im Arrangement der Bauten und durch ihre Ausrichtung auf den prunkvollen megaronartigen Thronsaal anders als die kretischen Paläste gestaltet waren, aber ebenfalls zugleich Macht- und Wirtschaftszentren darstellten. Wahrscheinlich wurden im 14. Jahrhundert auch wesentliche Elemente der minoischen Palastverwaltung und die Linear B-Schrift an den damals dominierenden Residenzen des Festlandes übernommen.[89] Die Aufzeichnung von Verwaltungsvorgängen zur Überwachung der Abgaben und Leistungen der Landbevölkerung und der Verteilung von Rohstoffen und handwerklichen Erzeugnissen ist zwar erst für das späte 13. Jahrhundert belegt, doch ist dieses durchorganisierte System zweifellos das Ergebnis einer längeren Entwicklung.

7. Athen in der mykenischen Welt

Die Freilegung einer Burg aus der Schachtgräberzeit auf dem Kiapha Thiti hat gezeigt, daß sich auch in Attika um und nach 1600 bereits neue Herrschaften bildeten, doch bleiben die Auswirkungen dieser Entwicklung auf die Kräftekonstellation im Raum von Athen noch unklar.[90] Im Bereich der materiellen Kultur scheint während der frühmykenischen Keramikstilphase Späthelladikum (SH) I im 16. Jahrhundert die Übernahme neuer „mykenischer" Elemente in Athen und anderen attischen Siedlungen eher zögernd erfolgt zu sein.[91] Gleichwohl lassen Importvasen mit neuen Dekorationen in Athen darauf schließen, daß auch hier die Gesellschaft nunmehr

---

Ware from Stirrup-Jars, in: Krzyszkowska-Nixon, a. a. O. 121–128, die mykenischen Elemente (Bügelkannen mit Linear B-Zeichen) in der minoischen Wirtschaft des 13. Jahrhunderts darauf zurück, daß nach dem von ihm (mit Palmer) um 1375 angesetzten Ende der Palastsysteme auf Kreta "the Mycenaean bureaucratic class" auf der Insel geblieben sei.

[88] A. Heubeck, L'origine della lineare B, SMEA 23 (1982) 202f.
[89] Vgl. P. Warren, The Emergence of Mycenaean Palace Civilisation, in: J. Bintliff (Ed.), Mycenaean Geography. Proceedings of the Cambridge Colloquium Sept. 1976, Cambridge 1977, 68–72. Zur Entstehung der mykenischen Palastsysteme s. auch zusammenfassend Dickinson, Origins 107ff. Die architektonische Struktur der Palastanlagen erörtert K. Kilian, L'architecture des résidences mycéniennes: Origine et extension d'une structure du pouvoir politique pendant l'âge du bronze récent, in: Lévy, Système palatial 203–217.
[90] Vgl. Hagel – Lauter, Kiapha Thiti 13.
[91] Anderson Immerwahr, Agora XIII 149f.; Pantelidou, Athenai 249f.

stärker stratifiziert war. Etwa um 1500 (mit Beginn des SH II A) wurden mykenische Kultureinflüsse in Athen und Attika erheblich stärker. Einzelne Familien auf der Akropolis leisteten sich relativ kostbare importierte Gefäße aus der Argolis und aus Kreta. In der „Unterstadt" scheint sich nach dem Befund der Gräber vor allem südlich der Akropolis die besiedelte Fläche weiter ausgedehnt zu haben. Gegen Ende der Periode SH II entstanden am Nordhang des Areopags reich ausgestattete typisch „mykenische" Kammergräber. Das berühmte sog. Grab der Elfenbeinpyxiden – die Ruhestätte einer wohlhabenden Frau – ist wohl schon dem Beginn des SH III A (um 1400) zuzuweisen.[92] Es wurde zweifellos von einer der ersten Familien im damaligen Athen angelegt. Spuren eines „fürstlichen" Kuppelgrabes sind in Athen allerdings nicht entdeckt worden. Demgegenüber waren bereits vor 1400 Tholosgräber in Thorikos und bei Marathon errichtet worden. Ein weiteres Kuppelgrab entstand im 14. Jahrhundert bei Menidi nördlich von Athen. Aus dieser Zeit stammen ferner zwei bedeutende Kammergräber bei Spata.[93] Die genannten Anlagen zeugen von einem beachtlichen Reichtum der führenden Familien an diesen Plätzen. Auch in Brauron und Eleusis bestanden damals offenbar größere Siedlungen unter lokalen „Dynasten". Über die faktischen Machtverhältnisse in Attika sagt dieser Befund allerdings wenig aus. Die Machtbereiche der lokalen „Herren" lassen sich nicht im einzelnen rekonstruieren. Auch die Beziehungen zwischen Athen und der nur drei Wegstunden entfernten Siedlung bei Menidi bleiben eine offene Frage. Wir wissen nicht, ob die wohlhabende Familie, die das Kuppelgrab bei Menidi anlegen ließ, einen eigenständigen Herrschaftsbereich besaß oder in irgendeiner Form von Athen abhängig war. Nicht jedes Kuppelgrab war die Ruhestätte eines „Monarchen", und in Athen kann durchaus ein Tholosgrab errichtet worden sein, das vielleicht durch spätere Bautätigkeit völlig zerstört worden ist.[94]

Ein Indiz für die wachsende Bedeutung Athens etwa seit der Wende vom 15. zum 14. Jahrhundert (dem Beginn der Phase SH III A) ist aber die dichtere Besiedlung. Außerhalb der Akropolis, auf der die dominierende Familie residierte, lagen bevorzugte Wohngebiete jetzt vor allem im Süden, wie aus den dortigen Friedhöfen zu schließen ist.[95] Möglicherweise lebten in

---

[92] Anderson Immerwahr, Agora XIII 158–169 (Tomb I).
[93] Vgl. Hope Simpson, Mycenaean Greece 50.
[94] Vgl. Ålin, Fundstätten 117; Anderson Immerwahr, Agora XIII 150. Generell zur Funktion und Verbreitung der Tholosgräber: P. Darcque, Les Tholoi et l'organisation socio-politique du monde mycénien, in: R. Laffineur (éd.), Thanatos. Les coutumes funéraires en Égée à l'âge du bronce. Actes du colloque de Liège (21–23 avril 1986), Lüttich 1987, 185–205.
[95] Der Nordhang der Akropolis war demgegenüber in dieser Zeit offenbar kaum

diesem Gebiet auch einige relativ wohlhabende Familien, die nicht zur engeren Umgebung des Dynasten auf der Akropolis gehörten. Das besiedelte Areal bestand aber weiterhin aus einzelnen Wohnkomplexen. Aus den Grabfunden wird deutlich, daß Kontakte mit anderen Plätzen in Attika sowie mit der Argolis, mit Boiotien und mit Euboia bestanden. Feine Gefäße und Gold- und Elfenbeinschmuck wurden wohl vor allem aus der Argolis bezogen. Athenische Werkstätten übernahmen von dort Anregungen, bewahrten aber auch traditionelles einheimisches Formengut.[96] Aufgrund der Keramikfunde wurde freilich vermutet, daß Athen insgesamt gesehen im Unterschied zu verschiedenen attischen Siedlungen des Binnenlandes und des Küstengebietes im 14. Jahrhundert am Aufschwung des Handels noch wenig Anteil hatte.[97] Dieser Eindruck kann indes täuschen und erlaubt kaum den Schluß, daß Athen damals gewissermaßen rückständig war. Athen war zweifellos integriert in die im ganzen einheitliche materielle Kultur der mykenischen Welt, und der Aufstieg der Herren der Akropolis zum bedeutendsten Machtfaktor in Attika im 13. Jahrhundert setzt voraus, daß sie etwa seit dem ausgehenden 14. Jahrhundert schon über beachtliche Ressourcen verfügten.

Die Errichtung starker Stützmauern für größere Terrassen auf der Akropolis ist ins frühe 13. Jahrhundert (nach Beginn der Keramikstilphase SH III B) zu datieren.[98] Wahrscheinlich entstand in der Folgezeit auf dem Burgberg ein Palast, von dem vermutlich eine östlich vom Erechtheion gefundene mykenische Säulenbasis sowie wohl auch zwei Treppenstufen stammen.[99] Eine Rekonstruktion der Palastanlage ist indes nicht möglich. Die spärlichen Reste befanden sich nicht mehr an ihrem ursprünglichen Platz. Der Haupteingang zum Terrassenplateau lag wohl jetzt schon auf der Westseite der Akropolis, während am Nordhang ein Steilpfad mit einer Felstreppe zu einem Nebeneingang führte.

Mehrere Jahrzehnte später wurde die Akropolis durch die sog. Zyklopische Mauer zu einer gewaltigen Burg ausgebaut. Die Befestigung umfaßte die gesamte Tafelfläche und schloß auch eine nur von der Innenseite der Mauer

---

bewohnt. Dortige reichere Gräber sind vermutlich der Siedlung auf der Akropolis selbst zuzuordnen. Vgl. Pantelidou, Athenai 252.

[96] Neben feiner dekorierter mykenischer Keramik wurde weiterhin monochrome und mattbemalte Ware in mittelhelladischer Tradition produziert. Reiches Material stammt aus vier mykenischen Brunnen am Südhang der Akropolis. Dazu ausführlich P. A. Mountjoy, Four Early Mycenaean Wells from the South Slope of the Acropolis of Athens, Miscellanea Graeca, fasc. 4, Gent 1981.

[97] Pantelidou, Athenai 255.

[98] Zum Folgenden Iakovidis, Citadels 77 ff. Vgl. dens., Wehrbauten 196 ff. Zur Funktion der Stützmauern s. jetzt Hiesel, Späthelladische Hausarchitektur 177.

[99] C. Nylander, Die sog. mykenischen Säulenbasen auf der Akropolis in Athen, OpAth 4 (1962) 31 ff.

her zugängliche Brunnenanlage ein, die in eine Felsspalte der Nordseite eingefügt wurde und mit ihrem ca. 35 m tiefen Treppenschacht ein „Meisterwerk der mykenischen Baukunst" (Iakovides) darstellt.[100] Als eine Art Vorwerk wurde ferner das niedriger gelegene sog. Grottenplateau an der Nordwestseite der Akropolis in die Festung einbezogen. Der Nebeneingang auf der Nordseite wurde damals offenbar geschlossen, der Haupteingang im Westen hingegen monumental gestaltet. Eine massive, durch ihren nordöstlichen Teil mit der Burgmauer verbundene Bastion sicherte den Zugang. Der Bau dieser „zyklopischen" Befestigungen ist etwa in dieselbe Zeit (spätes 13. Jahrhundert) wie die Nordosterweiterung der Burg von Mykene und die Verstärkung der Unterburg von Tiryns zu datieren.[101]

Die Burgherren von Athen müssen damals ein beachtliches Potential an Arbeitskräften zur Verfügung gehabt haben, die wohl nicht nur aus den Siedlungen in und um Athen rekrutiert worden sind. Die athenische Dynastie wird daher im 13. Jahrhundert ihre Macht erheblich ausgeweitet haben. Diese Entwicklung ist freilich nicht als frühe „staatliche" Einigung Attikas zu verstehen.[102] Die mykenischen Burgen waren keine Zentren staatlich organisierter Gemeinwesen im Sinne der klassischen griechischen Polis mit einer bürgerlichen Gemeinschaft, die diese Organisation trug, sondern Herrschaften patrimonialen Typs,[103] die in unterschiedlicher Intensität die nähere und weitere Umgebung der Residenzen umfaßten und im Aufbau ihrer „Verwaltung" zugeschnitten waren auf die ökonomischen Bedürfnisse des herrscherlichen Haushaltes, des Oikos des Dynasten. Patrimonial war dieses System insofern, als der Herrscher aufgrund seiner überlegenen und

---

[100] O. Broneer, A Mycenaean Fountain on the Athenian Acropolis, Hesperia 8 (1939) 317 ff.; ders., Athens in the Late Bronze Age, Antiquity 30 (1956) 12 f.; Iakovides, Wehrbauten 198 ff.; J. Mck. Camp II, Water and the Pelargikon, in: Studies Presented to Sterling Dow, Durham, North Carolina, 1984, 37–41.

[101] Iakovides, Wehrbauten 198. – Bundgaard, Parthenon 17, datiert die Zitadelle rund 100 Jahre später, hat damit aber keine Zustimmung gefunden. Vgl. H. A. Thompson, AJA 82 (1978) 257; C. G. Thomas, Theseus and Synoicism, SMEA 23 (1982) 343. Im übrigen spricht die Befestigung der Akropolis gegen die von I. Th. Hill, The Ancient City of Athens. Its Topography and Monuments, Chicago 1969, 16, in Erwägung gezogene Möglichkeit, daß Athen um 1200 v. Chr. relativ unbedeutend war.

[102] Die zuerst bei Thuk. II 15 greifbare athenische Gründungsgeschichte ist ein relativ später Mythos; vgl. oben Anm. 5.

[103] S. Deger-Jalkotzy, Zum Charakter und zur Herausbildung der mykenischen Sozialstruktur, in: Heubeck – Neumann, Res Mycenaeae 89–111; dies., "Near Eastern Economies" versus "Feudal Society": Zum mykenischen Palaststaat, in: Studies in Mycenaean and Classical Greek Presented to John Chadwick, ed. by J. T. Killen – J. L. Melena – J.-P. Olivier, Salamanca 1987, 137–150.

in der Regel wohl durch Erbfolge übernommenen Macht ein Verfügungsrecht über Land und Leute beanspruchte, wenn auch weiterhin „nichtkönigliches" Bodeneigentum existierte, da die Herren der großen Paläste, die im 14. und 13. Jahrhundert die dominierenden Machtfaktoren der mykenischen Welt bildeten, ältere Strukturelemente wie die interne Ordnung der Siedlungsgemeinschaften nicht flächendeckend beseitigt, sondern in ihre eigene Herrschaftsorganisation integriert hatten.

Die Organisation einer von der Palastzentrale abhängigen Hierarchie von Funktionären war ohne vielfache Anregungen aus der älteren minoischen Praxis wohl kaum möglich. In einem zweifellos längeren historischen Prozeß wurde jedenfalls auf dem griechischen Festland im Umkreis einiger Burgen die Ausübung von Macht und Herrschaft intensiviert und gleichsam modernisiert. Nachdem sich in dem schon erwähnten System von unabhängigen, relativ kleinräumigen Herrschaften der frühmykenischen Zeit in den einzelnen Regionen bereits ein Machtgefälle zwischen lokalen Dynasten entwickelt hatte, begünstigten offenbar hierdurch bedingte unterschiedliche Möglichkeiten der Machterweiterung die Entstehung größerer Herrschaftszentren, die innerhalb eines Landschaftsraumes dominierend wurden. Keine Dynastie konnte indes die Herrschaft über größere Teile Griechenlands oder gar über das gesamte hellenische Festland gewinnen.[104] Die „Großresidenzen" wurden keine Kristallisationskerne weitflächiger Reichsbildung.

Die Entstehung des neuen Systems von Palastresidenzen vollzog sich freilich in einem Großraum mit einer relativ homogenen materiellen Kultur. Daher ist anzunehmen, daß der Ausbau der palatialen „Verwaltung" an den Herrschaftszentren ähnlich wie geraume Zeit früher in Kreta sich in Form einer Interaktion vollzog,[105] indem organisatorische Neuerungen im Macht-

---

[104] Allerdings wurde in der Forschung immer wieder unter Hinweis auf die hethitischen Aḫḫijāvā-Urkunden sowie auf die Führungsrolle Agamemnons im homerischen Epos angenommen, daß die Herren Mykenes eine Art Hegemonie in Griechenland ausgeübt hätten. Im Epos handelt es sich indes um eine poetische Fiktion, während die Lokalisierung des „Aḫḫijāvā-Reiches" nach wie vor ein offenes Problem ist; vgl. etwa Helck, Beziehungen 151 ff. Selbst wenn der Aḫḫijāvā-Herrscher in Mykene residiert haben sollte (H. G. Güterbock, AJA 87, 1983, 133 ff.; vgl. M. J. Mellink, ebd. 138 ff.; T. R. Bryce, The Nature of Mycenaean Involvement in Western Anatolia, Historia 38, 1989, 1–21), besagt dies nicht, daß der dortige Wanax die Hegemonie über ganz Griechenland ausübte; vgl. C. G. Thomas, JHS 90 (1970) 184–192. Siehe aber demgegenüber zuletzt G. A. Lehmann, Die 'politisch-historischen' Beziehungen der Ägäis-Welt des 15.–13. Jh. v. Chr. zu Ägypten und Vorderasien, einige Hinweise, in: Zweihundert Jahre Homerforschung, Colloquium Rauricum, Bd. 2, hrsg. von J. Latacz, Stuttgart – Leipzig 1991, 105–126.

[105] Zur Problematik vgl. generell C. Renfrew, in: Renfrew – Cherry, Peer Polity Interaction 1 ff.

bereich einer bestimmten Dynastie zu ähnlichen Bestrebungen der Herren anderer Machtzentren führten, denn die Machthaber in den konkurrierenden Großresidenzen standen sicherlich unter einem permanenten Druck der Herrschaftsintensivierung, wenn sie nicht von zielstrebig agierenden Dynasten in benachbarten Regionen überflügelt werden wollten.

Eindeutige Herrschaftszentren mit schriftlicher Palastverwaltung waren nach Ausweis der Linear B-Funde die Residenzen in Knossos, Pylos, Mykene, Tiryns und Theben. Die uns vorliegenden Tontäfelchen mit Verwaltungsnotizen blieben an diesen Orten nur dadurch erhalten, daß sie im Brand der Aufbewahrungsräume erhärteten und vom Schutt überdeckt wurden. Im normalen Verwaltungsgang zerfielen die Schriftträger nach einiger Zeit, da der Ton in feuchtem Zustand beschriftet und dann nur getrocknet, nicht aber gebrannt wurde. Die Masse der Tafeln stammt aus Knossos und Pylos. Die Bezeichnungen für die Funktionäre der Verwaltung und die Begriffe des sozialen Lebens stimmen in den Zeugnissen verschiedener Herkunft überein, so daß eine im wesentlichen gleiche Herrschaftsorganisation anzunehmen ist. Zu beachten ist freilich, daß es sich in Knossos um eine Art Fremdherrschaft einer ursprünglich vom griechischen Festland stammenden Dynastie gehandelt haben muß. Insofern bestand hier eine besondere Situation. Auch waren hier die wirtschaftlichen Interessen zum Teil anders gelagert, da auf Kreta Schafzucht und Textilverarbeitung größere Bedeutung als etwa in Pylos hatten.[106] Ein weiterer Unterschied bestand darin, daß mykenische Griechen in Knossos eine bereits funktionsfähige Palastorganisation übernehmen und weiterführen konnten, während die Machthaber in Pylos wohl erst im 13. Jahrhundert die Herrschaft über Messenien gewonnen und im Zuge dieser Expansion eine Reihe von lokalen Dynastien unterworfen bzw. in den eigenen Machtbereich eingegliedert haben. In beiden Fällen handelte es sich um beachtlich weite Herrschaftsbereiche.

In der Argolis bildete Mykene weiterhin das größte Herrschaftszentrum im 14. und 13. Jahrhundert, doch war auch Tiryns eine gewaltige Palastburg mit schriftlicher „Verwaltung".[107] Kleinere Dynastien sind im Einflußbereich von Mykene und Tiryns offenbar nicht ausnahmslos beseitigt worden. In den Tholosgräbern bei Berbati und Dendra, die mit „Herrensitzen" in Verbindung zu bringen sind, reichen die Grabbeigaben zwar nur bis in die

---

[106] Vgl. Hiller – Panagl, Frühgriechische Texte 126 ff., 135 ff.

[107] Auch im Kunsthandwerk war Tiryns neben Mykene zweifellos ein bedeutendes Zentrum (K. Moser v. Filseck, Der Alabasterfries von Tiryns, AA 1986, 32). H. Lauter, Nouveaux aspects du palais de Mycènes au HR III B, in: Lévy, Système palatial 225, vermutet freilich, daß Mykene und Tiryns von derselben Dynastie beherrscht wurden.

Keramikphase SH III A,[108] doch war Midea (bei Dendra) vor den Palastkatastrophen um 1200 eine bedeutende Festung, wenn auch der Ort in irgendeiner Form von Mykene abhängig gewesen sein mag. Wahrscheinlich ist in Midea erst gleichzeitig mit dem letzten großen Ausbau von Tiryns und Mykene eine weiträumige Fluchtburg entstanden.[109] Kleinburgen wie die Anlage auf dem Profitis Elias im Einflußbereich von Tiryns waren sicherlich abhängige Herrensitze.[110] Aber auch die größeren Siedlungen in Argos und Asine konnten mit dem Machtpotential der beiden Palastburgen in der Argolis kaum konkurrieren.

In Boiotien war Orchomenos neben Theben ein weiteres palatiales Zentrum, so daß in diesem Raum ein machtpolitischer Dualismus anzunehmen ist.[111] Unklar sind die Machtverhältnisse des 13. Jahrhunderts in Lakonien[112] und Thessalien.[113] Möglicherweise konnten hier ähnlich wie in einigen anderen Bereichen des mykenischen Kulturkreises, in denen keine eindeutig dominierenden Machtzentren zu erkennen sind, kleinere Herrschaften ihre Selbständigkeit behaupten.

Demgegenüber bestand in Attika damals zweifellos ein deutliches Machtgefälle. Keine andere attische Siedlung besaß derartige Wehranlagen wie Athen. Als Festung läßt sich Athen durchaus mit den Machtzentren vergleichen, aus denen die mykenischen Verwaltungsnotizen stammen, wenn auch der Palast auf der Athener Akropolis vermutlich weniger monumental gestaltet war als die Residenzen in Mykene, Tiryns und Pylos. Wir wissen

[108] Zur Datierung der Gräber vgl. Pelon, Tholoi 177 ff. – Ein erst 1981 entdecktes Tholosgrab bei Kokla 5 km südwestlich von Argos stammt offenbar aus der 2. Hälfte des 15. Jahrhunderts; vgl. H. W. Catling, AR 1982/83, 26 f.

[109] P. Åström – K. Demakopoulou, New Excavations in the Citadel of Midea 1983–84, OpAth 16,2 (1986) 19–25. – Åström, Die Akropolis von Midea um 1200 v. Chr., in: Thomas, Ägäische Vorgeschichte 7 ff., vermutet, daß die Siedlung auf der Burg um 1200 durch ein Erdbeben zerstört wurde.

[110] Vgl. K. Kilian, JHAW 1981, 76 ff.

[111] Zur Situation in Boiotien vgl. jetzt St. Hiller, Die Stellung Böotiens im mykenischen Staatenverband, in: Beister – Buckler, Boiotika 51–64. – Die größte Befestigungsanlage der mykenischen Zeit, die „Burg" auf dem Felsen von Gla, die wohl zum Schutz des Kopaïsbeckens diente, gehörte möglicherweise zum Einflußbereich von Orchomenos. Wie in Theben bestand wohl auch in Orchomenos ein Verwaltungszentrum. Das hier gefundene Gefäß mit Linear B-Zeichen stammt allerdings wie die meisten anderen auf dem Festland entdeckten Bügelkannen dieser Art (u. a. in Eleusis in Attika) aus Westkreta. Vgl. H. W. Catling – J. F. Cherry – R. E. Jones – J. T. Killen, BSA 75 (1980) 49–113; E. Hallager, The Inscribed Stirrup Jars: Implications for Late Minoan III B Crete, AJA 91 (1987) 171–190. Vgl. auch Kopcke, Handel 56 ff.

[112] Vgl. Hope Simpson, Mycenaean Greece 101 f. und 211.

[113] Hope Simpson, a. a. O. 161.

selbstverständlich nicht, ob der athenischen Dynastie eine ähnliche Herrschaftsintensivierung gelungen ist wie den Palastherren, deren Verwaltungsregistraturen aus den Linear B-Dokumenten zu erschließen sind. Zu beachten ist jedoch, daß entsprechende Zeugnisse auf der Athener Akropolis gar nicht zu erwarten sind, da der dortige Herrschersitz in spätmykenischer Zeit nicht niedergebrannt ist und infolgedessen keine im Feuer erhärteten Tontafeln mit Linear B-Schrift erhalten bleiben konnten. Voraussetzung für den Festungsbau war hier aber sicherlich ähnlich wie an anderen Machtzentren der mykenischen Welt eine gewisse palatiale Oikosorganisation, die sich über Gefolgs- und Dienstleute des Palastherrn und über lokale Eliten weit ins Land hinein verlängerte. Sozialstruktur und Herrschaftssystem in Attika waren schwerlich atypisch im mykenischen Griechenland. Insofern erscheint es berechtigt, zum Verständnis der Verhältnisse im Macht- und Einflußbereich der Dynastie auf der Athener Akropolis auf Aussagen der Linear B-Texte (insonderheit aus Pylos) zu verweisen. Im übrigen wird am Beispiel Messeniens deutlich, daß sich die Konzentration der Macht in der Palastresidenz von Pylos und eine gewisse organisatorische Selbständigkeit der von Pylos aus beherrschten Siedlungen keineswegs ausschlossen. Ähnlich wie Pylos hatte sich auch Athen wohl erst in der Keramikphase SH III B im 13. Jahrhundert zu einem Herrschaftszentrum entwickelt, und diese neue Lagerung der Macht in Attika hatte wohl kaum eine Siedlungskonzentration im Sinne einer Übersiedlung großer Bevölkerungsgruppen in die unmittelbare Umgebung der Athener Residenz zur Folge. Ältere attische „Herrensitze" und bedeutendere Siedlungen wie Thorikos, Brauron und Eleusis wurden im 13. Jahrhundert nicht aufgegeben.

8. Mykenische Herrschafts- und Sozialstrukturen

Das Problem der Interpretation frühgriechischer Begriffe der sozialen, wirtschaftlichen und politischen Ordnung liegt vor allem darin, daß zahlreiche Termini durch den Niedergang der mykenischen Systeme obsolet geworden sind bzw. mit dem allgemeinen Wandel in nachmykenischer Zeit einen neuen Sinn erhalten haben.

Eindeutig ist zunächst die Bezeichnung des mykenischen Palastherrn, des wa-na-ka. Sie entspricht dem späteren Begriff (w)anax (ἄναξ) für einen göttlichen oder menschlichen Gebieter. Eine Divinisierung oder göttliche Verehrung des wa-na-ka ist nicht explizit belegt. Wohl aber übte der Herrscher auch höchste priesterliche Funktionen aus. Ein Teil seines Grundbesitzes galt als te-me-no. Dieses Land diente vielleicht vorwiegend für die Bedürfnisse der Hofhaltung. In den homerischen Epen bezeichnet τέμενος ein besonderes Landstück (Acker-, Weide- und Gartenland), das dem Anführer einer Wehrgemeinschaft oder einem hervorragenden Krieger zugestanden wird.

Ein weiteres te-me-no, dessen Fläche aber nur ein Drittel der Größe des te-me-no des wa-na-ka betrug, war in Pylos dem sog. ra-wa-ke-ta vorbehalten. Der Titel wird zumeist mit lawagetas transkribiert und könnte etwa „Führer des la(w)os" bedeuten, sofern la(w)os (λαός) bereits als „Volk", „Volksmenge", „Kriegsvolk" im späteren Sinne verstanden wurde. Besondere Aufgaben des ra-wa-ke-ta werden indes nicht genannt, so daß offenbleibt, ob er Militärbefehlshaber war oder andere Funktionen erfüllte oder möglicherweise als Mitglied der Herrscherfamilie die zweithöchste Position in Pylos eingenommen hat.[114]

Als Rangbezeichnung für einen „Gefolgsmann", der wohl vom wa-na-ka mit besonderen Aufgaben (vor allem im militärischen Bereich) betraut und mit Grundbesitz ausgestattet wurde, diente offenbar e-qe-ta (ἑπέτας).[115] Persönliche Gefolgschaften, die zweifellos bereits in den Anfängen mykenischer Herrschaftsbildung eine verläßliche Stütze lokaler Dynasten waren, bedeuteten auch für den wa-na-ka einer Palastburg eine wesentliche Machtbasis. Die entwickelten mykenischen Systeme erforderten nach wie vor Gefolgsleute, die das besondere Vertrauen des wa-na-ka besaßen und als Instrument zur Kontrolle der „Funktionäre" der Palastorganisation und der lokalen Oberschichten im Einflußbereich der großen Residenzen verwendet werden konnten.

Einen hohen sozialen Rang nahm auch der mo-ro-qa ein. Die präzise Bedeutung dieses Begriffs ist unklar, doch ist zu erkennen, daß ein mo-ro-qa außerhalb des Palastes etwa als ko-re-te fungierte, d. h. als „Distriktfunktionär" in einem der insgesamt 16 Bezirke des pylischen Herrschaftsbereichs, der zudem in zwei sog. „Provinzen" unterteilt war,[116] in denen jeweils ein sog. du-ma spezielle Aufgaben wahrnahm. Die Funktionen des du-ma sind aber im einzelnen nicht bekannt, und es ist unsicher, ob ihm die ko-re-te-re

---

[114] Die Belege für wa-na-ka und ra-wa-ke-ta behandelt ausführlich Carlier, Royauté 40ff., 102ff. Generell zur politischen und sozialen Struktur der mykenischen Herrschaften: Hiller – Panagl, Frühgriechische Texte 278ff., sowie die oben Anm. 103 genannten Aufsätze von S. Deger-Jalkotzy. Wertvoll ist immer noch die ältere Arbeit von K. Wundsam, Die politische und soziale Struktur in den mykenischen Residenzen nach den Linear B-Texten, Diss. Wien 1967 (erschienen 1968). – Zum τέμενος in Linear B und bei Homer vgl. jetzt W. Donlan, Homeric τέμενος and the Land Economy of the Dark Age, MH 46 (1989) 129ff.

[115] Stellung und Funktionen der mykenischen „Gefolgsleute" erörtert S. Deger-Jalkotzy, E-qe-ta. Zur Rolle des Gefolgschaftswesens in der Sozialstruktur mykenischer Reiche, SAWW 344, Wien 1978.

[116] Vgl. St. Hiller, Studien zur Geographie des Reiches um Pylos nach den mykenischen und homerischen Texten, SAWW 278, 5, Wien 1972, 11ff.

(Plur. von ko-re-te) in der betreffenden „Provinz" irgendwie unterstellt waren.[117] Ein lokaler Funktionär war offenbar der qa-si-re-u (Plur.: qa-si-re-we). Sprachlich ist das Wort wohl mit βασιλεύς – der späteren Bezeichnung für einen „Herrscher" oder einen adligen Herrn – zu verbinden, doch kann der qa-si-re-u nur „Vorsteher" eines begrenzten Personenkreises gewesen sein.[118] Den qa-si-re-we, die vermutlich aus den lokalen Oberschichten stammten, oblag an einzelnen Orten u. a. die Kontrolle der Bronzezuteilung an bestimmte Gruppen von Schmieden.

Relativ ausführliches Material liegt zum Landverteilungssystem im pylischen Bezirk pa-ki-ja-ne vor, wo ein größeres Heiligtum lag.[119] „Besitz" und Nutzung von Ländereien bzw. Parzellen verschiedener Kategorien waren mit Abgaben und Leistungen verbunden, von denen aber bestimmte Personen befreit sein konnten. Die als ko-to-na (κτοῖναι)[120] bezeichneten Grundstücke sind unterteilt in ko-to-na ki-ti-me-na und ke-ke-me-na ko-to-na. Als „Besitzer" von ko-to-na ki-ti-me-na erscheinen sog. te-re-ta (τελεσταί), die auch als ko-to-no-o-ko (κτοινοόχοι, Inhaber von Grundstücken) bezeichnet werden und wohl zu bestimmten Leistungen verpflichtet waren, da das Substantiv te-re-ta vom gleichen Stamm wie das Verb te-re-ja-e abzuleiten ist, das offenbar die Grundbedeutung „Abgaben entrichten", „Verpflichtungen erfüllen" hatte. Des weiteren zählten zu den ko-to-no-o-ko

[117] Offenbar erhielten die ko-re-te-re auch wichtige Anweisungen direkt von der Zentrale. Vgl. die pylische Tafel PY Jn 829, die allgemein als Befehl zur Requirierung von Tempelbronze durch Funktionäre des Wanax verstanden wird. Anders J. T. Hooker, The End of Pylos and the Linear B Evidence, SMEA 23 (1982) 214 f., der die Auffassung vertritt, daß die Funktionäre die Bronze an die Tempel abzuliefern hatten.
[118] Vgl. Gschnitzer, Basileus 99 ff. – Nach der Tafel PY Jo 438 hatte ein qa-si-re-u eine beträchtliche Goldmenge abzuliefern. Der Besitz der einzelnen qa-si-re-we scheint sehr unterschiedlich gewesen zu sein.
[119] Vgl. St. Hiller, Mykenische Heiligtümer: Das Zeugnis der Linear B-Texte, in: Sanctuaries and Cults in the Aegean Bronze Age, ed. by R. Hägg – N. Marinatos, Stockholm 1981, 107 f. – Zur Lage von pa-ki-ja-ne: R. Guglielmino, pa-ki-ja-ne, la ierapoli di Pilo, SMEA 23 (1982) 144 ff. – Ob das Heiligtum gleichsam eine Wirtschaftseinheit „im Sinne der orientalischen Tempelwirtschaft" (Hiller, a. a. O. 122) darstellte, bleibt fraglich. Vgl. jetzt E. Stavrianopoulou, Untersuchungen zur Struktur des Reiches von Pylos. Die Stellung der Ortschaften im Lichte der Linear B-Texte, Partille 1989, 121 ff., die betont, daß der Tempel von der Kontrolle des Palastes abhängig war. Siehe auch P. Carlier, Palais et sanctuaires dans le monde mycénien, in: Lévy, Système palatial 255–273.
[120] Ktoinai waren später auf Rhodos lokal organisierte Gemeinschaften. Die sprachliche Verbindung mit ko-to-na ist kaum zu bezweifeln, doch hat ein erheblicher Bedeutungswandel stattgefunden, da ko-to-na in den mykenischen Texten „Grundstücke" bzw. „Landparzellen" sind.

auch andere Personen mit unterschiedlichen Berufen und Aufgaben wie z. B. „Priester", „Hirten", „Walker", „Töpfer des wa-na-ka", „Männer des ra-wa-ke-ta". Als Gruppe waren die ko-to-no-o-ko offenbar Repräsentanten eines da-mo (δᾶμος = δῆμος). Hierunter ist hier nicht das „Volk" in seiner Gesamtheit, sondern eine „Landgemeinde" zu verstehen, die für die Verteilung der ke-ke-me-na ko-to-na zuständig war, deren „Nutznießung" als o-na-to („Pacht") galt. Die te-re-ta vergaben zusammen mit anderen ko-to-no-o-ko diese Ländereien, konnten aber auch selbst solche Grundstücke übernehmen und „Pächter" auf Teilen ihrer eigenen ko-to-na ki-ti-me-na einsetzen oder ihrerseits bei anderen te-re-ta eine „Nutznießung" (o-na-to) haben. Zahlreiche Personen, die nicht als „Grundstücksinhaber" (ko-to-no-o-ko) bezeichnet sind, erscheinen lediglich als „Pächter" (o-na-te-re) und üben zudem unterschiedliche Tätigkeiten wie z. B. als „Radmacher des ra-wa-ke-ta" oder als „Walker des wa-na-ka" aus oder stehen im Dienst des Kultes.

Weitere „Pächter" bzw. „Nutzungsberechtigte" werden do-e-ro bzw. (in der weiblichen Form) do-e-ra genannt. Es handelt sich bei diesen Begriffen zweifellos um Frühformen von δοῦλος und δούλη, den griechischen Bezeichnungen für einen Sklaven bzw. eine Sklavin. Die mykenischen do-e-ro und do-e-ra waren aber kaum ausnahmslos unfrei. Wahrscheinlich sind hiermit generell abhängige Personen niederen Standes in unterschiedlicher Stellung gemeint. Abhängigkeit konnte aber unter Umständen wohl auch Unfreiheit im rechtlichen Sinne bedeuten. So waren die in einem pylischen Verzeichnis von Bronzezuteilungen erwähnten do-e-ro vermutlich Sklaven von Schmieden, und eine Tafel aus Knossos scheint sich auf einen Sklavenkauf zu beziehen.[121] Hingegen bildeten im pylischen Bezirk pa-ki-ja-ne die sog. te-o-jo do-e-ro/do-e-ra („Diener" bzw. „Dienerinnen" der Gottheit) sowie die do-e-ro/do-e-ra von namentlich genannten Gottheiten einen Großteil der „Pächter", so daß sie vermutlich nicht unfrei waren. Andere do-e-ro, die mit Privatpersonen verbunden sind, unterscheiden sich in ihrer sozialen Stellung wenig von te-o-jo do-e-ro/do-e-ra, da sie ebenfalls Landparzellen hatten, die ihnen von der Landgemeinde (da-mo) oder etwa vom Inhaber einer als ka-ma bezeichneten weiteren Landkategorie übertragen wurden, deren Nutzung vermutlich zu bestimmten Arbeitsleistungen im Dienste des Palastes verpflichtete.[122] Ähnliche Auflagen waren wohl auch mit dem Nut-

---

[121] Vgl. Gschnitzer, Terminologie II 6. Siehe auch A. Uchitel, Women at Work. Pylos and Knossos, Lagash and Ur, Historia 33 (1984) 280f. Anders G. Wickert-Micknat, Gymnasium 93 (1986) 345, Anm. 11, die bestreitet, daß die Verbindung der Wörter qi-ri-ja-to = (ἐ)πρίατο, er hat gekauft, und do-e-ro ein „Beweis für die Identität der Begriffe do-e-ro und Sklave" ist.

[122] Die Bedeutung des Begriffs ka-ma ist unklar. E.J. Krigas, SMEA 26 (1987) 30ff., vermutet, daß Personen mit rituellen Verpflichtungen Land der Kategorie

zungsrecht an ke-ke-me-na ko-to-na verbunden. Priester und Priesterinnen sowie sonstiges Kultpersonal (d. h. te-o-jo do-e-ro/do-e-ra) erhielten solche Grundstücke vermutlich für sakrale Dienste. In ähnlicher Weise mögen Handwerker (zeitweilig?) für ihre Arbeit im Auftrag des wa-na-ka oder des ra-wa-ke-ta Nutzungsrechte an Parzellen bekommen haben. Die auffällige Parzellierung steht offenbar noch in der älteren Tradition eines landwirtschaftlichen Gartenbaus.[123] Allerdings scheinen die Landregister sich nicht auf das gesamte pylische Herrschaftsgebiet zu beziehen. Die zentrale „Verwaltung" verzeichnete eher Nutzungsrechte und daraus erwachsende Verpflichtungen von Personen, die im Dienst der palatialen Oikosorganisation standen oder zum Unterhalt weiterer Arbeiter in der Palastwirtschaft beizutragen hatten. Die zu bestimmten Abgaben und Leistungen verpflichteten te-re-ta erhielten vermutlich Land zu längerer oder dauernder Nutzung (ko-to-na ki-ti-me-na), konnten aber auch selbst Nutzungsrechte vergeben oder zusätzlich in Anspruch nehmen. Dieses System basierte nicht auf feudalistischen Prinzipien im Sinne des mittelalterlichen Lehnswesens,[124] wenn auch etwa Stellung und Funktion der „Gefolgsleute" des wa-na-ka sowie der Zusammenhang von Landverteilung und Abgaben und Dienstleistungen und die Abstufung der Besitzrechte am Grund und Boden einen Vergleich mit dem Feudalismus nahezulegen scheinen. Die Funktionsfähigkeit der Palastorganisation wurde durch die redistributiven Leistungen eines beachtlichen Verwaltungs- und Erzwingungsstabes garantiert, dessen Ausbau zu einer Art Hypertrophie des herrscherlichen Oikos geführt hatte,[125] während charakteristische Züge des Feudalismus wie die Entstehung einer Hierarchie autonomer Instanzen fehlen. Bis zur Katastrophe des Palastes in Pylos scheint die „Zentrale" im ganzen in der Lage gewesen zu sein, das Kontrollsystem mit Erfolg zu praktizieren, wenn es auch – wohl bedingt durch Störungen im Außenhandel – gewisse Engpässe gegeben haben mag.

Andererseits waren der Herrschaftsintensivierung Grenzen gesetzt. Das eigentliche Privatland war in den pylischen Buchungen offenbar nicht verzeichnet. Trotz der relativ großen Zahl der erhaltenen Tafeln hat die Palastregistratur schwerlich den gesamten messenischen Raum erfaßt,[126] zumal in

---

ka-ma erhielten. Demgegenüber versteht J. Chadwick, L'économie palatiale dans la Grèce mycénienne, in: Lévy, Système palatial 288, ka-ma als Kollektivbegriff für die als ke-ke-me-na bezeichneten Ländereien.

[123] Vgl. H.J. Morris, An Economic Model of the Late Mycenaean Kingdom of Pylos, Diss. University of Minnesota 1987, 71ff.

[124] Dazu A. Mele, Il catasto miceneo di Pilo, in: Terre et paysans 37.

[125] Vgl. die oben Anm. 103 genannten Arbeiten von S. Deger-Jalkotzy.

[126] St. Hiller, in: Hiller – Panagl, Frühgriechische Texte 317. Vgl. auch Hiller, Amnisos in den mykenischen Texten, Kadmos 21 (1982) 58f.

den Siedlungen zweifellos interne Organisationsformen weiterbestanden. In anderen Dynastien dürfte dies kaum anders gewesen sein. Die Registrierung und Kontrolle der Viehhaltung, der Landverteilung, der Arbeitsverpflichtungen, der Abgaben, der Verteilung von Rohstoffen und der Herstellung handwerklicher Produkte betraf daher in erster Linie die Palastwirtschaft im engeren Sinne. Die Funktionäre der palatialen Registratur in Pylos konnten nicht das gesamte Wirtschaftsleben Messeniens, dessen Bevölkerung sich auf mehr als 50000 Menschen belaufen haben mag, bis ins Detail planen und überwachen.[127] Sicherlich entstand ein großer Bedarf an Ländereien zur Versorgung der Arbeiter und Funktionäre im Dienst der Palastverwaltung. Hierzu reichten die eigenen Besitzungen des wa-na-ka kaum aus. So wurden vermutlich Dorfgemeinschaften gezwungen, bestimmte Grundstücke abzutreten, ohne daß aber diese Parzellen in das Eigentum von Arbeitskräften des Palastes übergingen. Möglicherweise handelte es sich bei der (zeitweiligen?) Abgabe solcher Grundstücke um eine Form der Tributleistung der Gemeinden. Die Regelungen, die bei der Verteilung von Ländereien der Gemeinden getroffen werden mußten, blieben aber offenbar Angelegenheit des da-mo. Des weiteren bestätigen Linear B-Tafeln die auch aus dem archäologischen Befund zu erschließende Existenz lokaler Oberschichten. Hervorzuheben ist eine pylische Aufstellung über bestimmte Goldmengen, die von örtlichen Eliten aufzubringen waren.

Die wirtschaftliche und militärische Macht konzentrierte sich jedoch an den großen Residenzen. Hierzu gehörte auch die Burg von Athen, wenn auch in Attika vermutlich ähnlich wie in anderen Teilen des mykenischen Kulturkreises ältere lokale Oberschichten eine gewisse Eigenständigkeit zu wahren vermochten. Andererseits fehlte dem Palastsystem, das – wie gesagt – strukturell eine überdimensionierte Oikoswirtschaft darstellte, jener Grad an Staatlichkeit, den die Polis durch die Institutionalisierung gemeinschaftsbezogener Funktionen erreichte. So war durch die dominierende Position der Herren der athenischen Akropolis im 13. Jahrhundert sicherlich noch kein attischer „Gesamtstaat" bzw. keine „staatliche Einheit" im eigentlichen Sinne entstanden, wohl aber die Voraussetzung für ein Zusammenwachsen der verschiedenen Landschaften in diesem Großraum geschaffen. Dieses Erbe der mykenischen Zeit Athens ging nach dem Ende der Palastsysteme nicht verloren.

---

[127] Carlier, Royauté 118f., weist darauf hin, daß aus den rund 1200 Tafeln des größtenteils erhaltenen Archivs von Pylos etwa 200 „Verwaltungsvorgänge" zu erschließen sind, die offenbar ca. ein Viertel der auf Tontafeln verzeichneten „Buchungen" eines Verwaltungsjahres ausmachten.

9. Der Zusammenbruch der Palastorganisation

Um 1200 v. Chr. brach das System der Palastherrschaften nach großen Katastrophen in weiten Teilen Griechenlands zusammen. Palast und „Unterstadt" von Pylos brannten völlig nieder. In Mykene, Tiryns, Theben und Orchomenos erlitten Residenzen und Siedlungen schwerste Zerstörungen.[128] Weitere Katastrophen ereigneten sich in Krisa (Phokis), in Midea und auf dem Profitis Elias in der Argolis, in Zygouries und Korakou in der Korinthia und beim sog. Menelaion in Lakonien. Eine Reihe von Siedlungen verödete. In Messenien verringerte sich die Bevölkerungszahl drastisch. Auch in Attika, wo keine schweren Zerstörungen nachweisbar sind, ging die Zahl der Siedlungen zweifellos zurück.

Die Palastverwaltung konnte nach diesen Ereignissen, deren zeitliche Abfolge im einzelnen offenbleiben muß, nirgendwo aufrechterhalten oder reorganisiert werden; die mykenische Welt sank in die Schriftlosigkeit zurück. Andererseits ist in der Argolis eine gewisse Siedlungskonzentration in Tiryns, Mykene, Asine und Argos zu erkennen. In Tiryns entstand nach einer Übergangszeit Anfang des 12. Jahrhunderts in der Frühphase des Keramikstils SH III C außerhalb der Akropolis eine nach Plan angelegte Siedlung, die größer als die vorausgehende SH III B-Siedlung war.[129] Auch in Mykene scheint die besiedelte Fläche nunmehr größer geworden zu sein. Eine ähnliche Neustrukturierung des Siedlungsbildes scheint sich nach dem derzeitigen Forschungsstand in Lakonien abzuzeichnen.[130] Des weiteren deuten neue Untersuchungen in Theben darauf hin, daß hier zwar das Palastareal nach der Katastrophe um 1200 verlassen wurde, die bislang ansässige Bevölkerung oder zumindest ein Teil der mykenischen Bewohner Thebens aber weiterhin am Fuß der Kadmeia siedelte.[131]

In bezug auf die Argolis ist die ältere These, daß die Bevölkerung dort nach 1200 stark zurückgegangen und zu einem erheblichen Teil abgewandert

---

[128] Hierzu und zum Folgenden K. Kilian, Zum Ende der mykenischen Epoche in der Argolis, JRGZM 27 (1980) 166 ff.; ders., Neue historische Aspekte des Spätmykenischen. Ergebnisse der Grabungen in der Argolis, JHAW 1981, 76 ff.; ders., La caduta dei palazzi micenei continentali: aspetti archeologici, in: Musti, Origini 73 ff. Vgl. auch die Berichte Kilians über die Grabungen in Tiryns: AA 1978, 449 ff.; AA 1979, 379 ff.; AA 1981, 149 ff.; AA 1982, 393 ff.; AA 1983, 277 ff.; AA 1988, 105 ff. Zum Befund in Mykene: Sp. Iakovidis, The Present State of Research at the Citadel of Mycenae, BIAL 14 (1977) 99 ff.

[129] Vgl. dazu vor allem die Anm. 128 genannten Arbeiten K. Kilians.

[130] K. Demakopoulou, To mykinaïko hiero sto Amyklaio kai i YE III Γ periodos sti Lakonia, Athen 1982, 120 ff.

[131] V. Aravantinos, Nuovi elementi sulle catastrofi nella Tebe micenea. Osservazioni preliminari, in: Musti, Origine 349 ff.

sei, fraglich geworden.[132] Gleichwohl sind Bevölkerungsbewegungen nach den Palastkatastrophen nicht zu bestreiten. Arkadien wurde allem Anschein nach ein Rückzugsgebiet mykenischer Griechen. Auch in Achaia nahm die Bevölkerung offenbar zu.[133] Neusiedler aus dem mykenischen Kulturkreis sind auf Chios, Naxos, Kreta und Kypros anzunehmen.[134] Vielfach scheinen aber jeweils nicht allzu große Gruppen neue Wohnsitze gesucht zu haben, wie etwa das Beispiel Lefkandis zeigt, wo eine neu angelegte frühe SH III C-Siedlung nach einiger Zeit von einer anderen Schar von Neuankömmlingen in Besitz genommen wurde.[135]

Die Ursachen der Zerstörungen um 1200 lassen sich nicht in befriedigender Weise erklären. Die materielle Kultur des 12. Jahrhunderts behielt weiterhin ihre mykenische Prägung, und die in der Anlage neuer Siedlungen (insonderheit in Tiryns) sich manifestierende Planung läßt auf Führungskräfte in mykenischer Tradition schließen, so daß schwerlich bereits damals dorische Bevölkerungselemente die Herrschaft in der Argolis an sich gerissen haben, wie man in der älteren Forschung gemeint hat.

Etwa gleichzeitig mit den Katastrophen in Griechenland wurden größere Teile der östlichen Mittelmeerwelt von Wanderbewegungen kriegerischer Scharen und Zerstörungen betroffen. Das mächtige Hethiterreich und seine Vasallenstaaten brachen zusammen, und der Pharao Ramses III. konnte eine Welle von sog. Seevölkern gleichsam erst vor den Toren Ägyptens zurückschlagen.[136] Daß Seevölker aus dem östlichen Mittelmeer nach Griechenland vorstießen, ist nicht auszuschließen, aber auch nicht stringent zu

[132] K. Kilian, JRGZM 27 (1980) 173f.

[133] Der Bevölkerungsanstieg in Achaia scheint allerdings in der älteren Forschung überschätzt worden zu sein. Achaia wurde vermutlich kein ausgesprochenes Rückzugsgebiet für mykenische Griechen aus den Räumen der zerstörten Paläste. Vgl. jetzt S. Deger-Jalkotzy, Zum Ende der mykenischen Zeit in Achaia, in: Thomas, Ägäische Vorgeschichte 2f.; ferner Th. J. Papadopoulos, Mycenaean Achaea, II, Göteborg 1978, fig. 31–33, p. 19f., zur Zahl der bekannten Siedlungen in den Perioden SH III A, B und C.

[134] Zur Entwicklung auf Kypros vgl. den Überblick von A. Snodgrass, Cyprus and Early Greek History, Nicosia 1988.

[135] M. R. Popham – L. H. Sackett, Excavations at Lefkandi, Euboea, 1964 – 66, London 1968, 34.

[136] Vgl. G. A. Lehmann, Die mykenisch – frühgriechische Welt und der östliche Mittelmeerraum in der Zeit der „Seevölker"-Invasionen um 1200 v. Chr., Rhein.-Westf. Akad. d. Wiss., Vorträge G 276, Opladen 1985, 20ff. – Ob auch die Zerstörung von Troja VII a in diesen allgemeinen Katastrophenhorizont gehört, bleibt fraglich; vgl. C. Podzuweit, Die mykenische Welt und Troja, in: B. Hänsel (Hrsg.), Südosteuropa zwischen 1600 und 1000 v. Chr. Prähistorische Archäologie in Südosteuropa 1, Berlin 1982, 80; M. Korfmann, Beşik Tepe: New Evidence for the Period of the Trojan Sixth and Seventh Settlements, in: Mellink, Troy 25f.

beweisen. Zwar wurde offenbar auch Knossos um 1200 verwüstet, doch sind auf den Kykladen, die als Durchzugsgebiet feindlicher Scharen in Frage kommen könnten, in dieser Zeit keine umfangreichen Zerstörungen festzustellen.[137] Zudem erscheint es fraglich, ob etwa die Katastrophen in Theben, Orchomenos und im Gebiet des Menelaion bei Sparta auf Angriffe zurückzuführen sind, die von der See her vorgetragen wurden. Pylos könnte hingegen in seinen letzten Wochen oder Tagen vom Meer her bedroht gewesen sein, da Linear B-Tafeln auf Maßnahmen zur Verteidigung der Küstengebiete hindeuten.[138] So wurden hier Invasionen aus dem adriatischen Raum bzw. Vorstöße aus dem Norden vermutet. Nach Entdeckung einer „zyklopischen" Mauer am Isthmos von Korinth lag die Annahme nahe, daß generell umfangreiche Vorbereitungen zur Abwehr von Angriffen aus nördlicher Richtung getroffen wurden, doch handelt es sich möglicherweise um eine Stützmauer.[139] Schwer einzuordnen sind auch Funde einer groben, handgemachten und deutlich sich von gleichzeitiger mykenischer Ware abhebenden Keramik in Aigeira (Achaia), Delphi, Athen, Perati (Ostattika), Korakou, Mykene, Tiryns und an anderen Orten. Sie ist der frühen SH III C-Phase zuzuordnen, beginnt aber in Tiryns offenbar schon unmittelbar vor der großen Katastrophe, d. h. noch in der Keramikphase SH III B 2.[140] Sollte dies ein

---

[137] W. Helck, Gnomon 58 (1986) 628, zieht hieraus den Schluß, „daß die Kykladen Sitz derjenigen Gruppen sind, die aus dem Niedergang der mykenischen Orte ihren Vorteil ziehen bzw. ihn eben durch Raub und Verhinderung des Handels herbeiführen". Dies ist aber nur eine Vermutung.

[138] Vgl. etwa R. Schmitt-Brandt, Die Oka-Tafeln in neuer Sicht, SMEA 7 (1968) 69–96; L. Baumbach, An Examination of the Evidence for a State of Emergency at Pylos c. 1200 BC from the Linear B Tablets, in: Heubeck – Neumann, Res Mycenaeae 28–40; A. Sacconi, La fine dei palazzi micenei continentali: aspetti filologici, in: Musti, Origini 117–134; C. Brillante, L'invasione dorica oggi, QUCC 45, N. S. 16 (1984) 182; L. Godart, Le rôle du palais dans l'organisation militaire mycénienne, in: Lévy, Système palatial 237–253; H. Yamakawa, The Social Situation and the Pylos Kingship at the Close of the Mycenaean Age from the Linear B Tablets, in: Yuge – Doi, Control 443–448.

[139] Vgl. Chr. Kardara, AAA 4 (1971) 85 ff.

[140] Vgl. J. B. Rutter, AJA 79 (1975) 17 ff.; E. B. French – J. Rutter, AJA 81 (1977) 111 f.; S. Deger-Jalkotzy, Fremde Zuwanderer im spätmykenischen Griechenland. Zu einer Gruppe handgemachter Keramik aus den Myk. III C Siedlungsschichten in Aigeira, SAWW 326, Wien 1977; E. A. und H. W. Catling, "Barbarian" Pottery from the Mycenaean Settlement at the Menelaion, Sparta, BSA 76 (1981) 71 ff.; K. Kilian, AA 1981, 166, 170, 180 f.; ders., AA 1982, 399 (zu Tiryns). Zusammenfassend N. Sandars, North and South at the End of the Mycenaean Age: Aspects of an Old Problem, OJA 2 (1983) 43–68, die eine allmähliche Infiltration aus dem Norden vermutet. Skeptisch demgegenüber Harding, Mycenaeans 226 f., der zwar mit einer Einwirkung „fremder" Keramikprodukte des italischen und des nordwestgriechischen Raumes rechnet,

Indiz für fremde Zuwanderer sein, wird man eher eine allmähliche, zumindest im späten 13. Jahrhundert von den Burgherren noch geduldete Infiltration annehmen. Die Fundzusammenhänge erlauben nicht den Schluß, daß Bevölkerungselemente, die jene einfache Ware benutzt oder hergestellt haben, die Paläste zerstörten. Ebensowenig lassen sich Erhebungen unterdrückter Bauern gegen die Palastherren nachweisen. In Messenien ist diese Möglichkeit aufgrund des enormen Bevölkerungsrückgangs wohl auszuschließen.[141] In anderen Gebieten mögen innere Konflikte zum Niedergang der mykenischen Systeme beigetragen haben, doch fragt es sich, ob die Palastburgen allein durch rebellierende Massen zu Fall gebracht worden sind. Auch Kriege zwischen Dynastien sind keine hinreichende Erklärung für die umfangreichen Zerstörungshorizonte, zumal kein eigentlicher „Sieger" auszumachen ist. Der Herrscher auf der unzerstörten Burg von Athen kommt kaum in Betracht, da auch seine Macht nach 1200 zweifellos geschwächt war.

Bei neueren Untersuchungen in Tiryns und Mykene wurden seismische Störungen festgestellt, die um 1200 zu datieren sind.[142] K. Kilian vermutet, daß auch die Katastrophen in Pylos, beim Menelaion und an anderen Orten durch Erdbeben verursacht wurden.[143] Mit den Auswirkungen seismischer Gewalten lassen sich aber die dramatischen Ereignisse um 1200 in ihrer Gesamtheit schwer erklären, so daß ein Zusammenwirken mehrerer Faktoren zu vermuten ist. So ist nicht auszuschließen, daß infolge der starken Bevölkerungszunahme im 13. Jahrhundert verschiedentlich Schwierigkeiten in der Nahrungsmittelversorgung entstanden.[144] Hinzu kamen wahrscheinlich

aber darauf hinweist, daß die Mittel und Wege der Übertragung dieser Elemente derzeit nicht plausibel erklärt werden können. Es dürfte in der Tat schwer sein, etwa ein Fragment dieser Ware aus einem Brunnen auf der athenischen Agora aus der Zeit des Übergangs von SH III B nach C mit fremden Zuwanderern zu erklären.

[141] Anders J. T. Hooker, The End of Pylos and the Linear B Evidence, SMEA 23 (1982) 209–217, der den Tafeln Hinweise auf eine strukturelle Schwäche des Palastsystems in Pylos entnimmt und zu dem Schluß kommt, daß nicht fremde Invasoren, sondern Aufständische den Palast zerstörten. Vgl. auch J. S. Hutchinson, Mycenaean Kingdoms and Mediaeval Estates, Historia 26 (1977) 1–23. Siehe aber demgegenüber jetzt S. Deger-Jalkotzy, in: Colloquium Rauricum, Bd. 2, 127–154 (oben Anm. 104).

[142] K. Kilian, JRGZM 27 (1980) 181 ff.

[143] K. Kilian, La cadutta dei palazzi micenei, in: Musti, Origini 73 ff. Zur Kritik dieser Interpretation vgl. die Stellungnahmen von C. Brillante, ebd. 372 ff.; L. Godart, ebd. 376 f.; G. Bunnens, ebd. 387; ferner Schachermeyr, Ägäische Frühzeit IV 32 f., 77 f.; Musti, Storia Greca 66 f.

[144] Die Anfälligkeit der spezialisierten mykenischen Landwirtschaft betonen Ph. P. Betancourt, The End of the Greek Bronze Age, Antiquity 50 (1976) 40 ff., und G. Shrimpton, Regional Drought and the Economic Decline of Mycenae, EMC 31,

Störungen im Warenaustausch – vor allem im Import wichtiger Metalle – durch Wirren im östlichen Mittelmeer.[145] Machtkämpfe zwischen einzelnen Dynastien und Kriege um Ressourcen[146] können die Krise beschleunigt haben, und Naturkatastrophen in einigen großen Zentren erschütterten möglicherweise die bestehenden Herrschaftsstrukturen. In eine bereits geschwächte mykenische Welt mögen dann auch feindliche Scharen – keine Wandervölker, sondern eher Krieger- und Gefolgschaftsverbände aus Gebieten außerhalb oder am Rande des mykenischen Kulturkreises – eingedrungen sein und zeitweise anarchische Zustände verursacht haben, so daß die Palastsysteme nicht mehr reorganisiert worden konnten. Jeder Erklärungsversuch kann freilich nur ein imaginäres Szenarium konstruieren. Es steht lediglich fest, daß die großen Herrschaftszentren mit Ausnahme Athens ein gewaltsames Ende gefunden haben.

In jenen Gebieten, die am stärksten von den großen Katastrophen betroffen waren, zerfielen weitgehend die bis dahin bestehenden Abhängigkeitsverhältnisse. Die Distanz zwischen dem Wanax (wa-na-ka) in der Residenz und der Masse der Beherrschten bestand nicht mehr. Wo die Siedlungen bewohnt blieben, traten an die Stelle der palatialen Wirtschafts- und Sozialstruktur und der Hierarchie der Funktionäre neue personale Bindungen an die Initiatoren des Wiederaufbaus, deren organisatorische Lei-

---

N. S. 6 (1987) 137 ff. Die vor allem von R. Carpenter, Discontinuity in Greek Civilization, Cambridge 1966, 4 ff., 17 ff., vertretene These, daß der Kollaps der mykenischen Systeme durch Klimaverschlechterung und Dürre verursacht worden sei, konnte durch Bodenuntersuchungen nicht bestätigt werden. Vgl. K. Kilian, JRGZM 27 (1980) 191 f. Siehe auch M. J. Alden, Bronze Age Population Fluctuations in the Argolid from the Evidence of Mycenaean Tombs, Göteborg 1981, 326 ff.: kein Beweis für Unterernährung.

[145] Verringerung der materiellen Ressourcen als eine der Hauptursachen für den Kollaps der Palastsysteme vermutet Sp. Iakovidis, BIAL 14 (1977) 135–140 (oben Anm. 128). Auf Bronzeknappheit in Pylos scheinen die Tafeln der dortigen Jn-Serie hinzudeuten. Die Bedeutung des Rohstoffhandels (Kupfer, Zinn) wird durch Unterwasserfunde (Schiffswracks) bestätigt. Vgl. H.-G. Buchholz, Thera und das östliche Mittelmeer, in: Buchholz, Ägäische Bronzezeit 160; J.-C. Courtois, Enkomi und Ras Schamra, zwei Außenposten der mykenischen Kultur, ebd. 216 f. Siehe ferner N. H. Gale u. Z. A. Stos-Gale, BSA 81 (1986) 81 ff. Generell zur Abwicklung des Handels: J. F. Cherry – J. L. Davis, AJA 86 (1982) 338 ff.; Kopcke, Handel 53 ff., 78 ff.

[146] Unter diesem Aspekt ist vermutlich der Ausbau der großen Zitadellen im späten 13. Jahrhundert zu sehen. Die vorausgehenden Zerstörungen in Tiryns und in der Außensiedlung von Mykene gegen Ende der Keramikphase SH III B 1 sind aber wohl durch Erdbeben verursacht: K. Kilian, La caduta dei palazzi, in: Musti, Origini 74. – Zu einer Belagerungsszene auf einem Fresko aus dem Megaron von Mykene vgl. E. Vermeule, Greece in the Bronze Age, Chicago – London 1964, 200 f.

stung z. T. beachtlich war, wie nicht nur die planvolle Anlage der erwähnten neuen Außensiedlung in Tiryns, sondern auch die Aufräumungs- und Bauarbeiten auf den Akropolen in Tiryns und Mykene erkennen lassen, wenn auch die monumentalen Paläste nicht wieder errichtet wurden. Eine gewisse (freilich nicht anhaltende) Erholung ist aus der Verbreitung hervorragender Keramikprodukte zu erschließen. Die Vasenmalerei erreichte im sog. Dichten Stil (Close Style) und im Figuralstil zeitweise ein hohes Niveau.

Die Erholungsphase ging aber bereits in der zweiten Hälfte des 12. Jahrhunderts zu Ende. In der Argolis zeichnen sich nach dem Brand eines als Speicher (granary) gedeuteten Gebäudes beim Löwentor in Mykene eine zunehmende Verarmung sowie Bevölkerungsrückgang und ein Verfall des nachpalatialen Siedlungsbildes ab. Die Granary-Katastrophe, die wohl ins späte 12. Jahrhundert zu datieren ist, bedeutete zwar noch nicht das Ende der mykenischen Kultur. Sie markiert aber den Beginn entscheidender Veränderungen in einem gleitenden Übergang zu neuen Lebensformen und zu einem anderen Erscheinungsbild der materiellen Kultur, die sich insonderheit in der Zeit nach 1100 während der sog. submykenischen Vasenmalerei, die sich anfangs z. T. noch mit der Spätphase der Stufe SH III C überschneidet, trotz neuer handwerklicher Fertigkeiten in der Eisenverarbeitung überaus ärmlich darstellt. In der Keramikproduktion gingen freilich mit der Entwicklung des protogeometrischen Stils nach 1050 vor allem von Athen bereits wieder neue Impulse aus.

Athen hatte seit dem Höhepunkt der Palastherrschaft seine Eigenständigkeit gewahrt und war nach wie vor die bedeutendste Siedlung in Attika. Auch hier muß sich aber ein tiefgreifender Wandel vollzogen haben, als durch die Katastrophen und Unruhen um 1200 die ökonomische Vernetzung der verschiedenen Gebiete Griechenlands und des Ägäisraumes schwer getroffen wurde.

10. Ausklang der mykenischen Zeit in Athen und Attika

Aus dem archäologischen Befund ergeben sich keine eindeutigen Hinweise auf eine akute Bedrohung Athens durch feindliche Scharen um 1200. Der Bau einer nur von der Akropolis her zugänglichen unterirdischen Brunnenanlage und die zu vermutende Schließung eines älteren Tores am Nordhang der Akropolis waren wohl Schutzmaßnahmen, wie sie damals auch in Mykene und Tiryns zur Verstärkung der Zitadellen und zur Sicherung der Wasserversorgung getroffen wurden. Derartige Bauarbeiten konnten nicht erst in einer kritischen Phase unmittelbarer Gefahr ausgeführt werden. Daß Athen während oder kurz nach der Schließung des Nordtores nicht bedroht war, zeigt die Errichtung mehrerer Häuser außerhalb der Befestigungen im unteren Teil des nördlichen Aufgangs zur Akropolis. Zwar wurden diese Häuser gegen Ende der Keramikphase SH III B offenbar fluchtartig verlassen, doch war vermutlich ein Bergsturz die Ursache der Panik. Jedenfalls wurden die Häuser von Geröllmassen überdeckt und nicht wieder freigelegt.[147] Später brach die Treppe zum unterirdischen Brunnen zusammen. Die Anlage war wohl nur zwei bis drei Jahrzehnte benutzt worden und diente dann als Abfallgrube. Zweifellos bestand kein Zwang, die Bewohner der Akropolis weiterhin mühsam aus einem tiefen Schacht mit Wasser zu versorgen. Ob ein sog. Hortfund von Bronzewerkzeugen auf der Akropolis als Indiz für Unruhen nach 1200 zu werten ist, erscheint fraglich.[148]

Die Bautätigkeit auf der Akropolis während der Keramikphase SH III C im 12. Jahrhundert war allerdings sehr gering.[149] Der damalige Zustand des Herrschersitzes bleibt ein offenes Problem, und es ist ungewiß, wann die dortige Residenz aufgegeben wurde. Aus submykenischer Zeit nach 1100 stammen noch 14 Steinkistengräber (vornehmlich Kinderbestattungen).

Die SH III C – Funde aus der „Unterstadt" (Gräber, Brunnen, Abfallgruben, einige wenige Hausfundamente) ergeben kein klares Siedlungsbild.[150] Offenbar waren die bisherigen Wohngebiete schwächer besiedelt als im 13. Jahrhundert. Andererseits scheint das Siedlungsareal erweitert worden zu sein. Insgesamt hat aber die Bevölkerung im 12. Jahrhundert abgenommen, wenn auch Neufunde die Vermutung nahelegen, daß der Rückgang geringer war, als allgemein angenommen wird.[151]

In den verschiedenen Regionen Attikas ist das Bild nicht einheitlich. Schwere Katastrophen sind nicht nachweisbar. Brandspuren auf einigen mykenischen Scherben, die auf der Erhebung Hagios Christos bei Koropi südöstlich von Athen gefunden wurden, sind kein Beweis für eine feindliche Aktion.[152] In den westlichen Teilen Attikas deuten die Funde in Eleusis, auf dem Vorgebirge Hagios Kosmas, in Aliki (zwischen Glyphada und Voula) und in Vourvatsi (zwischen Koropi und Vari) auf eine Abnahme der Sied-

---

[147] Bundgaard, Parthenon 28, dessen These, daß die gesamte Zitadelle in Athen erst gegen Ende der Keramikphase SH III C gebaut worden sei, allerdings unhaltbar ist (vgl. oben Anm. 101).
[148] Bundgaard, a. a. O. 147.
[149] Vgl. Iakovidis, Citadels 87. Zu den Gebäuderesten vgl. jetzt Hiesel, Späthelladische Hausarchitektur 178 f.
[150] Anderson Immerwahr, Agora XIII 154; Pantelidou, Athenai 257 f.
[151] Vgl. P. A. Mountjoy, LH III C Late versus Submycenaean. The Kerameikos Pompeion Cemetery Reviewed, JdI 103 (1988) 26 ff.; s. auch dies., OpAth 15 (1984) 136 ff. – Zu Neufunden aus SH III C in Kammergräbern auf der Südostseite des Philopappos-Hügels vgl. H. W. Catlings, AR 1986/87, 7.
[152] Ålin, Fundstätten 106.

lungstätigkeit hin.[153] Menidi scheint aufgegeben worden zu sein, während Spata im Binnenland offenbar weiterhin bewohnt war.[154] Im östlichen Attika sind Pikermi an der Straße von Athen nach Raphina und der Küstenort Raphina sowie weiter nördlich das Vranatal bei Marathon vermutlich weitgehend aufgegeben worden.[155] Velanideza südöstlich von Pikermi war zumindest im frühen 12. Jahrhundert weiterhin besiedelt, wenn auch die Bevölkerung wohl zurückgegangen ist.[156] Ferner existierten nach den Keramikfunden aus dieser Zeit Siedlungen im sog. Kopreza-Gebiet ca. 2 km südöstlich von Markopoulo und in der als Ligori bezeichneten Gegend zwischen Markopoulo und Porto Raphti.[157] Bei Perati, dem nördlichen Vorgebirge an der Bucht von Porto Raphti, lag im 12. Jahrhundert die bedeutendste, wohl noch gegen Ende der Phase SH III B angelegte Siedlung an der attischen Ostküste, wie aus der dortigen großen Nekropole mit ca. 220 Gräbern (darunter 192 Kammergräber) zu erschließen ist.[158] Aufgrund der großen Fülle der Grabbeigaben (zahlreiche Vasen von unterschiedlicher Form, Terrakottafigürchen in Tier- und Menschengestalt, Finger-, Ohr- und Haarringe, Muscheln, Amulette, Siegel, Einlegearbeiten, Gebrauchsgegenstände verschiedenster Art, Waffen usw.) muß es sich um einen blühenden Hafenort gehandelt haben, der bis ins frühe 11. Jahrhundert bestand und Kontakte mit der Argolis, mit Euboia, Kreta, den Kykladen, den Dodekanes-Inseln und mit Kypros, Syrien und Kleinasien hatte sowie Waren aus Ägypten und Mitteleuropa und baltischen Bernstein erhielt. Silber und Blei wurden in Perati

[153] V. R. d'A. Desborough, The Last Mycenaeans and their Successors. An Archaeological Survey c. 1200 – c. 1000 B. C., Oxford 1964, 112. – Hagios Kosmas wurde vermutlich um 1200 weitgehend verlassen: Ålin, Fundstätten 104f.; Hope-Simpson, Mycenaean Greece 44 (anders Mylonas, Aghios Kosmas 164f., der das Ende der Siedlung um 1100 ansetzt). – Eleusis: Hope-Simpson 46f.; Ålin 112f. Zur Kontinuität des Kultes in Eleusis R. Rutkowski, Zur bronzezeitlichen Religion und zu Bestattungsbräuchen im ägäischen Raum, in: Buchholz, Ägäische Bronzezeit 416f. – Aliki: Ålin 105; Hope-Simpson 44. – Vourvatsi: Ålin 106; Hope-Simpson 48.

[154] Menidi: Ålin 111; vgl. Benzi, Ceramica micenea 390. Spata: Ålin 109; Hope-Simpson 50.

[155] Pikermi: Ålin 110; Hope Simpson 51. Raphina: Ålin 110; Hope Simpson 50. Vrana: Hope Simpson 51.

[156] Ålin 110; Hope Simpson 50; Benzi, Ceramica micenea 390.

[157] Ålin 107; Hope Simpson 49.

[158] Sp. E. Iakovidis, Perati. To Nekrotapheion, I–III, Athen 1969–70; ders., Perati, eine Nekropole der ausklingenden Bronzezeit in Attika, in: Buchholz, Ägäische Bronzezeit 437–477. Iakovidis und Benzi, a. a. O. 391, vermuten eine weitere Neugründung bei Keratea südlich von Markopoulo. Gefunden wurden dort lediglich drei Vasen (darunter eine Bügelkanne im „Perati-Stil"), die wohl aus Gräbern stammen; vgl. Hope Simpson, a. a. O. 48f. – Beziehungen zur Dodekanes: C. MacDonald, BSA 81 (1986) 138f., 146ff.

zweifellos aus dem nahe gelegenen Laureion bezogen, wo der Abbau wahrscheinlich nicht zum Erliegen kam. Blei aus Fundkontexten der Keramikphasen SH III B und C in Tiryns und Athen stammt wohl gleichfalls aus diesem „Revier".[159] Unklar bleibt allerdings, ob Keramikscherben aus den Phasen SH III B – C in einer 1975 entdeckten spätklassischen Blei- und Silbermine bei Thorikos mit einem spätmykenischen Metallabbau in Verbindung zu bringen sind. Gräber oder Siedlungsspuren aus SH III C wurden in der Nähe nicht gefunden.[160]

Aus dem archäologischen Material können nur begrenzt und mit größter Vorsicht Rückschlüsse auf die Entwicklung in Athen und Attika nach 1200 gezogen werden. Athenische Königslisten und Sagen von der Aufnahme pylischer Flüchtlinge in Athen haben keinen zusätzlichen Informationswert. Die vollständige Königsliste (mit 30 Namen) ist im wesentlichen erst von dem Logographen Hellanikos im späten 5. Jahrhundert v. Chr. „erstellt" worden. Herodot kannte offenbar nur die Namen einiger weniger Könige. Die ihm vorliegende Überlieferung über attische Herrscher war freilich bereits ein Produkt der Mythen- und Sagenbildung, in der zeitlose Motive wie die Heldengestalt des siegreichen Dynastiegründers und der Opfertod des Königs für die Gemeinschaft verschmolzen sind mit dem Anspruch Athens, die Mutterstadt der sog. Ionischen Kolonisation, d. h. der griechischen Landnahme an der kleinasiatischen Westküste zu sein. Gründungsmythen der dortigen Griechenstädte lokalisieren demgegenüber die „Urheimat" der Ionier im messenischen Pylos oder in Achaia in der nördlichen Peloponnes, um gleichsam den Anschluß an das epische Geschehen zu gewinnen. In den athenischen Versionen werden die angeblichen Kolonistenzüge gewissermaßen umgeleitet, so daß nunmehr Athen und Attika als Ausgangsgebiet der Ionischen Kolonisation erscheinen. In der Zeitstellung gehen hierbei Fluchtbewegungen mykenischer Griechen, die dorische Landnahme in der Peloponnes und die Abwanderung von Ioniern nach Kleinasien ineinander über: Bewohner von Pylos lassen sich auf der Flucht vor den „Nachfahren des Herakles" (Herakliden), die angeblich die Dorier in die Peloponnes geführt haben, in Attika (Eleusis) nieder. Ihr Führer Melanthos, ein Nachfahre des Neleus, des mythischen Gründers von Pylos, wagt anstelle des athenischen Herrschers Thymoites den Zweikampf mit dem Boioterkönig Xanthos und wird nach seinem Sieg König von Athen. Sein Sohn und Nachfolger Kodros rettet in Erfüllung eines Orakels durch seinen Opfertod Athen vor den Doriern. Kodros' Söhne Medon und Neleus streiten sich um die Nach-

[159] N. H. Gale – Z. A. Stos-Gale, Thorikos, Perati and Bronze Age Silver Production in the Laurion, Attica, in: Spitaels, Studies I 97ff.
[160] P. Spitaels, An Unstratified Late Mycenaean Deposit from Thorikos (Mine Gallery No. 3) – Attica, in: Spitaels, Studies I 83ff.

folge. Medon wird durch Orakelentscheid athenischer König, während Neleus mit den in Athen lebenden Ioniern aus Pylos sowie mit gebürtigen Athenern die Ionische Kolonisation organisiert und Milet gründet. Die homerischen Epen und der boiotische Dichter Hesiod (um 700) erwähnen noch keine Kodriden- oder Neleidenkönige in Ionien. Der Dichter Mimnermos (um 600) läßt die Gründer Kolophons direkt von Pylos aus nach Kleinasien gelangen. Etwa gleichzeitig behauptet aber Solon, daß Athen die älteste Stadt Ioniens sei. In den ›Genealogien‹ des Atheners Pherekydes (nach den Perserkriegen) inauguriert Androklos, ein weiterer Sohn des Kodros und späterer Gründer von Ephesos, die Ionische Kolonisation, und in der Darstellung des Hellanikos gilt dann nach der voll ausgebildeten athenischen Version des späten 5. Jahrhunderts Kodros' Sohn Neleus als Führer eines großen Kolonistenzuges nach Kleinasien. Athens Rolle in der Ionischen Kolonisation wird in diesen athenischen Sagenklitterungen immer stärker akzentuiert. Um als Ionier zu gelten, haben die Athener zudem gewissermaßen den angeblichen ionischen Stammvater Ion usurpiert, eine konstruierte Figur der sog. ›Genealogien‹, einer poetischen Abstammungssystematik, die unter dem Namen des Hesiod überliefert ist. In der klassischen Formulierung der Ionsage in der Tragödie des Euripides erscheinen Ions Söhne Hoples, Argas, Geleon und Aigikores als Stammväter älterer Unterabteilungen der Polisgemeinschaft, der vier vorkleisthenischen Phylen.[161]

Die mannigfachen Sagenversionen, die im 5. Jahrhundert den politischen Führungsanspruch Athens in der Ägäiswelt historisch zu begründen suchten, sind kein Beweis für „Flüchtlingszentren" in Athen und Attika. Ebensowenig kann aus Einzelbestattungen in Steinkistengräbern und Erdbestattungen in den größeren Nekropolen im Kerameikos und beim sog. Arsenal auf Salamis im ausklingenden SH III C und in submykenischer Zeit (nach 1100) eine Zuwanderung mykenischer Flüchtlinge aus westlicher Richtung oder eine Infiltration dorischer Elemente noch vor der Einwanderung der Dorier in die Argolis erschlossen werden.[162] Bei Perati mögen sich

---

[161] Hierzu im einzelnen Prinz, Gründungsmythen 314 ff., 347 ff., 356 ff. – Schachermeyr, Rückerinnerung 299, verweist demgegenüber auf Herodot V 97,2, wonach die Ionier 500 v. Chr. Athen um Hilfe baten, weil Ionien von Athen gegründet worden sei. Er schließt hieraus, daß diese Abstammungsversion nicht erst ein Produkt der athenischen Propaganda in der Zeit des ersten Attischen Seebundes gewesen sei, übersieht aber, daß Herodot hier eine athenische Interpretation der perikleischen Zeit übernommen hat. – Vgl. auch M. B. Sakellariou, La migration grecque en Ionie, Athen 1958, 30.

[162] Vgl. dazu jetzt P. A. Mountjoy, JdI 103 (1988) 30 ff. (oben Anm. 151), die aus dem archäologischen Befund wohl mit Recht auf Bevölkerungskontinuität von SH III C zur submykenischen Phase schließt, den submykenischen Stil allerdings abweichend von den üblichen Ansätzen in die Zeit von etwa 1070–1020/1000 datiert. – Zur

zwar Neusiedler aus anderen Teilen der mykenischen Welt bereits um 1200 niedergelassen haben. Athen und Attika waren aber im 12. Jahrhundert nicht übervölkert. Aus Raumnot bestand hier daher kein Zwang, Kolonisten auszusenden. Zudem handelte es sich bei den unter dem Sammelbegriff der Ionischen Kolonisation zusammengefaßten Zügen nicht um zentral geleitete Unternehmungen. Vielmehr siedelten sich durchweg kleinere Gruppen weitgehend unabhängig voneinander im kleinasiatischen Küstengebiet an einer Reihe von Plätzen an, deren Zahl die der später dort entstehenden Griechenpoleis bei weitem übertraf. Die Siedlungen glichen anfangs eher Weilern, die oft nur von wenigen Dutzend Familien bewohnt wurden. Im übrigen sind Gemeinsamkeiten des attischen und des ionischen Dialekts keine Bestätigung für eine führende Rolle Athens in der sog. Ionischen Kolonisation. Die attisch-ionische Dialektgruppe geht einerseits auf süd- bzw. südostgriechische Idiome der mykenischen Zeit zurück, während sich im späten 2. Jahrtausend ihre gemeinsamen Neuerungen offenbar in einem Attika und eine Reihe von Ägäisinseln umfassenden Großraum vollzogen,[163] in dem zwischen den verschiedenen Orten immer Kontakte bestanden haben und jedenfalls im 12. Jahrhundert noch recht bedeutende mykenische Siedlungen auf den Kykladen existierten.[164] Ferner sind zahlreiche mykenische Fundorte an der kleinasiatischen Küste bekannt,[165] die nicht allein mit intensiven Handelsbeziehungen zu erklären sind. Eine größere mykenische Siedlung bestand im 13. Jahrhundert zweifellos in Milet. Sie brannte wohl noch vor 1200 nieder. Ob Milet danach einige Zeit unbewohnt war und dann von kleinasiatischen Karern beherrscht wurde, ist umstritten.[166] Wenn die Stadt

Kontinuität in der Keramik vgl. auch E. S. Sherrat, Regional Variation in the Pottery of Late Helladic III B, BSA 75 (1980) 183f.

[163] Vgl. O. Panagl, Die linguistische Landkarte Griechenlands während der dunklen Jahrhunderte, in: S. Deger-Jalkotzy (Hrsg.), Griechenland, die Ägäis und die Levante während der "Dark Ages", Akten des Symposions von Stift Zwettl 11.– 14. Okt. 1980, Wien 1983, 339.

[164] Reich ausgestattete Gräber fanden sich in den Nekropolen von Kamini und Haplomata bei Grotta auf Naxos: Chr. Kardara, Haplomata Naxou, Athen 1977 (engl. Zusammenfassung S. 95–97). Eine wichtige Neuentdeckung ist die SH III C – Siedlung bei Koukounaries auf Paros: D. U. Schilardi, The LH III C Period at the Koukounaries Acropolis, Paros, in: The Prehistoric Cyclades. Contribution to a Workshop of Cycladic Chronology. Dedicated to the Memory of J. L. Caskey, ed. by J. A. MacGillivray – R. L. N. Barber, Edinburgh 1984, 184–204. Gegen eine Überbewertung des Bevölkerungsrückgangs im Ägäisraum der „Dunklen Jahrhunderte" vgl. jetzt N. Purcell, Mobility and the Polis, in: Murray-Price, Greek City 34.

[165] Vgl. Chr. Mee, Aegean Trade and Settlement in Anatolia in the Second Millennium B. C., AS 28 (1978) 121–156; Schachermeyr, Ägäische Frühzeit IV 338ff.

[166] M.S.F. Hood, Mycenaeans in Chios, in: J. Boardman u. C. E. Vaphopoulou-

nach der genannten Katastrophe zunächst verlassen wurde, besagt dies noch nicht, daß alle mykenischen oder mykenisierten Bevölkerungselemente aus dem näheren oder weiteren Umfeld Milets vertrieben wurden. Weitere mykenische Niederlassungen oder Ansiedler sind aufgrund von Keramik- oder Grabfunden in Ephesos, Iasos, Kolophon und Müsgebi zu vermuten. In Iasos und wohl auch in Müsgebi reicht die mykenische Keramik bis in die Stilphase SH III C, so daß hier mykenisierte Bevölkerungsgruppen im 12. Jahrhundert nicht auszuschließen sind. Bereits vor Ende der submykenische Phase etwa Mitte des 11. Jahrhunderts oder wenig später ist dann in der Keramik in Milet attischer Einfluß festzustellen. Des weiteren fanden sich submykenische Gräber auf der Halbinsel von Halikarnaß. Attischer Einfluß in der Keramikproduktion besagt indes nicht, daß sich damals in diesen Räumen überwiegend attische Kolonisten angesiedelt haben. Die hier zögernd einsetzende Neubesiedlung war vermutlich zu einem nicht geringen Teil eine von den Ägäisinseln ausgehende Bewegung.[167]

Auch die Übereinstimmungen in der Benennung der attischen und der ionischen Phylen und die attisch-ionische Feier der Apaturien (Fest des „gemeinsamen Stammvaters"), die eine Angelegenheit der Phratrien („Bruderschaften") als Teile der Polisgemeinschaft waren, belegen nicht, daß die frühen Neusiedler in Ionien vorwiegend aus Attika stammten. Die historischen Phylen und Phratrien sind erst im Zuge der späteren Polisbildung konstituierende Elemente des politischen Gemeinschaftslebens geworden, wenn sie auch auf ältere, erstmals in den homerischen Epen greifbare genossenschaftliche Organisationsformen zurückgehen.

Die Epen, die im wesentlichen in der zweiten Hälfte des 8. Jahrhunderts fixiert worden sind, enthalten ihrerseits keine präzisen Erinnerungen an Herrschaftsformen des 12. bis 10. Jahrhunderts. Sie basieren zwar auf einer langen, wohl bis in die mykenische Zeit zurückreichenden Liedtradition und sind insofern mehrschichtig, doch orientieren sich die Dichter des 8. Jahrhunderts vor allem an den Verhältnissen ihrer Gegenwart, um sich den Hörern verständlich zu machen. Sofern man den Epen unter Berücksichtigung der poetischen Fiktion Hinweise auf Herrschafts- und Gesell-

---

Richardson (Ed.), Chios. A Conference at the Homereion in Chios 1984, Oxford 1986, 179, nimmt an, daß Milet nach dem Ende der dortigen SH III C-Phase von Bevölkerungselementen mit submykenischer Keramik wiederbesiedelt wurde und hiermit die Ionische Kolonisation begann. Kontinuität in Milet vermuten demgegenüber u. a. Chr. Mee, AS 28 (1978) 136; Helck, Beziehungen 151; Boardman, Kolonien 33 f. Zur Problematik vgl. auch W. Voigtländer, AA 1986, 624, Anm. 49.

[167] Generell ist eine unterschiedliche Herkunft der Siedler anzunehmen. Vgl. dazu auch Schachermeyr, Ägäische Frühzeit IV 331 ff., 376 f., der freilich anderseits an der führenden Rolle Athens in der „Kolonisation" nicht zweifelt.

schaftsstrukturen entnehmen kann, führen uns diese Aussagen vornehmlich in die Welt des 8. Jahrhunderts.[168] Rückschlüsse auf Entwicklungsstufen der frühen „Dunklen Jahrhunderte" sind nur bedingt möglich.

11. Wandel der Herrschafts- und Gesellschaftsstrukturen

Das Ende der Palastwirtschaft in Boiotien und auf der Peloponnes blieb selbstverständlich nicht ohne Auswirkungen auf die Position des athenischen Herrschers. In allen Großresidenzen, die in ihrer Gesamtheit ein System von strukturell ähnlichen patrimonialen Herrschaften bildeten, beruhte die Macht des Wanax (wa-na-ka) auf den Ressourcen, die ihm aus seinem überproportionalen Anteil am Grund und Boden, den Verpflichtungen der Bevölkerung zu Leistungen verschiedenster Art, den Erzeugnissen der Palastwerkstätten und den weitgespannten Handelsbeziehungen zuflossen. Die Unruhen und Katastrophen um 1200 bedeuteten daher auch für den Herrscher auf der athenischen Akropolis zweifellos eine erhebliche Minderung seiner Einkünfte, da die palatiale Oikosorganisation hier in der veränderten Gesamtlage schwerlich in vollem Umfang aufrechterhalten werden konnte und gouvernementale Aufgaben, die von Beauftragten des Wanax wahrgenommen wurden, dementsprechend erheblich eingeschränkt werden mußten. Folgenreich war dies sicherlich vor allem für das System der Landverteilung, soweit sie der Kontrolle durch die Palastverwaltung unterlag. Daß sich die bestehenden Abhängigkeitsverhältnisse wandelten, zeigen zunächst die Veränderungen im Siedlungsbild Attikas, die wohl kaum ein Ergebnis zentraler Planung waren. Alte Bindungen lösten sich, während neue Nahverhältnisse entstanden. Soweit die Damos-Gemeinschaften der Palastzeit ihre Siedlungen nicht verließen, stellten sie freilich als lokale und kultische Verbände gleichsam an der Basis der Gesellschaft ein Element der Kontinuität dar. Ihre interne Organisation brach um 1200 in Attika sicherlich nicht gänzlich zusammen. Daß sie irgendwie funktionsfähig blieben, war eine wesentliche Voraussetzung für die Sicherung ihrer Lebensgrundlage. Gleichwohl vollzog sich auch in diesem Bereich ein Wandel. Bestimmte Mitglieder dieser lokalen Verbände hatten bislang zweifellos enge Beziehungen zum Palast, so daß sich hieraus ihre eigenartige Doppelstellung als Angehörige des da-mo und als „Dienstleute" des Wanax ergab. Das Landverteilungssystem der lokalen Gemeinschaften war gewissermaßen an

---

[168] Dies besagt nicht, daß die Epen die „Welt" des 8. Jahrhunderts einfach reproduzieren. Vgl. dazu die ausgewogene Untersuchung des Problems der homerischen Darstellung gesellschaftlicher Strukturen von I. Morris, The Use and Abuse of Homer, ClAnt 5 (1986) 81–138.

die Palastwirtschaft angekoppelt und wurde dementsprechend obsolet, als die Palastorganisation zerfiel. In der „homerischen" Welt waren derartige korporative Besitzformen unbekannt. Aus dem Vergleich der „homerischen" Verhältnisse mit der mykenischen Welt ergeben sich weitere Aspekte des allgemeinen Wandels nach 1200. Der mykenische qa-si-re-u war als Vorsteher in einem lokalen Bereich zugleich Funktionär oder Beauftragter des Wanax. In den Epen bezeichnet „Basileus" einerseits (anstelle des älteren Wanaxtitels) den „Ersten", d. h. die dominierende Persönlichkeit bzw. den Leiter einer Siedlungs- oder Wehrgemeinschaft. In diesem Sinne wird „Basileus" als Äquivalent für „König" verstanden, doch ist zu beachten, daß der Königstitel eine überaus euphemistische Bezeichnung für den „homerischen" Leiter eines Gemeinwesens ist, der in seiner Stellung gegenüber der Oberschicht in seinem Einflußbereich in aller Regel nicht mehr als ein primus inter pares war. Diese Lagerung der Macht erkärt des weiteren, daß im Epos nicht nur der sog. König als Basileus galt, sondern diese Bezeichnung auch dem großen Grundherrn (Oikosbesitzer) zuerkannt wurde, der eine patriarchalische Gewalt über den auf seinem Oikos lebenden Personenkreis ausübte sowie außerhalb seines Oikos etwa durch Schlichtung von Streitfällen personengebundene Ordnungsfunktionen wahrnahm und insofern eben der „Erste" in seinem eigenen, mehr oder weniger begrenzten lokalen Bereich war. Die Semantik spiegelt hier somit tiefgreifende gesellschaftliche Veränderungen. Zweifellos haben aber nicht nur die mykenischen qa-si-re-we, sondern auch andere hohe Funktionäre der zerfallenden Palastorganisation größere Unabhängigkeit vom Wanax gewonnen. Am Beispiel der begriffsgeschichtlichen Entwicklung der Bezeichnung qa-si-re-u/Basileus wird der Wandel indes besonders deutlich. Wichtige Faktoren in diesem Prozeß waren Abhängigkeitsverhältnisse, die offenbar schon in der Palastzeit dem direkten Zugriff des Herrschers entzogen waren. „Gefolgsleute" des Wanax und hohe Würdenträger verfügten ihrerseits über do-e-ro und sonstige Abhängige, bevor die Palastorganisation zerfiel. War der soziale Rang solcher Statuspersonen bis dahin vornehmlich durch ihre Beziehungen zum Wanax bestimmt, so gewannen sie nunmehr größeren Handlungsspielraum, so daß sie unter Umständen sich größeren Landbesitz sichern konnten, ohne daß der Wanax dies zu verhindern vermochte. Während der Erholungsphase vor der Granary-Katastrophe boten sich wohl auch noch weitere Möglichkeiten, Besitz und damit Prestige zu gewinnen. Zu vermuten ist dies vor allem in Perati, wo eine Art Subzentrum in einem neu sich herausbildenden überregionalen Handelsnetz entstand und sich neue Rangunterschiede entwickelten. In Attika scheint daher die soziale Elite des 12. Jahrhunderts heterogener Herkunft gewesen zu sein, wenn sie auch vermutlich größtenteils von der Oberschicht der Palastzeit abstammte. Genealogische Linien zu den späteren großen athenischen Adelshäusern lassen sich aufgrund der Quellenlage selbstverständlich nicht nachweisen. Die Oberschicht der archaischen Zeit war kein geschlossener Stand, so daß der Adelsbegriff hier und im folgenden nur als Chiffre zu verstehen ist. Er bezieht sich auf eine soziale Gruppe mit durchaus instabilen Rangverhältnissen, die zwar auch vom genealogischen Status bestimmt wurden, aber vor allem eine Frage der privaten Ressourcen und des persönlichen Prestiges ihrer Mitglieder waren. Kompetitive Strukturen bedingten in homerischer und archaischer Zeit einen ständigen Prozeß von Ausgliederung und Integration, eine vertikale Mobilität mit der Möglichkeit des sozialen Aufstiegs und der Gefahr des Abstiegs.

Während des allgemeinen Wandels nach 1200 dürfte dies kaum anders gewesen sein, als dem Wanax die Kontrolle über das wichtigste Produktionsmittel – den Grund und Boden – weitgehend entglitt und hierdurch die Voraussetzungen für die Bildung einer Elite entstanden, deren Mitglieder ihren Rang nicht ihrem Verhältnis zu einer zentralen Instanz, sondern ihren eigenen dezentralen Aktivitäten verdankten. Die Formierung des historischen attischen Adels war freilich ein jahrhundertelanger Prozeß, der durch die „Rezession" des 11. Jahrhunderts und die hieraus resultierende Dekomposition von Rangverhältnissen erheblich retardiert wurde.

Insgesamt gesehen wurde nach 1200 in Athen und Attika nicht plötzlich alles anders. Das mykenische Gefüge gesellschaftlicher Interdependenz ist hier sicherlich nicht schlagartig zerstört worden. Der Schwächung der Macht des Wanax stand kein deutlicher Machtgewinn lokaler Eliten gegenüber. Außerhalb Athens sind keine lokalen Machtzentren auszumachen, die starke Gegengewichte gegen die Burg auf der Akropolis werden konnten. Die Siedlung bei Perati bildete in dieser Hinsicht keine Ausnahme. Daß sie im 12. Jahrhundert ein eigenständiges, mit Athen konkurrierendes Herrschaftszentrum wurde, ist trotz der Prosperität des Hafenortes wenig wahrscheinlich. Als Perati im frühen 11. Jahrhundert aufgegeben wurde, befand sich das größte attische Siedlungsareal nach wie vor in Athen. Wer hier dominierte, besaß im Fall eines Machtkampfes mit konkurrierenden lokalen Kräften in anderen Teilen Attikas immer noch das stärkste Rekrutierungsreservoir.[169]

Auch in Athen selbst gab es nach 1200 offenbar vorerst noch keine Gruppierungen, die in der Lage gewesen wären, den Herrschersitz auf dem Burgfelsen zu eliminieren. Der archäologische Befund bietet kein Indiz für eine

---

[169] Im Hinblick auf Bleifunde in Athen aus der Phase SH III C hat bereits O. Broneer, A Mycenaean Fountain on the Athenian Acropolis, Hesperia 8 (1939) 416, vermutet, daß damals „politische" und ökonomische Verbindungen zwischen Athen und Thorikos bestanden. Vgl. dazu jetzt Spitaels, Studies I 93. Der Einfluß Athens reichte in der genannten Zeit vermutlich bis in den Süden Attikas.

Konstituierung eines neuen „politischen" Zentrums außerhalb der Akropolis. Die Position des Wanax scheint sich hier zwar letztlich zur Stellung eines Siedlungsführers in einer Gesellschaft mit geringer Stratifikation zurückgebildet zu haben, doch existierten in Athen zunächst noch keine gesellschaftlichen Kräfte, die über die Mittel verfügten und entschlossen genug waren, eine Ausweitung des Führungssystems etwa in Form einer Herrschaft mehrerer großer Gefolgschaftsführer durchzusetzen. Athen darf in dieser Hinsicht selbstverständlich nicht isoliert betrachtet werden. Der Wille zur Konstituierung neuer Führungsstrukturen erwuchs erst aus den ganz anderen Verhältnissen des 8. und des 7. Jahrhunderts, als sich die Rahmenbedingungen der Polis herausbildeten. Der Zerfall der Palastsysteme war zwar eine wesentliche Voraussetzung für die Entstehung der Polis und ihrer gesellschaftlichen und politisch-institutionellen Ordnung. Das Ende der palatialen Systeme hat aber nicht unmittelbar ein dynamisch wirkendes Veränderungspotential freigesetzt, dessen Träger anstelle der patrimonialen Herrschaft mykenischer Prägung und ihrer noch vorstaatlichen Strukturen neue institutionelle Organisationsformen zu initiieren vermocht hätten.

12. Athen im 11. und 10. Jahrhundert

a) Der archäologische Befund

Etwa um 1100 v. Chr. beginnt die große Kerameikosnekropole im Bereich des Pompeion am Nordufer des Eridanos mit Einzelbestattungen, die überwiegend in Steinkisten-, seltener in Erd- und Steinschüttungsgräbern und in Ausnahmefällen (nach Kremierung des Toten) auch in Urnen vorgenommen wurden.[170] Typisch mykenische Kammergräber wurden hier nicht mehr gebaut. Ungefähr gleichzeitig setzen die Bestattungen in dem ähnlich angelegten Friedhof beim Arsenal auf der Insel Salamis ein. Die Einzelbestattung bedeutet indes nicht die Einführung oder Übernahme eines völlig neuen Grabtypus. Auch in mykenischer Zeit waren (gleichsam noch in mittelhelladischer Tradition) zahlreiche Kisten- und Grubengräber angelegt worden.

[170] W. Kraiker – K. Kübler, Kerameikos, Ergebnisse der Ausgrabungen, 1. Band. Die Nekropolen des 12. bis 10. Jahrhunderts, Berlin 1939; H. Müller-Karpe, Die Metallbeigaben der früheisenzeitlichen Kerameikos-Gräber, JdI 77 (1962) 59 ff.; Snodgrass, Dark Age 147 ff.; Desborough, Dark Ages 64 ff.; Kurtz-Boardman, Thanatos 40 ff.; G. Krause, Untersuchungen zu den ältesten Nekropolen am Eridanos in Athen, I–II, Hamburg 1975. – Ein Bevölkerungswechsel ist aus dem Wandel der Bestattungsformen nicht zu erschließen. Vgl. etwa Snodgrass, a.a.O. 179 ff.; O.T.P.K. Dickinson, Cist Graves and Chamber Tombs, BSA 78 (1983) 55 ff.

Als Beigaben dienten in den neuen Nekropolen vor allem Gefäße und Vasen (insonderheit Bügelkannen, Lekythen, Amphorisken), die stilistisch allgemein als „submykenisch" klassifiziert und insofern von der mykenischen Ware abgegrenzt werden. Demgegenüber hat jetzt P. A. Mountjoy nach erneuter Prüfung des Materials aus der Pompeionnekropole darauf hingewiesen, daß die Keramik z. T. noch der späten SH III C-Phase zuzuordnen ist.[171] Unabhängig von der kontroversen Datierung der Vasenbeigaben lassen die Funde in ihrer Gesamtheit jedenfalls auf Bevölkerungs- und Siedlungskontinuität vom Spätmykenischen zur sog. submykenischen Keramikphase schließen, in der das Dekor der Vasen relativ einfach war (u. a. Dreieckketten, multiple, mit der Hand gezogene Flachbögen und Halbkreise). Auch die im ganzen spärlichen Metallbeigaben, d. h. Schmuckgegenstände (vor allem Schildringe, einfache Fingerringe, Spiralen) und Trachtteile (Fibeln, lange Gewandnadeln), die überwiegend aus Bronze, seltener aus Eisen und in einem Einzelfall aus Gold („Ohrspirale" aus Grab Nr. 46) angefertigt sind, stehen noch in mykenischer Tradition, wenn auch das Streben nach neuer Formgebung erkennbar ist. So manifestiert sich in den Keramik- und Metallbeigaben der Gräber ein endogener Wandel unter den veränderten gesellschaftlichen Rahmenbedingungen einer Zeit, in der in Griechenland der Lebensstandard allgemein niedrig war.

Das Siedlungsbild hat sich im submykenischen Athen gegenüber der SH III C-Phase offenbar nicht wesentlich verändert. Der Burgberg war noch bewohnt, wie einige dort aufgedeckte submykenische Gräber zeigen, doch ist der damalige Zustand des einstigen Palastareals unbekannt. Außerhalb der Akropolis existierten nur dörfliche Einzelsiedlungen. Aufgrund der Gräber an den Hängen des Areopags und des Kolonos Agoraios sowie der submykenischen (und später auch protogeometrischen) Funde in Brunnen und Gruben im Agorabereich ist zu vermuten, daß die Siedlungstätigkeit hier zunahm. Es bleibt indes offen, ob diesem Wohngebiet auch die Nekropole am Pompeion zuzuordnen ist. Nach dem weiteren Verteilungsmuster der Funde erstreckten sich Weiler oder Einzelgehöfte im Norden und Nordwesten etwa bis in den Bereich des späteren Acharnischen Tores und der Kriezi-Straße und im Süden und Südosten der Akropolis bis in den durch den Ilissos abgegrenzten Raum (mit einer gewissen Verdichtung etwa bis zur Erechtheion-Straße und westlich und südlich des Olympieion). Die Streulage der Siedlungen wird jetzt durch die Aufdeckung einer größeren submykenischen und protogeometrischen Nekropole mit 73 Gräbern (11 Erdbestattungen, 62 Brandbestattungen in Amphoren) in der Vasilissa-Sophia-Allee (Ecke Herodes-/Atticus-Straße) mehr als 1 km nordöstlich der

---

[171] P. A. Mountjoy, JdI 103 (1988) 1–33 (oben Anm. 151).

Akropolis bestätigt.[172] Das Siedlungsbild bleibt freilich höchst unvollständig, zumal keine Hausfundamente freigelegt worden sind. Ob die Bevölkerungszahl stagnierte, weiterhin rückläufig war oder bereits wieder geringfügig zunahm, ist unklar. Insgesamt mögen im Raum von Athen in submykenischer Zeit im Durchschnitt vielleicht 2000–3000 Personen gelebt haben. Diese Zahl sei jedoch mit allem Vorbehalt genannt. In der größten damaligen Nekropole, im Friedhof am Pompeion, sind für einen Zeitraum von zwei Generationen nur etwa 140 Bestattungen nachgewiesen. Hieraus wird die im ganzen geringe Besiedlung deutlich.[173]

Die Devolution der mykenischen Sozialordnung hatte in einem längeren Transformationsprozeß zur Entstehung einer Kleingesellschaft (face-to-face society) geführt, in der sich Lebensweise und Lebenszuschnitt der Mitglieder der Gemeinschaft nicht allzu sehr unterschieden. Die im ganzen einheitlich angelegten Gräber der Pompeionnekropole lassen zudem auf allgemein verbindliche Regeln der Totenbestattung in der zugehörigen Siedlung schließen. Da bei weitem nicht alle Gräber Beigaben enthielten, bestand aber zweifellos eine gewisse soziale Differenzierung, die wohl auch in höher- und niedrigerrangigen Führungspositionen in den einzelnen Siedlungskomplexen ihren Ausdruck gefunden hat und mit dem Übergang zur protogeometrischen Keramikphase schon bald deutlicher in Erscheinung trat.

Denn die submykenische Zeit dauerte nicht allzu lange.[174] Um oder nach 1050 sind bereits die Anfänge des protogeometrischen Keramikstils anzusetzen,[175] der eine Weiterentwicklung submykenischer Elemente darstellt. Der tektonische Aufbau der einfachen, aber durchweg eleganteren protogeometrischen Gefäße wird straffer, das gesamte dekorative Inventar (u. a. multiple, mit dem Zirkel gezogene Kreise und Halbkreise, horizontale Streifen und Bänder, Wellenlinien, gegitterte Dreiecke, Zickzackmuster) steht in einem ausgewogenen Verhältnis zur äußeren Form der Vasen. Athen wurde jetzt in der Keramikproduktion lange Zeit führend und übte hierdurch großen Einfluß auf das griechische Töpferhandwerk aus.

Bereits in der submykenischen Phase waren vereinzelt Brandbestattungen vorgenommen worden. In protogeometrischer Zeit wurde die Kremierung der Erwachsenen vorherrschend. Daneben erfolgten aber weiterhin auch

---

[172] H. W. Catling, AR 1983/84 (1984) 7. Die Körperbestattungen sind vermutlich submykenisch (Morris, Burial 78).
[173] Aufschlußreich ist auch die 1955 ausgegrabene kleine submykenisch-protogeometrische Nekropole in der Erechtheion-Straße: M. Brouskari, BSA 75 (1980) 13–31.
[174] Zu kurz (1075–1050 v. Chr.) erscheint allerdings der Ansatz von Sp. Iakovidis, The Chronology of LH III C, AJA 83 (1979) 454ff.
[175] Anders jetzt P. A. Mountjoy, JdI 103 (1988) 1–33 (oben Anm. 151), die den Beginn der protogeometrischen Phase auf ca. 1020/1000 herabdatiert.

Körperbestattungen, die für Kinder sogar die Regel waren. Der sukzessive Übergang zur Verbrennungspraxis bei gleichzeitiger Wahrung der Tradition der Erdbestattung bestätigt die Kontinuität der Bevölkerung. Zwei relativ frühe Brandbestattungen im Kerameikos aus der Übergangszeit von der submykenischen zur protogeometrischen Phase – die sog. Urnengräber A und B – enthielten neben bronzenen Lanzen- bzw. Speerspitzen zwei Eisendolche mit Beingriff, die wohl als kostbare Repräsentationsstücke anzusehen sind.[176] Daher ist zu vermuten, daß ihre einstigen Besitzer ebenso wie jene Krieger, die in der Folgezeit eiserne Griffzungenschwerter und andere Waffen als Totenbeigaben erhielten, höherrangige Statuspersonen waren. Als Waffentyp war das Griffzungenschwert ein Erbe der Bronzezeit. Die ersten Exemplare aus Eisen wurden offenbar auf Kypros und in der Levante hergestellt, so daß in Athen Einflüsse aus diesen Räumen anzunehmen sind. Das älteste athenische Schwert dieser Art stammt aus einem am Rande der Pompeionnekropole im Kontext der genannten Gräber A und B gelegenen Körpergrab (sog. protogeometrisches Grab 2 Nord). Zwei andere eiserne Griffzungenschwerter enthielten das jüngere protogeometrische Grab E dieses Friedhofs sowie das (gleichfalls jüngere) protogeometrische Grab 6 der Nekropole südlich des Eridanos, in der in einer späteren Zeitstufe in den protogeometrischen Gräbern 17 und 34 auch die ersten eisernen Lanzenspitzen in Athen begegnen, die bereits ins 10. Jahrhundert zu datieren sind. Weitere Waffen fanden sich in zwei noch jüngeren protogeometrischen Gräbern dieses Bezirks, und zwar in Grab 32 eine eiserne Lanzenspitze, in Grab Nr. 28 ein eisernes Griffzungenschwert, das um die Schulter der Amphore mit dem Leichenbrand gebogen war, ein ebenfalls zusammengebogenes Eisenmesser sowie eine eiserne Pfeilspitze. Ferner sind in diesem Zusammenhang Kriegergräber unter der Metropolis-Kathedrale und auf der Agora (vor bzw. um 900) zu nennen, in denen jeweils neben anderen Objekten aus Eisen erstmals sowohl ein Eisenschwert als auch eine eiserne Lanzenspitze erscheinen.[177]

Diese protogeometrischen Waffengräber unterscheiden sich zwar in ihrer Anlage nicht von den übrigen Männergräbern ihrer Zeit. Es handelt sich fast ausschließlich um einfache Urnengräber mit Amphorengrube. Auch sind die sonstigen Beigaben kaum reicher als in anderen Gräbern, wenn auch die Waffen verschiedentlich mit Werkzeugen und anderen Gegenständen aus

---

[176] Zum Folgenden vgl. H. Müller-Karpe, JdI 77 (1962) 61 ff.; Snodgrass, Dark Age 222 ff. Siehe auch A. M. Snodgrass, Iron and Early Metallurgy in the Mediterranean, in: Th. A. Wertime – J. D. Muhly, The Coming of the Age of Iron, New Haven – London 1980, 335 ff.

[177] C. W. Blegen, Two Athenian Grave Groups of about 900 B.C., Hesperia 21 (1952) 286 f.; Snodgrass, Dark Age 233.

Eisen vergesellschaftet sind. Dennoch liegt die Bedeutung der Kriegergräber nicht allein darin, daß sie ein Indikator für die Übernahme neuer Techniken in der Waffenherstellung sind. Da die Zahl der genannten Waffengräber, die sich zeitlich über die gesamte protogeometrische Phase verteilen, sehr begrenzt ist, sind die hierin bestatteten Toten – wie gesagt – einer sozial herausgehobenen Schicht zuzuordnen, so daß die Funde auch gewisse Aufschlüsse über die gesellschaftliche Differenzierung geben. Bestätigt wird diese Entwicklung durch einige Frauengräber. Goldbeigaben (Haarringe) fanden sich zwar nur in den relativ frühen protogeometrischen Kerameikosgräbern 22, 25 und 5 (in dieser zeitlichen Reihenfolge), während dann erst wieder mit Beginn der geometrischen Keramikphase (um 900 v. Chr.) Objekte aus Gold den Toten mitgegeben wurden. Andererseits sind aber auch mehrere Gräber des späten 10. Jahrhunderts durchaus reich ausgestattet.[178] So enthielt das protogeometrische Kerameikosgrab 48 neben Fibeln aus Bronze und Eisen und einer Bronzenadel über 30 Gefäße verschiedener Art, 80 Tonperlen (z. T. mit Ritzmuster) und etwa 20 Spinnwirtel.

Hinweise auf die Ausdehnung des Siedlungsareals im protogeometrischen Athen bieten weiterhin nur Gräber, Gruben, Brunnen und Streufunde. Die (z. T. schon genannten) Gräber liegen durchweg noch in den Bereichen der submykenischen Bestattungen. Die Nekropole im Kerameikos dehnte sich auf dem Südufer des Eridanos weiter aus. Weitere Gräber lagen im Agorabereich (unter Einschluß des Kolonos Agoraios), unter der Metropolis-Kathedrale, an der Lykourgos-Straße sowie im Süden der Akropolis zwischen dem Odeion des Herodes Atticus und der Dionysios-Areopagitos-Straße, an der Erechtheion-Straße sowie auf dem Museionhügel. Hinzu kommt jetzt die neuentdeckte Nekropole im Nordosten an der Vasilissa-Sophia-Allee. Auf der Akropolis wurden hingegen offenbar keine Bestattungen mehr vorgenommen.

Des weiteren sind protogeometrische Scherben in der Nähe des Syntagma-Platzes sowie Deposite aus der späten protogeometrischen Zeit im Bezirk des Heros Akademos und auf dem Hymettos gefunden worden. Athen hatte sich zweifellos seit dem 11. Jahrhundert trotz der Streulage seiner dörflichen Einzelsiedlungen zum bedeutendsten Ort in Griechenland entwickelt.

Hingegen waren die übrigen Regionen Attikas damals nur dünn bevölkert. Das diesbezügliche Material stammt größtenteils aus der späten protogeometrischen Phase. Es handelt sich vor allem um Grab- und Keramikfunde, die auf kleinere Siedlungen in Eleusis, Menidi, Nea Ionia, Aliki, Anavyssos, Thorikos, Merenda, Brauron und Marathon schließen lassen.[179]

---

[178] Vgl. A. M. Snodgrass, CAH III 1 (^{2}1982) 666.

[179] Dazu generell der Überblick von Snodgrass, CAH III 1 (^{2}1982) 668. – Hinweise

Nach dem derzeitigen Befund scheint erst im späten 10. oder frühen 9. Jahrhundert in einigen Teilen Attikas die Bevölkerung durch eine von Athen ausgehende Binnenkolonisation allmählich zugenommen zu haben. Auch die neuen Aktivitäten in der Silber- und Bleigewinnung bei Thorikos um 900 können von Athen aus initiiert worden sein.[180]

b) Probleme der Auswertung des Materials

Die relative Fundleere in Attika im 11. und 10. Jahrhundert deutet darauf hin, daß damals dorische und nordwestgriechische Gruppen sich hier nicht einmal zeitweilig anzusiedeln vermochten. Zwar haben Dorier und Nordwestgriechen nicht in massiven Wellen, sondern in kleineren Scharen ihre historischen Wohnsitze okkupiert. Um die Mitte des 11. Jahrhunderts scheint sich aber in der Peloponnes die Infiltration neuer Zuwanderer verstärkt zu haben. Wenn diese Bewegungen das Siedlungsbild in Attika in keiner Weise beeinflußt haben und hier auch von Boiotien aus sich keine größeren Gruppen von Nordwestgriechen festzusetzen vermochten, stellt sich die Frage, ob Invasoren möglicherweise in Attika auf starke Gegenwehr trafen. Sollte dies der Fall gewesen sein, kann der Widerstand nur von Athen aus organisiert worden sein. Zwar enthalten die athenischen Sagen vom Opfertod des Königs Kodros und von der Heldentat des Melanthos in Abwehrkämpfen gegen „Peloponnesier" und Boioter schwerlich Erinnerungen an bestimmte Auseinandersetzungen mit Invasoren, doch besteht kein Zweifel, daß keine andere Siedlung in Attika um oder nach 1100 bzw. im Laufe des 11. Jahrhunderts in der Lage gewesen wäre, genügend Kräfte zur Abwehr drohender Gefahren zu mobilisieren.[181]

zu den Funden in Aliki, Marathon, Eleusis, Brauron und Thorikos: Desborough, Dark Ages 159f., 363f. – Anavyssos: P. Lazaridis, AD 25 (1970), Chron. 145–153. – Merenda: I. Papadimitriou, Ergon 1960, 30–37; D. Lazaridis, AAA 1 (1968) 31–35. – Nea Ionia: E. L. Smithson, The Protogeometric Cemetery at Nea Ionia, 1949, Hesperia 30 (1961) 147–178. – Neuere Funde bei Marathon: H. W. Catling, AR 1984/85, 11. Eine Übersicht über alle Grabfunde bietet jetzt J. Whitley, Style and Society in Dark Age Greece, Cambridge u. a. 1991, 199ff.

[180] Vgl. J. Bingen, L'établissement du IXe siècle et les nécropoles du secteur ouest 4, in: H. F. Musche – J. Bingen et alii (Hrsg.), Thorikos 1964, Rapport préliminaire sur la deuxième campagne de fouilles, Brüssel 1967, 29f.

[181] Daß kleine attische Siedlungen in den „Dunklen Jahrhunderten" einen athenischen Basileus als ihren „Heerführer" betrachteten, vermutet W. G. Runciman, Origins of the State: The Case of Archaic Greece, CSSH 24 (1982) 374; s. auch van Effenterre, Cité grecque 172f. Anders etwa K. A. Raaflaub, Athenische Geschichte und mündliche Überlieferung, in: J. v. Ungern-Sternberg u. H. Reinau (Hrsg.), Vergan-

Das skizzierte Verteilungsmuster der Funde aus dem 11. und 10. Jahrhundert widerlegt auf jeden Fall die in der Forschung mehrfach vertretene These, daß die politische Einigung der attischen Halbinsel als Eingliederung ehemals selbständiger Kleinstaaten in den Verband des athenischen Staates interpretiert werden müsse und der Synoikismos des Theseusmythos erst gegen Ende des 8. Jahrhunderts mit der Einbeziehung von Eleusis zum Abschluß gelangt sei. Sicherlich war Attika in submykenischer und protogeometrischer Zeit außerhalb Athens nicht völlig entvölkert. Es ist indes schwer vorstellbar, daß kleine und kleinste Siedlungseinheiten, die kaum die Größe eines Dorfes hatten, unabhängige „politische" Einheiten bildeten. Im Demeterhymnus, einem in der Überlieferung Homer zugeschriebenen Gedicht, das wie die beiden großen Epen ältere poetische Elemente tradiert und wohl in die Zeit um 700 v. Chr zu datieren ist, werden zwar „Basileis" in Eleusis erwähnt, doch besagt dies nicht, daß Eleusis noch selbständig war, als der Hymnus verfaßt wurde, da der Basileusbegriff keineswegs nur auf „Monarchen" zu beziehen ist, sondern generell Angehörige der Oberschicht bezeichnen kann.[182] Ebensowenig ist die Existenz des Kultverbandes der sog. marathonischen Tetrapolis, die aus den Orten Marathon, Trikorythos, Oinoë und Probalinthos bestand und eigene Festgesandtschaften nach Delphi und Delos schickte, ein Beweis für eine sukzessive Einigung Attikas im Verlauf der „Dunklen Jahrhunderte". Der Kultverband der Tetrapolis ist jedenfalls kein Beleg für eine ältere „staatliche Einheit" im Raum von Marathon, denn die zeremonielle Repräsentation jener Kultgenossenschaft in Delphi setzt nicht nur die Entwicklung des Orakels zu einer gesamthellenischen Instanz, sondern auch eine dichtere Besiedlung der Tetrapolis voraus, die sich für das 11. und 10. Jahrhundert nicht nachweisen läßt.

So kann von „Staatlichkeit" oder „Kleinstaaten" im nachmykenischen Attika keine Rede sein. Bereits in mykenischer Zeit hatte sich hier – wie bereits dargelegt – keine staatliche Organisation im eigentlichen Sinne herausgebildet, da die Machtposition des athenischen Wanax im 13. Jahrhundert eher auf der Ausweitung einer palatialen Oikosorganisation beruhte. Wenn damals lokale Herren eine gewisse Eigenständigkeit zu behaupten vermochten, konnten hieraus nach dem Zerfall des Palastsystems schon deshalb keine „Kleinstaaten" entstehen, weil spätestens nach 1100 der Entwicklung partikularer Gewalten durch den Rückgang der Siedlungstätigkeit der

---

genheit in mündlicher Überlieferung (Colloquium Rauricum Bd. 1), Stuttgart 1988, 209, Anm. 56; ders., Expansion und Machtpolitik in frühen Polis-Systemen, in: Eder, Staat 519, der unabhängige Dörfer in Attika annimmt.

[182] Vgl. J. Sarkady, Attika im 12. bis 10. Jahrhundert, ACD 2 (1966) 12; R. A. Padgug, Eleusis and the Union of Attika, GRBS 13 (1972) 135–150. Demgegenüber nimmt Manville, Citizenship 68, ein selbständiges Königtum in Eleusis an.

Boden entzogen worden wäre. Im übrigen bildeten sich auch in Athen selbst lange Zeit noch keine staatlichen Strukturen heraus, sofern man eine institutionelle Ordnung als Kriterium für Staatlichkeit wertet. Macht und Herrschaft blieben personengebunden, konnten aber nur noch in einem sehr viel bescheideneren Rahmen als in mykenischer Zeit ausgeübt werden.

Aussagen über die Machtverhältnisse im submykenischen und protogeometrischen Athen sind selbstverständlich problematisch. Die athenische Königsliste läßt sich hierfür nicht verwenten.[183] Sie basiert auf der Annahme, daß Angehörige des Hauses der sog. Kodriden oder Medontiden jahrhundertelang die Macht in Athen ausübten. Die Kodriden oder Medontiden werden indes in der späteren Überlieferung nicht generell als „Könige" (Basileis) bezeichnet. Nach anderer Version wurde unter Medon, dem Sohn des Kodros, oder unter seinem Nachfolger Akastos angeblich das Amt des Archon, d. h. „Regenten" eingerichtet, als einer der beiden Herrscher auf das Königtum verzichtet habe und nunmehr „Regent" auf Lebenszeit geworden sei. Dieses „Amt" soll fortan gleichsam in Erbfolge den Kodriden übertragen worden sein, bis es angeblich im Jahre 753 v. Chr. auf zehn Jahre befristet wurde. Auch das zehnjährige Archontat hätten in einem Zeitraum von vier Amtsperioden nur Kodriden bekleidet, ehe 714/13 v. Chr. die gesamte adlige Oberschicht der sog. Eupatriden regimentsfähig geworden sei. Nach drei weiteren zehnjährigen Archontaten soll dann 683/82 die Amtszeit des Archonten jeweils auf ein Jahr beschränkt worden sein.

Das „Archontat auf Lebenszeit" ist eine bloße Konstruktion, wie allein schon die Datierung in die Jahre 1069 (Medon) oder 1049 v. Chr. (Akastos) zeigt. Der Zeitansatz ist ein Produkt sehr viel späterer „Berechnungen", denen keine verläßlichen Nachrichten aus jener Zeit vorlagen. Die Fiktion der Übertragung eines neu geschaffenen Führungsamtes an den entmachteten „König" ist nicht nur in sich widersprüchlich. Hierdurch wird zudem eine „Polisinstitution" für eine Zeit postuliert, in der es nirgendwo in der griechischen Welt fixierte Regelungen zur Einsetzung von Funktionsträgern gab. Im übrigen hätte ein Archon auf Lebenszeit eine geradezu monarchische Machtfülle erhalten. Die Erfinder dieser Version von den Anfängen des Archontats hatten keine Vorstellung von den Verhältnissen im 11. Jahrhundert.

Aristoteles bzw. der Autor der Abhandlung über den ›Staat der Athener‹ (Athenaion Politeia), die unter dem Namen des Aristoteles überliefert ist und wohl zwischen 329/28 und 327/26 v. Chr. ediert wurde, läßt die Frage un-

---

[183] Hierzu und zum Folgenden ausführlich F. Jacoby, Die attische Königsliste, Klio 2 (1902) 406–439; ders., Atthis 121 ff.; ders., FgrHist III b (Supplem.) Text 43–51; Notes 49–65. Vgl. auch de Sanctis, Atthis 99–116; Hignett, Athenian Constitution 38 ff.; Drews, Basileus 86 ff.; Rhodes, Commentary 98 ff.; Carlier, Royauté 360 ff.

entschieden, ob das angeblich lebenslängliche Archontat bereits unter Medon oder erst unter dessen Nachfolger Akastos eingeführt wurde. Der Verfasser dieser Schrift hält aber das Amt des Polemarchos – des „Kriegsherrn" oder Heerführers – sogar für älter als das Archontat (Ath. Pol. 3,3). Hiernach hätte also der „König" schon vor der Umwandlung seiner Stellung in ein lebenslängliches „Amt" – d. h. angeblich vor Mitte des 11. Jahrhunderts – im Kriegsfall nicht mehr die Führung des Heeresaufgebotes übernommen. Auch in diesem Fall ergibt sich schon aus dem Zeitansatz, daß es sich wiederum um reine Konstruktion handelt. Zweifellos ist aber auch das zehnjährige Archontat eine spätere Erfindung. Auch dieses „Amt" wäre einem Gewaltmonopol mit monarchischen Zügen gleichgekommen, das sich vom lebenslänglichen Archontat kaum unterschieden hätte.

Für die Beurteilung der Glaubwürdigkeit der verschiedenen Versionen über Königtum und „Archontat" der Kodriden bzw. Medontiden ist es unerheblich, ob die Überlieferung über die angeblich in die Königszeit zurückreichende Geschichte des höchsten Amtes in Athen ein Fabrikat der attischen Lokalhistorie (Atthidographie) des vierten Jahrhunderts darstellt[184] oder bereits der Logograph Hellanikos von Lesbos im ausgehenden 5. Jahrhundert das zehnjährige Archontat für seine Darstellung der athenischen Geschichte („Atthis") erfunden hat. Der Rekonstruktion der athenischen Frühgeschichte in der vorliegende Tradition liegt jedenfalls die Vorstellung zugrunde, daß die nachmykenischen Leiter der Gemeinschaft bereits Funktionen der späteren höchsten Jahresbeamten der Polisgemeinschaft ausgeübt haben und die Einrichtung neuer Ämter eine Teilung und Ausfächerung von Kompetenzen darstellte, die man dem angeblichen Gewaltmonopol eines „Königs" zugeordnet hat. Als Erklärungsmodell diente somit die institutionelle Polisordnung. Fixierte Kompetenzen für bestimmte Führungsaufgaben hat es aber vor der Polisbildung und der hiermit verbun-

---

[184] Vgl. Jacoby, FgrHist III b (Supplem.) Text 16, 43 ff., der vermutet, daß diese Version auf den Atthidographen Kleidemos zurückgeht. – Phantasievoll erscheint die These Carliers, Royauté 368f., wonach schon im 7. Jahrhundert „einflußreiche Aristokraten" in Athen versucht hätten, aus politischen Gründen die Anfänge des Archontats möglichst früh zu datieren, während in dem entmachteten Königshaus die Erinnerung an die Basileia der Medontiden bewahrt worden sei. Carlier postuliert eine regelrechte Gewaltenteilung bei der Einrichtung der Jahresämter. – Eine erstaunliche Theorie vertritt auch Sakellariou, Polis-State 328f., der annimmt, daß nach dem Zusammenbruch des mykenischen „Staates" in Attika eine Konföderation entstand, die Attika und Euboia sowie Oropos, Tanagra und Aulis umfaßte. Der athenische „Erbkönig" habe als "elected life archon" dieses angeblich schon aus "polis-states" bestehende Gemeinwesen geleitet. Diese Annahme eines Zusammenschlusses von angeblichen Polisstaaten zu einem Großverband mit staatlichem Charakter in den „Dunklen Jahrhunderten" ist völlig unrealistisch.

denen Institutionalisierung öffentlicher Organe des Gemeinschaftslebens zweifellos nicht gegeben. Darüber hinaus stellt sich die Frage, ob es in den „Dunklen Jahrhunderten" in Athen überhaupt monarchische Herrschaftsformen im Sinne der erst im 5. Jahrhundert v. Chr. entwickelten griechischen Verfassungstypologie gegeben hat.

Jene athenischen Krieger, die in protogeometrischen Waffengräbern beigesetzt waren und offenbar zu einer sozial herausgehobenen Personengruppe gehörten, die es sich leisten konnte, wertvolle Eisenwaffen als Totenbeigaben zu verwenden, hatten schwerlich die Funktionen eines Leiters des gesamten Siedlungsverbandes in Athen ausgeübt. Ein Vergleich der athenischen Statuspersonen in protogeometrischer Zeit mit der besser faßbaren damaligen Führungsgruppe in Lefkandi ist hier naheliegend. Hierbei muß die Gesamtsituation in jenen beiden Siedlungskomplexen berücksichtigt werden. In Lefkandi war eine Reihe von Gräbern überaus reich ausgestattet. Der Aufschwung setzte dort bereits im späten 11. Jahrhundert ein.[185] Zu den Grabbeigaben zählen u. a. Fayenceketten und Vasen aus Phoinikien, Bronzegefäße aus Kypros und Ägypten sowie Glasperlen und Goldschmuck. Die nachmykenischen (heute nach Flurstücken benannten) Gräberfelder gehörten nicht mehr zu der im 11. Jahrhundert bereits verlassenen SH III C-Siedlung auf dem Xeropolishügel unmittelbar an der Küste, sondern lagen weiter nördlich, wo eine neue Siedlung entstanden war. Luxusartikel in großer Zahl fanden sich vor allem in der Toumbanekropole,[186] an deren Westrand 1980/81 die bisher eindrucksvollste protogeometrische Anlage – ein 45 m langer dreigeteilter Bau aus dem frühen 10. Jahrhundert mit einer hölzernen Pfeilerringhalle und einem apsidialen Abschluß – aufgedeckt wurde.[187] Im Mittelteil des Langhauses befand sich ein Doppelgrab mit dem Skelett einer jungen Frau und den Aschenresten eines kremierten männlichen Toten in einer mit Jagdszenen geschmückten Bronzeamphore. Offenbar war das Gebäude kurze Zeit als Stätte der Verehrung („Heroon") der hier bestatteten Toten benutzt worden, da die im Innern gefundene Keramik stilistisch im wesentlichen einheitlich ist. Als ein Teil der Mauern über

---

[185] Vgl. M. R. Popham – L. H. Sackett – P. G. Themelis (Ed.), Lefkandi I. The Iron Age. The Settlement. The Cemeteries, London 1980, 356ff.; P. Blome, Lefkandi und Homer, WJb, N. F. 10 (1984) 9ff.

[186] M. R. Popham – E. Touloupa – L. H. Sackett, Further Excavations of the Toumba Cemetery at Lefkandi, 1981, BSA 77 (1982) 213ff.

[187] M. R. Popham – E. Touloupa – L. H. Sackett, The Hero of Lefkandi, Antiquity 56 (1982) 169ff.; P. G. Calligas, Herocult in Early Iron Age Greece, in: Early Greek Cult Practice. Proceedings of the Fifth International Symposium at the Swedish Institute at Athens, 26–29 June 1986, ed. by R. Hägg – N. Marinatos – G. C. Nordquist, Stockholm 1988, 229ff.

einem älteren mykenischen Grab einstürzte, wurde das gesamte Langhaus mit Ziegelschutt und Erde gefüllt und mit einem gewaltigen Grabhügel überdeckt. Zu den Totengaben des Mannes gehörten ein Schleifstein, eine eiserne Lanzenspitze und ein Langschwert. Der Waffenfund in diesem „Heroon" war somit nicht umfangreicher als in athenischen Kriegergräbern jener Zeit. Ungewöhnlich kostbar waren jedoch die Beigaben der Frau. Sie bestanden aus einem Eisenmesser mit Elfenbeingriff, zwei goldenen Spiralen, einem Goldmedaillon mit einer Kette aus Fayenceperlen, zwei goldenen Brustscheiben, einem Pektorale und Gewandnadeln aus Bronze und Eisen. Unmittelbar neben dem Doppelgrab fanden sich in einer Grube die Skelette von vier Pferden, die wohl bei der Begräbnisfeier den Leichenwagen gezogen hatten. Eine Überraschung war aber vor allem auch die Konstruktion des Langhauses, das ein einzigartiges architektonisches Zeugnis der protogeometrischen Zeit darstellt, in der die Häuser durchweg klein und ärmlich waren. Zweifellos befand sich in Lefkandi der Sitz eines großen Oikosherrn mit Gefolgsleuten und sonstigen Abhängigen. Es wäre indes problematisch, zur Erläuterung seiner Position auf die Abhängigkeitsverhältnisse im Oikos eines „adligen Herrn" und Siedlungsführers (Basileus) der „homerischen Welt" zu verweisen. Die epische Schilderung der Personen und ihrer Rechtsstellung auf dem „Gut" eines „homerischen" Basileus kann schon deshalb nicht einfach auf die Situation in Lefkandi im frühen 10. Jahrhundert übertragen werden, weil bis zur Fixierung der Epen im späten 8. Jahrhundert durch die Bevölkerungszunahme generell neue demographische Rahmenbedingungen entstanden waren und sich hierdurch auch die soziale Schichtung teilweise verändert hatte. Nur soviel ist deutlich, daß jener jetzt allgemein als „Heros von Lefkandi" bezeichnete Oikosherr bereits beachtliche Ressourcen gewonnen hatte und die dominierende Persönlichkeit in seiner Siedlung war. Er hatte dort zu seiner Zeit schwerlich gleichrangige Konkurrenten. Einige seiner Nachfahren waren vermutlich in reichen Gräbern der Toumbanekropole in der Nähe seines großen Grabhügels bestattet.

Eine ausgeprägte Führungshierarchie ist demgegenüber in Athen nicht erkennbar. Andererseits war freilich der „Heros von Lefkandi" wohl nur der „Erste" eines relativ begrenzten Personenkreises.[188] Im Raum von Lefkandi lebten damals sicherlich weit weniger Menschen als in Athen, wo eine Art Koexistenz mehrerer dörflicher Gemeinschaften bestand. Da aber auch in Athen zweifellos Rang- und Statusunterschiede existierten, die in den Grabbeigaben zum Ausdruck kommen, waren die in Waffengräbern bestatteten

---

[188] Das dortige Heroon gilt freilich allgemein als „Fürstengrab" oder "royal tomb". A. M. Snodgrass, Two Demographic Notes, in: Hägg, Greek Renaissance 167ff., warnt demgegenüber mit Recht davor, die Bedeutung Lefkandis zu überschätzen.

Toten wahrscheinlich hervorragende Krieger mit Führungspositionen in den segmentären Gemeinschaften der Athener Einzelsiedlungen, zumal diese Gräber in verschiedenen Nekropolen liegen, die offensichtlich getrennten Wohnkomplexen zuzuordnen sind.

Dies schließt die Existenz eines „führenden Hauses" im gesamten Siedlungsareal Athens keineswegs aus. Zwar gab es in protogeometrischer Zeit auf dem Burgberg wohl kaum noch einen eindrucksvollen Herrschersitz. Die kultische Kontinuität im einstigen Palastbereich blieb jedoch gewahrt. Auf der Akropolis lagen uralte Kultmale (wie Kekrops- und Erechtheusgrab, Pandroseion, Dreizackmal und Salzquelle des Poseidon und der Ölbaum der Athena), die im athenischen Kult und Mythos ihre Bedeutung stets behielten. Der Wanax der mykenischen Zeit war einst auch der erste Repräsentant der Bevölkerung seines Herrschaftsbereichs gegenüber den Gottheiten, und in der Tradition ritueller Rollen der Frühzeit stehen letztlich noch die Funktionen des späteren Archon Basileus, des sakralen Oberbeamten der athenischen Polis. Wenn diese Tradition in den „Dunklen Jahrhunderten" nach dem Zerfall des Palastsystems nicht unterbrochen wurde, gab es damals vermutlich weiterhin einen „Ersten" im gesamten Athener Siedlungsareal, der zumindest kultische Funktionen ausübte, die einst dem Wanax vorbehalten waren. Darüber hinaus wird er aber auch allgemeine Ordnungs- und Schlichtungsaufgaben wahrgenommen haben. Er besaß in dieser Position indes sicherlich ebensowenig ein monarchisches Gewaltmonopol wie der Führer eines Aufgebotes der „homerischen Zeit", der als „Erster", als βασιλεύτατος (Il. IX 69), im Kreise ranghoher Gefolgschaftsführer (Basileis) galt.

So läßt die Koexistenz der benachbarten Dörfer auf dem Boden Athens auf ordnungsstiftende Führungspositionen und hieraus resultierende Steuerungsmechanismen im Rahmen einer sozialen Rangordnung schließen, die dann in geometrischer Zeit sich deutlicher ausprägte. Insgesamt gesehen ist aufgrund der Siedlungsstruktur in Athen und im Hinblick auf die später faßbare Herausbildung gesamtgesellschaftlicher Zentralinstanzen ein gleichsam dualistisches Führungssystem anzunehmen, d. h. neben der Führungsrolle hervorragender Krieger in den einzelnen Wohnkomplexen ist eine ranghöhere Position des Repräsentanten eines führenden Hauses im gesamten Siedlungsverband zu vermuten, ohne daß diese Rollenverteilung bereits Formen institutioneller Ordnung annahm. Gemessen an dem Lebensstil der Oberschicht in homerischer Zeit waren die Mittel der führenden „Athener" im 11. und 10. Jahrhundert generell noch recht begrenzt, und wir wissen nicht, ob hier ein dominierendes Haus bereits ähnlichen Reichtum gewinnen konnte wie der sog. Heros von Lefkandi. Wenn es aber in Athen gleichsam in der Nachfolge mykenischer Herrscher eine führende Familie gegeben hat, war die Position ihrer Repräsentanten zweifellos stärker als die

Stellung eines Siedlungsführers in Lefkandi, da sie gegebenenfalls eine größere Zahl von Wehrfähigen aufbieten und wohl auch ihren Einfluß in den wenigen Kleinsiedlungen Attikas geltend machen konnten.[189] Die Einfachheit der Lebensverhältnisse bedeutete im übrigen nicht das Ende einer spezialisierten Güterproduktion oder ein Absinken auf eine primitive Stufe einer rein bäuerlichen Subsistenzwirtschaft. Das athenische Schmiedehandwerk war in der Lage, die technischen Innovationen der Eisenverarbeitung zu übernehmen. Des weiteren zeigen vor allem die vom protogeometrischen Töpferhandwerk Athens ausgehenden Impulse, daß die dortigen Siedlungen in ein Geflecht von relativ weiträumigen Kontakten einbezogen waren.

Andererseits manifestiert sich in der Anlage der Nekropolen im Kerameikos aber auch die Intensität von Nahverhältnissen auf verwandtschaftlicher und nachbarschaftlicher Basis in dörflichen „Genossenschaften", die als segmentäre Gruppen innerhalb des gesamten Siedlungsverbandes trotz des allgemeinen Wandels der sozialen Strukturen ein Element der Kontinuität darstellten, wie immer sich ihre Funktionen verändert haben mögen, als die Einbindung des da-mo der mykenischen Zeit in die Palastorganisation obsolet wurde. Die späteren genossenschaftlich organisierten Verbände der Phylen und Phratrien sind aus dem sozialen Beziehungsgeflecht einer Kleingesellschaft entstanden, in der das altmediterrane Erbe proto-urbaner Strukturen noch weiterlebte und in der auch die sozial herausgehobenen Statuspersonen verwurzelt waren. So war das Ende des mykenischen Systems in Athen keine „Stunde Null", es bedeutete keinen völligen Neubeginn. Wohl aber lebten hier alle Schichten der Gesellschaft in enger Nachbarschaft, als auf der Akropolis kein Wanax mehr residierte. Insofern ergaben sich in Athen ähnliche soziale Rahmenbedingungen des Gemeinschaftslebens wie an zahlreichen anderen Orten, die später Kristallisationskerne der Polisbildung werden sollten. Auf der Basis solcher Kleingesellschaften sind letzlich

---

[189] Die damalige Bevölkerungszahl Athens läßt sich freilich nicht einmal annäherungsweise schätzen. Snodgrass, a. a. O. 171, vermutet aufgrund der Gräberzahlen, daß auch in größeren Siedlungen nicht mehr als ein- bis zweihundert Menschen lebten. Neue Funde verändern indes immer wieder das Bild, wie der vor einigen Jahren in der Vasilissa-Sophia-Allee entdeckte submykenisch-protogeometrische Friedhof zeigt (H. W. Catling, AR 1983/84, 7). – Morris, Burial 93 ff., sucht den Befund der Gräber in den Dark Ages damit zu erklären, daß in den meisten uns bekannten Nekropolen vom Beginn der protogeometrischen Zeit bis etwa 750 nur Angehörige der grundbesitzenden Schichten bestattet worden seien. Alle anderen Mitglieder der Gesellschaft jener Jahrhunderte betrachtet Morris als Abhängige im Status der Hörigkeit ("serfdom"). Die von ihm postulierte Abhängigkeit der breiten Masse der Bevölkerung Athens zwischen ca. 1050 und 750 läßt sich indes nicht verifizieren.

die Gemeinschaften von Polisbürgern (Politen) entstanden. Durch die Kleinräumigkeit der Siedlungen war bereits im späten zweiten Jahrtausend ein Rahmen vorgegeben, der nicht mehr gesprengt werden konnte, als die soziale Schichtung sich wieder stärker ausprägte und institutionelle Formen der Regelung des Gemeinschaftslebens sich entwickelten. So ist das Band personaler Beziehungen, das in den einfacheren gesellschaftlichen Verhältnissen des 11. und 10. Jahrhunderts die Siedlungsgemeinschaften einte, im Zuge der Entstehung einer komplexeren Sozialstruktur und der Institutionalisierung der wichtigsten Organe des öffentlichen Lebens nicht zerrissen. Die großen Linien dieser Entwicklung lassen sich über die homerische Welt zurückverfolgen bis in die frühen „Dunklen Jahrhunderte", in denen infolge der begrenzten Zahl der Wehrfähigen und der beschränkten Ressourcen neue Formen sozialer Kommunikation in den einzelnen Siedlungen entstanden. Da das Instrumentarium der mykenischen Palastorganisation nicht mehr existierte und damit auch die Ausrichtung nach „oben", d. h. die Orientierung auf die Zentrale sich erübrigte, gab es praktisch keine Zwischeninstanz zwischen den Siedlungsführern und der übrigen Bevölkerung. Der Siedlungsführer mußte sich mit anderen ranghohen Mitgliedern der Gemeinschaft beraten und sich darüber hinaus auch an die Gesamtheit der Wehrfähigen wenden, wenn bestimmte Gemeinschaftsaktionen erforderlich wurden. Zweifellos entwickelten sich aus diesen Anfängen die „homerischen" Formen des Adelsrates und der Heeres- und Volksversammlungen, die wiederum Vorstufen späterer Polisinstitutionen waren.

Im Wandel des Sozialgefüges in den „Dunklen Jahrhunderten" sind offenbar auch Erfahrungen der Rechtswahrung, die bis in die Bronzezeit zurückreichen, nicht verlorengegangen. Im homerischen Epos gelten „verpflichtende Verhaltensnormen und gerechte Richtersprüche" (θέμιστες und δίκαι) als Zeichen einer geordneten Gemeinschaft (Od. 9, 112 und 215). Das Recht ist nicht kodifiziert, sondern die Fähigkeit, richtige Entscheidungen zu finden, wird dem Basileus von Zeus zusammen mit dem Szepter, dem äußeren Zeichen der Autorität und Würde, verliehen (Il. II 204-206).[190] Die szepterführenden Herrscher sind Friedenswahrer (δικασπόλοι: Il. I 238 f.; Od. 11, 186) und Garanten der Themistes. In Erfüllung dieser Aufgaben bürgt der Herrscher durch seine Gerechtigkeit für die Wohlfahrt des Landes und des Volkes (Od. 19, 109ff.). Er beschirmt seine Leute nicht nur durch physische Kraft, sondern auch durch richtige Entscheidungen in Streitfällen (Il. XVI 542; Od. 3, 244). Die Rechts- und Verhaltensnormen (Themistes)

---

[190] Grundlegend hierzu K. Latte, Der Rechtsgedanke im archaischen Griechentum, Antike u. Abendland 2 (1946) 63ff., Nachdruck in: Berneker, Griech. Rechtsgesch. 77ff.; vgl. auch H. J. Wolff, Gewohnheitsrecht und Gesetzesrecht in der griechischen Rechtsauffassung, ebd. 99ff.

gehen zwar auf Zeus zurück,[191] sind aber nicht eigentlich göttliche, geoffenbarte Satzung, sondern Auswirkungen göttlicher Macht, die auch als Ursprung der Herrschaft des Basileus gesehen wird.[192] Der Herrscher ist gleichsam von der Gottheit inspiriert, wenn er die Themistes feststellt sowie durch seine Dikai zum Ausdruck bringt und so eine „richtige" (gerechte) Lösung findet, d. h. verkündet, was „recht", „angemessen", „erlaubt" (θέμις) ist, was der Norm, d. h. der anerkannten Ordnung entspricht und Pflichten und Verhalten der Menschen regelt. Diese Rechtsvorstellungen sind schwerlich erst in „homerischer" Zeit entstanden. Zweifellos verfügte bereits die mykenische Welt über formale Methoden der Streitbeilegung. In pylischen Linear B-Tafeln ist ein Rechtsstreit um ein Landstück zwischen einer Priesterin und einer Damos-Gemeinschaft belegt.[193] Der Ausgang des Verfahrens ist nicht bekannt, doch zeigen die Tafelnotizen, daß sich die Parteien nicht auf kodifiziertes Recht berufen konnten.[194] Die Damos-Gemeinschaft machte einen Rechtsanspruch geltend, der Bestandteil ihrer Sozialordnung war. Die Entscheidung mag durch die Palastverwaltung bzw. einen ihrer Funktionäre gefällt worden sein.[195] Im Epos sind es die Herrschenden oder andere Kundige, die Weisungen im Rechtsstreit erteilen. So wird in der Beschreibung der berühmten „Prozeßszene" auf dem Schild des Achill die formale Regelung einer Streitsache geschildert, die durch einen „geraden", d. h. richtigen Spruch eines Richters geklärt werden soll (Il. XVIII 497ff.). Offensichtlich stehen in den beiden großen Epen die Rechts- und Ordnungsvorstellungen und das hieraus resultierende Bewußtsein der Gefährdung der Gemeinschaft durch Mißachtung des Rechts oder Duldung des Unrechts (Il. XVI 386ff.) bereits in einer langen Tradition. Die mykenische Zeit und die

[191] Hesiod, Op. 276ff.; vgl. W.-L. Liebermann, Die Hälfte mehr als das Ganze. Zu Hesiods Rechtfertigung der „Werte", Hermes 109 (1981) 388f.
[192] Vgl. H. J. Wolff, Vorgeschichte und Entstehung des Rechtsbegriffs im frühen Griechentum, in: W. Fikentscher (et alii), Entstehung und Wandel rechtlicher Traditionen, Freiburg–München 1980, 573.
[193] Vgl. J. Kerschensteiner, Die mykenische Welt in ihren schriftlichen Zeugnissen, München 1970, 32ff.
[194] C. G. Thomas, Mycenaean Law in its Oral Context, SMEA 25 (1984) 247ff.
[195] Vgl. H. van Effenterre, Droit et prédroit en Grèce depuis le déchiffrement du linéaire B, in: Symposion 1985 (1989) 5, der annimmt, daß die Palastverwaltung «une procédure de litis contestatio en bonne et due forme» kannte. – Unsicher ist, ob die in einer Tafel aus Knossos belegte Wendung o-u-te-mi ein Verbot enthält und in etwa der Formel οὐ θέμις entspricht, wie van Effenterre ebd. S. 4 vermutet. Vgl. J. Chadwick – L. Godart – J. T. Killen – J.-P. Olivier – A. Sacconi – J. A. Sakellarakis, Corpus of Mycenaean Inscriptions from Knossos, I, Rom 1986, V 280. Dazu M. Ventris – J. Chadwick, Documents in Mycenaean Greek, Cambridge ²1973, 476; L. R. Palmer, Mycenaean Religion. Methodological Choices, in: Heubeck – Neumann, Res Mycenaeae 341.

"Dunklen Jahrhunderte" können nicht ausgeklammert werden aus jener Entwicklung, die in Griechenland zur Entstehung einer auf dem Recht beruhenden Gemeinschaftsordnung in den einzelnen Poleis führte.[196]

---

[196] Irreführend ist freilich die von Sakellariou, Polis-State 302 ff., 344 ff., 436 f., 473, vertretene These, daß „Invasoren, Flüchtlinge oder Kolonisten" zwischen 1125 und 900 v. Chr. auf der Peloponnes, auf Kreta, auf den Ägäisinseln und in Kleinasien sowie „landbesitzende attische Aristokraten" um 1000 in Attika und auf Euboia „Polisstaaten" gegründet hätten. Sakellariou will Kleinsiedlungen in den „Dunklen Jahrhunderten" staatlichen Charakter zuerkennen und nimmt zudem an, daß in einem siedlungsarmen Raum wie Attika um 1000 „eine Reihe von Staaten" (a number of states) gegründet wurde, die angeblich eine Konföderation gebildet hätten (vgl. oben Anm. 184). Zur Problematik siehe auch W. Donlan, The Pre-State Community in Greece, SO 64 (1989) 5–29.

II. DIE ENTSTEHUNG DES POLISVERBANDES

1. Problemstellung und Quellenlage

Als um 630 v. Chr. der athenische Olympiasieger Kylon, Schwiegersohn des Tyrannen Theagenes von Megara, mit einer kleineren Schar von „Gefährten" (Hetairoi) aus Kreisen der attischen Oberschicht die Herrschaft in Athen zu gewinnen versuchte, existierten hier bereits seit längerem reguläre und funktional ausgefächerte, d. h. für bestimmte Aufgaben zuständige Magistraturen, die als Elemente einer institutionellen Ordnung zu bezeichnen sind. Wenn die Institutionalisierung gemeinschaftsbezogener Aufgaben und Funktionen als Kriterium der Staatlichkeit einer Gesellschaft gelten kann, hatte somit der in Athen und Attika bestehende Personenverband zumindest durch seine alternierenden, durch ein geregeltes Verfahren eingesetzten Jahresbeamten in gewisser Weise damals schon staatlichen Charakter gewonnen. Der hierdurch erreichte Organisationsgrad war kein Sonderfall im griechischen Siedlungsraum. Bedeutende Primärquellen für institutionelle Regelungen im späten 7. Jahrhundert bzw. um 600 v. Chr. sind ein inschriftlich erhaltener Beschluß der ostkretischen Polis Dreros mit strengen Vorschriften für die Einsetzung der höchsten Beamten, eine neue Inschrift aus Tiryns mit einem wertvollen Beleg für das Beschlußrecht des Damos (d. h. der Volksversammlung) und eine Stele aus Kerkyra (Korfu), wonach der dortige Damos die Errichtung eines Erinnerungsmales für einen Proxenos (Gastfreund der Gemeinde) verfügt hat.[1] In Sparta waren spätestens im ausgehenden 7. Jahrhundert nach den durch den zeitgenössischen Dichter Tyrtaios bestätigten Bestimmungen der sog. Großen Rhetra („Satzung"), die als Weisung des Orakels in Delphi galt, Kompetenzen des Doppelkönigtums, des Ältestenrates (Gerousia) und der Volksversammlung in wichtigen Punkten fixiert.[2] Die Entwicklung staatlicher Strukturen vollzog sich freilich in den verschiedenen Regionen Griechenlands gleichsam phasenverschoben und in unterschiedlichem Tempo sowie auch in einem verschieden-

---

[1] Dreros: Meiggs – Lewis Nr. 2; vgl. V. Ehrenberg, Eine frühe Quelle der Polisverfassung (zuerst: CQ 37, 1943, 14–18), in: Gschnitzer, Griech. Staatskunde 26–35. Tiryns: N. Verdelis – M. Jameson – J. Papachristodoulou, AE 1975, 150–205; vgl. R. Koerner, Tiryns als Beispiel einer frühen griechischen Polis, Klio 67 (1985) 452–457. Kerkyra: Meiggs–Lewis Nr. 4. Dazu jetzt U. Ecker, Grabmal und Epigramm, Stuttgart 1990, 88 ff.

[2] Plut. Lyk. 6,2; vgl. Tyrtaios Frgm. 14 Gentili – Prato = 3 a Diehl.

artigen territorialen Rahmen. Sparta und Athen waren im griechischen Mutterland durch die Größe ihrer Gebiete als Polisstaaten Ausnahmen. Während aber Sparta im 8. und 7. Jahrhundert v. Chr. durch Expansion ein ungewöhnlich großes Territorium gewinnen konnte und die Bevölkerung in den hierdurch in Abhängigkeit geratenen Gebieten teils den Status politisch minderberechtigter Perioiken erhalten hatte, teils helotisiert, d. h. kollektiv versklavt worden war, vollzog sich in Attika eine Ausweitung und Übertragung innerathenischer Sozialstrukturen im Zuge einer weitgehend von Athen ausgehenden Siedlungsaktivität etwa seit dem späten 10. oder frühen 9. Jahrhundert. Die Kontakte zwischen dem Verband der Siedlungen auf dem Boden Athens und den wenigen nachmykenischen Kleinsiedlungen in Attika waren zwar zuvor zweifellos nie unterbrochen, doch verstärkten sich diese Beziehungen und Bindungen nunmehr durch Binnenkolonisation und allmähliche Bevölkerungszunahme. Neue Siedler in attischen „Landgebieten", die aus Athen stammten, blieben Mitglieder der Personengemeinschaft des athenischen Siedlungsverbandes, wuchsen aber andererseits in neue Nahverhältnisse hinein oder konstituierten durch ihre Siedlungstätigkeit neue kleinere Gemeinschaften, so daß sich das personale Beziehungsgeflecht erweiterte und zugleich verdichtete, wie die Struktur der Phylen und Phratrien zeigt, die als attische Personenverbände nicht lokal oder regional begrenzt waren.[3] Solon bezeichnete noch vor seinem Archontat (594/93 v. Chr.) alle freien Männer athenischer und attischer Herkunft als Athenaioi („Athener").[4] Sie alle bildeten die Polis Athen, d. h. eine nach ihrem Zentralort benannte und von ihrer Schutzgöttin Athena beschirmte Gemeinschaft, die ganz Attika umfaßte. Der personale Aspekt des Polisbegriffs, die Identität der Polis mit dem sie tragenden Personenverband, kommt hier bereits klar zum Ausdruck. In den erhaltenen Gedichtfragmenten Solons begegnet allerdings nicht der Begriff des πολίτης, des Polisbürgers. Das Wort diente zwar bereits seit langem als Bezeichnung für den Bewohner einer als Polis geltenden größeren Siedlung oder höhergelegenen befestigten Anlage, wurde aber erst später durch den gemeingriechischen Prozeß der Präzisierung der Rechte und Pflichten der Mitglieder einer Polisgemeinschaft gewissermaßen inhaltlich aufgefüllt und damit zum eigentlichen Bürgerbegriff,[5] und zwar unabhängig davon, ob der Polites in der Stadt oder auf dem Lande wohnte.

[3] Vgl. Roussel, Tribu et cité 139 ff., 193 ff.

[4] Solon Frgm. 3,30 Gentili – Prato = 3,30 Diehl.

[5] Vgl. R. Sealey, How Citizenship and the City Began in Athens, AJAH 8 (1983) 97–129; H. Reinau, Die Entstehung des Bürgerbegriffs bei den Griechen, Diss. Basel 1981, 45 ff.; Raaflaub, Freiheit 62 ff.; Manville, Citizenship 3 ff. Zum Bürgerrecht als Integrationsfaktor s. auch J. Martin, Aspekte antiker Staatlichkeit, in: Eder, Staat 220 ff.

Andererseits zeigt aber bereits das Polisverständnis Solons, daß unser heutiger Begriff des Stadtstaates die Polisgemeinschaft kaum zutreffend bezeichnet. Die Polis Athen bestand schon um 600 nicht nur aus den Bewohnern des Zentralortes. Ebensowenig war dieser Personenverband lediglich eine Polis der ἀγαθοί, der „Guten", d. h. der größeren Grundbesitzer. Zur Polis gehörten vielmehr alle Schichten der Freien, die breite Masse des Demos und dessen ἡγεμόνες, wie Solon die Führungsschicht bezeichnet. Die Vorstellung einer Einheit von Demos (in dem genannten Sinne) und dominierender Oberschicht läßt sich zumindest bis in die Zeit der Fixierung der homerischen Epen zurückverfolgen. In der Phaiakengeschichte der Odyssee orientieren sich die Dichter an der sozialen Differenzierung ihrer eigenen Zeit, indem sie aus der großen Masse (πολὺς ὅμιλος) der Phaiaken eine Gruppe von adligen Herren (βασιλῆες = βασιλεῖς) und „Führern" (ἀρχοί) unter der Leitung des mächtigsten Basileus herausheben.[6] In der poetischen Fiktion bilden aber die Phaiaken auch in ihrer Gesamtheit eine aus „Volk" und Oberschicht bestehende Gemeinschaft, die gleichfalls als Demos bezeichnet wird.[7] Dieser Verband kennt allerdings im Unterschied zur solonischen Polis der „Athener" keine institutionalisierten Formen der Ämterbekleidung und Entscheidungsfindung und stellt insofern noch eine vorstaatliche Gesellschaft dar.

Die Impulse, die in Attika die Staatswerdung ermöglichten und bewirkten, gingen von Athen aus, wie allein schon die Benennung der gesamten Gemeinschaft nach ihrem Zentralort zeigt. Ein entscheidender Schritt, die Einführung von Jahresämtern, ist für uns indes nicht mehr deutlich erkennbar. Die historiographische Tradition, an deren Beginn das bereits um große Entwicklungslinien bemühte Werk Herodots steht, besaß kein empirisches Fundament zur Rekonstruktion der Anfänge der Polisbildung. Die mit Hellanikos, einem Zeitgenossen des Thukydides, einsetzende athenische Lokalhistorie der sogenannten Atthidographen bietet zwar den Namen (Kreon) und das Jahr (683/82) des ersten eponymen Magistrats, doch sind nicht einmal diese Angaben verläßlich. Eine gleichsam „offizielle", etwa Ende der zwanziger Jahre des 5. Jahrhunderts auf der athenischen Agora als Steininschrift veröffentlichte Archontenliste, von der einige Fragmente erhalten sind, enthielt nicht mehr als die Namen der Jahresbeamten.[8] Sie mag zwar Kreon an erster Stelle genannt haben. Dies besagt indes nicht, daß 683/82 das eponyme Jahresamt eingerichtet wurde. Es ist durchaus möglich, daß man 683/82 (oder auch erst einige Zeit später) begann, eine Liste dieser Magistrate zu führen, während die Institution als

[6] Vgl. Od. 7, 49; 8, 41 und 391 f.
[7] Vgl. etwa Od. 6,3. 34. 283; 7, 11; 8, 390.
[8] Meiggs – Lewis Nr. 6; vgl. auch Rhodes, Commentary 98 f.

solche bereits vor dem genannten Jahr bestand. Insgesamt gesehen enthält die seit dem 5. Jahrhundert vorliegende historiographische Überlieferung nur vage Erinnerungen an Veränderungen in einer bereits Jahrhunderte zurückliegenden Vergangenheit, wie der Synoikismosmythos des Thukydides (II 15) verdeutlicht, der die Staatswerdung Athens in eine fiktive Heroenzeit transponiert. Auch die spätklassische griechische Staatslehre kam über Mutmaßungen zur vermeintlichen Abfolge von Verfassungen nicht hinaus.

Einen gewissen Eindruck vom Entwicklungsgrad gesellschaftlicher Organisationsformen im Übergang zur Staatlichkeit und von der Genese staatlicher Strukturen im griechischen Siedlungsraum vermitteln eher die homerischen Epen. Offenbar bot sich den Dichtern in der zweiten Hälfte des 8. Jahrhunderts schon ein vielfältiges Bild der Herrschafts- und Gesellschaftsstrukturen in den zahlreichen hellenischen Wehr- und Siedlungsgemeinschaften. Selbstverständlich ist es nicht möglich, ihrer Darstellung detaillierte Aussagen über konkrete Maßnahmen zur inneren Neuordnung in griechischen Gemeinwesen zu entnehmen, zumal die epische Distanz zur fiktiven Welt des Trojanischen Krieges den Dichtern gebot, archaisierende Züge in die Schilderung der Machtverhältnisse einfließen zu lassen. Gleichwohl enthalten die Epen gleichsam „moderne" Elemente aus dem Bereich des Alltagslebens in der Zeit ihrer Fixierung im späten 8. Jahrhundert. So besteht kein Zweifel, daß den damaligen Hörern epischer Vorträge auch Vorstellungen von einem Gemeinschaftsleben vermittelt wurden, das ihnen irgendwie vertraut war. Sicherlich war die Machtverteilung im 8. Jahrhundert unterschiedlich, so daß verschiedene Wege zur Regelung von Verfahrensweisen in öffentlichen Entscheidungsprozessen und zur Überwindung personengebundener Macht beschritten wurden. Andererseits waren etwa epische Schilderungen der Kontroversen und Diskussionen im Rat der sogenannten Basileis und in den Heeres- und Volksversammlungen wohl überall verständlich, so daß die allgemeinen Rahmenbedingungen des Wechselspiels der Kräfte vielfach ähnlich waren.

Des weiteren wird aus dem Vergleich der Aussagen der Dichter mit den Ergebnissen der archäologischen Forschung deutlich, daß griechische Personenverbände des 9. und 8. Jahrhunderts nach wie vor „Kleingesellschaften" waren, wenn sie auch damals in einem beschleunigten Prozeß komplexer und differenzierter wurden. Darüber hinaus sind wir infolge der Quellenlage freilich auch darauf angewiesen, zum Verständnis früher „politischer" Organisationsformen mit der gebotenen methodischen Vorsicht Rückschlüsse aus den späteren Institutionen zu ziehen. Generell läßt sich die Entstehung der Polis Athen nicht ereignisgeschichtlich darstellen. Insofern müssen hier die Strukturprobleme in den Vordergrund treten und in den größeren Rahmen der politisch-staatlichen Entwicklung in Griechenland gestellt werden. Dies gilt teilweise auch noch für die früharchaische Zeit.

2. Allgemeine Rahmenbedingungen der Polisbildung

Die Größe des Besitzes und die Fähigkeit, den Reichtum zu mehren, sind in den Epen wichtige Kriterien für Rang und Ansehen der großen Oikosbesitzer und Basileis (bzw. Basilees). Der reichste und tatkräftigste Basileus innerhalb einer Gruppe von Basileis einer bestimmten Region hat dementsprechend den größten Einfluß und wird als „Erster" anerkannt (Od. 14,96f.). Er ruft im Kriegsfall eine Anzahl von Wehrfähigen im Demos zu den Waffen und hat das Kommando im Felde (z.B. Il. XVI 171ff.). Im Frieden leitet er Tagungen der Volksversammlung und des Rates, an dem die angesehensten Besitzer großer Oikoi teilnehmen.[9] In beiden „Organen" kann der „erste Basileus" nach eigenem Ermessen Entscheidungen treffen oder Befehle erteilen. Der Rat tagt gegebenenfalls in Anwesenheit des Demos, so daß die Volks- oder Heeresversammlung den Beratungen und Diskussionen der Basileis zuhören kann. Volksversammlungen, die in den Epen keineswegs als Neuerung erscheinen, sondern bereits als Zeichen

---

[9] Die Literatur zum „homerischen Königtum" ist überaus umfangreich. Generell wird in der neueren Forschung mit Recht betont, daß die „Macht" der Basileis sehr begrenzt war. Vgl. etwa Gschnitzer, Basileus 99–112; C. G. Thomas, From Wanax to Basileus. Kingship in the Greek Dark Age, Hispania Antiqua 6 (1978) 187–206; Ju. V. Andreev, Könige und Königsherrschaft in den Epen, Klio 81 (1979) 361–384; Carlier, Royauté 210ff., 506ff., der allerdings Machtpotential und Handlungsmöglichkeiten der „Könige" überschätzt; J. Cobet, König, Anführer, Herr; Monarch, Tyrann, in: Soziale Typenbegriffe im alten Griechenland und ihr Fortleben in den Sprachen der Welt, hrsg. von E. Ch. Welskopf, Bd. 3, Berlin 1981, 34ff.; A. G. Geddes, Who's Who in 'Homeric' Society, CQ 78 (1984) 17–36; Starr, Individual and Community 15ff.; J. Halverson, The Succession Issue in the Odyssey, G&R 33 (1986) 119–128; E. Lévy, Lien personnel et titre royal: Anax et Basileus dans l'Iliade, in: Lévy, Système palatial 291–314; Th. Fatheuer, Ehre und Gerechtigkeit. Studien zur Entwicklung der gesellschaftlichen Ordnung im frühen Griechenland, Münster 1988, 39ff.; Stein-Hölkeskamp, Adelskultur 40ff.; Musti, Storia greca 84ff., und zuletzt Ulf, Homerische Gesellschaft 85ff. – Zu pointiert ist m. E. die These von Drews, Basileus, passim, und Stahl, Aristokraten 150ff., daß es in Griechenland von der mykenischen Zeit bis zu den ersten „Tyrannen" in jenen Gebieten, in denen sich Polisstaaten entwickelten, faktisch keine monarchische Herrschaftsform gegeben habe. Zur Kritik dieser These vgl. C. G. Thomas, PP 38 (1983) 89f. mit Anm. 17, und D. Musti, Recenti studi sulla regalità greca: Prospettive sull'origine della città, RFIC 116 (1988) 99–121. Irreführend ist auch das von B. Qviller, The Dynamics of the Homeric Society, SO 56 (1981) 109–155, vorgeschlagene Erklärungsmodell des sog. Big Man. Die Griechen der geometrischen Zeit befanden sich nicht auf der Stufe einer primitiven Stammesgesellschaft. Zur Problematik interkultureller Vergleichsverfahren s. etwa W. Nippel, Sozialanthropologie und Alte Geschichte, in: Chr. Meier – J. Rüsen, Historische Methode. Beiträge zur Historik, Bd. 5, München 1988, 300ff.

eines geordneten Gemeinschaftslebens gelten, haben noch keine eigentliche Entscheidungsbefugnis und werden in der Regel aus besonderem Anlaß einberufen, bringen aber ihre Zustimmung oder Ablehnung akustisch zum Ausdruck, wenn der führende Basileus die zuvor mit seinen Ratgebern gefaßten Beschlüsse verkündet oder nach öffentlicher Beratung vor dem Demos Entscheidungen fällt.

Erfolge des Basileus sind ein Zeichen göttlichen Segens, und die hierin sich manifestierende Nähe des „Königs" zu den Göttern garantiert auch das Wohlergehen des Volkes (Od. 19, 109–114). Dynastische Nachfolge und Statusvererbung begründen ein Erbcharisma, die Bindung des Heils an das Herrscherhaus, denn für die Position des führenden Basileus wird eine Art Erbfolge anerkannt, die auf dem genealogischen Status seiner von Heroen und damit letztlich von Göttern abstammenden Vorfahren basiert. Ausdruck dieser Sonderstellung ist auch die Kenntnis der „richtigen Normen" (θέμιστες), die das Gemeinschaftsleben regeln und dem Basileus durch die göttlichen Mächte vermittelt werden. Sein Charisma wird bestätigt und gesteigert durch Kriegsglück, das zu weiterer Stärkung seines Einflusses führen kann.

Dieser Prozeß wird indes bereits durchkreuzt durch den Aufstieg anderer Häuser, deren Repräsentanten ebenfalls Reichtum und damit Prestige zu akkumulieren vermögen. Das genealogische Privileg der führenden Dynastie wird hierdurch in Frage gestellt, denn erfolgreiche Repräsentanten der Oberschicht können ihrerseits Anspruch auf göttlichen Segen und damit auch auf hohen genealogischen Status erheben. Die Rangpositionen sind gleichsam fließend und verschieben sich. Nicht nur der erste Basileus, sondern auch andere große Oikosbesitzer üben aufgrund ihres hohen gesellschaftlichen Prestiges Ordnungs- und Schlichtungsfunktionen aus. Der „Erste" besitzt in der Kenntnis des göttlichen Rechts gewissermaßen keinen Vorsprung mehr, das Charisma erscheint nicht mehr unbedingt an seine Dynastie gekoppelt. Insonderheit ist die Position seines Hauses gefährdet, wenn der präsumtive Nachfolger nicht das erforderliche Durchsetzungsvermögen besitzt, um die Stelle des „Ersten" einnehmen zu können.

Der Rat tagt zwar noch nicht regelmäßig, um bestimmte Gemeindeangelegenheiten zu regeln, kann aber zu diesem Zweck schon selbständig zusammentreten und den führenden Basileus herbeirufen lassen (Od. 6,54f.). Ein Basileus kann sogar vom Demos zu einem Kriegszug gezwungen werden und muß es hinnehmen, daß ihm ein weiterer Anführer zur Seite gestellt wird, der dann ein selbständiges Kommando über einen Teil der Krieger beansprucht (Od. 13,259ff.; 14,235ff.). Das Volk ist keineswegs nur eine schweigende Masse, und die großen Herren müssen mit Widerstand im Demos rechnen, wenn ihr Verhalten Anstoß erregt (Od. 3,214f.). Generell wird der Demos bei wichtigen Entscheidungen nicht einfach übergangen. Es gibt zwar noch keine formalisierte Beteiligung des Volkes an Beschlüssen, die für die gesamte Gemeinschaft relevant und bindend sind, doch zeichnen sich in den Epen zumindest schon die Rahmenbedingungen für eine Entwicklung der Volksversammlung zur Institution ab.

Durch die Präsentation eines mythischen Stoffes und die hiermit verbundene Darstellung von Ritualen einer Adelswelt, zu denen etwa der aristokratische Gabentausch und die Ausrichtung üppiger Gastmähler zu zählen sind, gewinnt in den Epen vor allem die Differenzierung der Rangpositionen innerhalb der Oberschicht deutliche Konturen. Als Begleiter und Helfer der großen Helden erscheinen ἑταῖροι („Gefährten") und θεράποντες („Gefolgsleute"), die keine Personen niederen Standes sind, sondern in aller Regel der gleichen Schicht der sog. ἄριστοι angehören wie der Basileus, dem sie sich angeschlossen haben. Das „homerische Gefolgschaftswesen" war zweifellos ein Erbe der „Dunklen Jahrhunderte". Epische Gefolgschaften gruppieren sich als mehr oder weniger geschlossene, freilich auch erweiterungsfähige Verbände um einen Basileus und Oikosherrn, der durch seine materiellen Ressourcen in der Lage ist, jüngeren ἄριστοι in seinem Hause Unterkunft zu bieten und sie als seine Hetairoi an seinem exklusiven Lebensstil teilnehmen zu lassen (Il. IX 431 ff.; XXIII 84 ff.).

Er ist darüber hinaus aber auch Mittelpunkt eines weiteren Kreises von begüterten, aber weniger einflußreichen Statuspersonen, die gleichfalls als seine Hetairoi bezeichnet werden (Il. XVII 577). Zudem schließen sich aristokratische Oikosbesitzer, die selbst als Basileis gelten, zu Tischgemeinschaften (Syssitien) zusammen, die zugleich das Beratergremium des dominierenden Basileus in dieser Gruppe bilden. Insofern sind aristokratische Syssitien keine reine „Privatangelegenheit", sondern gleichsam auf einer höheren Ebene als die Phratrien, die in den Epen als Schutzgemeinschaft für alle Angehörigen des Demos fungieren (Il. IX 63), ein nicht-gouvernementales Instrument der Friedenssicherung in lokalem oder regionalem Rahmen, das sich aus einer gewissen Hierarchie innerhalb der Oberschicht entwickelt hat und Ordnungsfunktionen in den Wehr- und Siedlungsgemeinschaften zu erfüllen vermag, weil die Berater und engsten Gefährten des „ersten Basileus" ihrerseits als „Führer" und „Leiter" im Demos anerkannt sind.

Andererseits ist in den Epen nicht erkennbar, daß aus den Beziehungen zwischen höher- und niedrigerrangigen Statuspersonen dauerhafte und erbliche klientelartige Bindungen entstanden. Hetairoi und Therapontes sind nicht permanent einem großen Hause verpflichtet. Hierin scheint tendenziell ein Widerspruch zu der skizzierten Ordnungsfunktion aristokratischer Syssitien zu liegen, doch sind selbstverständlich Rivalitäten zwischen großen Oikosherren und Gefolgschaftsführern in Rechnung zu setzen, die zu instabilen Rang- und Machtverhältnissen führen. In Athen und Attika hat dies zweifellos mit dazu beigetragen, daß aus älteren „homerischen" Hetairien letztlich jene Gruppierungen hervorgegangen sind, die in archaischer Zeit in Form von wechselnden Verbindungen innerhalb aristokratischer Kreise ein bestimmender Faktor in der Konkurrenz um Führungspositionen in der Polis werden sollten.

Ein Defizit an Steuerungsmechanismen in der noch vorinstitutionellen „homerischen" Gesellschaft besteht darin, daß der Familienbesitz bedroht sein kann, wenn der Oikosherr im Kampf fällt oder früh verstirbt und sein Erbe gegen gewinnsüchtige mächtige Nachbarn nichts auszurichten vermag (Il. XXII 484ff.). Der Oikos ist nicht geschützt durch ein sicherndes Netz eines familienübergreifenden Gentilverbandes, sondern bildet mit den Familienangehörigen (und gegebenenfalls mit weiteren Verwandten) des Besitzers sowie mit den auf dem Hof lebenden freien und unfreien Arbeitskräften gleichsam eine erweiterte familiale, aber auch in sich geschlossene Einheit, die freilich nicht wirtschaftlich autark ist, sondern bestimmte Güter, die von spezialisierten Handwerkern hergestellt wurden, erwerben muß.[10]

Offensichtlich konnte der „erste Basileus" die bei Homer angedeuteten Eingriffe in privaten Besitz nicht immer effektiv unterbinden, während der Schutz des Eigentums im Interesse aller Schichten der Gemeinschaft lag. Von erheblicher Bedeutung waren zweifellos auch die religiös-sakralen Implikationen des Besitzverlustes. Wer seinen Hof aufgeben oder verlassen mußte, war nicht nur sozial deklassiert, sondern hatte in aller Regel kaum noch die Möglichkeit, Totenopfer an den Gräbern seiner Ahnen zu vollziehen, die nach den herrschenden Vorstellungen noch irgendwie auf die Lebenden einwirken und sich diesen gegenüber wohlwollend oder strafend verhalten können.[11] Mit dem Verlust des Besitzes war unter Umständen auch der eigene Anspruch auf angemessene Totenopfer nach dem Ableben in Frage gestellt.

Möglichkeiten zur Regelung streitiger Besitzverhältnisse ergaben sich wiederum im wesentlichen aus der sozialen Rangordnung. Wenn die Parteien selbst sich nicht einigen konnten, ersuchten sie einen als Basileus geltenden Oikosbesitzer um Vermittlung. Die beredten Klagen des boiotischen Dichters Hesiod (um 700 v. Chr.) über die in solchen Fällen als Vermittler

---

[10] Ausführlicher zur Bedeutung des Oikos: Stahl, Aristokraten 79ff.; Stein-Hölkeskamp, Adelskultur 27ff., 31ff., 44ff.; Ulf, Homerische Gesellschaft 187ff., mit kritischen Bemerkungen zur älteren These von der angeblichen Autarkie des Oikos. Zum Oikosbegriff s. auch D. M. MacDowell, The Oikos in Athenian Law, CQ 83 (1989) 10ff. – Oikos und Polis bei Homer: St. Scully, Homer and the Sacred City, Ithaca–London 1990, 100ff.

[11] Vgl. Burkert, Griech. Religion 293ff.

fungierenden „gabenverschlingenden Basileis" zeigen indes, daß solche Verfahren oft nur zu neuen Konflikten führten und vielfach unbefriedigend blieben,[12] zumal diese adligen Schiedsrichter weder eine öffentliche Instanz darstellten noch als Beauftragte einer öffentlichen Gewalt agierten und ohne die Orientierungshilfe fixierter Satzungen nur allzu oft überfordert waren. Bezeichnenderweise hat gerade die Sicherung der Besitzverhältnisse und des privaten Eigentums in der Überlieferung über die Anfänge der Kodifikation im griechischen Siedlungsraum einen hohen Stellenwert.[13] Entsprechende Regelungen waren nicht zuletzt für die Wehrordnung von erheblicher Bedeutung, als etwa seit der zweiten Hälfte des 7. Jahrhunderts die im wesentlichen einheitlich ausgerüstete, dicht gedrängte und mehrere Reihen tief gestaffelte Formation der Hoplitenphalanx mehr und mehr das Kampfgeschehen bestimmte und ein größeres Aufgebot an Wehrfähigen erforderlich wurde, die in der Lage waren, sich auf eigene Kosten die nötigen Waffen zu beschaffen. Ohne wehrfähige Bauern war eine erfolgreiche Landesverteidigung nicht mehr garantiert. Es bedurfte gemeinsamer Anstrengungen aller Schichten von Landbesitzern, um das Territorium der eigenen Polis zu sichern. Stabile Eigentumsverhältnisse waren daher die Voraussetzung einer funktionierenden Aufgebotsordnung, deren Basis zunehmend breiter wurde. Bereits in epischen Kampfszenen erscheinen auf dem Schlachtfeld neben den Basileis mit ihren adligen Gefährten und Gefolgsleuten größere Scharen von Fußtruppen aus dem Demos.[14] Daß die Dichter in der zweiten Hälfte des 8. Jahrhunderts bereits typische Massenszenen kennen, demonstriert die Beschreibung der lärmenden Heeresversammlung im zweiten

[12] Die Regelung von Streitfällen in der Darstellung der frühen griechischen Literatur erläutert zusammenfassend Gagarin, Greek Law 19ff. Speziell zur „bäuerlichen" Welt Hesiods: P. Millett, Hesiod and his World, PCPhS 30 (1984) 84–115. Hesiods Heimatort Askra konnte 1981 lokalisiert werden. Vgl. A. Snodgrass, Survey Archaeology and the Rural Landscape of the Greek City, in: Murray-Price, Greek City 132, und: The Site of Askra, in: G. Argoud–P. Roesch (éd.), La Béotie antique. Colloques internationaux du CNRS, Paris 1985, 88–95.

[13] Noch vor Mitte des 7. Jahrhunderts soll Zaleukos als Gesetzgeber der epizephyrischen Lokrer u. a. Satzungen zum Schutz des Eigentums fixiert haben (Polyb. XII 16,4). Nach Aristot. Pol. 1274 b 1–5 soll (um oder nach 700 v. Chr.) Philolaos von Korinth als Emigrant in Theben autorisiert worden sein, Gesetze zur Erhaltung der Erbgüter (Kleroi) zu erlassen. Der Sicherung des Grundbesitzes dienten nach Aristot. Pol. 1265 b 12–16 auch die Gesetze des Korinthers Pheidon, der als einer der ältesten Nomotheten galt.

[14] Die Darstellung von Massennahkämpfen in der Ilias analysiert Latacz, Kampfparänese 178ff. Vgl. dazu die kritische Rezension von R. Leimbach, Gnomon 52 (1980) 418ff. Siehe auch H. van Wees, Kings in Combat: Battles and Heroes in the Iliad, CQ 82 (1988) 1ff., und zuletzt Ulf, Homerische Gesellschaft 141ff.

Buch der Ilias.[15] Der Demos ist sich bewußt, daß er den ἄριστοι zahlenmäßig überlegen ist. Diese Entwicklung steht im Zusammenhang mit einer beachtlichen Bevölkerungszunahme, die sich im 8. Jahrhundert durch steigende Gräberzahlen[16] und verstärkte Siedlungsaktivitäten im hellenischen Mutterland sowie vor allem auch durch den Beginn der sog. Großen Kolonisation der Griechen (um 750 v. Chr.) deutlich abzeichnet. Durch die demographische Entwicklung wurde zwar der Rahmen der typisch griechischen face-to-face society nicht gesprengt, wohl aber die Einführung normativer Regelungen für Ämterbestellung, Entscheidungsfindung und Rechtsprechung erheblich beschleunigt. In den Epen werden zunächst die Vorstufen dieser Entwicklung greifbar, die aber gleichwohl erkennen lassen, daß der Prozeß der Polisbildung von Anfang an sich nicht nur als politische Integration der Gemeinschaften durch Träger öffentlicher Führungsrollen vollzog, sondern auch aus dem Konkurrenzkampf der Aristokraten um Rang und Einfluß starke Impulse mit mannigfachen Rückkoppelungseffekten empfing und zudem durch Spannungen zwischen Adel und Demos weitere Schubkraft erhielt.

Die Position adliger Herren der griechischen Kleingesellschaften unterlag durchaus einem Legitimationszwang. Im Rahmen der vorinstitutionellen Verhältnisse wurden Leitungs-, Ordnungs- und Schlichtungsfunktionen zweifellos als Leistungen der dominierenden Schicht für die Gemeinschaft empfunden. Ausdruck dieser Anerkennung sind in den Epen etwa die Übertragung von Ländereien an den Basileus oder an hervorragende Krieger, die Darbringung von Geschenken sowie Abgaben (Il. IX 156), die keine Tribute

---

[15] Vgl. F. Gschnitzer, Politische Leidenschaft im homerischen Epos, in: H. Görgemanns – E. A. Schmidt (Hrsg.), Studien zum antiken Epos, Meisenheim 1976, 1–21.

[16] Einen geradezu sprunghaften Anstieg der Bevölkerung in Athen und Attika im 8. Jahrhundert hat A. M. Snodgrass, Archaeology and the Rise of the Greek State, Cambridge 1977, 11 ff., aus der größeren Zahl spätgeometrischer Gräber erschlossen (vgl. dens., Archaic Greece 22 ff.). Demgegenüber vermutet J. Mck. Camp, A Drought in the Late Eighth Century B. C., Hesperia 48 (1979) 397–411 (vgl. jetzt dens., Agora 37–39), eine hohe Sterblichkeitsrate in der zweiten Hälfte des 8. Jahrhunderts infolge von Hungersnot und Epidemien nach einer längeren Trockenperiode. Er beruft sich darauf, daß um 700 eine Reihe von Brunnen auf der athenischen Agora geschlossen worden sei. Camps Datierung ist aber nicht sicher, wie Morris, Burial 158 ff., mit Recht betont. Vgl. auch die Replik von Snodgrass, Two Demographic Notes, in: Hägg, Greek Renaissance 169–171, der die Schließung der Brunnen mit einem Funktionswandel der Agora in Verbindung bringen will. Die Agora wurde freilich erst im 6. Jahrhundert zum politischen Zentrum Athens ausgestaltet. – Im übrigen führte der Bevölkerungsanstieg in Athen und Attika im 8. Jh. selbstverständlich nicht zu Übervölkerung. Insofern erübrigt sich die Polemik Manvilles, Citizenship 90 f., gegen die Schlußfolgerungen von Snodgrass.

oder Feudallasten darstellen, sondern als schuldige Verpflichtung (Themistes) gelten. Die Leistungen der Leiter der Gemeinschaften finden ihre höchste Steigerung darin, daß der erste Basileus als Heilsträger die aus heutiger Sicht imaginären Existenzbedingungen[17] – den Segen der Götter für die Fruchtbarkeit des Landes und das Gedeihen der Herden – sichert, das Recht wahrt und das Volk vortrefflich führt (Od. 19,109–114).[18] Oft genug bringen aber in der epischen Darstellung auch das Fehlverhalten militärischer Führer und ihre Mißachtung guter Ratschläge die Gemeinschaft in existentielle Gefahr.[19] Die sich hier artikulierende Kritik ist schwerlich nur poetische Fiktion. Sie reflektiert Verhaltensweisen und deren Beurteilung im wirklichen Leben und deutet zumindest in Umrissen Argumentationslinien bei Kontroversen in öffentlichen Diskussionen an, aus denen Impulse zur Stärkung des Rates gegen unkontrolliertes Handeln mächtiger Einzelner erwachsen sind. Ferner schildern die Dichter, wie im Verlauf eines Feldzuges aus Status- und Prestigekonflikten in der Oberschicht auch Insubordination gegenüber dem Anführer des Aufgebotes entstehen kann.[20] Unter diesem Aspekt sind Regelungen der Führungsstrukturen in Form der Delegierung von Kompetenzen durch öffentliche Beschlußfassung sowie durch funktionale Ausfächerung von Zuständigkeiten und Formalisierung des Einsetzungsverfahrens nicht zuletzt als Instrumente zur Entschärfung innerer Spannungen zu verstehen, zumal auf diese Weise auch breitere Zustimmung im Wehrverband erzielt werden konnte.

Die Initiative zur Ablösung personengebundener Ordnungs- und Lei-

---

[17] Dazu M. Godelier, Zur Diskussion über den Staat, die Prozesse seiner Bildung und die Vielfalt seiner Formen und Grundlagen, in: St. Breuer – H. Treiber (Hrsg.), Entstehung und Strukturwandel des Staates. Beiträge zur sozialwissenschaftlichen Forschung, Bd. 38, Opladen 1982, 21 ff.

[18] Vgl. auch Hesiod Op. 232 ff. – Auf hethitische und indische Parallelen verweist R. Mondi, Skeptouchoi Basileis: An Argument for Divine Kingship in Early Greece, Arethusa 13 (1980) 204 f., der bei Homer Od. 19, 109 ff. und Hesiod a. a. O. vage Erinnerungen an eine göttliche Verehrung der Könige vermutet. In mykenischer Zeit und in den „Dunklen Jahrhunderten" läßt sich indes kein „Gottkönigtum" nachweisen. – Mögliche Einflüsse orientalischen Denkens in den Epen erörtert jetzt zusammenfassend Ulf, Homerische Gesellschaft 253 ff.

[19] Vgl. im einzelnen W. Nicolai, Rezeptionssteuerung in der Ilias, Philologus 127 (1983) 1–12.

[20] Vgl. etwa Il. I 149 ff., 225 ff., 292 ff. – Daß Agamemnons Stellung gegenüber den anderen Heerführern der „Griechen" vor Troja im Prinzip den Führungsstrukturen in einer einzelnen selbständigen Gemeinschaft etwa des 8. Jahrhunderts entspricht, betont H. van Wees, Leaders of Men? Military Organisation in the Iliad, CQ 80 (1986) 285–303. „Macht und Gefährdung der Anführerstellung Agamemnons" sind jetzt ausgezeichnet analysiert von Ulf, Homerische Gesellschaft 85 ff.

tungsfunktionen durch eine Versachlichung von Kompetenzen und Aufgaben konnte nach Lage der Dinge freilich nur von der dominierenden Schicht ausgehen, die allein in der Lage war, die Träger der neuen Führungsrollen zu stellen. Daß dieser Übergang zu einem neuen Entwicklungsgrad politischer Organisation wiederum eine lange Formierungsphase der Oberschicht voraussetzt, zeigt der archäologische Befund in Athen und Attika besonders deutlich.

3. Die Formierung der athenischen Oberschicht

a) Archäologische Zeugnisse

Bereits in der protogeometrischen und frühen geometrischen Keramikphase deuten typische Beigaben in verschiedenen athenischen Kriegergräbern (Schwerter, Dolche, Lanzenspitzen, Pferdetrensen) darauf hin, daß maßgebliche Gruppenmitglieder mit funktional spezialisierten Führungsaufgaben besondere Totenehrungen erhielten. Entsprechende Statussymbole für Frauen waren vor allem Goldbänder und Fingerringe aus dünnem Goldblech. Aus der Zeit vom späten 10. Jahrhundert bis ca. 850 v. Chr. sind etwa ein Dutzend reichere Männer- und Frauengräber im Raum von Athen bekannt.[21] Die Familien, die diese Gräber anlegten, hatten weitreichende Kontakte, vermochten aber schwerlich schon übertriebenen Luxus zu entfalten und lebten noch in enger Nachbarschaft mit ärmeren Bevölkerungsschichten.[22] Eine Ausnahme ist das Brandgrab einer Athenerin, die um 850 im Agorabereich am Nordhang des Areopags mit den prunkvollsten Beigaben seit mykenischer Zeit bestattet wurde.[23] Neben dem Bronzeschmuck und 34 bemalten Vasen bzw. Vasenfragmenten aus dem Leichenbrand sowie anderen Gefäßen sind vor allem 6 Fingerringe aus Gold, ein Halsband mit über 1000 Fayenceplättchen, einige Gegenstände aus Elfenbein (darunter zwei Siegel) und ein Paar granulierte, mit Filigran verzierte goldene Ohrringe zu nennen. Für die Herkunft der Verstorbenen aus einer reichen Landbesitzerfamilie schienen urnenförmige Behälter aus Ton zu sprechen, die als

---

[21] Snodgrass, CAH III 1(²1982) 666; vgl. Coldstream, Geometric Greece 30ff.

[22] Aufschlußreich ist die Lage eines als „Palast" des führenden Mannes gedeuteten Hauskomplexes inmitten der geometrischen Siedlung (8. Jh.) von Zagora (Andros). Der Ort wurde allerdings Anfang des 7. Jahrhunderts verlassen. Vgl. H. Drerup, Griechische Baukunst in geometrischer Zeit, Archaeologia Homerica II, O, Göttingen 1969, 55f., 130.

[23] E. L. Smithson, The Tomb of a Rich Athenian Lady, ca. 850 B.C., Hesperia 37 (1968) 77–116.

Kornspeichermodelle gedeutet wurden. Fünf dieser Objekte waren auf dem Deckel einer kleinen Terrakottatruhe befestigt. Es ist indes nicht sicher, ob hierin ein Statussymbol für Grundbesitzer zu sehen ist.[24] Solche „Modelle" wurden vor allem Frauen mit ins Grab gegeben. Die Beigaben in dem genannten Agoragrab zeigen aber, daß die Familie jener Athenerin über beachtliche Einnahmequellen verfügte und ihren hohen sozialen Rang entsprechend zu demonstrieren suchte.

Die reichen Gräber sind insgesamt ein Indiz für eine gewisse Konsolidierung der athenischen Oberschicht in der ersten Hälfte des 9. Jahrhunderts. Das geometrische Frauengrab 41 im Kerameikos (um 850) enthielt u. a. drei Fingerringe aus Goldblech sowie zwei Eisennadeln mit Goldüberzug.[25] Das geometrische Kerameikosgrab 13, die Ruhestätte eines jungen Kriegers, war durch eine Steinstele besonders gekennzeichnet. In der Grube mit der Aschenurne fanden sich u. a. ein eisernes Griffzungenschwert, ein zusammengerolltes Goldblechband, Teile eines weiteren Goldbandes sowie vier Eisenringe mit Nägeln von Radnaben, die wahrscheinlich von dem beim Leichenbegängnis verwendeten Wagen stammen.[26] Goldbänder enthielten auch die geometrischen Kerameikosgräber 42 und 43 sowie fünf weitere Gräber aus anderen athenischen Nekropolen der gleichen Zeit.[27] Etwa zwischen 830 und 770 ist allerdings die Ausstattung athenischer Gräber im ganzen geringer. Die Gründe sind nicht klar zu erkennen. Daß die Oberschicht den zuvor erreichten Standard nicht halten konnte, ist indes wenig wahrscheinlich. Zwar belegen vereinzelte Darstellungen von Schiffsszenen auf Prestigeobjekten wie der Bronzefibel aus dem genannten reichen früh- bis mittelgeometrischen Kerameikosgrab 41 aus der Mitte des 9. Jahrhunderts und auf kostbaren spätgeometrischen Vasen aus der Zeit kurz vor 750 für sich genommen noch nicht, daß Angehörige der athenischen Oberschicht kontinuierlich an maritimen Aktivitäten interessiert waren und hierdurch immer wieder Reichtum zu gewinnen vermochten. Die überseeischen Kontakte der Athener nahmen aber zu, wie der Export mittelgeometrischer Keramik etwa nach Kypros und in die Levante zeigt, und im Zuge dieser Entwicklung fanden wertvolle Importgegenstände bzw. Schmuckstücke aus Gold, die nach nahöstlichem Vorbild in athenischen Werkstätten hergestellt

---

[24] Kurtz – Boardman, Thanatos 71 f., vermuten, daß das „Modell" rituelle Bedeutung hatte. Die Zahl der Aufsätze ist sicherlich kein Hinweis auf eine Zugehörigkeit der Toten zur Schicht der sog. Pentakosiomedimnoi („Fünfhundertscheffler"), der späteren höchsten Zensusklasse in Athen, die es im 9. Jahrhundert zweifellos noch nicht gab.

[25] Kübler, Kerameikos V 1, 235 ff.; H. Müller-Karpe, JdI 77 (1962) 126.

[26] Kübler, a. a. O. 218 ff.; Müller-Karpe, a. a. O. 125.

[27] Coldstream, Geometric Greece 60, 72, Anm. 10.

wurden, jetzt auch Abnehmer in attischen „Landgebieten" (der sog. Chora), so daß hierdurch eine breitere wirtschaftliche Basis der Oberschicht indiziert wird. Zweifellos besteht hier ein Zusammenhang mit der stärkeren Besiedlung des attischen Binnenlandes und der Küstengebiete seit dem späten 9. und vor allem seit dem frühen 8. Jahrhundert. Da diese Siedlungsaktivitäten offenbar weitgehend von Athen ausgingen, ist aufgrund der Sozialstruktur und des hiermit verbundenen Führungssystems anzunehmen, daß dominierende athenische Familien an der neuen landwirtschaftlichen Erschließung bisher wenig oder kaum genutzter Flächen maßgeblich beteiligt waren und die Binnenkolonisation sogar größtenteils initiierten, um neue Ressourcen zu gewinnen. So entstand im Raum von Anavyssos, der in protogeometrischer Zeit nur dünn besiedelt war, in der ersten Hälfte des 8. Jahrhunderts die relativ große geometrische Nekropole von Hagios Panteleimon mit einem „Adelsgrab", das u. a. ein goldenes Kettenhalsband, Teile eines Golddiadems, zwei Fingerringe aus Gold und vier goldene Fibeln enthielt. In einem anderen Grab (Nr. 51) dieses Friedhofs, der auf eine beachtenswerte Entwicklung der in der Nähe angelegten Siedlung schließen läßt, fanden sich halbmondförmige Ohrringe aus Gold.[28] Möglicherweise bildete hier das Gehöft eines Aristokraten den neuen Siedlungskern. – Weitere Nekropolen lassen darauf schließen, daß im späten 9. Jahrhundert in Palaia Kokkinia im Peiraieusgebiet und seit dem frühen 8. Jahrhundert auch in Kallithea (zwischen Athen und Phaleron) und in Vari neue Dörfer entstanden, während in älteren Siedlungen wie Eleusis, Merenda, Marathon und Thorikos die Bevölkerung zunahm.[29]

Die führende Rolle der damaligen athenischen Adelshäuser in der Binnenkolonisation schließt nicht aus, daß in attischen Landgebieten auch Familien, die dort bereits ansässig waren, neuen Reichtum gewannen. Dies war vermutlich in Eleusis der Fall, wo sich zwei überaus reich ausgestattete Frauengräber (Körperbestattungen) aus der Zeit um 800 fanden. Berühmt ist das jüngere dieser beiden Gräber, das sog. Isisgrab, das nach einer bemerkenswerten Beigabe, einer Fayencefigurine der ägyptischen Göttin Isis, benannt ist und des weiteren drei Fayenceskarabäen, zwei Halsbänder aus Fayence bzw. Bernstein, zwei halbmondförmige goldene Ohrringe, zehn Fingerringe aus Silber, Bronze und Eisen, zwei große silberne Fibeln, über 70 kleinere Gefäße und ein sog. Kornspeichermodell enthielt. Halbmondförmige Ohrringe aus Gold wurden auch in dem älteren reichen Frauengrab in Eleusis gefunden.[30]

---

[28] Coldstream, a.a.O. 80. Führende athenische Familien als Träger der „Binnenkolonisation" vermutet Lohmann, Atene 108.
[29] Coldstream, a.a.O. 78; Snodgrass, CAH III 1 (^{2}1982) 676f.
[30] Coldstream, a.a.O. 78f. – In der ersten Hälfte des 8. Jahrhunderts arbeiteten

Das Verteilungsmuster einer begrenzten Zahl reicher mittelgeometrischer Gräber besagt freilich nicht, daß durch Etablierung eines „Landadels" in Attika und durch lokale Verankerung von Macht und Einfluß die Position führender Adelshäuser in Athen selbst in Frage gestellt wurde, denn etwa seit 770 ändert sich das Bild wieder.[31] Prachtvoller Goldschmuck aus dieser Zeit stammt vor allem aus den reichen Gräbern eines neuen Friedhofes am späteren Kynosarges-Gymnasium, während in der damals gleichfalls neu angelegten Nekropole außerhalb des Dipylon-Tores Grabmarkierungen durch monumentale Vasen dokumentieren, daß es sich um Begräbnisstätten der Angehörigen führender Familien handelte, die im übrigen jetzt wieder den Ritus der Körperbestattung bevorzugten. Allem Anschein nach ließen sie prunkvolle Totenfeiern mit Leichenspielen und Wettkämpfen ausrichten. Ein Indiz hierfür sind zeitgenössische Vasendarstellungen der Prothesis (Aufbahrung der Leiche und Totenklage) und der Ekphora (Geleit des Toten zum Grab). Die reichsten Gräber aus der Zeit zwischen 770 und 740 v. Chr. wurden in Athen selbst gefunden. Etwa gleichzeitig nahm hier die Zahl der Gräber sprunghaft zu, so daß mit einem deutlichen Anstieg der Geburtenrate in den vorausgehenden Jahrzehnten zu rechnen ist. Die von Athen ausgehende attische Binnenkolonisation erhielt hierdurch zweifellos weitere starke Impulse. Zwischen 740 und 700 wurde die Besiedlung in attischen Landgebieten offenbar noch dichter. Zudem wird aus Grabfunden deutlich, daß damals bei Spata, Menidi, Koropi und an einigen anderen Orten reiche Oikoi existierten.[32]

Die Schicht wohlhabender Landbesitzer wurde allem Anschein nach größer. Für das 7. Jahrhundert sind bereits Überschüsse in der Ölproduktion zu vermuten. Zahlreiche Funde attischer SOS-Amphoren, die nach ihrem eigenartigen Verzierungsmuster auf dem Nacken (Kreis zwischen doppeltem Zickzack) benannt sind und als Ölcontainer dienten, belegen die Ausfuhr von Olivenöl in Teile des Mittelmeergebietes von Kypros bis Spanien. Im Fernhandel konnte dieses Produkt vor allem von Grundbesitzern abgesetzt werden, die größere Mengen produzierten und wohl zum Teil auch

---

wahrscheinlich eingewanderte orientalische Goldschmiede in Attika. Vgl. etwa Boardman, Kolonien 63, 85.

[31] Coldstream, a. a. O. 109 ff., 119 ff., 132 ff.

[32] Rückschlüsse auf eine Machtverlagerung können hieraus freilich nicht gezogen werden. Die Deutung des Befundes ist umstritten. Coldstream, a. a. O. 133, vermutet eine „Dezentralisierung des Reichtums" zwischen 740 und 700, während Morris, Burial 143, annimmt, daß in den „Landgebieten" Attikas die Formen der symbolischen Repräsentation des sozialen Ranges später als in Athen selbst übernommen wurden. Dies ist jedoch wegen der engen Kontakte zwischen dem „Zentrum" und dem „Land" wenig wahrscheinlich.

eigene Schiffe für den Transport zur Verfügung hatten. Ausdruck einer Intensivierung der Kontakte zwischen zahlreichen mediterranen Siedlungen ist vor allem die Verbreitung der Buchstabenschrift, die die Griechen von den Phoinikern etwa seit dem frühen 8. Jahrhundert v. Chr. übernommen haben. Sie ist nach 750 in Athen erstmals als Graffito auf einer spätgeometrischen Kanne (Oinochoe) des sog. attischen Dipylonstils belegt.[33] Nach dieser hexametrischen Versinschrift sollte der Sieger in einem Tanzwettbewerb das Gefäß erhalten. Vermutlich handelte es sich um einen öffentlichen Agon, wie er in der Odyssee (8,250ff.) als Tanzspiel der Phaiaken geschildert wird. Trifft dies zu, ist die Dipyloninschrift gewissermaßen eine Bekanntmachung an einem Fest der Siedlungsgemeinschaft, so daß sich bereits in den Anfängen der griechischen Alphabetschrift der „Öffentlichkeitscharakter" dieses Systems (im Gegensatz zu Linear B) abzeichnet. Diese im griechischen Siedlungsraum neue Kommunikationsform gewann im 7. Jahrhundert ihre Bedeutung für die sich entfaltende Poliskultur nicht zuletzt als Medium der Veröffentlichung von Recht und Satzung.

b) Strukturfragen und Genosproblem

In den homerischen Epen bilden die ἀγαθοί oder ἄριστοι, die mehr Land und Vieh als andere Bauern haben, keinen geschlossenen Erbadel. Nach dem Tod eines großen Oikosherrn können Erbteilungen für die Söhne unter Umständen ein Ausscheiden aus dem Kreis der agathoi bedeuten, wenn der ihnen verbliebene Besitz zur Statuserhaltung und Statusdemonstration nicht mehr ausreicht und sie es nicht verstehen, ihr Gut zu mehren, während wagemutige Krieger auch ohne ererbten Reichtum durch Teilnahme an erfolgreichen Beutezügen Ansehen gewinnen und durch Einheirat in ein wohlha-

---

[33] M. K. Langdon, The Dipylon Oinochoe Again, AJA 79 (1975) 139–140. Einen Überblick über ältere Datierungen dieser Kanne gibt G. Pfohl, in: Pfohl (Hrsg.), Das Alphabet. Entstehung und Entwicklung der griechischen Schrift, Darmstadt 1968, XXVI. Zur Übernahme des (nordsemitischen) Alphabets durch die Griechen vgl. die Zusammenfassungen von A. Heubeck, Schrift, Archaeologia Homerica III, X, Göttingen 1979, 75–80; L. H. Jeffery, Greek Alphabetic Writing, CAH III 1 (²1982) 819–833. Eine Vermittlerrolle nordsyrischer Händler vermutet Helck, Beziehungen 165ff. Vgl. aber demgegenüber den Hinweis von Hurwit, Early Greece 89: "... There are no Phoenician or Greek mercantile inscriptions of around or before 700." Den derzeitigen Diskussionsstand skizziert A. W. Johnston, in: L. H. Jeffery, Local Scripts in Archaic Greece, Oxford ²1990, 425ff. Siehe auch H. Haarmann, Universalgeschichte der Schrift, Frankfurt a. M.–New York 1990, 282ff. – Zum Schriftgebrauch in der Öffentlichkeit vgl. F. J. Frost, AncW 15 (1987) 51ff. Siehe jetzt auch H. R. Immerwahr, Attic Script. A Survey, Oxford 1990, 7.

bendes Haus in die Oberschicht aufsteigen können (Od. 14, 211). Insofern besteht in der „Gesellschaft" der Epen durchaus eine gewisse soziale Mobilität. Auch in Athen war es in der Formierungsphase der Polis zweifellos prinzipiell möglich, soziale Barrieren zu überwinden. Die sich allmählich verbreitende Oberschicht stammte schwerlich ausschließlich von den Trägern politisch-gesellschaftlicher Führungsrollen in den „Dunklen Jahrhunderten" ab. Im Zuge der Institutionalisierung und Ausfächerung von Leitungsfunktionen wurde zwar (relativer) Reichtum das Kriterium für Amtsfähigkeit. Eine ständerechtliche Abschließung der Regimentsfähigen nach dem geburtsständischen Zugehörigkeitsmerkmal einer „edlen Abstammung" (Eugeneia) hat sich indes nicht durchgesetzt. Ständekämpfe um den Zugang zum Archontat sind in Athen nicht belegt. Die Oberschicht war allem Anschein nach bereits in der Zeit ihrer Formierung gleichsam „offen". Wirtschaftliche Prosperität war nicht erst seit den Reformen Solons die Voraussetzung für einen höherrangigen sozialen Status und eine hieraus resultierende Führungsrolle.

Es handelte sich um eine „strukturbedingte Offenheit" der Oberschicht.[34] Ein wichtiger Faktor war in diesem Zusammenhang die Gliederung der Gesellschaft in Einzelfamilien.[35] In den homerischen Epen, im Werk des Hesiod und in der archaischen Lyrik finden sich keine Zeugnisse für korporativ geschlossene Verwandtschaftsverbände in Form von familienübergreifenden Einheiten oder „Clans". In der Ilias (XV 497f.) garantiert Hektor beim Sturm auf das feindliche Schiffslager den trojanischen Kombattanten, daß ihnen Familie, Oikos und Kleros (Landbesitz) erhalten bleiben, wenn es ihnen gelingt, die Achaier (Griechen) zum Abzug zu zwingen. Von weitverzweigten „Geschlechtern" ist hier keine Rede. Der Begriff des Genos (Abstammung, Herkunft), der in der älteren Forschung vielfach als Beleg für kohärente, allein durch Verwandtschaftsbeziehungen konstituierte Adelsgeschlechter und eine ständische Geschlossenheit des Adels in Anspruch genommen wurde, bezeichnet in den Epen die direkte väterliche Linie (Il. VI 209; Od. 24, 508). Zwar sind in der Oberschicht neben den Bindungen der Freundschaft (φιλία) und der Hetairien auch Verwandtschaftsverhältnisse von großer Bedeutung. So sind neben den Brüdern, Vätern und Söhnen auch Vettern und weitere (entferntere) Verwandte zur Blutrache verpflichtet

---

[34] Stein-Hölkeskamp, Adelskultur 93.

[35] Grundlegend für das Verständnis der archaischen Sozialstruktur sind die Werke von Roussel, Tribu et cité, und Bourriot, Genos, I–II, die die ältere These von der Existenz eines sogenannten aristokratischen Geschlechterstaates überzeugend zurückgewiesen haben. Eine gute Zusammenfassung der wichtigsten Ergebnisse Roussels und Bourriots bietet R. C. Smith, The Clans of Athens and the Historiography of the Archaic Period, EMC 29, N. S. 4 (1985) 51–61.

(Od. 15, 273). Dieser gesamte Verwandtenkreis bildet jedoch keinen fest strukturierten Verband, zumal Verwandtschaftsbeziehungen von Generation zu Generation variieren und sich immer wieder neu aufbauen.

Somit existierten weder in der homerischen „Welt" noch in der archaischen Polis sogenannte Adelsgeschlechter als Aktionsgemeinschaften oder gentilizisch organisierte Einheiten. Das drakontische Strafrecht setzte fest, daß bei der Verfolgung von Mord und Totschlag nur ein ganz bestimmter Verwandtenkreis des Getöteten (bis zu den Söhnen der Vettern) Anklage erheben und (im Fall von unvorsätzlicher Tötung) einen Vergleich mit dem Täter schließen kann.[36] Diese Verwandtengruppe wird indes nicht als Genos bezeichnet, und es ist kaum anzunehmen, daß die athenische Oberschicht in der Zeit Drakons auf eine Art „Sippenrecht" verzichtet hätte, wenn die Blutrache zuvor Angelegenheit eines geschlossenen, mehrere Häuser umfassenden „Clans" gewesen wäre. Auch im athenischen Erbrecht finden sich keine Hinweise auf derartige Verbände.

Athen hat sich also im Zuge der Formierung des Polisverbandes und der Konsolidierung seiner Führungsschicht nicht zu einer sogenannten „Geschlechterstadt" entwickelt. Zwar haben sich verschiedene aristokratische Häuser seit der geometrischen Zeit zweifellos weit verzweigt, doch entstanden hierdurch keine festgefügten gentilizischen Einheiten. Soweit wir Ereignisse des politischen Tageskampfes zurückverfolgen können, handelte der einzelne Adlige nicht als Repräsentant eines familienübergreifenden „Geschlechtes", sondern als Individuum, um persönliche Geltung zu gewinnen bzw. seinen Einfluß zu stabilisieren. Als Kampfinstrument dienten vor allem Hetairien (in ihrer jüngeren Form als Kameradschaftsverband von Männern der gleichen sozialen Schicht) und Koalitionen mit anderen Adelsgruppen. Dies schließt selbstverständlich nicht aus, daß die Anhängerschaft eines führenden Aristokraten zum Teil aus seinen Verwandten bestand. Gentilizische Sozialmodelle, die kollektiven Gentilbesitz, exklusive Kulte und eigene Gerichtsbarkeit adliger Verwandtschaftsgruppen voraussetzen, lassen sich indes in Athen ebensowenig wie in anderen Poleis verifizieren. Bekannte Adelsfamilien wie die Alkmeoniden, die sich (fiktiv) von einem Urenkel Nestors ableiteten, oder die Philaiden, die ihren Stammbaum auf den mythischen Heros Aias von Salamis bzw. auf dessen Sohn Philaios zurückführten, wurden noch im 5. Jahrhundert v. Chr. nicht als γένη, sondern als οἰκίαι („Häuser") bezeichnet.[37] Beide Familien hatten keine eigenen Kulte. Sofern bestimmte Personengruppen als Géne galten, handelte es sich um Königs- oder Priesterfamilien oder um kultische Vereinigungen, die in aller Regel auf lokale Gemeinschaften zurückgingen. Bereits im soloni-

[36] Meiggs-Lewis Nr. 86, 13 ff.
[37] Bourriot, Genos I 549 ff.

schen Recht sind die sog. Kerykes belegt. Ihr Name ist abzuleiten von den kultischen Funktionen des „Herolds" (Keryx), den jeweils zwei Mitglieder dieses Genos bei den eleusinischen Mysterien ausübten. Den höchsten Rang im Mysterienkult von Eleusis hatte freilich das Genos der Eumolpidai, das den Oberpriester (Hierophantes) stellte. Kerykes und Eumolpidai gewannen ihr hohes Sozialprestige durch Tradieren der Ritualkenntnisse innerhalb der zu diesen beiden Géne gehörenden Familien.[38] Des weiteren waren mit dem Kult von Eleusis die Géne der Philleidai, Krokonidai, Eudanemoi und Phytalidai als Priesterkorporationen verbunden. Zum gleichen Genostyp gehören die Lykomidai, die den Mysterienkult in Phlya nördlich von Athen ausrichteten.[39] Sie gelten zwar in der älteren Forschung als eines der einflußreichsten „Geschlechter" der archaischen Zeit, da man annahm, daß Myron von Phlya, ein Gegner der Alkmeoniden im späten 7. Jahrhundert, damals die Lykomidai repräsentiert habe und sein Konflikt mit den Alkmeoniden als typische Form eines Kampfes zwischen „Adelsgeschlechtern" zu werten sei. Die Herkunft des Myron ist indes kein Beweis für seine Zugehörikeit zum Genos der Lykomidai. Weitere Géne wie die Eteoboutadai, die Salaminioi oder die Gephyraioi bildeten ursprünglich wohl lokale Kultvereinigungen.[40] Die Eteoboutadai stellten die Priesterinnen der Athena Polias und die Priester des Poseidon Erechtheus. Das Genos entstand vermutlich als Kultgenossenschaft im Gebiet von Boutadai westlich der Stadt. Ihre Mitglieder bezeichneten sich vielleicht erst nach der Konstituierung des kleisthenischen Demos Boutadai, in den wohl auch Neubürger eingeschrieben wurden, als „alte" oder „echte" Boutaden (Eteoboutadai).

Erst im 4. Jahrhundert wurde der Genosbegriff auf ältere Adelsfamilien wie die Alkmeoniden angewendet,[41] die – wie gesagt – ursprünglich als Oikiai galten. Dieser Wandel des Genosbegriffs besagt indes nicht, daß sich damals neue Organisationsformen in der Oberschicht gebildet hatten. Aus der in spätgeometrischer und früharchaischer Zeit entstandenen breiteren Schicht von größeren Oikosbesitzern hob sich freilich eine kleinere Gruppe heraus, die in der Epoche Solons als ἡγεμόνες τοῦ δήμου galten[42] und gleichsam den inneren Zirkel der athenischen Führungsschicht bildeten. Die Position dieser Repräsentanten der „großen Häuser" war um 600 zweifellos kein Novum, da der Prozeß der Staatswerdung Athens ohne entsprechende „politische" Aktivitäten bestimmter ἡγεμόνες, die in etwa mit den in

---

[38] Dazu ausführlich Bourriot, Genos II 1188 ff., 1198 ff.
[39] Bourriot, Genos II 1251 ff.
[40] Bourriot, Genos II 1182 ff., 1187 f., 1304 ff. Siehe auch S. C. Humphreys, Phrateres in Alopeke, and Salaminioi, ZPE 83 (1990) 243–248.
[41] Bourriot, Genos II 1291 ff.
[42] Solon Frgm. 3,7 und 8,1 Gentili-Prato (= 3,7 und 5,7 Diehl).

der Phaiakengeschichte der Odyssee als Basilees (Basileis) oder als „Führer und Leiter" (Hegemones, Medontes, Hegetores) bezeichneten großen Herren der „homerischen Welt" zu vergleichen sind, kaum möglich war.

4. Gesellschaftliche Gliederung und Abhängigkeitsverhältnisse

Die breitere Schicht der Freien war ebenso wie die Gruppe der ἀγαθοί bzw. ἄριστοι primär in Einzelfamilien gegliedert, deren Existenzgrundlage das individuelle Eigentum an Grund und Boden war, wenn man von landlosen Theten (d. h. vor allem Lohnarbeitern ohne einen ererbten oder erworbenen Acker) einmal absieht. Für die gesellschaftliche und politische Entwicklung im spätgeometrischen und früharchaischen Athen war es von entscheidender Bedeutung, daß die große Mehrheit der Freien nicht in die Oikoswirtschaft der adligen Herren einbezogen wurde. Unter einem Oikos ist hier nicht nur das Haus im engeren Sinne, sondern auch der hiermit verbundene Personenkreis und der zugehörige Landbesitz zu verstehen. „Oikos" ist somit ein sozialer Grundbegriff, der den Haushalt eines ἀγαθός und eines einfachen Bauern bezeichnen kann. In den homerischen Epen ist die Gliederung des Personenkreises in einem Oikos mit einer Pyramide zu vergleichen, die sich vom Oikosherrn an der Spitze über dessen Familie (und eventuell über weitere in seinem Haushalt lebende Verwandte) gewissermaßen zu einer Basis von freien und unfreien Arbeitern und Mägden verbreitert. Wenn der Besitzer des Oikos darüber hinaus schutzbedürftige Fremde sowie einige Hetairoi oder Therapontes als Gefolgsleute aufgenommen hat, gelten diese ebenso wie Familienangehörige, Verwandte und Gesinde als Hausgenossen (οἰκῆες; Sing.: οἰκεύς).[43] Im engeren Sinne werden aber – vor allem in den jüngeren Schichten des Epos – unfreie Knechte und Mägde als Oikees bezeichnet. Als Synonym wird δμῶες (weibl.: δμωαί) verwendet.[44] Dieser Begriff war ursprünglich ebensowenig wie „Oikeus"

---

[43] Vgl. zu diesem Begriff Gschnitzer, Terminologie II 16–21.

[44] Der rechtliche Status der Dmoes/Dmoai ist umstritten. Sie werden in der Forschung überwiegend als Unfreie eingestuft. Vgl. aber demgegenüber G. Wickert-Micknat, Unfreiheit in der frühgriechischen Gesellschaft: Schwierigkeiten bei der Beschreibung des Phänomens, Historia 35 (1986) 140: „... selbstverständlich Freie." W. Beringer, Zu den Begriffen für „Sklaven" und „Unfreie" bei Homer, Historia 10 (1961) 291, Anm. 112, vermutet aufgrund der Darstellung Hesiods, daß sich in Boiotien eine „vorstaatliche" Abhängigkeitsform mindestens bis ins späte 8. Jahrhundert erhalten habe. Vgl. auch dens., Historia 13 (1964) 1 ff., und Historia 31 (1982) 13–32. Beringer bestreitet eine Gliederung der frühgriechischen Gesellschaft in Freie und Unfreie und kommt zu dem Schluß, daß die Dmoes und Oikees bei Homer und Hesiod zwar nicht die vollen Rechte der Freien hatten, aber auch nicht unfrei waren.

ein spezifischer Sklaventerminus, diente dann aber gleichfalls mehr und mehr zur Bezeichnung für unfreie Hausgenossen, die als Teil des zum Oikos gehörenden Besitzes gelten. Sie können aus der Kriegsbeute stammen (Od. 1, 398) oder im Hause ihres Herrn geboren (Od. 24, 386ff.) oder von diesem gekauft worden sein (etwa Od. 1,430ff.) und gehen in das Eigentum des Erben des Oikosbesitzers über (Od. 1,397f.) oder werden eventuell auch den Töchtern des Herrn als Mitgift mitgegeben (Od. 4,736).

Im solonischen Recht begegnet der Begriff „Oikeus" in der eingeschränkten Bedeutung als Sklaventerminus.[45] Da Solon die Schuldknechtschaft im Zusammenhang mit seiner Kodifikation beseitigt hat, kann der von „Oikos" abgeleitete Begriff des Oikeus sich in der solonischen Gesetzessprache nur auf den erbeuteten, gekauften oder hausgeborenen und zum Besitz des Oikosherrn gehörenden Unfreien beziehen, dessen Rechtsstellung demnach in etwa mit der Stellung der unfreien Oikees und Dmoes in den homerischen Epen vergleichbar ist, so daß wir mit langfristigen Strukturen in der sozialen Grundeinheit des Oikos zu rechnen haben. Des weiteren ist der Dichtung Hesiods zu entnehmen, daß um 700 in den Oikoi boiotischer Bauern in kleinerem Maßstab ähnliche Abhängigkeitsverhältnisse wie auf den Höfen „homerischer" Basilees (Basileis) existierten, wenn man die Hetairoi und Therapontes adliger Grundbesitzer außer Betracht läßt. Landwirte wie Hesiod waren in der Lage, kontinuierlich einen Sklaven oder eine Magd oder sogar mehrere Unfreie zu beschäftigen und darüber hinaus vorübergehend Tagelöhner für bestimmte Saisonarbeiten einzustellen.[46] Allerdings gilt dies im wesentlichen für die Schicht der mittleren Bauern, die dann seit dem 7. Jahrhundert auch die Mehrzahl der Hopliten stellten. Besitzer kleiner Landparzellen konnten sich demgegenüber schwerlich „Knechte" leisten, befanden sich aber ihrerseits kaum in einer rechtlich fixierten Abhängigkeit von größeren Grundbesitzern. In Hesiods ›Werken und Tagen‹ werden jedenfalls keine Bauern in der Stellung von Hörigen beschrieben.

Entsprechende Primärquellen für die Entwicklung des Sozialgefüges in Attika während der Formierungsphase des Polisverbandes in spätgeometrisch-frül̈archaischer Zeit liegen nicht vor. Dennoch bietet Hesiods Skizze der Verhältnisse in Boiotien gewisse Vergleichsmöglichkeiten, wenn man in diesem Zusammenhang bestimmte Aspekte der Kodifikationen Drakons und Solons berücksichtigt. Solon betont in seinem ›Rechenschaftsgedicht‹ daß er gleiche Satzungen für ἀγαθοί („Gute") und κακοί (wörtlich: „Schlechte", d.h. „kleine Leute") verfaßt habe. [47] Er verwendet hier ältere

---

[45] Ruschenbusch, Solonos Nomoi F 34.
[46] Hesiod Op. 469ff., 602f.
[47] Solon Frgm. 30,18 Gentili-Prato (= 24,18 Diehl). Eine ausgezeichnete Analyse

soziale Wertbegriffe, um die Gleichstellung aller Schichten des athenischen Personenverbandes vor den neuen Gesetzen zum Ausdruck zu bringen, sah aber in der von ihm verfügten Aufhebung der Schuldknechtschaft zweifellos eine Wiederherstellung alten Rechts und damit wohl auch des alten Eigentums jener Kleinbauern, die vor seinem Archontat (594/93 v. Chr.) durch Verschuldung in Not und Abhängigkeit geraten waren. Schuldenproblem und Schuldverhältnisse führten offenbar erst um 600 zu einer akuten Krise. Die von Solon des weiteren hervorgehobene „Knechtschaft" (δουλοσύνη) ehemals freier Bauern vor seinen Reformen kann daher bei dem Versuch, die Entstehung des Sozialgefüges in Athen und Attika in geometrisch-früharchaischer Zeit zu rekonstruieren, außer Betracht bleiben. Die κακοί waren in ihrer Gesamtheit vor der Kodifikation Solons jedenfalls keine Hörigen oder Bauern, die seit jeher in einem hörigkeitsähnlichen wirtschaftlichen und rechtlich fixierten Abhängigkeitsverhältnis standen. Nach den Wertmaßstäben der Oberschicht galten alle Freien, die nicht zu den ἀγαθοί zählten, durchweg als κακοί. Zu beachten ist des weiteren, daß nach dem sog. Blutrecht Drakons um 620 alle „Athener", d. h. alle freien Männer attischer Herkunft auch einer Phratrie angehörten,[48] in der es zwar eine Differenzierung nach dem Sozialprestige, aber keine Unterschiede im rechtlichen Status der Mitglieder gab.

Andererseits zeigen die Grabfunde, daß in den im Zuge der attischen Binnenkolonisation landwirtschaftlich erschlossenen Siedlungskammern sich von Anfang an ein soziales Gefälle entwickelte. Der archäologische Befund sagt allerdings nichts über die Rechtsstellung der ärmeren Bevölkerung in diesen Landgebieten aus. So kann nur vermutet werden, daß Teile der Landbevölkerung entweder als dauerhaft beschäftigte freie Arbeiter oder als unfreie Oikees auf größeren Gütern tätig waren, die sich aber zweifellos nicht zu „Latifundien" entwickelten. Großgüter im eigentlichen Sinne sind auch im klassischen Attika nicht nachweisbar. Die Zahl der Arbeitskräfte auf dem Besitz eines Angehörigen der Oberschicht war hier in geometrisch-früharchaischer Zeit sicherlich mehr oder weniger begrenzt. Hinzu kamen freilich Theten als Saisonarbeiter, die aber wohl z. T. selbst kleine Parzellen besaßen oder Söhne solcher Kleinbauern waren und dementsprechend noch im Verband ihrer Familien lebten.

Einen Hinweis auf die Erschließung entlegener bzw. noch nicht kultivierter Landesteile bieten einige sicherlich nicht realitätsferne Homerverse in der Odyssee (18,356ff.), wonach ein Gelegenheitsarbeiter für einen Grundbesitzer Land urbar machen und dafür Nahrung und Kleidung als

---

der Begriffe agathos und kakos in den Epen hat jetzt Ulf, Homerische Gesellschaft 15ff., 24ff. vorgelegt.
[48] Meiggs-Lewis Nr. 86, Z. 18.

Lohn erhalten sollte.[49] Auf ähnliche Weise mögen wirtschaftliche Abhängigkeitsverhältnisse rechtlich freier Arbeiter im Verlauf der attischen Binnenkolonisation entstanden sein. Die für Attika typische Gemengelage größerer und kleinerer Besitzungen kann indes nicht erst das Ergebnis der Reformen Solons oder einer hierdurch eingeleiteten Entwicklung gewesen sein, da Solon keine Neuverteilung des Grund und Bodens vorgenommen hat. Die attische Binnenkolonisation ist somit nicht nur von der Oberschicht getragen worden. Vielmehr entstand im Zuge dieser Entwicklung auf bisher herrenlosem Land ähnlich wie in den bereits früher genutzten Siedlungsräumen neben dem größeren Grundbesitz auch ein freies mittleres und kleines Bauerntum.

Trotz der bereits in der epischen Dichtung klar erkennbaren Wertmaßstäbe der agathoi und ihrer Geringschätzung des einfachen Mannes aus dem Demos und trotz der Abhängigkeit und Not besitzloser freier Lohnarbeiter und Besitzer kleiner Parzellen verlief die für die Konstituierung von Polisgemeinschaften relevante Trennungslinie nicht zwischen der Oberschicht und den „kleinen Leuten" freien und unfreien Standes, sondern zwischen Freien und Unfreien.[50] Die Unfreien waren und blieben die eigentlichen Außenseiter der Gesellschaft und hatten kaum die Chance, in den Demos (im umfassenden Sinne einer politisch-rechtlichen Gemeinschaft) aufgenommen zu werden. Nur auf diesen Personenverband bezieht sich Solons Differenzierung zwischen ἀγαθοί und κακοί, die als Gemeinschaft der „Athener" von den in Athen und Attika lebenden freien und unfreien Fremden zu unterscheiden sind.

Durch eine schematische Einteilung in ἀγαθοί und κακοί wird die bereits recht komplexe Struktur dieses Verbandes in spätgeometrisch-frühaicharchaischer Zeit indes nicht erfaßt. Die mit diesen Begriffen angedeutete Abgrenzung stellte keine unüberbrückbare Barriere zwischen zwei Großgruppen der Gemeinschaft dar, während jeweils innerhalb der beiden Schichten der ἀγαθοί und κακοί erhebliche soziale Unterschiede bestanden und der

---

[49] Vgl. G. Audring, Zur Struktur des Territoriums griechischer Poleis in archaischer Zeit. Schriften zur Geschichte und Kultur der Antike 29, Berlin 1989, 85 f. – Zu dieser Dienstleistung soll sich an der im Text erwähnten Odysseestelle allerdings kein Mann aus dem Demos des Grundbesitzers verpflichten, sondern ein fremder Wanderarbeiter, der zwar als πτωχός gilt, aber kein „Bettler" im eigentlichen Sinne ist. Vgl. G. Wickert-Micknat, Unfreiheit im homerischen Zeitalter, Forschungen zur antiken Sklaverei 16, Wiesbaden 1983, 171 f.; dies., Ursachen, Erscheinungsformen und Aufhebung von Marginalität: am Beispiel der homerischen Gesellschaft, Gymnasium 97 (1990) 137 f.; Ulf, Homerische Gesellschaft 190.
[50] Vgl. Gschnitzer, Terminologie II 12 f. Anders demgegenüber Morris, Burial 173 ff., der im Anschluß an M. I. Finley, Die Welt des Odysseus, Darmstadt 1968, 47 (engl. New York 1954), die agathoi schärfer von den freien kakoi abgrenzt.

Gesellschaftliche Gliederung 99

Demos in seiner Gesamtheit – wie gesagt – nicht nur eine Gesellschaft von großen und kleinen Bauern war. Auch Fischer, Händler, selbständige Handwerker und ihre Gehilfen freien Standes sowie die schon genannten freien Lohnarbeiter auf dem Lande zählten zum Demos, sofern sie athenischer Herkunft waren oder naturalisiert wurden. Die Zahl der Handwerker war freilich noch gering, und die Besitzer der Betriebe hatten vermutlich zumeist auch kleinere Landparzellen zur Eigenversorgung. Auch die professionellen Kaufleute bildeten nur eine kleine Gruppe, zumal der lokale Güteraustausch von den Produzenten selbst vollzogen werden konnte und Besitzer größerer Oikoi wenigstens zum Teil den Absatz ihrer Produkte im Fernhandel in eigener Regie vornahmen oder ihren „Agenten" übertrugen und auf diese Weise auch ihren Bedarf an Prestigeobjekten und Rohmaterialien deckten, die importiert werden mußten.[51] Es handelte sich hierbei selbstverständlich nur um eine sporadische Abwicklung von Handelsgeschäften. Das soziale Ansehen professioneller Kaufleute blieb trotz der Zunahme des Warenaustausches und der Ausweitung der Handelsbeziehungen im ganzen gering. Ein kommerzieller Besitzadel konnte unter diesen Voraussetzungen nicht entstehen. Die materielle Basis für die Ausübung von Führungsfunktionen war nach wie vor der Besitz an Ländereien, die nach damaligen Maßstäben als umfangreich gelten konnten.

Die größeren Güter entwickelten sich freilich nicht zu eigenständigen Machtzellen mit feudalen Strukturelementen.[52] Hierzu reichte der Landbe-

[51] Hinweise auf Handelsfahrten reicher Grundbesitzer finden sich bereits in der Ilias (VII 467) und Odyssee (1,180 ff.). Absatz eigener landwirtschaftlicher Produkte: Hesiod Op. 630 ff., 670 ff. Die Belege für eine Beteiligung von Aristokraten am Handel um 600 sind allerdings dürftig. So wird z. B. Solons kommerzielle Tätigkeit in Ägypten erst bei Aristot. Ath. Pol. 11,1 erwähnt (vgl. Plut. Sol. 2,1; 25,6–26,1). Auch für die Handelsaktivitäten des Bruders der Dichterin Sappho liegen nur späte Zeugnisse vor: Strab. XVII 1,33 p. 808; Athen. XIII 596 b–d; vgl. G. E. M. de Ste. Croix, The Class Struggle in the Ancient Greek World, London 1981, 129 ff., der die Ausführungen Solons (Frgm. 1,41 ff. Gentili-Prato) über die Risiken der Seefahrt auf Berufshändler bezieht. Dies ist indes nicht sicher. Jedenfalls gab es unter den großen Oikosherren Schiffsbesitzer. Vgl. B. Bravo, Le commerce des céréales chez les Grecs de l'époque archaïque, in: Garnsey – Whittaker, Trade 24 f., der freilich annimmt, daß Aristokraten ihren „Handel" vor allem durch „Agenten" abwickeln ließen. Zur Frage von Handelsaktivitäten archaischer Aristokraten s. ferner S. C. Humphreys, Anthropology and the Greeks, London etc. 1978, 166 ff.; Snodgrass, Archaic Greece 136 ff.; I. Hahn, Foreign Trade and Foreign Policy in Archaic Greece, in: Garnsey – Whittaker, Trade 30 ff.; Stein-Hölkeskamp, Adelskultur 76 ff. mit weiterer Literatur in den Anmerkungen.

[52] Auch die Besitzer größerer Oikoi waren keine Feudalherren, sondern eher „Großbauern". Vgl. H. Strasburger, Der soziologische Aspekt der homerischen Epen, Gymnasium 60, 1953, 103 ff.

sitz selbst der größten Oikosherren in Attika einfach nicht aus. Ebensowenig entstanden trotz stärkerer sozialer Differenzierung Bindungsverhältnisse, die mit dem römischen Klientelwesen vergleichbar wären.[53] Im benachbarten Boiotien stand es dem Landwirt Hesiod frei, seinen Rechtsstreit mit seinem Bruder ohne Einschaltung eines „gabenverschlingenden Aristokraten" (Basileus) zu regeln. Hesiods scharfe Kritik an den Schiedssprüchen adliger Herren zeigt, daß er sich nicht in der Position eines Klienten befand, der auf Rechtsschutz oder gerichtliche Vertretung durch einen Patron angewiesen war.[54] Adlige Schiedsrichter fungierten nicht als Patrone rechtsuchender Bauern, sondern wurden wegen ihres Sozialprestiges als Schlichter angerufen. Diese Praxis war offenbar schon in homerischer Zeit allgemein üblich (Od. 12,439 f.).[55] Ähnliche Zeugnisse fehlen zwar für die Formierungsphase der Polis in Athen, doch weist das drakontische Strafrecht in die gleiche Richtung. Die Satzungen Drakons enthielten u. a. die Bestimmung, daß nach einem Tötungsdelikt „vornehme" Phratriegenossen die Rolle der Kläger übernehmen mußten, wenn der Getötete keine Verwandten hatte.[56] Da diese Kläger von den zuständigen Richtern ausgewählt wurden, agierten sie nicht als Patrone, sondern als Repräsentanten der Phratrie des Getöteten, die als segmentäres Element im Gesamtverband der Polis bestimmte gemeinschaftsbezogene Aufgaben zu erfüllen hatte. Daß die athenische Gesellschaft der archaischen Zeit nicht in Klientelen mächtiger Adelshäuser gegliedert war, zeigen des weiteren die Auswirkungen der Schuldknechtschaft um 600 v. Chr. Hier wird deutlich, daß der einfache Mann nicht durch Patronatsverpflichtungen der agathoi geschützt wurde. Dementsprechend war aber auch die Position der Führungsschicht nicht durch ein stabilisierendes Netz von Klientelen abgesichert. Die Adelshetairien erwiesen sich ohne breite Klientelen im Demos als ein unzureichendes Instrumentarium in den Auseinandersetzungen um Führungspositionen, als das System um 600 in eine schwere Krise geriet und Aufruhr und offener Bürgerkrieg drohten.

---

[53] Dazu jetzt Stahl, Aristokraten 101 f., und Stein-Hölkeskamp, Adelskultur 29.
[54] Vgl. P. Millett, Hesiod and his World, PCPhS 210, N. S. 30 (1984) 91.
[55] Vgl. Gagarin, Greek Law 45.
[56] Meiggs-Lewis Nr. 86, Z. 18 f.

5. Evolution politisch-staatlicher Strukturen

a) Ämter

Zeitlich parallel zur Verfestigung des Sozialgefüges und in diesen Prozeß eingebunden vollzog sich die Entstehung politisch-staatlicher Institutionen. Besondere Bedeutung kommt der Einrichtung des Archontats zu. Hiermit vollzogen sich entscheidende Veränderungen in der Führungsstruktur. Bevor die wohl zuerst von Hellanikos im ausgehenden 5. Jahrhundert konstruierte „vollständige" athenische Königsliste mit ihren fiktiven Namen und Daten kanonische Geltung gewann, war das Bild von der älteren Geschichte der Polis bereits seit langem von der epischen Tradition geprägt, die auf der athenischen Akropolis ebenso wie in anderen Zentren der versunkenen mykenischen Welt die Herrschaft einer mächtigen Königsdynastie voraussetzt. Diese Vorstellung, mit der ursprünglich noch nicht die Fiktion einer (willkürlich) errechneten Chronologie der sog. Königszeit verbunden war, weckte aber in Athen keineswegs ähnliche Assoziationen wie der Begriff des regnum in Rom, der die Herrschaft des letzten Repräsentanten der tarquinischen Dynastie als tyrannisches Gewaltregiment klassifizierte. Offensichtlich gab es in Athen keine Erinnerung an einen revolutionären Sturz eines Königtums bzw. an eine regelrechte Entmachtung eines Königs.[57] Jedenfalls wurde die Einrichtung des Archontats im Unterschied zur Konstituierung des Oberamtes der römischen Republik nicht zum festen Bestandteil einer antimonarchischen Staatsgesinnung. Im Hinblick auf die allgemeinen gesellschaftlichen Rahmenbedingungen in Athen und Attika in spätgeometrisch-frütharchaischer Zeit ist die Einführung eines regulären Jahresamtes in der Tat nicht als Schwächung einer bereits institutionalisierten Zentralgewalt oder (im Hinblick auf die dem Basileus verbliebenen sakralen Funktionen) als eine Art Gewaltenteilung zu interpretieren, sondern als ein von den dominierenden Kreisen für notwendig erachteter Schritt zur Stabilisierung eines bereits ganz Attika umfassenden Personenverbandes zu sehen.

Unabhängig von der Frage, ob dieses Jahresamt gleichsam durch einen konstituierenden Akt geschaffen wurde oder die neue Führungsposition sich über verschiedene, für uns nicht mehr faßbare Vorstufen entwickelte,[58] ent-

---

[57] Vgl. Hignett, Athenian Constitution 46.
[58] Carlier, Royauté 371 ff., hat neuerdings versucht, die diesbezügliche Überlieferung zu harmonisieren. Er nimmt an, daß um 750 eine Teilung der Macht unter drei jeweils zehn Jahre amtierende Archonten aus dem angeblichen Königshaus der Medontiden erfolgte. Noch im 8. Jahrhundert seien dann die „Zehnjahreskompetenzen" allen sog. Eupatriden konzediert und 683/82 schließlich die Jahresämter eingeführt worden. Als Parallele zu der von ihm vermuteten Institutionalisierung der Herrschaft der Medontiden betrachtet Carlier das Regiment der Bakchiaden in Korinth ca.

stand mit dem Archontat letztlich eine Instanz mit neuen Handlungsmöglichkeiten, ein Organ, das potentiell gegenüber anderen Kräften in der Gesellschaft durchsetzungsfähig sein konnte, auf Dauer angelegt war und alternierend besetzt wurde. Es gewann damit den Charakter einer Institution, die – wie gesagt – nach modernen Kriterien einen wesentlichen Aspekt der Staatlichkeit einer Gemeinschaft ausmacht. Die Initiatoren des Archontats besaßen selbstverständlich kein terminologisches und konzeptionelles Instrumentarium zur Unterscheidung von vorstaatlichen und staatlich organisierten Gesellschaften und konnten die Dynamik, die ihre Maßnahme auf lange Sicht im institutionellen Bereich auslösen sollte, noch gar nicht erfassen. Sie waren aber zweifellos imstande, Defizite zu erkennen und durch planvolles Handeln zu beseitigen. Nach Lage der Dinge muß es sich um eine Innovation im Interesse der Wahrung des inneren Friedens gehandelt haben.

Spätestens seit dem ausgehenden 5. Jahrhundert leitete man in Athen das Jahresamt – wie bereits ausgeführt – aus einem angeblich zunächst lebenslänglichen und zuletzt zehnjährigen Archontat ab. Diese hypothetische Konstruktion entsprach den Möglichkeiten einer rationalen Erklärung staatlicher Strukturen in den Anfängen politischer Theoriebildung bei den Griechen. Da diese Vorstellung von der Entstehung des Archontats nur als Quelle für das politische Bewußtsein der Athener in klassischer Zeit Aussagewert besitzt, kann sie in diesem Zusammenhang außer Betracht bleiben. Gleichwohl ist ein gleitender Übergang zur Institutionalisierung von Führungspositionen nicht auszuschließen. Im homerischen Epos liegt die Rechtsprechung bereits nicht mehr allein in der Hand des „ersten Basileus". Die Funktionen der Friedenssicherung werden auch von angesehenen Einzelpersonen (Od. 12,439f.) oder von einer Gruppe von Geronten (Ältesten) ausgeübt. In der Gerichtsszene der Ilias (XVIII 497–508) geben die Geronten nacheinander ihr „Urteil" ab, während der Demos sich um die streitenden Parteien und die „Richter" drängt und am Ablauf des Verfahrens geradezu leidenschaftlich Anteil nimmt. Allzu leicht konnte die allgemeine Erregung in offene Gewalt ausarten, zumal die „Richter" die Anerkennung eines „Spruches" offensichtlich nicht erzwingen konnten.[59] Im Vergleich zu der

---

750–650 v. Chr. Die Bakchiaden waren aber allem Anschein nach kein eigentliches Königsgeschlecht, sondern eine Gruppe von Adligen, die Korinth längere Zeit beherrschten. Zweifelhaft ist des weiteren, ob die Medontiden tatsächlich eine alte athenische Königsdynastie repräsentierten. In klassischer Zeit waren die Medontiden eine Phratrie.

[59] Vgl. Wolff, Beiträge 24f., der allerdings in jenen „Richtern" Repräsentanten einer Obrigkeit sieht. Ähnlich Ruschenbusch, Rechtsstreit 2, der ein mit „staatlicher Autorität" ausgestattetes Gericht annimmt. Demgegenüber betont Stahl, Aristo-

hier geschilderten Stufe stellen die judikativen Funktionen eines Jahresbeamten eine Ausweitung und Intensivierung eines älteren Instrumentariums der Friedenssicherung dar. Das Idealbild des adligen „Richters" von unbestrittener Autorität in Hesiods ›Theogonie‹ (80–93) deutet Möglichkeiten des Übergangs zu einer zentralen Instanz an, die allgemein Anerkennung findet, wenn es darum geht, „einen großen Streit mit kundigem Wissen zu beenden". Impulse zur Institutionalisierung solcher Ordnungsfunktionen ergaben sich zweifellos aus dem Bevölkerungswachstum und der hierdurch mitbedingten Zunahme von Streitfällen. Daß gleichsam ein Bedarf an neuen Mechanismen zur Erhaltung des gesellschaftlichen Friedens und zur Sicherung von Ordnungsbedürfnissen entstanden war, erklärt letztlich die richterlichen Befugnisse eines ständig zur Verfügung stehenden Funktionsträgers, der in Athen durch die Einrichtung des eponymen Archontats zur Institution wurde.[60] Als seit dem frühen 5. Jahrhundert dieses Amt seine politische Bedeutung verlor, blieben dem Archon eponymos gleichwohl wichtige Kompetenzen, die der Erhaltung der sozialen Basis des Polisverbandes dienten. In klassischer Zeit mußte der Archon, der als ziviler Magistrat die Aufsicht über das Familien- und Erbrecht besaß, zu Beginn seiner Amtszeit den Schutz des Eigentums der Bürger garantieren und eine diesbezügliche Erklärung durch Heroldsruf verkünden lassen. Offenbar handelte es sich um eine alte Formel.[61] Die Aufgaben des Archon in der Rechtspflege sind zwar durch die Kodifikation Solons und die hiervon ausgehende Entwicklung der athenischen Rechtspflege präzisiert und modifiziert worden. Sie waren aber älteren Ursprungs und gehen im Kern zweifellos auf die Anfänge des Archontats zurück.

Der Archon oder „Regent" hatte in archaischer Zeit freilich auch allgemeine Leitungsfunktionen.[62] Es präsidierte allem Anschein nach bis ins

kraten 163 ff., mit Recht den vorstaatlichen Charakter dieser Form der Streitschlichtung.

[60] Der Zusammenhang zwischen zunehmendem öffentlichen Handlungsbedarf und der Institutionalisierung der Organe des Gemeinschaftslebens in Griechenland ist in jüngster Zeit mehrfach analysiert worden. Vgl. etwa F. J. Frost, Politics in Early Athens, in: Classical Contributions 34; W. G. Runciman, CSSH 24 (1982) 351–377; Stahl, Aristokraten 156 ff., 170 ff.; Stein-Hölkeskamp, Adelskultur 94 ff.

[61] Aristot. Ath. Pol. 56,2. Vgl. Rhodes, Commentary 622, der allerdings vermutet, daß erst seit Solon der jeweilige Archon verpflichtet war, die genannte Erklärung abzugeben.

[62] Insofern war das vorsolonische eponyme Archontat wohl kaum nur eine „institutionalisierte Form der Schiedsgerichtsbarkeit", wie Stahl, Aristokraten 172, annimmt, der des weiteren vermutet (a. a. O. 177), daß vor Solon für dieses Amt „vorrangig jüngere Aristokraten in Frage kamen" und insofern die Position eines Archon eponymos eher mit der römischen Quästur vergleichbar sei. Vgl. aber demgegenüber

frühe 5. Jahrhundert in der Volksversammlung. In der Amtsbezeichnung kommt seine Position als urspünglich höchster Magistrat noch klar zum Ausdruck. Hinweise auf Defizite in der Führungsstruktur und den hieraus resultierenden Regelungsbedarf vor der Einführung regulärer Polisämter bietet wiederum die ältere Dichtung: Aus der Sicht der adligen Herren droht eine Volksversammlung durch die Führungsschwäche des „ersten Basileus" außer Kontrolle zu geraten (Il. II 142ff.). Demgegenüber vermag im Proömium der ›Theogonie‹ Hesiods der einflußreiche „Richter" durch das Gewicht seiner Autorität das Volk auf dem Versammlungsplatz (Agora) zu beherrschen. Unabhängig von monarchischer Gewalt fallen hier Führungsfunktionen in der Volksversammlung und in der vorstaatlichen Rechtspflege zusammen. Es liegt nahe, hierin Vorstufen zur Institutionalisierung solcher Positionen zu sehen.

Selbstverständlich konnte es aber nicht im kollektiven Interesse einer Adelsgruppe mit konkurrierenden Ansprüchen auf Rang und Prestige liegen, ein Mitglied ihres Kreises mit großer Machtfülle auszustatten. Die dominierenden Aristokraten wollten an der Macht teilhaben und diesen Anspruch gewissermaßen festschreiben. Zu erreichen war dies nicht nur durch eine Stärkung des Rates und durch einen turnusmäßigen Wechsel in der Leitung des Gemeinwesens, sondern auch durch eine Ausfächerung der Führungsfunktionen. So entstand in Athen neben der Position des „Regenten" das Amt des Polemarchos (d. h. des „Kriegsherrn") für die Aufgebotsordnung und die Kriegführung.[63] Die Entwicklung führte hier möglicherweise von der sporadischen Übertragung eines militärischen Kommandos an einen bewährten Krieger (Od. 14,237f.) zur Einrichtung eines Jahresamtes, das vor allem durch die Entwicklung des Kriegswesens im Zuge der Übernahme der Phalanxtaktik und durch die hierdurch bedingten organisatorischen Aufgaben in der Aufgebots- und Wehrordnung Bedeutung gewann und wohl auch schon relativ früh für Rechtsfälle zuständig war, die zugewanderte Fremde betrafen.

Ein weiterer Schritt war die Ausdifferenzierung der Leitung im sakralen Bereich. Hierfür wurde die Position eines speziellen Funktionsträgers geschaffen, der den Titel „Basileus" führte und wie der Archon und der Po-

---

W. G. Forrest – D. L. Stockton, The Athenian Archons: A Note, Historia 36 (1987) 236, die annehmen, "that the eponymous archon in particular had generally if not always held an earlier 'junior' archonship" (d. h. vor allem das Amt eines Thesmotheten). Forrest und Stockton bezweifeln, daß das bei Aristot. Ath. Pol. 62,3 erwähnte Iterationsverbot für zivile Ämter bereits für die ältere Zeit galt. Übrigens war damals die Position des Polemarchos kein rein ziviles Amt.

[63] Das Amt des Polemarchos ist trotz Aristot. Ath. Pol. 3,2–3 wohl kaum älter als das eponyme Archontat.

lemarchos seine Aufgaben mit zeitlicher Befristung auf ein Jahr ausübte, so daß auch hier ein turnusmäßiger Wechsel erfolgte. Die Amtsbezeichnung deutet darauf hin, daß dieser Magistrat rituelle und judikative Funktionen übernahm, die früher traditionell dem als Siedlungsführer anerkannten dominierenden Aristokraten – dem „ersten Basileus" – zukamen. Wenn in Athen Statusvererbung und dynastische Nachfolge tatsächlich eine Art Erbcharisma einer führenden Familie begründet haben, ist anzunehmen, daß dessen Träger in jenem Transformationsprozeß, der zur Entstehung staatlicher Strukturen führte, noch einige Zeit eine kultisch-sakrale Sonderstellung zu behaupten vermochten, doch reichte diese Legitimationsbasis wohl nicht mehr aus, als andere Leistungsträger die eigentliche Führung der Gemeinschaft übernahmen und diese Leitungsfunktionen durch turnusmäßige Übertragung und formal geregelten Wechsel institutionalisiert wurden. So standen auch die dem einst führenden Hause noch verbliebenen sakralen Funktionen schließlich zur Disposition. Zu den Aufgaben, die der sakrale Oberbeamte in der Nachfolge eines „ersten Basileus" zu übernehmen hatte, gehörte sicherlich auch die Entsühnung der Gemeinschaft nach einer Bluttat, da Mord und Totschlag als religiöse Frevel galten, die wegen ihrer sakralen Implikationen die Gesamtheit betrafen. Hinzu kam die Gefahr einer unkontrollierten Blutrache. Daher ist anzunehmen, daß bereits vor dem drakontischen Blutrecht, das für die Aburteilung von Tötungsdelikten ein Gerichtsverfahren zwingend vorschrieb, Klage- und Verhandlungsmöglichkeiten bestanden, für die der Basileus zuständig war.

Die Konstituierung der Ämter des Archon, des Polemarchos und des sakralen Basileus setzt einen gewissen Grundkonsens in der athenischen Oberschicht voraus. Für die neuen Positionen kam zunächst wohl nur ein exklusiver Kreis von „großen Herren" in Betracht, die auf Grund ihres Ansehens auch außerhalb ihres eigenen Oikos Ordnungsfunktionen als Schlichter ausübten und sich so um Streitbeilegung bemühten sowie im Kriegsfall in ihrem lokalen Einflußbereich Wehrfähige sammelten und dem Aufgebot der Gemeinschaft zuführten. In der Phaiakengeschichte der Odyssee bilden die „Führer und Leiter des Demos" den Beirat des „ersten Basileus". Aus besonderem Anlaß können aber weitere Geronten – d. h. große Oikosbesitzer – zu den Beratungen hinzugezogen werden (Od. 7,189). Auch in Athen ließ sich eine gewisse Öffnung der einflußreichsten Gruppe nach Einführung der institutionalisierten Ämter bald nicht mehr vermeiden. Es ist zwar nicht auszuschließen, daß führende Athener bereits das Amt des Polemarchos oder des sakralen Basileus ausgeübt hatten, bevor sie als Archon (eponymos) die eigentliche Leitung der Gemeinschaft für ein Jahr übernahmen. Wenn aber jährlich drei Oberbeamte eingesetzt wurden, das Prinzip des Ämterwechsels beibehalten werden sollte und wohl schon relativ früh das bedeutendste Amt – die Position des Archon (eponymos) –

nicht iteriert werden durfte, konnten die „Regimentsfähigen" nicht auf jenen Personenkreis beschränkt bleiben, der die ersten Amtsträger gestellt hatte. Diese Entwicklung begann zweifellos schon vor der Einrichtung der Jahresbehörde der sechs Thesmotheten („Rechtssetzer"), die speziell für die Rechtspflege zuständig waren und im Unterschied zu den drei älteren Oberbeamten eine Art Kollegium bildeten.

Ob schon vor dieser weiteren Ausfächerung von Funktionen und Kompetenzen neben dem Archon eponymos auch der Polemarchos und der sakrale Basileus als Archonten im weiteren Sinne bezeichnet und hierzu dann seit Einrichtung der Magistratur der Thesmotheten auch die sechs neuen Funktionsträger gezählt wurden, läßt sich nicht entscheiden. Bereits in solonischer Zeit wurde aber die Sammelbezeichnung „Archonten" für die genannten neun Magistrate verwendet. Sie galten somit damals schon insgesamt als Oberbeamte. Der spezielle Amtstitel „Thesmotheten" ist wohl darauf zurückzuführen, daß diese Institution noch in der Zeit des ungeschriebenen Rechts (vor der Kodifikation Drakons um 620 v. Chr.) konstituiert wurde und die neuen Beamten als eine von der Polisgemeinschaft autorisierte Behörde nach tradiertem Gewohnheitsrecht zu urteilen hatten und damit nach archaischen Vorstellungen das eigentlich schon bestehende Recht jeweils im Einzelfall feststellten und sicherten.[64] Die Funktionen der Thesmotheten vor der Kodifikation Drakons sind allerdings im einzelnen nicht bekannt. Nach Demosthenes (23, 28) enthielten die athenischen Satzungen zur Aburteilung von Mord und Totschlag u. a. die Bestimmung, daß die Thesmotheten für Anzeigen gegen Verbannte zuständig waren, die nach einer gerichtlichen Verurteilung wegen eines Tötungsdeliktes sich widerrechtlich auf attischem Gebiet aufhielten. Der von Demosthenes zitierte Text geht indes über den ursprünglichen Wortlaut des drakontischen Blutgesetzes hinaus, so daß Rückschlüsse auf die Aufgaben der Thesmotheten nach

---

[64] Eine exakte Datierung der Einführung des Amtes der Thesmotheten ist ebenfalls nicht möglich. Die Institution ist aber wohl schon vor der Kodifikation Drakons entstanden; vgl. Rhodes, Commentary 102 (gegen Ruschenbusch, Untersuchungen 78f., Anm. 237). Nach Aristot. Ath. Pol. 3,4 hatten die Thesmotheten ursprünglich die Aufgabe, die Rechtssätze (Thesmia) aufzuschreiben und für Entscheidungen in Streitfällen aufzubewahren. Wahrscheinlich ist diese Erklärung lediglich aus ihrem Amtstitel abgeleitet (Hignett, Athenian Constitution 77). M. Gagarin, The Thesmothetai and the Earliest Athenian Tyranny Law, TAPA 86 (1981) 71–77 (vgl. dens., Greek Law 56, 123, 131), sieht in ihrer Tätigkeit eine Vorstufe der Kodifikation (ähnlich F. Ruzé, Aux débuts de l'écriture politique: Le pouvoir de l'écrit dans la cité, in: Les savoirs de l'écriture. En Grèce ancienne, sous la direction de M. Detienne, Lille 1988, 87f.). Daß die Thesmotheten gerichtliche Urteile gleichsam als Präzedenzfälle schriftlich fixierten, ist indes wenig wahrscheinlich. Im späteren athenischen Recht war diese Praxis jedenfalls nicht üblich.

der Satzung Drakons oder gar in den noch früher anzusetzenden Anfängen ihrer Tätigkeit problematisch sind. Nur soviel ist deutlich, daß ihre Funktionen in der Rechtspflege von Anfang an von den Aufgaben des Archon eponymos im Familien- und Erbrecht, des Polemarchos im Fremdenrecht und des Basileus im Blutrecht differenziert wurden.

Eine Begrenzung der „Regimentsfähigkeit" auf eine exklusive Gruppe der größten Oikosbesitzer war – wie gesagt – in Athen schon durch die relativ frühe Ausdifferenzierung der zivilen, militärischen und sakralen Leitungsfunktionen kaum möglich. Durch diese Ausfächerung der Kompetenzen gab es hier zudem im Unterschied zu Rom keine allumfassende, religiös sanktionierte Befehlsgewalt und damit auch keine Einheit von politischen, militärischen und sakralen Befugnissen, deren Ausübung dauerhaft aus einem spezifischen Erbcharisma abgeleitet und mit einem sakralrechtlichen Vorrang begründet werden konnte. Wenn einige führende athenische Familien durch Ableitung ihres Stammbaums von Heroengestalten des Mythos und der Sage einen besonderen genealogischen Status fingierten, so ließ sich hiermit ein charismatisch-geburtsrechtlich begründetes Machtmonopol nicht erreichen, da die sakrale Komponente vor allem ein Charakteristikum der Amtsposition des Basileus war, während der eponyme Archon die Polis leitete. Andererseits hatten aber auch der eponyme Archon und der Polemarchos in ihrem Aufgabenbereich kultische Obliegenheiten zu erfüllen und Opferhandlungen zu vollziehen, während wiederum alle Oberbeamten Funktionen in der Rechtspflege ausübten.

Da die Magistrate keinen Erzwingungsstab besaßen, war ihre Amtsführung wohl nur dadurch möglich, daß ihnen nach allgemeinem Konsens eine mit dem Amt verbundene und aus dieser Position erwachsene Autorität zuerkannt wurde.[65] Andernfalls wäre die Übernahme und Ausübung eines Amtes für die meisten Angehörigen der Oberschicht geradezu ein Hasardspiel geworden, wenn sie nicht zu dem zweifellos eng begrenzten Kreis der einflußreichsten Oikosbesitzer gehörten, die Solon später als „Führer" (Hegemones) des Demos bezeichnete. Wenn man von der Zeit der Tyrannis

---

[65] Dazu jetzt Stein-Hölkeskamp, Adelskultur 100. Anders Stahl, Aristokraten 160ff., 169ff., 175ff., der annimmt, daß ein Archon im Grunde nicht als Amtsträger, sondern allenfalls als Oikosbesitzer mit einer gewissen eigenen Hausmacht Zwang auszuüben vermochte. Das Problem ist zweifellos vielschichtig. Während z.B. Herolde, die bereits im homerischen Epos in Volksversammlungen und „Prozessen" Ordnungsfunktionen ausüben (Il. XVIII 505), „auf die Akzeptanz durch die Menge angewiesen waren" (wie es W. Nippel, Aufruhr und „Polizei" in der römischen Republik, Stuttgart 1988, 23, formuliert), ließen die „Elfmänner" wohl schon in archaischer Zeit Todesstrafen durch „Amtsdiener" vollstrecken, die indes kein Instrument zur Ausübung von Zwang in der Öffentlichkeit oder gegenüber einer Volksmenge waren.

einmal absieht, haben im 6. Jahrhundert in Athen immer nur einige wenige Aristokraten dominierenden Einfluß gewonnen, ohne diesen aber unangefochten längere Zeit ausüben zu können. Dies scheint im 7. Jahrhundert kaum anders gewesen zu sein, wie die Verbannung der Adelsfamilie der Alkmeoniden einige Zeit vor den Reformen Solons vermuten läßt. Einige „Wenige" konnten aber nicht dauernd das Archontat bekleiden, so daß auch andere Aristokraten bei der Ausübung der ihnen übertragenen Kompetenzen zur Friedenswahrung und zur Leitung der Kollektivorgane der Gemeinschaft – des Areopags und der Volksversammlung – offensichtlich im allgemeinen Anerkennung gefunden haben. Aufgrund dieser Leitungsfunktionen war das Archontat keineswegs nur ein permanentes Schiedsrichteramt oder eine Position, in der sich der Amtsträger nur Geltung verschaffen konnte, wenn er als Oikosbesitzer eine eigene „Hausmacht" (in Form einer ihm als Person verpflichteten Gefolgschaft im Demos und im Adel) zur Verfügung hatte. Gerade durch die kontinuierliche Neubesetzung des Archontats, die immer wieder einen Konsens über die Kandidaten erforderte, gewann diese Führungsposition gegenüber der personengebundenen Macht der vorstaatlichen Verhältnisse gleichsam eine neue Qualität, so daß auch Oikosbesitzer ohne „Hausmacht" das Amt ausüben konnten.

Das eigentliche Kriterium der Differenzierung zwischen Oberschicht und Demos (im soziologischen Sinne) blieben die Besitzunterschiede. In späteren Quellen wurde allerdings die Führungselite in Athen als Eupatridai („Söhne guter bzw. edler Väter") bezeichnet. Die ältesten Belege stammen indes erst aus dem ausgehenden 6. Jahrhundert.[66] Zu dieser Zeit war die Zulassung zu den höheren Ämtern bereits seit langem durch die solonischen Zensusbestimmungen geregelt. In den Fragmenten der Gedichte und Gesetze Solons begegnet der Eupatridenbegriff nicht. Die älteren, noch für Solon gültigen Wertmaßstäbe, die in der bereits erwähnten Einteilung der Gesellschaft in „Gute" (ἀγαθοί bzw. ἐσθλοί) und „Schlechte" (κακοί) zum

[66] Adjektivisch verwendet wird das Wort in einem Trinklied, das die Tapferkeit der Teilnehmer an einem von den Alkmeoniden initiierten erfolglosen Unternehmen gegen die Tyrannis des Hippias (vor 510 v. Chr.) rühmt (Aristot. Ath. Pol. 19,3). Des weiteren wird auf einem Grabstein aus Eretria ein Athener namens Chairion als Eupatride bezeichnet: IG XII 9, 296. In der althistorischen Forschung wurde mehrfach vermutet, daß neben einem sogenannten „Adelsstand" der Eupatriden (vgl. etwa Busolt – Swoboda II 772; Hignett, Athenian Constitution 315f.) auch ein „Geschlecht" (Genos) dieses Namens existierte. Diese These ist von Bourriot, Genos I 415ff., überzeugend zurückgewiesen worden. Eine bloße Vermutung ist die Annahme R. Sealeys, Historia 10 (1961) 513 (= ders., Essays 40), daß die Eupatriden bereits in den frühen Dark Ages die herrschende Klasse in der Ebene von Athen gebildet hätten und der Terminus etwa um 580 v. Chr. zur Bezeichnung einer „regionalen Partei" um Athen verwendet worden sei.

Ausdruck kommen, orientierten sich primär an der unterschiedlichen Größe des Landbesitzes und den hieraus sich ergebenden sozialen Rangunterschieden, ohne daß hierdurch eine ständerechtliche Abgrenzung vorgenommen wurde. Als ἀγαθοί galten nicht nur die Angehörigen der ersten „solonischen" Zensusklasse der sog. Pentakosiomedimnoi („Fünfhundertscheffler"), die angeblich mindestens 500 Maß („Scheffel") Getreide oder ein entsprechendes Äquivalent an Öl bzw. Wein im Jahr produzierten, sondern darüber hinaus auch jene Athener, die zur zweiten „solonischen" Klasse der Hippeis („Reiter") zählten. Die Einteilung in sog. Zensusklassen war zugleich eine Gliederung der Wehrfähigen nach ihrer Bewaffnung, die sie sich selbst beschaffen mußten. Für die Ausrüstung als Reiter und eine entsprechende Einstufung in die Wehrordnung genügte aber in aller Regel bereits ein Landbesitz von etwa 15–20 Hektar. Grundbesitz ist eine durchaus relative Größe, die an den allgemeinen Besitzverhältnissen in einer bestimmten Gesellschaft zu messen ist. Entscheidend war in diesem Fall die Abgrenzung der „Reiter" von jenen Athenern, die nach der Aufgebotsordnung für den Dienst als Hopliten oder Leichtbewaffnete in Betracht kamen, während der Begriff „Eupatridai" vielleicht erst in nachsolonischer Zeit geprägt worden ist. Der Terminus kann jedenfalls im 7. Jahrhundert kaum als Äquivalent für ἀγαθοί bzw. ἐσθλοί verwendet worden sein, die in ihrer Gesamtheit keine durch Geburt und Abstammung privilegierte und durch religiös-erbcharismatische Besonderheiten eindeutig abgegrenzte Schicht von Regimentsfähigen bildeten.

Andererseits konnte bereits vor den Reformen Solons trotz der jährlich erforderlichen Neubesetzung von neun Archontenstellen (im weiteren Sinne) nicht jeder Athener, der zu den „Guten" oder „Reichen" gezählt wurde, eines der höheren Ämter bekleiden. Insofern konnten nicht alle aristokratischen Ambitionen bei der Ämterbesetzung befriedigt werden, so daß sicherlich ein gewisser Konkurrenz- und Anspruchsdruck entstand, der aber wohl zum Teil durch die Einrichtung weiterer Ämter wieder abgeschwächt wurde. Neben dem Archontat werden in der auf atthidographischer Überlieferung basierenden Darstellung der aristotelischen Athenaion Politeia (7,3) einige andere Magistraturen der solonischen Zeit genannt, die aber zweifellos älter waren. Es handelt sich um die Kolakretai, die Hendeka, die Tamiai und die Poletai. Der Atthidograph Androtion erwähnt eine ältere, wohl in die solonischen Satzungen aufgenommene Bestimmung, die die Kolakretai verpflichtete, den Festgesandtschaften nach Delphi eine Art „Reisegeld" sowie einen weiteren Betrag für andere Aufwendungen (z. B. für Opfer) aus dem „Silber" der Naukraroi, der Vorsteher der Vereinigungen zum Schutz der Küsten, auszuhändigen (Androtion, FgrHist 324 F 36). Hiernach mußten die Naukraroi einen Teil der von ihren Verbänden aufzubringenden „Beiträge" an die Kolakretai abführen, die ursprünglich – wie ihre Bezeichnung vermuten läßt – wohl die für den Basileus und die Priester bestimmten „Schenkel" der Opfertiere in Empfang zu nehmen hatten, in vorsolonischer Zeit aber bereits als „Beamte" der Polisgemeinschaft galten und aus einem von ihnen verwalteten Fond öffentliche Ausgaben bestritten. Des weiteren setzen die wohl schon von Drakon fixierten Bestimmungen des Verfahrens gegen bannbrüchige Mörder und Totschläger die Existenz der „Vollzugsbehörde" der Hendeka („Elfmänner") im späten 7. Jahrhundert voraus.[67] Auch die Tamiai („Schatzmeister der Göttin Athena") und Poletai (wörtlich: „Verkäufer") waren zweifellos schon in vorsolonischer Zeit öffentliche Funktionsträger. Allerdings sind nur die späteren Aufgaben der Tamiai und Poletai im einzelnen bekannt. Die Tamiai gewannen als Verwalter des reichsten Tempelschatzes in Athen in der Zeit des ersten Delisch-Attischen Seebundes große Bedeutung, da ihnen nach Verlegung der Bundeskasse von Delos nach Athen (454/53) jährlich ein Sechzigstel der Abgaben der athenischen Bundesgenossen überwiesen wurde. Die Poletai waren generell für den Verkauf konfiszierten Vermögens sowie für die Verpachtung öffentlichen Grundbesitzes, der Zolleinnahmen und anderer „staatlicher" Gefälle zuständig. Im Vergleich zu den genannten Funktionen dieser Beamten in klassischer Zeit waren ihre Aufgaben vor und um 600 zweifellos noch recht begrenzt. Gleichwohl zeichnete sich damals bereits auch ein deutlicher Trend zur funktionalen und institutionellen Ausdifferenzierung von Magistraturen unterhalb der eigentlichen Leitungsebene ab. Während das Amt der Tamiai seit Solon nur von Pentakosiomedimnoi bekleidet werden konnte und auch vorher wohl nur den reichsten agathoi vorbehalten blieb, erforderte die Institutionalisierung neuer („niederer") Magistraturen sicherlich schon vor den solonischen Reformen einen größeren Kreis von Kandidaten, so daß vermutlich auch Hopliten hiervon nicht ausgeschlossen wurden. Auch die niederen Ämter wurden im jährlichen Wechsel besetzt. In der Kleingesellschaft des Polisverbandes gab es nicht einmal in Ansätzen ein Berufsbeamtentum, das Herrschaftswissen zu monopolisieren vermocht hätte.

b) Rat

Entstehung und Ausbau der Ämter waren eng verbunden mit der Institutionalisierung einer beratenden Versammlung, die in den homerischen Epen als wichtiges Organ der Entscheidungsfindung in einer Reihe von Gemeinschaften erscheint und auch in Athen bereits vor der Evolution staatlicher Strukturen vorauszusetzen ist. Nach der zuerst bei Thukydides II 15 überlieferten Fiktion von der politischen Einigung (Synoikismos) Attikas in der my-

---

[67] Vgl. Rhodes, Commentary 139 zu Aristot. Ath. Pol. 7,3.

thischen Heroenzeit soll schon der Gründerkönig Theseus einen zentralen Rat eingerichtet haben. Thukydides zweifelt nicht an der langen Tradition und Kontinuität eines beratenden Organs, das für ihn und seine Zeitgenossen offensichtlich identisch ist mit dem sogenannten Areopag (Areios Pagos) bzw. der „Boulé vom Areios Pagos" (Rat vom Areshügel), wie die offizielle Bezeichnung lautete.[68] Der Name des Gremiums ist abgeleitet von seiner Tagungsstätte als Mordgerichtshof beim Heiligtum der chthonischen Gottheiten der Semnai (Erinyen) an der Nordostseite des Areshügels. Das Toponym diente somit gleichsam als Kurzform für die Institution. Die Mitglieder dieses Rates, die wohl erst später als Areopagiten bezeichnet wurden, tagten auf dem Areshügel freilich nur als Blutgericht, das unter freiem Himmel stattfinden mußte. Für andere Sitzungen diente etwa seit der zweiten Hälfte des 6. Jahrhunderts die damals neu erbaute „Königshalle" (Stoa Basileios), das Amtslokal des (sakralen) Basileus auf der Agora.

Bereits im sogenannten homerischen Demeterhymnos (um 700 v.Chr.) üben hochrangige Statuspersonen als beratende Versammlung zugleich auch eine richterliche Tätigkeit aus (Hom. Hym. Dem. 150ff.). Diese Doppelfunktion schreibt Aischylos in den ›Eumeniden‹ für die mythische Vorzeit offensichtlich auch dem Blutgericht auf dem Areshügel zu, das der Dichter hier als göttliche, von Athena selbst eingesetzte Institution beschreibt, gleichzeitig aber auch als „Rat" (Bouleuterion) bezeichnet (Aischyl. Eum. 570; 684).[69] Die Entstehung dieses Organs konnte in der athenischen Rückerinnerung nur mit einem Mythos erklärt werden. Reminiszenzen an ein anderes älteres Beratungsorgan sind nicht bezeugt. Der Areopag wird daher als Institution aus Beratungen hervorgegangen sein, wie sie für die Zusammenkünfte der Basileis, d. h. der angesehensten Aristokraten der fiktiven „homerischen" Gemeinschaften typisch sind, deren öffentliche Organe von den epischen Dichtern des 8. Jahrhunderts modellhaft nach ihrer eigenen Erfahrungswelt dargestellt wurden. Die Blutgerichtsbarkeit des Areopags dürfte sich aus Funktionen eines solchen alten Adelsrates entwickelt haben, der wohl schon vor der drakontischen Fixierung des athenischen Blutrechts Schritte zur Sicherung des inneren Friedens nach einer Bluttat unternahm, so daß ihm hierdurch strafrechtliche Befugnisse zuwuchsen. Vorstufen hierzu sind etwa in der Funktion der Geronten in der Gerichtsszene der Ilias (XVIII 497ff.) zu sehen, in der freilich nicht die Bluttat als solche abgeurteilt wird, sondern ein Streit um die Bezahlung des Sühnegeldes für einen Erschlagenen entschieden werden soll.[70]

---

[68] Vgl. Busolt-Swoboda II 795, Anm. 2 mit einer Reihe von Belegen.
[69] Vgl. C. W. Macleod, Politics and the Oresteia, JHS 102 (1982) 127ff.
[70] Nach Aristot. Ath. Pol. 3,6; 4,4; 8,2–4 soll der Areopag ursprünglich eine mit großen Machtbefugnissen ausgestattete „Behörde" gewesen sein, doch liegt hier

Für die Ämter der Archonten (im weiteren Sinne) gab es schwerlich schon von Anfang an einen formalisierten Bestellungsmodus, da sie zunächst nur von einem bestimmten Kreis dominierender Oikosherren bekleidet werden konnten, die sich bereits traditionell zu Beratungen über Angelegenheiten zusammenfanden, die für die gesamte Gemeinschaft relevant waren. Eine Garantie für permanente Mitgliedschaft in jenem älteren (noch nicht institutionalisierten) Rat gab es indes wohl kaum, denn das Kriterium für Sitz und Stimme waren ja vor allem die Größe des Besitzes und das daraus resultierende Sozialprestige, während ein Verlust an Ressourcen nie auszuschließen war und die damit verbundene Minderung von Ansehen und Einfluß ein Ausscheiden aus der engeren Führungsgruppe bedeuten konnte. Durch die Einführung der Ämter entstanden demgegenüber trotz des jährlichen Wechsels in den Führungspositionen neue Statusmerkmale, die zwar nicht ausschließlich das gesellschaftliche Wertesystem bestimmten, aber neben den älteren Maßstäben Bedeutung gewannen. Die Differenzierung zwischen dem personengebundenen Einfluß und den Kompetenzen öffentlicher Funktionsträger mußte sich mehr und mehr auf die Zusammensetzung des Rates auswirken, der jetzt zugleich der Ort war, an dem bindende Absprachen über Kandidaturen getroffen wurden. Ein neuer Regelungsbedarf ergab sich, als die im Rat repräsentierte Führungsgruppe für eine alternierende Besetzung der Ämter nicht mehr ausreichte. Es ist allerdings unwahr-

keine genuine Tradition über ältere Kompetenzen dieses Gremiums vor. Vgl. Wallace, Areopagos 6, der allerdings den vorsolonischen Areopag als „Rat" zu eliminieren sucht und zu dem Schluß kommt, daß etwa seit 700 v. Chr. beim Heiligtum der Semnai auf dem „Hügel des Ares" ein Blutgericht tagte, das seit Drakon aus 51 sog. Epheten bestand. Die Epheten sollen nach Wallace in der Zeit von Drakon bis Solon als Blutgericht für alle Tötungsdelikte zuständig gewesen sein, bis Solon den Areopag im eigentlichen Sinne aus ehemaligen Archonten konstituiert und ihm auch die Aufsicht über die neu kodifizierten Gesetze übertragen habe. Das aus dem Archon Basileus und den vier Vorstehern (Phylobasileis) der altattischen Phylen bestehende Gericht beim Prytaneion, das „in Mordanklagen gegen unbekannte Täter, Gegenstände und Tiere" tagte (Aristot. Ath. Pol. 57,4), sei hingegen aus einem alten Beirat des Königs hervorgegangen, aber bereits im frühen 7. Jahrhundert nur noch eine Art Relikt des älteren Regimes gewesen. Andererseits hätten aber im Prytaneion vor Solon auch die „Behörden" (Beamte) als Gerichtshof zur Aburteilung von Tyrannisaspiranten getagt, wie das Amnestiegesetz Solons (Plut. Sol. 19,4) zeige. In diesem Gesetz ist aber von einer Versammlung von „Behörden" im Prytaneion nicht die Rede. Wallace vermag nicht zu zeigen, wieso ein Beirat eines „Königs" nach der Einführung der Jahresämter seinen Charakter als Adelsrat verloren hat und Solon dann das Blutgericht auf dem Areshügel wieder zu einem Rat mit umfassenden politischen Aufsichtsfunktionen erweitern konnte. Der Areopag ist zweifellos – wie allgemein angenommen wird – aus einem Rat großer Oikosbesitzer hervorgegangen. Vgl. etwa de Laix, Probouleusis 7f.; MacDowell, Law 27.

scheinlich, daß bereits im Zuge der Erweiterung des Kreises der Regimentsfähigen die sog. Dokimasie – eine Art „Prüfung" des sozialen und „bürgerlichen" Status der Kandidaten und ihres bisherigen Verhaltens in der Gemeinschaft – eingeführt wurde. Zudem bleibt offen, seit wann die Archonten nach Ablauf ihrer Amtszeit vor dem Rat Rechenschaft ablegen mußten. Man kann aber davon ausgehen, daß bereits im 7. Jahrhundert eine Iteration des eponymen Archontats ausgeschlossen war sowie generell mehr Kandidaten für die Ämter der Archonten (im weiteren Sinne) zur Verfügung stehen mußten und infolgedessen auch ein formalisiertes Verfahren zur Ergänzung des Rates entstand, indem letztlich alle Archonten, die vor Amtsantritt noch keine Areopagiten waren, in dieses Gremium aufgenommen wurden und nach ihrem Amtsjahr dann Mitglied auf Lebenszeit blieben, sofern kein gravierendes Fehlverhalten während ihrer Amtszeit vorlag.[71] Der Rat gewann durch diesen Entwicklungsprozeß deutlichere Konturen als Institution. Durch die genannten Regelungen waren nicht nur bestimmte Agenda immer wieder periodisch vorgegeben, sondern auch Kriterien zur Ergänzung des Rates festgelegt, ohne daß aber die Mitgliederzahl fixiert wurde (wie dies etwa in Sparta, Argos, Knidos, kretischen Gemeinwesen und anderen Poleis der Fall war).

Ein weiteres Problem des Prozesses der Institutionalisierung, das die Entwicklung des Areopags betrifft, ist das Verhältnis des Rates zum Ephetenkollegium, das erstmals im drakontischen Blutrecht als Gericht in allen Verfahren wegen unvorsätzlicher Tötung bzw. wegen Tötung eines im Exil befindlichen Mörders oder Totschlägers genannt wird. Drakon fand die fixierte Zahl von 51 Epheten offenbar bereits vor, so daß dieses Gericht damals wohl schon existierte. Nähere Einzelheiten über die zu vermutende vordrakontische Ausdifferenzierung von Funktionen und Richtergremien im Blutrecht sind indes nicht bekannt.

c) Volksversammlung

In der epischen Darstellung vorstaatlicher Volks- und Heeresversammlungen werden nirgendwo Teilnahmebeschränkungen oder ein Ausschluß bestimmter Schichten der freien Wehrfähigen angedeutet. Die epischen Dichter setzten offenbar voraus, daß alle freien Männer einer Wehr- oder Siedlungsgemeinschaft Zugang zu den Tagungen hatten. In Athen dürfte dies kaum anders gewesen sein. Ältere Zulassungsbeschränkungen sind

---

[71] Vgl. W. G. Forrest – D. L. Stockton, Historia 36 (1987) 235–240 (oben Anm. 62), die vermuten, daß die Archonten im weiteren Sinne bereits mit der Übernahme ihres Amtes in den Areopag eintraten. – Zum Problem der Dokimasie vgl. G. Adeleye, The Purpose of the Dokimasia, GRBS 24 (1983) 295–306.

nicht bezeugt. Demnach ist wohl nie eine generelle politische Ausgrenzung der niederen Schichten des Demos vorgenommen worden.[72]

Die Entwicklung der Entscheidungsgewalt und der Kompetenzen der athenischen Volksversammlung (Ekklesia) läßt sich aufgrund der Quellenlage nicht mehr bis in die Anfänge zurückverfolgen. Sie wurde offenbar nach Einrichtung des Archontats in den Prozeß der Versachlichung und Ausfächerung von Aufgaben und Zuständigkeitsbereichen einbezogen. Für die Legitimation der neuen Amtsträger, die ja die gesamte Gemeinschaft repräsentierten und in deren Namen ihre Funktionen ausübten, war es sicherlich von erheblicher Bedeutung, daß ihre Positionen allgemein Anerkennung fanden. Nur in diesem Kontext konnte sich die Institutionalisierung der Volksversammlung vollziehen, die schon in den Epen nicht in jedem Fall die Entscheidungen der Basileis widerspruchslos hinnimmt (Il. II 211 ff.) und sogar ihren Willen gegenüber führenden Statuspersonen zur Geltung bringen kann (Od. 14,237 ff.). Prozessuale Vorschriften im drakontischen und solonischen Recht lassen vermuten, daß bis zur Zeit Solons sich wohl auch schon gewisse Regeln für die Durchführung von Volksversammlungen herausgebildet hatten. Formen und Verlauf der damaligen Tagungen lassen sich zwar nicht rekonstruieren, doch hatte zumindest die vorauszusetzende akklamatorische Zustimmung des Demos bei der Einsetzung der Beamten eine Einberufung der Volksversammlungen aus periodisch wiederkehrendem Anlaß zur Folge, wenn auch insgesamt gesehen die Ekklesia vorerst nur recht selten zusammentrat. Die Akklamation, die in Sparta noch in klassischer Zeit üblich war, bildete zweifellos die älteste Form der „Wahl" oder „Abstimmung". Im übrigen war auch beim Verfahren der Akklamation die Beachtung bestimmter Regeln erforderlich. Auf dieser Basis scheinen sich allmählich eine formalisierte Zustimmung des Demos zu weiteren Agenda und letztlich eine reguläre Beschlußfassung herausgebildet zu haben, so daß die Volksversammlung mehr und mehr den Charakter einer Institution gewann.

Kaum zu entscheiden ist die weitere Frage, ob die spezifisch aristokratischen Gruppierungen der Hetairien und die Rivalitäten dieser Vereinigungen um Macht und Einfluß in der Formierungsphase der Polis die institutionelle Entwicklung der Volksversammlung retardiert oder eher beschleunigt haben. Hetairien, die von einzelnen Repräsentanten der Oberschicht

---

[72] Die von Heuß, Hellas 170, Hignett, Athenian Constitution 142f., und Bleicken, Athenische Demokratie 34f., 55, 82, 92, vertretene Auffassung, daß die athenischen Theten erst im Laufe des 6. Jahrhunderts, in der Zeit des Kleisthenes oder nach der Abwehr der Perser in den Verband der vollberechtigten Bürger aufgenommen worden seien, ist von P. Funke, GGA 240 (1988) 24f., mit Recht zurückgewiesen worden. Für die ältere Zeit vgl. generell F. Gschnitzer, Der Rat in der Volksversammlung. Ein Beitrag des homerischen Epos zur griechischen Verfassungsgeschichte, in: P. Händel – W. Meid (Hrsg.), Festschrift für R. Muth, Innsbruck 1983, 151–163.

zur Stärkung ihrer eigenen Position instrumentalisiert wurden, bildeten an sich im Integrationsprozeß der Polisgemeinschaft ein dysfunktionales Element außerhalb der öffentlichen Organe.[73] Durch die aristokratischen Rivalitäten entwickelte sich jedoch im vorsolonischen Athen kein dynastisches Regiment im Sinne der Terminologie des Aristoteles (Politik 1292 b 5–10), der hierunter die Herrschaft einer exklusiven Gruppe im Rahmen einer oligarchischen Verfassung versteht. Eine derartige Verfestigung von Macht und Herrschaft einzelner Aristokraten, die sich für das 7. Jahrhundert in Athen nicht nachweisen läßt, wurde offenbar gerade durch diese Konkurrenzkämpfe verhindert, denn die Lagerung der Macht blieb hierdurch instabil. Eine allzu mächtig erscheinende außerinstitutionelle Führungsrolle konnte durch konkurrierende Hetairien durchaus paralysiert werden. Dies zeigt insonderheit die Verbannung der bedeutenden Adelsfamilie der Alkmeoniden, die unter sakralrechtlichem Vorwand im späten 7. Jahrhundert durch ein „Sondergericht" verurteilt wurde, das angeblich aus 300 Adligen bestand. Offensichtlich war die athenische Oberschicht in ihrer Mehrheit nicht bereit, die starke Position des damaligen Repräsentanten der Alkmeoniden länger zu tolerieren. Das formale Verfahren deutet darauf hin, daß in diesem Fall die Adelsrivalitäten sich im Spannungsfeld der stabilisierenden Integrationskraft institutioneller Komponenten der Gesellschaftsordnung und der Dynamik personaler Macht vollzogen. In der sakralrechtlichen „Begründung" der Verbannung der Alkmeoniden manifestiert sich eine öffentlichkeitsorientierte Ausrichtung des adligen Machtkampfes, wenn auch nicht bezeugt ist, daß das Gericht vor Zuhörern aus dem Demos tagte und die Volksversammlung in die Vorbereitung des Verfahrens einbezogen wurde.

Infolge der weiten Entfernungen innerhalb Attikas waren freilich zahlreiche Bauern aus den Landgebieten (Chora) kaum in der Lage, die Versammlungen in Athen zu besuchen. Die Eunomia-Elegie Solons (Frgm. 3 Gentili-Prato) ist ein eindrucksvolles Zeugnis für das Problem der Mobilisierung jener Mitglieder des Personenverbandes, die in aller Regel keine Gelegenheit und wohl auch wenig Interesse hatten, am öffentlichen Geschehen im Zentralort teilzunehmen. Daß in der schweren Krise unmittelbar vor dem Archontat Solons schließlich breitere Schichten aktiviert wurden, war zweifellos ein Ausnahmefall, während das Engagement der überwiegenden Mehrheit des Demos in der Volksversammlung durchweg wohl recht gering war. Ein Defizit im institutionellen Bereich bestand zudem darin, daß die Siedlungen der für griechische Verhältnisse ungewöhnlich großen Chora der

---

[73] Der Begriff der Hetairie ist zwar erst im 5. Jahrhundert belegt, doch sind Vereinigungen dieser Art zweifellos wesentlich älter. Vgl. Stein-Hölkeskamp, Adelskultur 157, Anm. 16, mit weiteren Literaturhinweisen.

Polis Athen politisch-organisatorisch noch nicht mit den zentralen Organen verbunden waren.

Demgegenüber hatten sich aber unterhalb der eigentlichen Leitungs- und Entscheidungsebene und außerhalb der rivalisierenden Adelsgruppen genossenschaftlich organisierte, schichtenübergreifende Vereinigungen in Form von sog. Phratrien und Phylen herausgebildet, die ein Erbe vorstaatlicher Strukturen darstellten. Indem sie durch ein dichtes personales Beziehungsgeflecht jeden einzelnen freien „Athener" in ihre Verbände einbezogen, bestimmten und garantierten sie hierdurch zugleich seine Zugehörigkeit zur Polisgemeinschaft.

6. Genossenschaftliche Organisationsformen und Wehrordnung

a) Phratrien

Die athenischen Phratrien („Bruderschaften") sind ebensowenig wie die γένη aus einer sogenannten Gentilverfassung entstanden. Ihre Hauptaufgabe im klassischen Athen war die Anerkennung der Vollbürtigkeit der Söhne und Töchter der Phratriegenossen (φράτερες bzw. φράτορες) und die Aufnahme der Söhne in ihre Vereinigungen. Die Einführung der kleinen Kinder erfolgte am dritten Tag der Apaturien, des gemeinsamen Festes aller Phratrien. Die neu angemeldeten Söhne der Phrateres wurden erst nach einer Abstimmung des Verbandes in die betreffende Phratrieliste eingetragen. Nach Vollendung des 18. Lebensjahres wurden sie vollgültige Mitglieder. Bei Töchtern brauchte lediglich die Vollbürtigkeit anerkannt zu werden. Entsprechende Verfahren waren auch für Adoptivsöhne und -töchter vorgeschrieben. Die Phratrien waren somit quasi-familiäre Vereinigungen, die zugleich öffentliche Funktionen ausübten, da jeder athenische Bürger auch Phratriegenosse sein mußte, so daß der Bürgerstatus an die Mitgliedschaft in einer Phratrie gebunden war. Die Feststellung der bürgerlichen Abkunft durch die Phratrien ist offensichtlich aus älteren Aufnahmeriten erwachsen. Die Phratrien waren aber darüber hinaus auch Kultgemeinschaften. An ihrem Hauptfest verehrten alle Phratrien Zeus Phratrios und Athena Phratria. In diesem Kult sowie in der Bezeichnung „Bruderschaft" kommt die Fiktion einer gemeinsamen Abstammung zum Ausdruck.

Lokale Zentren der einzelnen Phratrien lassen darauf schließen, daß diese Verbände letztlich auf nachbarschaftliche Vereinigungen zurückgehen.[74] Eine gewisse Bestätigung hierfür ist ein früher Beleg für die Existenz von Phratrien. Es handelt sich um den angeblichen Rat Nestors in der

---

[74] Vgl. Roussel, Tribu et cité 141.

Ilias II 362 f., das Heer der Achaier vor Troja in der Kampfaufstellung nach φῦλα (Sing.: φῦλον) und Phratrien zu ordnen. Der Dichter nimmt hier selbstverständlich auf soziale Ordnungsprinzipien seiner eigenen Gegenwart des 8. Jahrhunderts Bezug. Die genannten φῦλα sind nicht mit den späteren φυλαί (Unterabteilungen von Polisgemeinschaften) gleichzusetzen. „Phylon" bezeichnet hier vielmehr ein lokales oder regionales Kontingent von Kriegern.[75] Ein ähnliches Einteilungsprinzip ist nach dem Kontext auch für die „homerischen" Phratrien anzunehmen.[76] Da in Athen und Attika jede Phratrie gleichsam nach dem Prinzip der Erblichkeit nur Söhne der eigenen Phratriegenossen aufnahm, viele Phrateres aber im Laufe der Zeit aus irgendwelchen Gründen ihren Wohnsitz wechselten, konnte der ursprüngliche lokale Zusammenhalt natürlich nicht gewahrt bleiben.

Aus einer weiteren Iliasstelle (IX 63) ist zu schließen, daß die Phratrien bereits in „homerischer" Zeit wichtige Aufgaben bei der Wahrung des inneren Friedens in vielen Gemeinschaften ausübten. Ein Ausschluß aus einer Phratrie war hiernach gleichbedeutend mit der Verbannung. Aus älteren Ordnungsfunktionen dieser Art ist die gesetzliche Regelung Drakons abzuleiten, daß nach einem Tötungsdelikt in bestimmten Fällen „vornehme" Phratriegenossen die Rolle der Verwandten des Opfers zu übernehmen hatten. Zugleich wird hier deutlich, daß die Organisation der Phratrien in früharchaischer Zeit den gesamten Personenverband der Polis Athen umfaßte. Ebenso bestanden die in der Ilias II 362 f. genannten Phratrien bereits aus allen Schichten der Wehrfähigen. Da hier die Gliederung des Heeres nach diesen Verbänden gleichsam als neues Prinzip vorgestellt wird, ist anzunehmen, daß die Phratrien etwa in der Zeit der schriftlichen Fixierung des Epos – d. h. in einer Phase starker Bevölkerungszunahme – in einer Reihe von griechischen Gemeinwesen größere Bedeutung für die innere Organisation gewonnen haben. Die Anfänge dieser Entwicklung sind jedoch früher anzusetzen, da der Begriff „Phrater" in den Epen bereits nicht mehr die wörtliche Bedeutung „leiblicher Bruder" hat und demnach wohl schon seit längerer Zeit als spezielle Bezeichnung für das Mitglied einer Phratrie diente.[77]

[75] Vgl. W. Donlan, The Social Groups of Dark Age Greece, CP 80 (1985) 293–308, dessen These, daß ein „Phylon" oft nur die Kriegergruppe eines Oikos mit einem zugehörigen Dorf oder Weiler umfaßte und mehrere Phyla eine Phratrie bildeten, allerdings kaum zutreffend ist. Die größere Einheit scheint bereits in homerischer Zeit das sog. Phylon gewesen zu sein. Vgl. dazu K.-W. Welwei, Ursprünge genossenschaftlicher Organisationsformen in der archaischen Polis, Saeculum 89 (1988) 14.

[76] H. van Wees, Leaders of Men? Military Organisation in the Iliad, CQ 80 (1986) 298 f.

[77] Vgl. A. Andrewes, Phratries in Homer, Hermes 89 (1961) 137. Unzutreffend ist

Wahrscheinlich entstanden in den einzelnen Wehrgemeinschaften jeweils mehrere Phratrien. D. Roussel hat mit Recht darauf hingewiesen, daß für Athen und Attika trotz der zu vermutenden älteren lokalen Basis der Phratrien keine Belege für eine Autonomie dieser Vereinigungen vorliegen.[78] Mitglied einer Phratrie wurde man in der Polis Athen durch den Nachweis attischer Abstammung, nicht aber aufgrund eines bestimmten Wohnsitzes in Attika. Bis zur Kodifikation des drakontischen Blutrechts, aus dem das älteste Zeugnis für die Existenz attischer Phratrien stammt, muß sich das Netzwerk dieser Verbände bereits herausgebildet haben. Offenbar haben vor allem im Zuge der von Athen ausgehenden Neubesiedlung der attischen Chora genossenschaftliche Vereinigungen lokalen Ursprungs sich weit verzweigt und hierbei die traditionellen Bindungen ihrer internen Organisation gewahrt. Jedenfalls entwickelten sich die Phratrien als ältere Elemente der Sozialisation zu formellen Personengruppen mit eindeutig fixierten Zugehörigkeitskriterien und mit einem personalen Beziehungsgeflecht, das einerseits die Mitglieder zu einem geschlossenen segmentalen Verband vereinte, andererseits durch die siedlungs- und schichtenübergreifende Struktur dieser Bindungen die gesamte Polisgemeinschaft durchdrang und sich so als starke Klammer ihres Zusammenhaltes erwies. Hierdurch konnten die Phratrien als Einzelverbände innerhalb ihrer Vereinigungen sowie als integrale Teile des Sozialkörpers der Polis etwa im familienrechtlichen Bereich quasi-behördliche Funktionen erfüllen. Ähnliche Aufgaben wuchsen ihnen offensichtlich im Rahmen der Aufgebotsordnung zu, da die Aufnahme eines jungen Atheners (im Alter von ca. 18 Jahren) in eine Phratrie zugleich die Zuerkennung der Wehrfähigkeit bedeutete und auf diese Weise die Wehrpflichtigen erfaßt wurden. So leisteten die Phratrien einen erheblichen Beitrag zur Funktionsfähigkeit der Selbstorganisation der Gemeinschaft, ohne daß sie Instrumente politischer Adelsrivalitäten oder aristokratischer Vorherrschaft in den zentralen Polisorganen wurden. Dies schließt aristokratische Konkurrenz um Einflußnahme innerhalb der Phratrien nicht aus. Diese Vereinigungen verloren aber nicht den noch vorpolitischen Charakter ihrer

die These von J.-L. Perpillou, Frères de sang ou frères de culte?, SMEA 25 (1984) 205ff., der annimmt, daß die homerische Bezeichnung „Phretre" Il. II 362f. auf die leibliche Verwandtschaft der Führer ethnisch gegliederter Kontingente zu beziehen ist. Abzulehnen ist auch die neuerdings wieder von O. Murray, Cities of Reason, in: Murray-Price, Greek City 14, geäußerte Vermutung, daß nach dem Bericht des Philochoros (FgrHist 328 F 35 a) die attischen Phratrien in archaischer Zeit gezwungen worden seien, neue Mitglieder aus den niederen Schichten des Demos aufzunehmen. Bourriot, Genos I 595ff., hat überzeugend dargelegt, daß sich das bei Philochoros erwähnte „Gebot" auf eine Neuordnung der Phratrien nach den Wirren des Peloponnesischen Krieges bezieht. Vgl. auch H. Galsterer, HZ 230 (1980) 651.

[78] Roussel, Tribu et cité 142.

internen Organisation und trugen mit dazu bei, daß sich die personalen Strukturen einer Kleingesellschaft in Athen und Attika trotz der Größe des Polisgebietes und wachsender Bevölkerungszahl erhielten, der Organisationsgrad der „Verwaltung" im eigentlichen Sinne auf ein Mindestmaß beschränkt blieb, weiterhin vorstaatliche Ordnungselemente anstelle eines institutionalisierten Erzwingungsstabes der Magistrate das Gemeinschaftsleben regulierten und die spezifische Form der Staatlichkeit, die sich in der Entstehungszeit der Polis herauszubilden begann, in bemerkenswerter Kontinuität ihre Integrationsfähigkeit zu wahren vermochte.

b) Phylen

Phylensysteme sind in der griechischen Welt für ionische und dorische Poleis (einschließlich der im Verlauf der sog. Großen Kolonisation seit etwa 750 v. Chr. neu gegründeten Gemeinwesen) sowie für Athen belegt. Sie sind wahrscheinlich später als die Phratrien entstanden. Die Vorstufen der historischen Phylen (φυλαί) waren offenbar die „homerischen" φῦλα. Aus der Etymologie des epischen Phylonbegriffs, der generell eine bestimmte Gruppe von Objekten, Tieren, Menschen oder Göttern bezeichnen kann, ist zu schließen, daß diese Verbände sich als Abstammungsgemeinschaften verstanden. Aus ähnlichen Vorstellungen ist die Bezeichnung der historischen Phylai nach eponymen „Stammvätern" abzuleiten. So wurde in Athen die Gründung der vier alten vorkleisthenischen Phylai der Geleontes, Hopletes, Aigikoreis und Argadeis auf die bereits erwähnten angeblichen Söhne des fiktiven mythischen Ahnherrn der Ionier (Ion) zurückgeführt. Die attischen Phylen gelten dementsprechend in der Überlieferung als urionische Einheiten.

Nun sind zwar die gleichen Phylennamen auch für einige ionische Poleis auf den Ägäisinseln und dem kleinasiatischen Festland (sowie für die von diesen Städten gegründeten kolonialen Siedlungen) belegt oder zu erschließen. Darüber hinaus sind aber in mehreren ionischen Poleis noch weitere Phylennamen bezeugt. Diese Mannigfaltigkeit der ionischen Phylensysteme spricht daher gegen die im 5. Jahrhundert in Athen aus propagandistischen Gründen vertretene These von der attischen Herkunft angeblicher Ur-Phylen der Ionier.[79] Hinzu kommt, daß die attischen und die ionischen Phylen sich nicht auf eine ältere gemeinsame Stammesordnung zurückführen lassen, da es einen einheitlichen ionischen Stammesverband im ethnischen Sinne nie gegeben hat. Die Entstehung dieser historischen Phylen kann weder in die Bronzezeit noch in die submykenische Keramikphase da-

---

[79] Vgl. K. Latte, RE XX 1 (1941) 1000 s. v. Phyle.

tiert werden. Ebensowenig läßt sich die These verifizieren, daß eine ionische Ethnogenese in Attika die Voraussetzung für die sog. Ionische Kolonisation seit dem späten 11. Jahrhundert gewesen sei. Wären die unter dem Begriff der Ionischen Kolonisation zusammengefaßten Wanderbewegungen vornehmlich von Athen und Attika ausgegangen und hätten hier schon damals „ur-ionische" Phylen existiert, müßte der Zusammenhalt solcher Vereinigungen bereits so stark gewesen sein, daß die Zugehörigkeit zu bestimmten Phylen auch zum Gliederungsprinzip abwandernder Kolonisten geworden wäre. Die Kolonistenzüge müßten in diesem Fall jeweils aus Mitgliedern von vier Phylen bestanden und entsprechende Verbände bei ihrer Ankunft in Kleinasien oder auf den Ägäisinseln sofort neu konstituiert haben. Dies ist schon im Hinblick auf die anfänglich geringe Bevölkerungszahl der Siedlungen im ionischen Kolonialgebiet in hohem Maße unwahrscheinlich. Insgesamt gesehen stammten die dortigen griechischen Neusiedler aus verschiedenen Teilen des ehemaligen südgriechischen Dialektraumes der mykenischen Welt. Im übrigen bildete sich auch in Kleinasien kein ionischer Stammstaat, sondern lediglich eine Sakralgemeinschaft, die etwa um oder nach 800 v. Chr. von zwölf ionischen Siedlungen gegründet wurde und ihr Kultzentrum im Heiligtum des Zeus Helikonios auf der Halbinsel Mykale hatte.

Somit haben die Athener über ihre Phyleneponymen ihren Anspruch auf Zugehörigkeit zum Ioniertum zu begründen versucht.[80] Die Fiktion eines gemeinsamen Ursprungs der Bewohner Attikas und der Ionier ist das Derivat einer Weltsicht, die durch genealogische Modelle Vergangenheit und Gegenwart verbinden wollte. Die Übereinstimmungen zwischen den ionischen Dialekten und dem Attischen und ihre Differenzierung von anderen griechischen Idiomen wurden auf diese Weise durch Sukzessionsmythen erklärt. Eine bedeutende Vermittlerrolle gewannen in diesem Zusammenhang sicherlich die Feiern des großen Jahresfestes der Ionier auf Delos.

Die archaischen Phylen (φυλαί) repräsentieren generell eine jüngere Entwicklungsstufe als die „homerischen" φῦλα. Nach dem Zeugnis Plutarchs enthielten die Bestimmungen der sog. Großen Rhetra in Sparta (um 700

---

[80] Prinz, Gründungsmythen 369. – Der Lexikograph Pollux (VIII 109) erwähnt für jede Phyle noch drei weitere Namen, und zwar Kekropis, Kranaïs, Dias für die Geleontes, Autochthon, Atthis, Athenaïs für die Hopletes, Aktaia, Mesogeia, Poseidonias für die Aigikoreis und Paralia, Diakris, Hephaistias für die Argadeis. D. Kienast, Die innenpolitische Entwicklung Athens im 6. Jh. und die Reformen von 508, HZ 200 (1965) 274ff., hat versucht, hieraus ältere lokale Zentren der Phylen abzuleiten (1. Ebene von Athen; 2. Hymettosgebiet; 3. Binnenland und Süden; 4. Pentelikongebirge und Nordwesten Attikas). Demgegenüber weist Roussel, Tribu et cité 196, darauf hin, daß die Phylen keine eigentlichen lokalen Kulte hatten, die auf solche Zentren schließen lassen könnten.

v. Chr.) u. a. auch Anweisungen zur Konstituierung oder Neuordnung der drei spartanischen Phylen, die als Dymanen, Hylleer und Pamphyler bezeichnet wurden.[81] Im Laufe des 6. Jahrhunderts erfolgten Phylenreformen in Sikyon und Athen sowie wahrscheinlich auch in Korinth. Hieraus ist zu schließen, daß die Phylen im Unterschied zu den Phratrien bereits in archaischer Zeit gleichsam disponible Verbände waren, die nach rationalen Organisationsprinzipien neu konstituiert oder aufgeteilt werden konnten. Dies spricht ebenfalls gegen die These, daß sie aus einer alten, „gewachsenen" Stammesverfassung hervorgegangen sind. Die Fiktion der attischen Phyleneponymen zeigt des weiteren, daß die Phylen gewissermaßen als qualitativ gleichwertig galten und kein Verband irgendwie privilegiert war. Wesentliche Unterschiede in der Sozialstruktur der einzelnen Phylen sind somit auszuschließen. Die Organisation der Phylen kann daher nicht aus einer ständischen Gliederung hervorgegangen sein.[82] Ebensowenig sind die Phylen durch einen Synoikismos autonomer regionaler Verbände entstanden, da sie immer nur als Unterabteilungen der Polisgemeinschaft, als integrale Bestandteile eines größeren Gesamtverbandes, ihre öffentlichen Funktionen zu erfüllen hatten und innerhalb des Phylensystems keine „landsmannschaftlichen" Sonderrechte existierten.[83] Die Phylobasileis, die Vorsteher der Phylen, waren weder Bezirksbeamte noch Nachfolger von Stammeskönigen. Im Ephetengericht des drakontischen Blutrechts fungierten sie nicht als Repräsentanten bestimmter Regionen, sondern als Beisitzer des Archon Basileus, der als sakraler Magistrat die gesamte Polisgemeinschaft vertrat.

Die Phylen, die im Gesetz Drakons durch ihre Vorsteher repräsentiert werden, dienten somit spätestens im ausgehenden 7. Jahrhundert ähnlich wie die Phratrien als Instrument der Sicherung des inneren Friedens und übernahmen damit als Personenverbände ebenfalls quasi-behördliche Aufgaben. Sie waren zudem an der kultischen Selbstorganisation der Polisgemeinschaft in erheblichem Maße beteiligt. Den inschriftlich erhaltenen Fragmenten eines im Zuge der athenischen Gesetzeskodifikation 403–399 v. Chr. neu aufgezeichneten alten Opferkalenders ist zu entnehmen,[84] daß

---

[81] Vgl. Tyrtaios Frgm. 10,16 Gentili-Prato = Frgm. 1,51 Diehl.

[82] F. R. Wüst, Historia 6 (1957) 176ff., hat aufgrund der Überlieferung bei Plutarch Thes. 25,2 über die angebliche Einteilung in Eupatriden, Geomoren („Bauern") und Demiurgen („Handwerker") eine ständische Gliederung innerhalb der Phylen angenommen. C. Roebuck, Hesperia 43 (1974) 485 ff., hält ebenfalls eine ältere Einteilung in „erbliche Klassen oder Kasten" für möglich. Genuine Tradition liegt hierzu jedoch nicht vor. Die angebliche „ständische" Gliederung ist zweifellos ein Produkt späterer theoretisch-philosophischer Konstruktionen.

[83] Vgl. Roussel, Tribu et cité 196ff.

[84] F. Sokolowski, Lois sacrées des cités grecques, Supplém., Paris 1962, Nr. 10 A.

die Phylobasileis der vier alten vorkleisthenischen Phylen noch in klassischer Zeit einen Fond für die Kosten verwalteten, die bei der Feier der sog. Synoikia entstanden, die gleichsam als Gründungsfest der Polis Athen galten. Die Synoikia sind zwar wahrscheinlich im 5. Jahrhundert weiter ausgestaltet worden, doch besteht kein Zweifel, daß die Mitwirkung der Phylen bei diesem Fest auf ältere Kulttraditionen aus archaischer Zeit zurückgeht. Vor allem aufgrund ihrer kultischen Funktionen blieben die altattischen Phylen der Geleontes, Hopletes, Aigikoreis und Argadeis auch nach der Konstituierung der zehn neuen kleisthenischen Phylen weiterhin bestehen.

Große Bedeutung hatten die Phylen insonderheit für die Wehrorganisation. In Sparta bildeten sie bereits im 7. Jahrhundert die Grundlage der Heeresordnung.[85] Da die älteren, nicht mehr wehrfähigen bzw. nicht mehr zum Wehrdienst verpflichteten Spartiaten weiterhin Mitglieder ihrer Phylen blieben, waren diese Verbände freilich keine rein militärischen Einheiten. Phylensystem und Schlachtordnung sind daher nicht einfach gleichzusetzen. Die Phylen bildeten in Sparta vielmehr den organisatorischen Rahmen der Aufgebotsordnung und der taktischen Gliederung des Heeres im Kampf. In Athen läßt die Binnengliederung der altattischen Phylen vermuten, daß dieses System auch hier in einem engen Zusammenhang mit der Heeresordnung stand. Die Nachrichten über die interne Organisation basieren allerdings auf später Tradition, so daß bei ihrer Auswertung Vorsicht geboten ist. Als gesichert kann zunächst gelten, daß jede der vier Phylen in drei Trittyes (Sing.: Trittys, „Drittel") unterteilt war. Der schon erwähnte Opferkalender[86] bezeugt sogenannte Leukotainioi als Trittys der alten Phyle der Geleontes. Sie repräsentierten keinen bestimmten Bezirk Attikas, sondern bildeten einen Personenverband. Das System der altattischen Phylen deckte sich somit nicht mit dem Siedlungsbild in Attika, sondern überschnitt und durchkreuzte lokale Siedlungsgrenzen. Nach den Angaben der Überlieferung scheint diese Organisation mit seiner Unterteilung in Phylen und Trittyen zwar auf einem rationalen Gliederungsprinzip zu basieren. Das Schema kann indes kaum die ursprüngliche Form der Einteilung des athenischen Wehrverbandes gewesen sein. Die ältere Stufe entsprach eher den „homerischen" φῦλα, d.h. Gruppen von Kriegern, die innerhalb ihrer Vereinigungen durch Nachbarschafts-, Verwandtschafts- und Gefolgschaftsverhältnisse verbunden waren. Im Laufe der Zeit wird sich dieses Beziehungsgeflecht freilich ähnlich wie bei der Verzweigung der Phratrien vor allem durch die Binnenkolonisation, aber auch durch sonstige Binnenwanderungen in Attika erheblich verändert haben. Andererseits blieb ebenso wie bei den Phratrien die Zugehörigkeit zu den für das Aufgebot relevanten Personen-

---

[85] Vgl. Tyrtaios Frgm. 10,16 Gentili-Prato (oben Anm. 81).
[86] Vgl. Anm. 84.

gruppen der älteren Phyla offenbar erblich. Wahrscheinlich haben diese Vereinigungen im Zuge der Bevölkerungszunahme und im Zusammenhang mit der Übernahme der Phalanxtaktik und den hieraus resultierenden neuen organisatorischen Aufgaben bei der Erfassung und Gliederung der Wehrfähigen wohl mehr und mehr den Charakter der formellen Verbände der archaischen Phylen (φυλαί) gewonnen, die schließlich weiter in Trittyen unterteilt wurden. Die Gliederung der Phylen in Trittyen ist sicherlich sekundär.

Zweifelhaft sind die späten Nachrichten über eine Aufteilung der vorkleisthenischen Trittyen in insgesamt 360 Géne, die jeweils aus 30 Wehrfähigen bestanden haben sollen.[87] Es handelt sich vornehmlich um lexikographische Notizen. Ihre Verfasser berufen sich zwar auf die aristotelische Athenaion Politeia, doch bleibt es offen, wie in den nicht erhaltenen (einleitenden) Passagen dieser Schrift das System dieser Géne dargestellt wurde. In dem überlieferten Teil der Athenaion Politeia wird lediglich erwähnt (8,3), daß die Phylen in Trittyen unterteilt waren. Unklar bleibt auch die präzise Bedeutung des Genosbegriffs in den lexikographischen Angaben. Die Zahl von 360 Géne (30 in jeder Trittys) mit genau 10800 Personen ist offensichtlich das Produkt einer theoretischen Schematisierung, die sich schon durch die Gleichsetzung von Trittyen und Phratrien diskreditiert und nicht als Grundlage für eine Rekonstruktion der älteren Aufgebotsordnung gelten kann.[88]

c) Naukrarien

Ein weiterer Bestandteil der archaischen Wehrordnung Athens waren die 48 Naukrarien (ναυκραρίαι). Die Bezeichnung dieser Verbände und ihrer Vorsteher – der sog. ναύκραροι („Schiffsherrn") – deutet an, daß es sich primär um eine Organisationsform zur Ausrüstung von Schiffen handelte. Die Naukrarien hatten jedoch auch weitergehende Aufgaben. In der Über-

---

[87] Aristot. Ath. Pol. Frgm. 5 Diehl (Lexicon Patm. s. v. Gennetai, in: K. Latte – H. Erbse, Lexica Graeca Minora, p. 162); vgl. Harpokration 48,4 s. v. Gennetai; Suda γ 147 s. v. Gennetai.

[88] J. H. Oliver, From Gennetai to Curiales, Hesperia 49 (1980) 30–56, interpretiert demgegenüber die Aristot. Ath. Pol. Frgm. 5 genannten Géne als Einheiten einer vorkleisthenischen Aufgebotsordnung. Er beruft sich auf Aelius Aristides (313 f. Dindorf), der im 2. Jahrhundert n. Chr. die spartanische Polisordnung auf göttlichen Ursprung zurückführte und hiermit die athenische Einteilung in Phylen und Géne verglich. Offenbar wollte Aelius Aristides betonen, daß die athenische Ordnung ebenso ehrwürdig sei wie der vielgerühmte spartanische Kosmos. Er verweist dazu auf die kultischen Funktionen der Phylen und Géne. Die Nachricht bei Aristot. a. a. O. läßt sich hiermit nicht stützen. Zum Problem der sog. Gennetai vgl. Bourriot, Genos I 595 ff.

lieferung werden sie mit dem Phylensystem verbunden. Nach der aristotelischen Athenaion Politeia (8,3) bestand jede der vier vorkleisthenischen Phylen aus 12 Naukrarien. Der Lexikograph Pollux (2. Jahrhundert n. Chr.) behauptet darüber hinaus, daß jede Trittys in vier Naukrarien unterteilt war (VIII 108). Offensichtlich hat Pollux aber aus der Angabe der Athenaion Politeia bzw. aus diesbezüglichen atthidographischen Nachrichten falsche Schlüsse gezogen oder die ihm vorliegenden Zahlenangaben über Phylen, Trittyen und Naukrarien unzutreffend kombiniert.[89] Daß die Naukrarien nicht in die Organisation der Trittyen einbezogen waren, scheint ein Hinweis auf die lokale Basis der einzigen namentlich bekannten Naukrarie zu bestätigen, die nach dem Vorgebirge Kolias südöstlich von Phaleron benannt wurde.[90] Demgegenüber sind örtliche Zentren der Trittyen nicht erkennbar. Andererseits waren die Naukrarien ebenso wie die Trittyen als Unterabteilungen der Polisgemeinschaft Personenverbände.[91] Die Zugehörigkeitskriterien sind allerdings nicht eindeutig. Da in der archaischen Polis generell bereits das Prinzip des Ämterwechsels galt, ist aber anzunehmen, daß innerhalb einer Naukrarie „regimentsfähige" Athener – d. h. in erster Linie größere Grundbesitzer – alternierend die Leitung des Verbandes innehatten und die jeweils amtierenden 48 Naukraroi[92] wiederum aus ihren Reihen einen geschäftsführenden Ausschuß – die sog. Prytanen der Naukraroi – konstituierten.[93]

Die Nachrichten über die Aufgaben der Naukrarien stammen im wesentlichen aus atthidographischer Tradition. Hiernach soll jede Naukrarie verpflichtet gewesen sein, ein Schiff auszurüsten sowie zwei Reiter zu stellen.[94] Die Schiffe waren in vorsolonischer Zeit schwerlich Eigentum der Polisgemeinschaft. Auch Solon hat in dieser Hinsicht wohl kaum neue Regelungen getroffen. Athen war um 600 noch eine ausgesprochene Agrarpolis. Ihrer Führungsschicht waren die strategischen Einsatzmöglichkeiten einer Flotte

---

[89] Vgl. Hignett, Athenian Constitution 72 f.

[90] Photios 196, 15 P. s. v. Kolias; Bekker, Anecd. Gr. 275,20. Vgl. Harpokration 118,11; Suda κ 1639.

[91] Vgl. Roussel, Tribu et cité 202.

[92] Unklar bleibt freilich ein von Photios 288,5 P. s. v. Naukraria zitiertes solonisches Gesetz (Ruschenbusch, Solonos Nomoi F 80), wonach die Naukraroi angewiesen wurden, in bezug auf die Naukrarien irgendetwas zu regeln. An der Spitze einer Naukrarie stand jedenfalls nach Pollux VIII 108 und Hesych v 118 Latte s. v. Nauklaroi (sic!) jeweils nur *ein* Naukraros.

[93] Die Prytanen der Naukraroi sind nur bei Herodot V 71,2 erwähnt.

[94] Pollux VIII 108; vgl. Bekker, Anecd. Gr. 283,20. Die Nachricht über die Reiter der Naukrarien bezweifeln u. a. Busolt-Swoboda II 824, Anm. 1, und V. Gabrielson, The Naukrariai and the Athenian Navy, ClMed 36 (1985) 44 ff. Vgl. aber jetzt Bugh, Horsemen 4 ff.

sowie die Vorstellung, den Warenaustausch über See durch eine „staatseigene" Marine zu schützen, zweifellos noch unbekannt. Das Interesse konzentrierte sich eher auf die Einsatzbereitschaft des Hoplitenaufgebotes, da nach Lage der Dinge vor allem feindliche Angriffe von der Megaris und von Boiotien aus eine wirkliche Bedrohung Attikas darstellen konnten.[95] Militärische Anstrengungen der Athener galten zwar um 600 der Gewinnung der Insel Salamis,[96] die offenbar im 7. Jahrhundert von Megarern okkupiert worden war. Die Nachrichten über den Verlauf der Kämpfe um Salamis lassen aber nicht darauf schließen, daß Athen damals eine nennenswerte Flotte besaß.[97] Auch die Entsendung eines Kolonistenzuges nach Sigeion in der Troas am Eingang zum Hellespont (Dardanellen) um 600 setzt nicht die Existenz einer athenischen Marine voraus. Das Unternehmen konnte von Prasiai oder von anderen Orten an der attischen Ostküste aus auch ohne Begleitschutz durch Kriegsschiffe durchgeführt werden.[98]

Aus verschiedenen Gründen ist somit zu vermuten, daß die Schiffe der Naukrarien ursprünglich von privaten Eigentümern gestellt[99] und vor allem zur Abwehr von Überfällen von der See her sowie zur Verfolgung von Piraten benötigt wurden. Wahrscheinlich sind die Naukrarien aus Vereinigungen zum Schutz der Küsten hervorgegangen. Mit der Selbstorganisation dieser Verbände ist vermutlich auch die Nachricht über die beiden Reiter jeder Naukrarie zu erklären. Diese Angabe kann sich nicht auf eine reguläre, operativ verwendbare Kavallerietruppe beziehen, da in jeder Naukrarie zweifellos mehr als zwei Angehörige der Oberschicht für den Reiterdienst qualifiziert waren. Offenbar geht jene Einrichtung auf ein älteres Alarmsystem zurück, das noch vor dem Putschversuch Kylons in die Wehrordnung einbezogen wurde, so daß die Naukraroi bzw. ihre Prytanen in Notsituationen durch Meldereiter das Aufgebot der Polis zu alarmieren hatten.[100]

Um 600 oblagen den Naukrarien und ihren Leitern neben der Stellung von

---

[95] Vgl. Chr. Haas, Athenian Naval Power before Themistocles, Historia 34 (1985) 41 ff.

[96] Dazu ausführlich Legon, Megara 101, 121 ff.

[97] Plutarch (Sol. 8–10) hatte für seine Darstellung der Aktivitäten Solons zur Rückgewinnung von Salamis offensichtlich keine Nachrichten über ein reguläres athenisches Flottenaufgebot vorliegen.

[98] Vgl. Haas, a. a. O. 43 (oben Anm. 95).

[99] Vgl. M. Amit, Athens and the Sea. A Study in Athenian Sea-Power, Brüssel 1965, 105 f.; V. Gabrielson, ClMed 36 (1985) 50 (oben Anm. 94). – Nach Herodot VIII 17 vermochte noch im Jahre 480 der Athener Kleinias aus eigenen Mitteln eine Triere für den Kampf gegen die Perser zu stellen.

[100] Vgl. Th. Figueira, Xanthippos, Father of Perikles, and the Prutaneis of the Naukraroi, Historia 35 (1986) 273; Bugh, Horsemen 4 ff.

Schiffen weitere öffentliche Aufgaben, auf die ein solonisches Gesetz Bezug nimmt.[101] Hieraus geht hervor, daß die Naukraroi gewisse fiskalische Funktionen ausübten und eine Art „Kasse" hatten. Offenbar handelte es sich um Umlagen, die von den Naukraroi erhoben wurden. Der Verfasser der aristotelischen Athenaion Politeia (8,3) bezeichnete die Beiträge als Eisphora, d. h. er verglich sie mit den im späten 5. und im 4. Jahrhundert in finanziellen Notlagen der Polis erhobenen außerordentlichen Vermögenssteuern. Es ist indes unwahrscheinlich, daß in der Zeit Solons in Athen schon Münzen geprägt wurden.[102] Offenbar ließen die Naukraroi ungemünztes Silber einsammeln, wenn aus besonderem Anlaß Schiffe bemannt werden mußten. Die Höhe der Beiträge kann in solchen Fällen nur nach Gewichtseinheiten festgesetzt worden sein.[103] Im 4. Jahrhundert wurden die in archaischer Zeit in einer Naukrarie zusammengefaßten (relativ wohlhabenden) Athener mit einer sog. Symmorie verglichen, d. h. als steuerpflichtige Gruppe zur Erhebung der Eisphora gedeutet.[104] Die uns vorliegende atthidographische Tradition verwendet zur Erklärung der Naukrarien und ihrer Funktionen somit festumrissene Begriffe der klassischen Zeit, die aber nicht einfach auf die archaischen Verhältnisse übertragen werden können. Dies schließt indes nicht aus, daß solche Vergleiche mit der Eisphora und den Symmorien noch gewisse Reminiszenzen an das Organisationsprinzip der im 5. Jahrhundert obsolet gewordenen Naukrarien enthalten. Jedenfalls haben diese Vereinigungen wohl kaum kontinuierlich bestimmte Abgaben erhoben. Wahrscheinlich übertrug die Polisgemeinschaft, die keine eigenen Mittel zur Finanzierung einer „staatlichen" Marine besaß, den Naukraroi und ihren Vorstehern im Bedarfsfall die Aufgabe, verfügbare und geeignete Fahrzeuge privater Eigentümer als Kampfschiffe auszurüsten und zu bemannen. Ähnlich wie die Phylen und Phratrien übernahmen die Vereinigungen der Naukrarien somit öffentliche Aufgaben. Hieraus entwickelten sich wiederum Ansätze einer rudimentären „Verwaltung", wie die bereits erwähnte Verzahnung von Funktionen der Naukraroi und Kolakretai zeigt, die als Polisbeamte „Silber der Naukraroi" für bestimmte Aufwendungen erhielten.[105] Die Naukrarien waren allerdings im Unterschied zu den Phylen und Phra-

[101] Ruschenbusch, Solonos Nomoi F 79.
[102] Der Beginn der athenischen Münzprägung (sog. Wappenmünzen) wird in der neueren numismatischen Forschung überwiegend in die nachsolonische Zeit datiert.
[103] Rhodes, Commentary 152f.
[104] Kleidemos FgrHist 323 F 8; Photios 288,5 P. s. v. Naukraria.
[105] Androtion FgrHist 324 F 36. J.-Chr. Billigmeier – A. Sutherland Dusing, The Origin and Function of the Naukraroi at Athens: An Etymological and Historical Explanation, TAPA 111 (1981) 11–16, behaupten ohne überzeugende Argumente, daß die Naukraroi bereits in mykenischer Zeit als Tempelvorsteher fiskalische Funktionen ausgeübt hätten.

trien keine schichtenübergreifenden Vereinigungen, sondern bestanden
– wie gesagt – wohl vor allem aus Angehörigen der Oberschicht. Gleichwohl
bildeten sie als Personenverbände integrale und multifunktionale Teile der
größeren Gemeinschaft des Polisverbandes.

7. Athen im Bezugsfeld griechischer Staatenbildung

Die Entwicklung der Polisorganisation in Athen ist einzuordnen in einen
größeren gemeingriechischen Rahmen, in den Prozeß der Entstehung staatlicher Strukturen in den hellenischen Siedlungsgebieten, in denen die Ausübung von personengebundener Autorität und Macht mehr und mehr durch
institutionelle Ordnungsstrukturen mit normativen Regelungen für die
Funktionen der öffentlichen Organe überwunden wurde. Dieser Prozeß
vollzog sich in einem Großraum, der nicht durch äußere Mächte bedroht
wurde und gekennzeichnet war durch ein dichtes Netz von eigenständigen
Gemeinschaften mit gemeinsamen religiösen Vorstellungen, mit einem im
ganzen ähnlichen gesellschaftlichen Aufbau und mit gleicher Sprache, wenn
auch Dialektunterschiede bestanden. Vor allem innerhalb der Oberschicht
gab es zahlreiche Kontakte durch Gastfreundschaften und „polisübergreifende Ehen". Hinzu kamen der allgemein steigende Güteraustausch und die
wachsende Bedeutung der Heiligtümer in Delos, Olympia und Delphi,[106]
wo insonderheit bei den periodischen Festen Hellenen aus vielen Teilen des
griechischen Siedlungsraumes zusammentrafen und hierbei auch Erfahrungen austauschen konnten, aus denen wiederum neue Antriebskräfte für
die Inangriffnahme von Innovationen in den einzelnen Gemeinschaften der
nunmehr sich rasch wandelnden Welt des Hellenentums erwachsen konnten.
Zu beachten ist in diesem Zusammenhang des weiteren die Entstehung zahlreicher neuer Siedlungsgemeinschaften im Verlauf der um 750 v. Chr. beginnenden Großen Kolonisation der Griechen in Unteritalien, Sizilien, Nordafrika (Kyrenaika) und an anderen Küsten des Mittelmeeres sowie im
Schwarzmeergebiet. Immer wieder hatten sog. Oikisten („Gründer") in
fremder Umgebung die Organisationsformen für neu sich konstituierende
Gemeinwesen zu schaffen.

Die Entstehung neuer Organe des Gemeinschaftslebens in vielen Teilen
Griechenlands war kein gelenkter Prozeß, ist aber ohne ein weitgespanntes
Kommunikationsnetz nicht denkbar. Sichtbarer Ausdruck der Kommunikation im kultisch-religiösen Bereich war der Bau einer Reihe von größeren
Tempeln um und nach 700 v. Chr.[107] In diesen Werken stellt sich die Polis als

---

[106] Zur Rolle des Orakels von Delphi vgl. Meier, Entstehung des Politischen 73 ff.
[107] J. N. Coldstream, Greek Temples: Why and Where, in: P. E. Easterling – J. V.

Kultgemeinschaft dar, in die auch die breite Masse des Demos integriert ist. Die Tempel sind Zeichen eines Zusammengehörigkeitsgefühls der Personenverbände, die diese Bauten errichteten und im Kult der Götter und Heroen ein verbindendes Element für alle Schichten ihrer Gemeinschaft besaßen, sich hierdurch freilich als Sozialkörper auch von anderen Gemeinwesen im näheren und weiteren Umkreis stärker abgrenzten. Die „poliserhaltenden Götter" sind bereits in den homerischen Epen die Beschützer der Siedlungen, und am Grab des als Heros verehrten mythischen Stadtgründers finden in der Stunde höchster Gefahr gemeinsame Beratungen statt, weil hier der Heros präsent ist und für die durch ihn konstituierte Gemeinschaft wirken kann (Il. X 415).[108]

Burg- und Polisgöttin schlechthin ist Athena. Sie wird in Athen gleichsam die göttliche Repräsentantin der Polisgemeinschaft. Eng mit ihr verbunden ist hier der alte athenische Gründerkönig Erechtheus, den die Göttin in ihrem Tempel auf der Akropolis aufgezogen haben soll (Il. II 547f.; Od. 7,81). Allem Anschein nach geht der Athenakult auf dem Burgberg bis in die mykenische Palastzeit zurück. Ein bedeutender athenischer Heros wurde des weiteren Akademos, dessen Verehrung sich bis ins 10. Jahrhundert zurückverfolgen läßt.[109] Darüber hinaus ist in Attika ebenso wie in anderen Gebieten seit der zweiten Hälfte des 8. Jahrhunderts die Entstehung neuer Kulte an älteren Gräbern nachweisbar. In Menidi in der attischen Mesogaia erhielt das dortige mykenische Kuppelgrab von spätgeometrischer Zeit bis ins 5. Jahrhundert zahlreiche Votivgaben. Im Dromos eines mykenischen Kammergrabes bei Aliki fand sich ein Deposit spätgeometrischer Vasen. Ein späthelladisches Kammergrab bei Thorikos enthielt Gefäße und Figurinen vom 7. bis 5. Jahrhundert. Mittelhelladische Gräber in Eleusis wurden im 8. Jahrhundert mit einer Einfriedung versehen. Sie galten offenbar als Ruhestätten der „Sieben gegen Theben."[110] Wiederentdeckte alte Gräber, die man zeitlich gar nicht mehr einordnen konnte, wurden nunmehr Bindeglieder zwischen Gegenwart und Vergangenheit. Die hier bestatteten und mit Heroen gleichgesetzten Toten figurierten als mythische Ahnen, die im Umkreis ihres Grabes noch Macht ausüben, ihre Nachfahren schützen und deren Anspruch auf Besitz des umliegenden Landes sichern. Allem An-

---

Muir (Hrsg.), Greek Religion and Society, Cambridge u.a. 1985 ([3]1987) 67–97; A. Snodgrass, Interaction by Design: The Greek City State, in: Renfrew – Cherry, Peer Polity Interaction 47–58. Zur Kultgemeinschaft der Polis vgl. jetzt Chr. Sourvinou-Inwood, What is Polis Religion?, in: Murray-Price, Greek City 295–322.

[108] Burkert, Griech. Religion 312ff.

[109] Hierzu und zum Folgenden J. N. Coldstream, Hero-Cults in the Age of Homer, JHS 96 (1976) 8–17; vgl. auch Hurwit, Early Greece 121.

[110] Mylonas, Eleusis 62f.

schein nach entstanden in Attika solche Stätten der Heroenverehrung unabhängig von den Kulten im Zentralort Athen.[111] Heroen wurden insofern an mehreren Plätzen Identifikationssymbole lokalen Traditionsbewußtseins, ohne daß hieraus ein Gegensatz zu jener größeren Wehrgemeinschaft abzuleiten wäre, die sowohl Athen als auch die attische Chora umfaßte.[112] Im übrigen war die Binnenkolonisation in Attika im 8. Jahrhundert keineswegs schon abgeschlossen. Sie wurde in der Folgezeit zweifellos fortgesetzt. Mit einem Bevölkerungsrückgang in Athen und Attika etwa seit 720/700 ist trotz der im Vergleich zur geometrischen Keramikphase geringeren Zahl von Fundplätzen mit protoattischen Gräbern und Keramikresten kaum zu rechnen.[113] Gegen eine Entsiedelung attischer Landgebiete im 7. Jahrhundert spricht insonderheit die Zunahme der Kulte auf Berggipfeln, die H. Lohmann wohl zu Recht mit einer „allmählichen Aneignung des Landes" erklärt.[114] Des weiteren sind die Ansätze zu einer institutionellen Entwicklung in Athen zu beachten, die schwer verständlich blieben, wenn hier und in der attischen Chora die Bevölkerungszahl deutlich zurückgegangen wäre. Attische Siedlungen lagen offenbar vielfach noch auf wertvollem Frucht-

[111] Vgl. Snodgrass, Archaic Greece 38–40. Dazu K. Tausend, Sagenbildung und Heroenkult, Gymnasium 97 (1990) 150 ff.
[112] J. Whitley, Early States and Hero Cults: A Re-Appraisal, JHS 108 (1988) 176 ff., vertritt demgegenüber die These, daß in Attika Heroenkulte von „Gemeinden" (communities) eingerichtet worden seien, die gegen einen wachsenden Einfluß des Zentralortes Athens opponiert hätten. Dies ist aber wenig wahrscheinlich. Die noch kleinen „Landgemeinden" waren bis dahin zweifellos keine völlig unabhängigen Siedlungsgemeinschaften.
[113] Das Material hierzu ist jetzt übersichtlich zusammengestellt von R. Osborne, A Crisis in Archaeological History? The Seventh Century B. C. in Attica, BSA 84 (1989) 297 ff., der mit Recht die These von J. Camp, A Drought in the Late Eighth Century B. C., Hesperia 48 (1979) 397–411, ablehnt, daß die Bevölkerungszahl Attikas im späten 8. Jahrhundert infolge einer längeren Dürre drastisch gesunken sei. Allerdings vermag auch Osbornes Vermutung, daß ein erheblicher Teil der Bevölkerung im 7. Jahrhundert von der Bestattung in archäologisch erkennbaren Gräbern ausgeschlossen worden sei, kaum zu überzeugen. Osbornes Verweis auf eine angebliche Parallele in der Entwicklung der Vasenmalerei (S. 319: "... more and more bands of decoration" im 8. Jh., aber "restricted meaningless decoration" im 7. Jh.) ist verblüffend, bietet jedoch keine plausible Erklärung. Ähnliche Thesen vertritt Morris, Burial 85 ff., 216, der vermutet, daß im 7. Jahrhundert nur sog. agathoi auf regulären Friedhöfen beigesetzt worden seien. Er zieht aus dieser unbewiesenen Annahme den erstaunlichen Schluß, daß man um 700 in Athen die „Polisidee" schon wieder in Frage gestellt habe.
[114] Lohmann, Atene 209. – Vgl. auch die folgenden Spezialuntersuchungen: Langdon, Hymettos; H. Lauter, Der Kultplatz auf dem Turkovuni, AM Beiheft 12, Berlin 1985.

land, so daß ihre Reste vermutlich durch spätere Agrikultur weitgehend beseitigt worden sind. Sicherlich sind auch zahlreiche Grabhügel des 7. Jahrhunderts in späterer Zeit durch Kultivierungsarbeiten zerstört worden und dementsprechend archäologisch nicht mehr nachweisbar.[115]

Während in Attika zweifellos noch Siedlungsland zur Verfügung stand, waren die Anbauflächen in Griechenland generell begrenzt. In den Konflikten zwischen eigenständigen hellenischen Siedlungs- und Wehrgemeinschaften ging es häufig um den Besitz dringend benötigten Nutzlandes, im Extremfall um die Behauptung der Unabhängigkeit oder um die Existenz eines Gemeinwesens. In den Epen bilden die Bewohner einer bedrohten Siedlung eine Schicksalsgemeinschaft, deren Schutz für alle Wehrfähigen höchstes Gebot ist (Il. XII 243; XVIII 509ff.).[116] Der Aufruf zum Kampf richtet sich zwar (thematisch bedingt) vornehmlich an die großen Helden, doch wird andererseits eine größere Zahl von Fußtruppen als „Stütze des Gefechtes" bezeichnet (Il. IV 298f.). Im 7. Jahrhundert appellieren die Dichter Kallinos und Tyrtaios in Ephesos und Sparta ausdrücklich an die Gruppensolidarität der Krieger, die für die Polis kämpfen.[117]

Bereits in den Epen agieren Krieger in dichten Formationen, wenn sie auch noch keine typische Hoplitenphalanx bilden. Etwa seit 700 v. Chr. ermöglichte dann die Erfindung des sog. Hoplitenrundschildes mit zwei Halterungen (d.h. mit einer Armschlaufe in der Mitte der Innenseite und mit einem Griff am Rand für die linke Hand) neue taktische Manöver, da die einzelnen Kombattanten jetzt dichter zum Nebenmann aufschließen konnten.[118] Diese Neuerung führte allerdings nicht automatisch zu einer völlig geschlossenen und tief gestaffelten Aufstellung. Vielmehr ist mit einer längeren Zeit des Experimentierens mit dieser Taktik zu rechnen, deren Anwendung von jedem einzelnen Krieger ein erhebliches Maß an Disziplin verlangte, wenn der Zusammenhalt der Schlachtreihe gewahrt werden sollte.

[115] Auf diesen Aspekt hat mich H. Lohmann gesprächsweise hingewiesen.

[116] Vgl. jetzt W. Metz, Hektor als der homerischste aller homerischen Helden, Gymnasium 97 (1990) 390f.

[117] Vgl. Latacz, Kampfparänese 229ff., 237ff.; R. Leimbach, Kallinos und die Polis, Hermes 106 (1978) 265–279.

[118] Latacz, Kampfparänese 237f. Die Erfindung des Doppelgriffs bewirkte zweifellos nicht ohne weiteres eine stärkere Disziplin der Kombattanten. Gleichwohl ergaben sich hieraus neue Möglichkeiten des Massenkampfes, die im Laufe des 7. Jahrhunderts genutzt wurden, wie die berühmte Phalanxdarstellung eines korinthischen Malers auf der sog. Chigi-Vase (um 650 v. Chr.) zeigt. Zum Problem der „Hopliten-Reform" s. jetzt auch W. K. Pritchett, The Greek State at War, IV, Berkeley 1985, 44; Morris, Burial 196. Die Bedeutung der Übernahme der Hoplitenbewaffnung wird m. E. unterschätzt von Manville, Citizenship 86. Vgl. demgegenüber Chr. Meier, Die Rolle des Krieges im klassischen Athen, HZ 251 (1990) 576f.

Zudem war die Ausrüstung größerer Aufgebote mit der vollen Hoplitenrüstung (Panhoplie) wegen der damit verbundenen Kosten für die einzelnen Wehrfähigen[119] und der wohl noch begrenzten Kapazitäten des Schmiedehandwerks kurzfristig kaum möglich. Die neue Taktik entsprach aber zweifellos den Interessen einer breiteren Schicht von Landbesitzern. Im Kriegsfall konnte hierdurch das Territorium einer Gemeinschaft sehr viel wirksamer geschützt werden. Hinzu kam, daß Bauern-Hopliten als Phalangiten prinzipiell die gleichen Funktionen wie die Aristokraten hatten, die sich ebenfalls in Reih und Glied einordnen mußten. Landbesitzer, die nicht zur Oberschicht zählten, gewannen dementsprechend durch den Besitz der Panhoplie ein höheres Sozialprestige, so daß auch aus diesem Grund mehr und mehr Bauern bereit waren, die teure Rüstung oder zumindest die wichtigsten Teile der Panhoplie zu erwerben, um als Phalangiten zu gelten. Daß hiermit öffentliches Ansehen verbunden war, zeigen die zahlreichen Weihungen von Hoplitenwaffen in Olympia und Delphi nach 700 v. Chr. Die Panhoplie wurde dort in panhellenischen Heiligtümern einer breiteren Öffentlichkeit als Statussymbol ihrer Besitzer präsentiert.

Durch die militärtechnische Entwicklung geriet Athen ebenso wie andere griechische Gemeinwesen unter Zugzwang, indem es sich auf die Phalanxtaktik einstellen mußte. Infolgedessen wurde auch ein Mindestmaß gemeinsamen Trainings erforderlich, damit die Kombattanten im Ernstfall ihre Aufgaben in der geschlossenen Formation erfüllen konnten. Das Problem der Mobilisierung der Hopliten wurde in Athen offenbar durch ein Zusammenwirken des schon erwähnten Meldesystems der Naukrarien und der zentralen Instanz des Polemarchos gelöst, der nach der Sammlung der Wehrfähigen die Führung des Aufgebotes übernahm. Da in Athen bereits institutionalisierte Magistraturen existierten, blieb jedenfalls die Mobilisierung der Krieger nicht mehr – wie in älterer Zeit – größeren Oikosbesitzern überlassen, so daß neue organisatorische Strukturen der Aufgebotsordnung entstanden. Ähnliche Aufgaben stellten sich in zahlreichen anderen Poleis. So hat insgesamt gesehen die staatliche Entwicklung in Griechenland zweifellos auch durch den Einfluß der Waffentechnik weitere Impulse erhalten. Allerdings lassen sich die innenpolitischen Folgen der wachsenden militärischen Bedeutung der Bauern-Hopliten kaum auf eine allgemeine Formel bringen. Ein einheitliches Grundmuster von Rückkoppelungseffekten im politischen Bereich konnte durch die Einführung der Phalanxtaktik in den zahlreichen griechischen Gemeinwesen schon infolge der unterschiedlichen Machtverhältnisse und institutionellen Rahmenbedingungen nicht entstehen. In Sparta besaß der Damos (Demos) wahrscheinlich schon vor der

---

[119] Um 500 v. Chr. entsprach eine Hoplitenrüstung etwa dem Wert von 30 Drachmen; vgl. IG I^3 1 = Meiggs – Lewis Nr. 14.

Einführung der Phalanxtaktik Entscheidungsrechte.[120] Demgegenüber wurde in Argos eine ältere Form der Monarchie offenbar erst gegen Ende des 7. Jahrhunderts durch eine Art Wahlkönigtum (mit erheblich eingeschränkten Befugnissen) abgelöst, während in verschiedenen anderen Poleis die Rivalitäten innerhalb der Oberschicht sich verschärften, aber auch durch Bevölkerungsdruck und das sich verstärkende soziale Gefälle neue Spannungsfelder entstanden, die den Aufstieg von Machthabern neuen Typs – Usurpatoren und Tyrannen – begünstigten. Gleichwohl ergaben sich seit dem Aufkommen der Phalanxtaktik in vielen Gemeinschaften im Grunde die gleichen Probleme. Es mußten Mittel und Wege gefunden werden, die der militärisch unentbehrlich gewordenen Hoplitenschicht eine Existenzgrundlage sicherte. Unter diesem Aspekt wurde die Phalanxtaktik ein wichtiger Faktor im Formierungsprozeß griechischer Gemeinwesen. Allerdings ist nicht erkennbar, daß die Bauern-Hopliten sich eigene Organisationsformen zur Durchsetzung größerer politischer Rechte schufen. Sie entwickelten offensichtlich nicht von sich aus neue programmatische Zielvorstellungen.

---

[120] Vgl. K.-W. Welwei, Die spartanische Phylenordnung im Spiegel der Großen Rhetra und des Tyrtaios, Gymnasium 86 (1979) 178–196, jetzt in: K. Christ (Hrsg.), Sparta, Wege der Forschung 622, Darmstadt 1986, 426–447.

III. WEGE ZUR KONSOLIDIERUNG DER POLIS

1. Die Verschwörung Kylons

Im Archontat des Alkmeoniden Megakles wurde Athen durch den Putschversuch Kylons erschüttert. Megakles' Amtszeit ist allerdings nicht exakt zu datieren.[1] In der Überlieferung wird lediglich deutlich, daß Kylon die Aktion nach seinem Olympiasieg (640 ?) während einer weiteren Feier der Olympischen Spiele vor der Kodifikation Drakons (621/20 ?) unternommen hat. Die Berichte bei Herodot (V 71), Thukydides (I 126) und Plutarch (Solon 12) stimmen darin überein, das Kylon und die begrenzte Schar seiner Genossen keine Unterstützung in der athenischen Bevölkerung fanden, die von den Polisbehörden eingeleiteten Maßnahmen zur Unterdrückung der Verschwörung in einem Blutbad endeten und das von den Putschisten in Anspruch genommene Asylrecht im Heiligtum der Athena Polias auf der Akropolis verletzt wurde. Unklar bleibt, ob Kylon mit seinem Bruder entkommen konnte (wie Thukydides berichtete) oder aber (nach Herodot) zusammen mit seinen Gefährten den Tod fand. Alle Berichte heben jedoch hervor, daß die Tötung der Anhänger Kylons später als sakraler Frevel und „Kylonfluch" des Alkmeonidenhauses galt. Der Putschversuch hat vor allem wegen der politischen Auswirkungen dieses Kylonfluchs das Interesse Herodots und des Thukydides sowie der von Plutarch übernommenen atthidographischen Tradition gefunden. Der „kylonische Frevel" diente nicht nur Ende des 7. Jahrhunderts als Vorwand zur Verbannung der Alkmeoniden, sondern wurde auch 508/07 in den Auseinandersetzungen zwischen dem Alkmeoniden Kleisthenes und seinem Gegner Isagoras hochgespielt und des weiteren 432/31 vor Ausbruch des Peloponnesischen Krieges von den Spartanern als Druckmittel benutzt, indem sie von den Athenern forderten, den „Fluch des Gottes" zu bannen, d. h. Perikles auszuweisen, der mütterlicherseits aus dem Alkmeonidenhause stammte. Infolge dieser Politisierung des kylonischen Frevels ist die Überlieferung mit äußerster Vorsicht zu werten.[2]

Unsere beiden ältesten Quellen – Herodot und Thukydides – erwähnen nicht, daß der Alkmeonide Megakles während der Verschwörung Kylons Ar-

---

[1] Zur Datierungsfrage vgl. Gomme, Commentary I 428–430, und zuletzt Develin, Athenian Officials 30, mit der neueren Literatur.

[2] Hierzu ausführlich M. Lang, Kylonian Conspiracy, CP 62 (1967) 243–249 (allerdings mit unbeweisbaren Hypothesen zur Entstehung der Überlieferung).

chon war, obwohl dies in perikleischer Zeit in Athen zweifellos bekannt war. Herodot (V 71,2) betont zwar die Schuld der Alkmeoniden am Tod der Anhänger Kylons,[3] behauptet aber, daß die Vorsteher (Prytanen) der Naukraroi damals die höchsten Polisbeamten waren.[4] Thukydides (I 126,8) sucht diese Nachricht Herodots offensichtlich zu korrigieren, indem er betont, daß in älterer Zeit die neun Archonten die Polis leiteten. Seine weitere Bemerkung, daß diese Polisbeamten alle Vollmachten zur Bekämpfung der Putschisten erhielten, kann als Versuch verstanden werden, die Alkmeoniden zu entlasten. Beiden Darstellungen liegen jedenfalls unterschiedliche Versionen zugrunde. Nach Thukydides soll Theagenes von Megara, Kylons Schwiegervater, den Putschisten Hilfstruppen zur Verfügung gestellt haben. Im Kurzbericht Herodots fehlt demgegenüber ein Hinweis auf megarische Hopliten im Gefolge Kylons. Möglicherweise zielte die von Thukydides übernommene Variante darauf ab, die Exekution der Verschwörer mit einer

[3] Jacoby, Atthis 187 f., hat zu zeigen versucht, daß man nach Auffassung Herodots V 70,2 und 71,2 in Athen den Alkmeoniden die Schuld an der Ermordung der Kyloneier zugeschoben habe. Diese Interpretation der genannten Textstelle ist von H.-F. Bornitz, Herodot-Studien, Berlin 1967, 139 ff. (insonderheit 163) überzeugend zurückgewiesen worden. Siehe jetzt auch R. Develin, Herodotos and the Alkmeonids, in: Eadie – Ober, Ancient Historian 129. Zum Problem der „Befleckung" durch Blutschuld vgl. R. Parker, Miasma: Pollution and Purification in Early Greek Religion, Oxford 1983, 104–130; R. Garner, Law and Society in Classical Athens, London – Sidney 1987, 35 f.

[4] S. D. Lambert, Herodotos, the Cylonian Conspiracy and the Prytaneis tōn Naukrarōn, Historia 35 (1986) 105–112, bezieht diese Angabe Herodots nur auf die Tage der Verschwörung, die nach Thukydides während einer Feier der Olympischen Spiele stattgefunden haben soll. Lambert vermutet, daß die Archonten zu diesem Zeitpunkt in Olympia waren. Mehrere Widersprüche bleiben aber ungeklärt. Nach Herodot sollen die Verschwörer überwältigt worden sein, bevor sie auf die Akropolis gelangen konnten, während Thukydides von einer längeren Belagerung unter der Leitung der Archonten berichtet. Problematisch ist auch die Angabe des Thukydides, daß Kylon sich durch das Delphische Orakel täuschen ließ, das ihm geraten haben soll, den Putsch während des „höchsten Zeusfestes" durchzuführen, was Kylon auf die Feier in Olympia bezogen habe, während das athenische Fest des Zeus Meilichios gemeint sei. Ob Kylon überhaupt das Orakel befragt hat, bleibt eine offene Frage. – F. R. Wüst, Historia 6 (1957) 177 ff., sucht aufgrund der Angaben bei Harpokration und in der Suda s. v. ναυκραρικά die Prytanen der Naukraroi mit den Archonten zu identifizieren. Bei Harpokration und in der Suda, die sich auf Hdt. V 71,2 berufen, liegt jedoch ein Mißverständnis vor. Herodot behauptet nicht, daß jene Prytanen als Archonten fungierten. – B. Jordan, Herodotos 5.71.2 and the Naukraroi of Athens, CSCA 3 (1970) 153–175, bezieht die Angabe Herodots auf die Aufgabe der Naukraroi, Abgaben zu erheben, geht aber davon aus, daß der betr. Text in den wichtigsten Handschriften falsch überliefert ist. Vgl. demgegenüber Rhodes, Commentary 152.

existentiellen Bedrohung Athens durch eine feindliche Besatzung auf der Akropolis zu rechtfertigen. Es ist nicht auszuschließen, daß diese Version erst während des athenisch-megarischen Konflikts vor Ausbruch des Peloponnesischen Krieges entstanden ist. Im übrigen wird in der Darstellung des Thukydides nicht deutlich, wie es Kylon gelingen konnte, eine megarische Hoplitentruppe, die der Historiker in seinem weiteren Bericht gar nicht mehr erwähnt, unbemerkt nach Athen einzuschleusen.

Einige weitere, offenbar erst in der atthidographischen Überlieferung des 4. Jahrhunderts hinzugefügte Einzelheiten zur Entlastung der Alkmeoniden bietet Plutarch, der außerdem eine noch jüngere Quelle benutzt und Konflikte der vorsolonischen Krise in die Zeit Kylons zurückprojiziert hat, indem er die Situation nach der Unterdrückung der Verschwörung als Spaltung des „Volkes" (Demos) in zwei „Parteien" (Staseis) darstellt. Er „berichtet" in diesem Zusammenhang ausführlich über die Verbannung der Alkmeoniden nach der Kodifikation Drakons im ausgehenden 7. Jahrhundert. Nach seiner Version sollen Solon und die „vornehmsten Athener" die „Verfluchten" (d. h. die Alkmeoniden) bewogen haben, sich einem von Myron von Phlya geleiteten Adelsgericht zu stellen, das dann die Schuldigen verurteilt habe. Wahrscheinlich stützt sich Plutarch auf den Grammatiker Hermippos von Smyrna, der im 3. Jahrhundert v. Chr. durch eigene Kombinationen die atthidographische Überlieferung verfälscht hat. Aufschlüsse über Parteiungen in der Zeit der Verschwörung Kylons lassen sich hieraus nicht gewinnen.[5] Weder Herodot noch Thukydides erwähnen, daß Kylon irgendein Programm verfolgte oder Exponent einer bestimmten lokal oder regional begrenzten Stasis war.[6] Offensichtlich lagen beiden Autoren hierüber keine Informationen aus älterer Zeit vor. Kylon hat außerhalb seiner Verschwörergruppe weder im Adel noch im Demos Unterstützung gefunden. Seine Helfer waren Altersgenossen, die sich zu einer Hetairie zusammengeschlossen hatten. Sie stammten zwar aus der Oberschicht, trafen aber auf geschlossenen Widerstand in der Polis.

Möglicherweise wurde Kylon durch den Erfolg seines Schwiegervaters

[5] G. Forrest, The First Sacred War, BCH 80 (1956) 39ff., nimmt an, daß Kylons Putsch soziale Reformen der Alkmeoniden verhindern sollte und das Delphische Orakel damals unter dem Einfluß des Tyrannen Theagenes von Megara stand. Dies sind freilich bloße Hypothesen. Weitere Vermutungen über Adelsfaktionen äußert A. French, Solon and the Megarian Question, JHS 77 (1957) 238ff.; ders., The Party of Peisistratos, G&R 38, N. S. 6 (1959) 46–57; ders., Athenian Economy 16. French neigt dazu, Gruppierungen um 560 v. Chr. ins 7. Jahrhundert zurückzuprojizieren.

[6] „Regionalismus" als Hintergrund der Spannungen vermutet R. Sealey, Regionalism in Archaic Athens, Historia 9 (1960) 155–188 = ders., Essays 9–38 (vgl. dens., City States 99). Sealey will der Nachricht über die megarische Hilfstruppe Kylons entnehmen, daß der „Putschist" aus Westattika stammte.

Theagenes, der nach Mitte des 7. Jahrhunderts in Megara die Macht an sich gerissen hatte, zu der Aktion motiviert. In Megara hatten damals starke Spannungen zwischen der breiten Masse der Bauern und den führenden Kreisen bestanden. Ein ähnliches Konfliktpotential ist in Korinth vor der Usurpation des Kypselos und in Sikyon in der Zeit der Machtergreifung des Orthagoras anzunehmen (noch vor 650 v. Chr.).[7] Theagenes von Megara hatte es verstanden, die Landbevölkerung gegen die reicheren Grundbesitzer aufzuwiegeln, die sich offenbar die besten Weidegründe auf dem Gemeindeland angeeignet hatten,[8] so daß die Bauern sich in ihren alten Rechten beeinträchtigt sahen. Insgesamt gesehen führte die Agrarkrise in Korinth, Sikyon und Megara auch zu einer Krise der Adelsherrschaft in diesen Poleis und zu Machtkämpfen, in denen sich jeweils ein Usurpator gegen die bis dahin dominierenden Adelsgruppen durchzusetzen vermochte. Demgegenüber zeigt das Scheitern Kylons, daß die Situation in Athen in den dreißiger Jahren des 7. Jahrhunderts bzw. um 630 anders war. Kylon suchte einen Überraschungseffekt zu erzielen, ohne daß er vor seinem Coup versucht hatte, irgendwie Unzufriedenheit zu schüren oder soziales Konfliktpotential öffentlich zu thematisieren. Verschuldung und Schuldknechtschaft waren in Attika damals schwerlich weit verbreitet. Der einzelne Landwirt gewann seinen Status in der Gesellschaft und Wehrgemeinde durch seine Zugehörigkeit zu den Phratrien und Phylen und durch seine Eingliederung in die Aufgebotsordnung, und das von Hesiod angedeutete Prinzip der Nachbarschaftshilfe bewährte sich wohl auch noch weiterhin in Notzeiten. Die Grenzen zwischen Hopliten-Bauern und Parzellenbesitzern, die keine Möglichkeit hatten, sich eine schwere Rüstung zu beschaffen und in der Phalanx zu dienen, waren eher fließend, während völlig mittellose und entwurzelte Lohnarbeiter im 7. Jahrhundert in Attika kaum einen Unruhefaktor darstellten und eher eine Randgruppe bildeten, da die Schuldner und Schuldsklaven der Agrarkrise um und nach 600 nicht einer sozial deklassierten und ausgegrenzten älteren Schicht von Besitzlosen zuzuordnen sind, sondern ehemals selbständige kleine Landwirte waren. Insgesamt gesehen war die Sozialordnung in Athen und Attika offenbar ein durchaus funktionsfähiges System, als sie durch den Putschversuch Kylons vor eine Bewährungsprobe gestellt wurde.

Gegen Kylons Hetairie wurde keine Adelsgefolgschaft, sondern das Aufgebot der Athener oder zumindest ein Teil der Wehrfähigen der Polisgemein-

---

[7] Will, Korinthiaka 363 ff., vertritt demgegenüber einen Spätansatz der Herrschaft des Kypselos (etwa ab 620/615), doch vermag diese These nicht zu überzeugen. Vgl. Berve, Tyrannis II 520. Zur diesbezüglichen Forschungsdiskussion s. jetzt Gehrke, Herodot 33 ff.

[8] Aristot. Pol. 1305 a 24–26.

schaft mobilisiert. Die Belagerung der Verschwörer leiteten die zuständigen Polisbeamten. Letztlich bleibt aber unklar, ob nach dem Scheitern des Putsches der eponyme Archon Megakles tatsächlich die Hauptverantwortung für die Lynchjustiz an den Genossen Kylons trug. Möglicherweise hatten in einer typischen Massenaktion angestaute Aggressionen und gleichgerichtete Affekte und Handlungsbereitschaften der einzelnen Teilnehmer am Kampf gegen die Verschwörer, die in ihrer Bedrängnis zuletzt zum Altar oder zum Standbild der Athena geflüchtet waren, zu jenem scheußlichen Gemetzel geführt. Wer aber hätte unmittelbar nach dem Geschehen das Blutbad ahnden sollen, an dem eine ganze Reihe von Athenern beteiligt war? Allem Anschein nach wurden damals sogar die überlebenden Anhänger Kylons für vogelfrei (ἄτιμοι) erklärt, da das spätere Amnestiegesetz Solons nicht für Usurpatoren und deren Helfer galt (Plutarch, Solon 19,4). Als etwa eine Generation nach dem Putschversuch Kylons die Verletzung des Asylrechts politisch gegen die Alkmeoniden ins Spiel gebracht wurde, war Megakles bereits verstorben. Die „Blutschuld" diente einer temporären Interessengemeinschaft von Aristokraten als Vorwand, eine damals einflußreiche Adelsfamilie aus Athen und Attika zu verbannen. Ob Megakles in seinem Archontat als Repräsentant eines mächtigen Adelshauses besonderen Handlungsspielraum hatte, bleibt hingegen offen. Ein Teil des athenischen Aufgebotes hat zwar nach der Einschließung der Anhänger Kylons auf der Akropolis nicht mehr an der weiteren Belagerung teilgenommen. Dies besagt aber noch nicht, daß nur eine Gefolgschaft der Alkmeoniden den Kampf gegen die Verschwörer fortsetzte und die Bluttat verübte. Die Alkmeoniden waren nach dem Geschehen zweifellos nicht isoliert.

Ohne die Verwandtschaft des Hauptakteurs mit dem Tyrannen Theagenes von Megara wäre die Verschwörung wohl nicht möglich gewesen, wenn auch unklar bleibt, ob Kylon tatsächlich Hilfstruppen seines Schwiegervaters eingesetzt hat. Andererseits läßt sich das Geschehen nicht einfach in den Kontext der vorausgehenden Usurpationen in den Poleis am Isthmos einordnen. Kylon hat sich – wie gesagt – weder als Anwalt ärmerer Bevölkerungsschichten geriert noch ein spezifisches Konfliktpotential auszunutzen vermocht. Insofern unterscheidet sich sein Putschversuch auch von der späteren Besetzung der Akropolis durch die Anhänger des Peisistratos (ca. 561/560). Kylons Unternehmen war ein Hasardieren mit unzureichenden Mitteln und ist kein Indiz für vorausgehende Staseis in Form von gewaltsamen Auseinandersetzungen zwischen zwei oder mehreren Gruppierungen in Athen und Attika. Der bereits bestehende institutionelle Rahmen der athenischen Polisgemeinschaft wurde durch die Verschwörung nicht in Frage gestellt. Schon wenige Jahre später manifestiert sich in der Einführung des Gerichtszwanges im drakontischen Blutrecht eine neue Entwicklungsstufe im Prozeß der Staatswerdung Athens.

2. Die Gesetzgebung Drakons

Die athenische Überlieferung datiert die Gesetzgebung Drakons in das Amtsjahr des Aristaichmos,[9] das wahrscheinlich 621/20 v. Chr. anzusetzen ist. In annähernd originaler Form ist ein Fragment des drakontischen Blutrechts erhalten, dessen Text im Jahre 409/08 v. Chr. auf Beschluß der athenischen Volksversammlung neu publiziert wurde.[10] Drakons Gesetz intendierte die Einschränkung des geltenden Prinzips der Blutrache und sollte somit zweifellos eine Ausweitung unkontrollierter Racheakte unterbinden. Ein Zusammenhang zwischen der Fixierung des Blutrechts und den Nachwirkungen der Verschwörung Kylons ist nicht auszuschließen, da Verwandte der getöteten Anhänger Kylons vermutlich Rache zu nehmen suchten. Drakons Tätigkeit entsprach zweifellos den Bestrebungen der damals führenden Kreise in Athen, den inneren Frieden der Polis zu sichern. Offenbar hat Drakon spezielle Vollmachten erhalten, da kaum anzunehmen ist, daß er lediglich das Amt eines der sechs Thesmotheten bekleidete, als er das Blutrecht fixierte, indem er durch seine Satzung den Tatbestand des Tötungsdeliktes definierte sowie die Strafe und das gerichtliche Verfahren zur Ahndung der Schuld regelte. Er konnte zwar sicherlich schon auf allgemein anerkannte Normen des Gewohnheitsrechts zurückgreifen, hat aber auf jeden Fall durch die rückwirkende Kraft seiner Begnadigungsregel bei unvorsätzlicher Tötung auch neues Recht geschaffen. Neue Sicherheit im Rechtsgang verbürgten vor allem die strikten verfahrensrechtlichen Vorschriften.

Die fragmentarisch erhaltene Fassung des Gesetzes zur Verfolgung unvorsätzlicher Tötung aus dem späten 5. Jahrhundert bildete zweifellos den Anfang der Aufzeichnungen Drakons, denn die Überschrift der Neupublikation lautet: ›Erster Axon‹. Hiermit ist der ursprüngliche Gesetzesträger bezeichnet. Es handelte sich um numerierte, drehbare und langgestreckte Holzblöcke von quadratischem Grundriß mit eingefügten „Achsen" (Axones). Die Blöcke waren auf allen vier Seiten beschriftet und lagerten offenbar waagerecht in einem Gestell, das mehrere Axones aufnehmen konnte.[11]

Der einleitende Satz des Gesetzes lautet folgendermaßen: „Auch[12] wenn

---

[9] Aristot. Ath. Pol. 4,1. Zur Datierungsfrage vgl. im einzelnen Stroud, Drakon's Law 66–70; Develin, Athenian Officials 31.
[10] Die jetzt maßgebende Ausgabe hat Stroud, a. a. O. 5f., vorgelegt. Vgl. die Editionen Meiggs-Lewis Nr. 86 und IG I³ 104, die Stroud folgen. Zur Frage eventueller Änderungen des alten Wortlautes durch die Neupublikation 409/08 s. Heitsch, Antiphon 12–20.
[11] Stroud, Axones 45ff. – In dem Fragment der Satzungen Drakons beginnt Z. 56 ein ›Zweiter Axon‹, dessen Text aber nicht mehr erhalten ist.
[12] Das erste Wort des erhaltenen Textes (καί) ist nicht als Konjunktion („und") zu

jemand ohne Vorbedacht einen anderen tötet, soll er in die Verbannung gehen" (d. h. Attika verlassen). Als weiteren Tatbestand nennt das Gesetz an späterer Stelle die straflose Tötung in Notwehr zum Schutz der eigenen Person oder des eigenen Besitzes.[13] Drakon berücksichtigte also die Willensrichtung des Täters und die Umstände, die zu der Tat geführt hatten. Jeder im Blutrecht Drakons genannte Tatbestand wird freilich als φόνος (Tötung) bezeichnet. Insofern wurde im archaischen Athen keine nuancierte begriffliche Unterscheidung zwischen fahrlässiger Tötung, Totschlag und Mord vorgenommen. Die Athener klassifizierten dementsprechend Drakons Satzung einfach als „Gesetz zur Ahndung des Tötungsdeliktes" (νόμος περὶ τοῦ φόνου). Im Hinblick auf die heute übliche Differenzierung zwischen unvorsätzlicher und vorsätzlicher Tötung im Blutrecht Drakons ist somit zu beachten, daß diese Kategorien hier nicht als juristisch präzisierte Termini, sondern als Begriffe der heutigen Umgangssprache zu verstehen sind,[14] die aber das Unterscheidungsmerkmal in der archaischen Welt Drakons durchaus erfassen. Unvorsätzliche Tötung geschieht nach der Terminologie Drakons „ohne Vorbedacht" (μὲ 'κ προνοίας). Als Synonym hierzu wird im Gesetzestext auch das Wort ἄκον (= ἄκων, unabsichtlich, unfreiwillig, unbedacht) verwendet. Wenn man die Tötung in Notwehr einmal außer Betracht läßt, wird deutlich, daß Drakons Kriterium die Pronoia („Absicht") war. Fahrlässige Tötung (etwa bei Wettkämpfen) galt zweifellos als Phonos ohne Vorbedacht. Problematisch ist die Einstufung einer Affekthandlung mit Todesfolge, die bereits im homerischen Epos (Il. XXIII 85–88) damit erklärt wird, daß der Täter aus Zorn sich gegen seinen (eigentlichen) Willen hinreißen ließ (οὐκ ἐθέλων). Im Blutrecht Drakons scheint ἄκων in etwa die gleiche Bedeutung wie οὐκ ἐθέλων in dem genannten epischen Beispiel zu haben, so daß wohl eine Affekthandlung bei der Feststellung der Willensrichtung berücksichtigt werden sollte.

Eingeleitet wird die Verfolgung einer Blutschuld durch die sogenannte Prorrhesis: Ein bestimmter Verwandtenkreis und die Phratriegenossen des Getöteten bezichtigen in einer Volksversammlung oder auf der Agora den Täter der Blutschuld und fordern ihn auf, Volksversammlung und Agora sowie alle Heiligtümer zu meiden. Praktisch bedeutet dies die Inanspruchnahme des Rechts auf Blutrache, die jedoch nicht ausgeübt werden darf,

---

verstehen; es bedeutet vielmehr „auch". Vgl. Stroud, Drakon's Law 37; Gagarin, Drakon 80 ff.; Nörr, Mordtatbestand 633 f.; Heitsch, Antiphon 14.

[13] Vgl. M. Gagarin, Self-Defence in Athenian Homicide-Law, GRBS 19 (1978) 119 f.

[14] Vgl. Stroud, Drakon's Law 40 f.; W. T. Loomis, The Nature of Premeditation in Athenian Homicide Law, JHS 92 (1972) 86–95; Gagarin, Drakon 2 ff.; Nörr, Mordtatbestand 631, Anm. 1.

wenn der Täter die gesetzlichen Regelungen beachtet, d. h. bis zum gerichtlichen Verfahren die genannten Plätze und Stätten nicht betritt und nach einem Schuldspruch Attika verläßt,[15] sofern es sich um den Tatbestand der unvorsätzlichen Tötung handelt. Das zuständige Gericht der Polis besteht in diesem Fall aus den „Königen" (Basileis) und den 51 sogenannten Epheten. Unter den Königen sind neben dem präsidierenden sakralen Archon Basileus wahrscheinlich auch die vier Phylobasileis zu verstehen.[16] Die „Könige" haben zunächst die Verantwortlichkeit des präsumtiven Täters (oder gegebenenfalls eines Auftraggebers)[17] festzustellen und zum Abschluß des Verfahrens das Urteil zu verkünden (δικάζειν), während es den Epheten obliegt, über die Willensrichtung des Täters zu entscheiden und ein entsprechendes Verdikt zu fällen (διαγιγνώσκειν).[18] Dem Täter kann durch eine Aussöhnung mit den Verwandten des Opfers, die wohl in aller Regel die Zahlung eines Wergeldes voraussetzt, Verzeihung (Aidesis) gewährt und

[15] Vgl. E. Ruschenbusch, Phonos. Zum Recht Drakons und seiner Bedeutung für das Werden des athenischen Staates, Historia 9 (1960) 144f.; Stroud, Drakon's Law 51f.; Gagarin, Drakon 55f.; A. Pieri, Προειπεῖν ἐν ἀγορᾷ, in: Munus amicitiae. Scritti in memoria di Alessandro Ronconi, II, Florenz 1988, 90–97. Eine Anklage durch einen Vertreter der Polis gab es selbstverständlich nicht. Blieb der Täter in Attika, wurde ihm durch die Verwandten des Opfers aufgrund einer Prorrhesis der Zugang zu bestimmten Plätzen und Stätten bis zum „Prozeß" untersagt.

[16] Vgl. etwa Busolt-Swoboda II 793; Gagarin, Drakon 46f. Eine Reihe von Forschern nimmt demgegenüber an, daß generell die sakralen Basileis der einzelnen Amtsjahre gemeint sind, d. h. daß nur der jeweils amtierende Archon Basileus allein das Verfahren leitete und die Phylobasileis hiermit nichts zu tun hatten: Stroud, Drakon's Law 45–47; Harrison, Law II 43; Carlier, Royauté 350. – D. M. MacDowell, Athenian Homicide Law in the Age of the Orators, Publications of the Faculty of Arts of the Univ. of Manchester 15 (1963) 87f., läßt die Frage offen.

[17] Als „Auftraggeber" gilt im Gesetzestext Z. 12f. „derjenige, der geplant hat". Da dieser Teil der Satzung von der unvorsätzlichen Tötung handelt, scheint ein Auftrag gemeint zu sein, „dessen Durchführung unbeabsichtigt zum Tod des Beauftragten oder aber eines Dritten führt" (Heitsch, Antiphon 17).

[18] Die Bedeutungen von δικάζειν und διαγιγνώσκειν sind freilich umstritten. Dazu Wolff, Beiträge 67–78; Nörr, Mordtatbestand 644; ders., Zum Δικάζειν im Urteil aus Mantineia (IG V 2, 262), in: Symposion 1985 (1989) 55–57; Ruschenbusch, Untersuchungen 81f.; Heitsch, Archon Basileus 84, der m. E. zutreffend betont, daß die Epheten „hinsichtlich der beiden möglichen Handlungstypen" eine Unterscheidung treffen sollen, „also hinsichtlich der Frage, ob unvorsätzliche, wie der Beklagte behauptet, oder vorsätzliche Tat vorliegt". Der Basileus habe dann durch Verkündigung (δικάζειν) dem Urteil Rechtskraft verliehen. Unwahrscheinlich ist die Annahme von S. Humphreys, The Evolution of Legal Process in Ancient Attica, in: Tria corda. Scritti in onore di Arnaldo Momigliano, a cura di E. Gabba, Como 1983, 235, Anm. 11, wonach die Epheten zwischen den „Urteilen" der Basileis entschieden hätten.

damit die Rückkehr nach Attika gestattet werden. Zuständig für die Aidesis sind zunächst Vater, Brüder und Söhne des Opfers, die einstimmig einwilligen müssen. Wenn von den nächsten Verwandten des Getöteten niemand mehr lebt, wird eine weitere Verwandtengruppe eingeschaltet, die alle Vettern und alle Söhne der Vettern des Opfers umfaßt. Wiederum ist Einstimmigkeit für eine Aussöhnung erforderlich. Wenn niemand mehr aus dem im Gesetz genannten Verwandtenkreis lebt, können zehn von den Epheten ausgewählte „vornehme" (d. h. allgemein als agathoi mit hohem Sozialprestige anerkannte) Phratriegenossen des Opfers die Rückkehr des Täters gestatten, wenn das Gericht auf unvorsätzliche Tötung erkannt hat. Da bei diesem Verfahren die Verwandten des Opfers offenbar auch die Interessen der durch die Bluttat befleckten Polisgemeinschaft zu vertreten hatten, mußte diese Funktion allem Anschein nach gegebenenfalls von der quasi-religiösen Vereinigung der Phratrie übernommen werden. Die vom Gesetz geforderte Einstimmigkeit der Verwandten des Opfers bei der Aidesis sollte zweifellos verhindern, daß der Täter nach Zahlung eines Wergeldes eventuell nichts mehr befürchtete und zurückkehrte, dann aber von bestimmten Verwandten des Getöteten, die mit der Regelung nicht einverstanden waren, angegriffen wurde. Die detaillierten Bestimmungen über Strafmaß, Prorrhesis, gerichtliches Verfahren und Aussöhnung intendierten insgesamt, die auch bei einer unvorsätzlichen Tötung gegebene Gefahr einer Ausweitung der Blutfehde weitgehend zu bannen. Eine zusätzliche Sicherung war der retroaktive Satz im drakontischen Gesetz, der die Begnadigungsregel auf jede unvorsätzliche Tötung ausweitete, die bereits vor Inkrafttreten der Satzung geschehen war. In der Verbannung genoß der Täter Schutz vor Racheakten, wenn er sich an bestimmte Vorschriften hielt. Auch hierdurch sollte die Eskalierung einer Fehde verhindert werden. Es war dem Täter untersagt, Attika oder einen Markt an der attischen Grenze zu betreten sowie an Festspielen und religiösen Feiern außerhalb Attikas teilzunehmen. Wenn er sich an den ihm verbotenen Stätten aufhielt, konnte er von jedem Athener straflos getötet werden. Andernfalls galt die Tötung des Täters als φόνος an einem unbescholtenen Athener. Der zuständige Gerichtshof war dann ebenfalls das Ephetenkollegium.

Da die teilweise noch erhaltene Fassung des Blutrechts aus dem Jahre 409/08 den Anfang des drakontischen Gesetzes enthält, hat man vermutet, daß das geschilderte Verfahren implizit auch den Tatbestand der vorsätzlichen Tötung regelte,[19] im Recht Drakons das gleiche Strafmaß – die Verban-

---

[19] Gagarin, Drakon 96ff.; ders., Greek Law 88f.; Nörr, Mordtatbestand 635ff. – E. Ruschenbusch, Historia 9 (1960) 145; Untersuchungen 15, vermutet, daß bei vorsätzlicher Tötung Selbsthilfe der Verwandten von den Epheten zugelassen worden sei; ähnlich R. Sealey, The Athenian Courts for Homicide, CP 78 (1983) 293f.; ders.,

nung – für unvorsätzliche und vorsätzliche Tötung galt und die Epheten nach den drakontischen Bestimmungen für alle Tötungsdelikte zuständig waren, der Areopag hingegen erst in der Zeit nach Drakon durch Solon oder sogar noch später die Blutgerichtsbarkeit bei vorsätzlichem Mord erhielt und die im klassischen athenischen Recht hierfür vorgesehene Todesstrafe eine Verschärfung des drakontischen Strafmaßes darstellte. Nun behauptet zwar Plutarch (Solon 19,3), daß die meisten von ihm (für die Biographie Solons) benutzten Autoren den Areopag als eine erst von Solon geschaffene Institution bezeichnen. Er glaubt dies damit erklären zu können, daß im Recht Drakons zwar Epheten, nicht aber Areopagiten erwähnt seien. Seine Argumentation ist jedoch in mehrfacher Hinsicht irreführend. Die Bezeichnung „Areopagitai" wurde in der vorsolonischen Rechtspflege offenbar nicht offiziell für Mitglieder des Areopags verwendet, wie der Text des von Plutarch im gleichen Zusammenhang zitierten Amnestiegesetzes Solons zeigt. Des weiteren ist zu beachten, daß Plutarch im Kontext den Areopag als Aufsichtsorgan und Rat im Rahmen der solonischen Ordnung behandelt. In den etwa Mitte des 4. Jahrhunderts einsetzenden innerathenischen Diskussionen über die politische Bedeutung des Areopags in älterer Zeit wurden die genannten Funktionen zwar kontrovers beurteilt, doch stand hierbei das Alter des Gremiums überhaupt nicht zur Debatte.[20] In der vorliegenden Überlieferung erscheint der Areopag erst bei Cicero als solonische Institution. Allem Anschein nach hat Cicero diese Angabe von dem Stoiker Panaitios übernommen, während in Athen die Einsetzung des Areopags bekanntlich in die mythische Zeit datiert wurde. Plutarch selbst sucht im übrigen zu beweisen, daß der Areopag längst vor Solon existierte. Er beruft sich auf das bereits genannte Amnestiegesetz Solons, das folgendermaßen gelautet haben soll (Solon 19,4): „Von den für ehrlos Erklärten (ἄτιμοι) sollen diejenigen, die vor dem Archontat Solons ehrlos waren, ihre Rechte (als Athener) zurückerhalten mit Ausnahme derer, die vom Areopag oder von den Epheten oder vom Prytaneiongericht unter dem Vorsitz der Könige (βα-

---

Athenian Republic 77. Vgl. aber demgegenüber E. Heitsch, Aidesis im attischen Strafrecht, AAWM 1984, Nr. 1, 4ff., der freilich andererseits die Auffassung vertritt (Archon Basileus 84), daß die Epheten nach dem Gesetz Drakons auch vorsätzlichen Mord abzuurteilen hatten. Sein Hinweis auf den Schutz eines ἀνδροφόνος im Exil (IG I³ 104, Z. 26–29) überzeugt jedoch nicht. Die Epheten waren zuständig, wenn ein Athener einen φόνος an einem ἀνδροφόνος begangen hatte, doch hatten sie wohl zunächst über die Willensrichtung des Täters zu urteilen. Auch in dem genannten Fall mußte darüber entschieden werden, ob der φόνος mit oder ohne Vorsatz geschehen war. Wenn dann auf vorsätzlichen Mord erkannt wurde, kann der Areopag durchaus eingeschaltet worden sein.

[20] Jacoby, Atthis 123, 316, Anm. 137; FgrHist III b (Supplem.) Text, 112ff. zu Androtion F 3–4.

σιλεῖς) wegen Tötung (φόνος) oder wegen Beteiligung an einem Blutbad (σφαγαί) oder wegen Strebens nach der Tyrannis verurteilt worden sind und sich in der Verbannung befanden, als dieses Gesetz (der Amnestie) erlassen wurde." Außer Betracht bleiben kann hier das Prytaneiongericht, das aus dem Archon Basileus und den vier „Phylenkönigen" bestand und in einem zeremoniellen Verfahren über unbekannte Mörder sowie über Tiere und Sachen urteilte, die den Tod eines Menschen verursacht hatten. Dieses Gericht wird im solonischen Amnestiegesetz wohl nur deshalb erwähnt, weil einige zunächst unbekannte Täter inzwischen überführt werden konnten, aber bereits entkommen waren.[21] Daß alle anderen Tötungsdelikte vor Solon von den Epheten abgeurteilt wurden und der Areopag als Gericht nur für Verfahren gegen potentielle Usurpatoren und Tyrannen zuständig war, geht aus dem zitierten Gesetzestext nicht hervor. Der Begriff „Sphagai" bezieht sich hier zweifellos auf blutig verlaufene Auseinandersetzungen, die mehrere Opfer gefordert hatten. Es gibt keinen eindeutigen Beleg für die Zuständigkeit des Ephetengerichts in solchen Fällen. Ebensowenig besagt das Amnestiegesetz, daß vor Solon alle Tötungsdelikte nur mit der Verbannung der Täter bestraft wurden. Das Gesetz bezieht sich ohne Zweifel auf verschiedene Kategorien von verbannten und flüchtigen Athenern, und der Gesetzgeber wollte auf jeden Fall verhindern, daß Mörder und Totschläger nach Attika zurückkehrten, ohne daß ihnen Aidesis gewährt worden war. Dies schließt eine Todesstrafe für vorsätzlichen Mord keineswegs generell aus, da anzunehmen ist, daß nicht alle überführten und verurteilten Mörder ergriffen werden konnten. Für die Zeitgenossen Solons war der Gesetzestext durchaus verständlich. Sie wußten zweifellos zu unterscheiden zwischen einem flüchtigen Mörder und einem Verbannten, der wegen unvorsätzlicher Tötung verurteilt worden war und im Exil unter bestimmten Bedingungen nicht schutzlos blieb.

Im klassischen Athen wurde nie bezweifelt, daß der Areopag seit ältesten Zeiten als Blutgericht fungierte, die gerichtlichen Verfahren für alle Tötungsdelikte in den Satzungen Drakons fixiert waren und Solon das drakontische Blutrecht nicht geändert hat.[22] Wahrscheinlich war in dem nicht erhal-

---

[21] Demgegenüber sucht Wallace, Areopagos 22 ff., zu zeigen, daß das Prytaneiongericht im solonischen Amnestiegesetz aus den Polisbehörden bestand, die für die Aburteilung von Tyrannisaspiranten zuständig waren. Die Formulierung (Plut. Sol. 19,4) ... ἐκ πρυτανείου καταδικασθέντες ὑπὸ τῶν βασιλέων läßt indes eher darauf schließen, daß dieses Gericht bereits vor Solon ebenso wie in klassischer Zeit aus dem Archon Basileus und den Phylobasileis gebildet wurde. Unwahrscheinlich ist auch die von Wallace, a. a. O. 8 ff., vertretene These, daß vor Solon die Epheten für alle Tötungsdelikte zuständig waren. Vgl. oben Kap. II, Anm. 70.

[22] Aristot. Ath. Pol. 7,1; Plut. Sol. 17,1; Antiph. 5,14; 6,2; Andok. 1,81–83; vgl. Demosth. 20,158; 23,51 u. 66; Ailian. var. hist. 8,10.

tenen Teil der Fassung des drakontischen Tötungsgesetzes aus dem späten 5. Jahrhundert das Verfahren nach einem vorsätzlichen Mord geregelt, und es ist anzunehmen, daß bereits Drakon für diesen Fall die Todesstrafe vorgesehen und den Areopag für zuständig erklärt hat.[23]

Das wesentliche Prinzip des drakontischen Blutrechts war die Bindung der Selbsthilfe an ein gerichtliches Verfahren, d. h. die Einführung des Gerichtszwanges. Die Selbsthilfe unterlag der Kontrolle durch ein Gericht der Polisgemeinschaft. Dies galt auch für die Verfolgung von Diebstahl. Wenn der Bestohlene den Dieb verfolgte und tötete, konnten dessen Verwandte ein Verfahren anstrengen. Stellte das Gericht fest, daß der Dieb nicht in flagranti gefaßt und getötet worden war, blieb die Bluttat nicht straflos. Zweifellos hatte dies bei der Anwendung der Selbsthilfe generell einen abschreckenden Effekt. Insofern bedeutete die Kontrolle der Blutrache und Selbsthilfe durch Repräsentanten der Polis einen erheblichen Fortschritt in der Sicherung des inneren Friedens. Die schriftliche Fixierung des Blutrechts war eine bedeutende Neuerung, ein Markstein in der Entwicklung der athenischen Rechtspflege. Sie ist als Indiz für die bereits erreichte „Staatlichkeit" der Polis Athen zu werten. Die Satzungen Drakons galten für alle Regionen Attikas und verdeutlichten den Angehörigen des gesamten Personenverbandes, daß sie „Athener" waren – gleichgültig ob sie in Athen selbst oder in Brauron, Marathon, Eleusis oder sonstwo in Attika wohnten. Der soziale Rang des Täters spielte bei der Ahndung eines Tötungsdeliktes keine Rolle. Es gab keine unterschiedlichen Rechtsnormen für die Aristokraten und die breite Masse des Demos. Die Oberschicht hat hierin schwerlich eine Einschränkung ihrer gesellschaftlichen Vorrangstellung gesehen. Ohne die Zustimmung der damals führenden Kreise Athens wäre die Fixierung der drakontischen Satzungen wohl kaum möglich gewesen. Daß von diesem Recht später auch Impulse für die Entwicklung politischer Gleichheitsvorstellungen ausgehen konnten, haben die Aristokraten der Zeit Drakons sicherlich nicht geahnt. Die Tätigkeit Drakons ist eher ein Zeichen für einen breiten Konsens über rechtliche Rahmenbedingungen des Gemeinschaftslebens. Man war entschlossen, Maßnahmen zur inneren Konsolidierung des äußerlich längst geeinten Personenverbandes in der gesamten Landschaft Attika zu treffen. Letztlich manifestiert sich in der Fixierung des drakonti-

---

[23] Stroud, Drakon's Law 36–40. – Hansen, Apagoge 118, wertet ein in Phaleron aufgedecktes Massengrab aus dem 7. Jahrhundert als Beleg für den Vollzug der Todesstrafe durch den „Staat" in vorsolonischer Zeit. Allem Anschein nach handelte es sich um eine Exekution (L. Gernet, REG 37, 1924, 262 ff.), doch erlaubt der archäologische Befund keinen Rückschluß auf ein regelrechtes Gerichtsverfahren. Vgl. zuletzt Heitsch, Archon Basileus 85, Anm. 30, der im Anschluß an K. Latte, Kleine Schriften, München 1968, 400, eine Hinrichtung von Seeräubern vermutet.

schen Blutrechts auch ein Bewußtsein von der Fähigkeit des Menschen, durch allgemein verbindliche Gesetze gezielt bestimmte Mißstände beseitigen zu können. Dies weist voraus auf Solon, der durch das Wirken Drakons bereits ein Instrumentarium zur Bewältigung einer schweren Krise vorfand, freilich dann sehr viel weiteren Bereichen des Gemeinwesens durch umfassende Reformen eine neue Ordnung gab.

Plutarch (Solon 17,2) nennt neben dem Blutrecht auch Satzungen Drakons über die Ahndung von Müßiggang, Diebstahl von Feldfrüchten und Tempelraub. Angeblich soll Drakon hierfür in gleicher Weise wie für ein Tötungsdelikt die Todesstrafe festgesetzt haben. Mit diesem Hinweis sucht Plutarch im Kontext die sprichwörtliche Härte der drakontischen Gesetze zu erklären, die nach einem Ausspruch des Redners Demades mit Blut geschrieben seien. Plutarch beachtet indes nicht, daß unvorsätzliche Tötung und Totschlag in Notwehr keineswegs mit dem Tode bestraft wurden.[24] Die Überlieferung über die angebliche Härte des drakontischen Rechts entstand wohl nicht zuletzt dadurch, daß Drakon z. B. bei der Ahndung von Diebstahl weiterhin die gewohnheitsrechtliche Selbsthilfe, d. h. die „private" Verfolgung des Täters gelten ließ, wenn auch – wie gesagt – im Fall der Tötung eines Diebes dessen Verwandte ein gerichtliches Verfahren einleiten konnten. Diese Regelung war freilich im Blutrecht enthalten. Weitere Satzungen Drakons sind schwer zu eruieren. Generell ist eine Differenzierung zwischen den älteren Bestimmungen des athenischen Strafrechts und späteren Zusätzen infolge der Zitierweise attischer Gerichtsredner überaus problematisch. Erst mit der Rechtsordnung Solons werden hier gewisse Entwicklungstendenzen einigermaßen faßbar.

Kaum zu entscheiden ist die weitere Frage, ob Drakons Satzungen auch das im Amnestiegesetz Solons angesprochene Verfahren gegen Usurpatoren und potentielle Tyrannen geregelt haben.[25] Wenn überlebende Genossen Kylons mit der Verbannung bestraft worden sind, kann das Verfahren bereits vor Drakon stattgefunden haben.

Ein ähnliches Problem stellt das vorsolonische Schuldrecht dar, das dem Gläubiger den Zugriff auf die Person des zahlungsunfähigen Schuldners und dessen Versklavung erlaubte. In der Überlieferung ist nirgendwo davon die Rede, daß Drakon das Schuldrecht „kodifiziert" oder gar verschärft hat. Ein

---

[24] Zeugnisse für die sprichwörtliche Härte des drakontischen Rechts liegen erst seit dem 4. Jahrhundert vor: Lykourg. 1,65; Aristot. Pol. 1274 b 16–18; Rhet. 1400 b 20f. Möglicherweise geht diese Tradition auf Prodikos zurück (vgl. Stroud, Drakon's Law 66 und Anm. 5).
[25] Ein entsprechendes Gesetz Drakons vermuten M. Ostwald, The Athenian Legislation against Tyranny and Subversion, TAPA 86 (1955) 105–109; ders., Nomos 15f., 59, 140; Stroud, Drakon's Law 80; Berve, Tyrannis I 43.

Zusammenhang zwischen der Tätigkeit Drakons und der Praktizierung des Schuldrechts in der Krise vor dem Archontat Solons läßt sich nicht nachweisen. Im übrigen waren bereits in anderen Poleis früher als in Athen Agrarkrisen entstanden, ohne daß dort eine Verschärfung des Schuldrechts durch Kodifikation auszumachen ist.

Außer Betracht bleiben kann hier die in der aristotelischen Athenaion Politeia (c. 4) „beschriebene" drakontische Verfassung, die angeblich Bestimmungen über die Konstituierung eines neuen Rates mit einer exakt festgelegten Mitgliederzahl (insgesamt 401) sowie über eine Beschränkung des Bürgerrechts auf die höheren Zensusklassen enthielt. Es handelt sich hierbei um eine Erfindung des späten 5. oder des 4. Jahrhunderts. Aristoteles betont selbst in anderem Zusammenhang (Politik 1274 b 15–16), daß Drakon der Polis Athen keine neue „Verfassung" gegeben hat.

3. Außenpolitische Aktivitäten um 600 v. Chr.

Als die vorsolonische Agrarkrise sich anbahnte, war Athen bereits seit einiger Zeit in einen Konflikt mit Megara um den Besitz der Insel Salamis verwickelt. Der wechselvolle Verlauf der Kämpfe läßt sich nicht im einzelnen rekonstruieren, da die hierzu vorliegenden Berichte im wesentlichen Legenden bieten.[26] Nur soviel ist deutlich, daß es um 600 einer athenischen Kampfgruppe dank der Initiative Solons gelang, Salamis den Megarern zu entreißen. Ein authentisches Zeugnis für das Engagement Solons ist sein teilweise erhaltenes Salamisgedicht (Frgm. 2 Gentili-Prato = 2 Diehl), in dem er an das Ehrgefühl und den Gemeinsinn der Athener appelliert, um sie zur Wiederaufnahme des Kampfes um die Insel zu motivieren, die wohl im Laufe des 7. Jahrhunderts von Megarern besetzt worden war.[27] Solons Mahnen signalisiert die Hoffnung, daß es ihm gelingen werde, die Interessen der Athener auf ein gemeinsames Ziel auszurichten. Im Salamisgedicht klingen bereits Motive der Eunomia-Elegie Solons an (Fragm. 3 Gentili-Prato = 3 Diehl), in der die Gemeinschaft des Polisverbandes beschworen wird. Zur Rückgewinnung der Insel genügte freilich eine Schar von Freiwilligen. Eine Mobilisierung des Hoplitenaufgebotes war nicht er-

---

[26] Ausführlich: Plut. Sol. 8–9; vgl. ferner Demosth. 19,252; Diog. Laert. I 46–48; Polyain. I 20,1–2; Ailian. var. hist. 7,19; Paus. I 40,5; Iustin. II 7.

[27] Die Ursachen des Konflikts sind nicht bekannt. Möglicherweise hatten Bewohner der Insel Salamis wiederholt Raubzüge in megarisches Gebiet unternommen. Bei Hesiod Kat. Frgm. 204,4ff. Merkelbach-West erscheint Aias als mythischer Anführer von Plünderungsfahrten, die sich gegen eine Reihe von Plätzen (u. a. auch gegen Megara) richteten. Vgl. Legon, Megara 101, Anm. 31.

forderlich, doch kommt in dem Echo, das Solons Appell in Athen fand, deutlich zum Ausdruck, daß eine größere Zahl von Athenern die Aktion sanktioniert hat.[28]

Aus dem erfolgreichen Unternehmen gegen Salamis läßt sich allerdings keine größere außen- oder handelspolitische Konzeption der athenischen Führungsschicht ableiten.[29] Eine Sicherung des freien Zugangs zu wichtigen Handelsrouten stand um 600 in Athen schwerlich zur Debatte. Die begrenzte Zahl megarischer Siedler auf Salamis konnte den Raum von Phaleron, wo sich vor dem Ausbau des Peiraieus durch Themistokles der wichtigste Hafenplatz in der Nähe Athens befand, nicht permanent blockieren. Insofern erübrigen sich Vermutungen über handelspolitische Intentionen bei der Rückgewinnung der Insel. In den erhaltenen Versen des Salamisgedichtes findet sich kein Hinweis auf ökonomische Aspekte des Konflikts mit Megara. Solons Mahnungen zeigen vielmehr, daß er selbst den Verlust der Insel als Schmach empfunden hat. Die Nachricht Plutarchs (Solon 8,1–3), daß die Athener vor der Initiative Solons bereit waren, auf Salamis endgültig zu verzichten, ist demgegenüber wenig glaubhaft. Offenbar sollten durch diese Version Solons Verdienste um die Rückgewinnung der Insel besonders hervorgehoben werden.[30] Wahrscheinlich lebten auf Salamis athenische Siedler,[31] bevor sich dort Megarer festsetzten. Die von Solon initiierte Aktion kann insgesamt gesehen kaum als erster Schritt der Athener „über ihre Grenzen hinaus" gewertet werden,[32] zumal wohl schon einige Jahre früher athenische Kolonisten unter Leitung des Olympiasiegers Phrynon Sigeion an der Einfahrt zum Hellespont (Dardanellen) besiedelt hatten.

Auch das Unternehmen in Sigeion ist indes kein Beweis für weitgespannte maritime Aktivitäten der athenischen Polisgemeinschaft. Sicherlich hatte die Route durch die Dardanellen im Zuge der Ausweitung des Handels im Verlauf des 7. Jahrhunderts an Bedeutung gewonnen,[33] doch wurden damals noch nicht (wie im 5. und 4. Jahrhundert) größere Getreidemengen zur Ver-

---

[28] F. J. Frost, The Athenian Military before Cleisthenes, Historia 33 (1984) 289, vermutet demgegenüber, daß es sich eher um ein „privates" Unternehmen handelte.
[29] Weit ausgreifende Hypothesen über athenische Handelsinteressen entwickelte A. French, Solon and the Megarian Question, JHS 77 (1957) 238–246.
[30] Dazu jetzt Oliva, Solon 41.
[31] Bei Hesiod Kat. Frgm. 204,4ff. Merkelbach-West (oben Anm. 27) erscheint Attika bezeichnenderweise nicht als Zielgebiet von Beutezügen der Bewohner der Insel.
[32] So Stahl, Aristokraten 206.
[33] Vgl. D. Timpe, Griechischer Handel nach dem nördlichen Barbaricum, in: K. Düwel, H. Jankuhn, H. Siems, D. Timpe (Hrsg.), Untersuchungen z. Handel und Verkehr in vor- und frühgeschichtlicher Zeit, Teil I, AAWG, 3. Folge, Nr. 143, Göttingen 1985, 184ff.

sorgung der athenischen Bevölkerung aus dem pontischen Raum importiert.[34] Auch war eine Kontrolle der Dardanellen von Sigeion aus wegen der Wind- und Strömungsverhältnisse nicht möglich.[35] Sigeion lag auf einem Höhenzug nördlich der Beşik-Bucht, in der Handelsschiffe häufig vor der überaus schwierigen Einfahrt in den Hellespont längere Zeit auf günstige Witterungsverhältnisse warten mußten.[36] Wahrscheinlich suchten Phrynon und seine Kolonisten einen Stützpunkt für den Handel mit dem Schwarzmeergebiet zu gewinnen, so daß die neue Siedlung dann regelmäßig Versorgungsaufgaben für Kauffahrer wahrnehmen konnte.[37] Ob die athenische Polisgemeinschaft einen regulären Beschluß zur Besiedlung Sigeions gefaßt hat, muß dahingestellt bleiben.[38] Wir kennen nicht die Konstellation der Gruppierungen in Athen, als Phrynon sein Werk in Angriff nahm. Die Zahl der athenischen Kolonisten war sicherlich nicht allzu groß. Während im Verlauf der sog. Großen Kolonisation der Griechen (ca. 750–550 v. Chr.) die in die Fremde ziehenden Siedler in aller Regel einen neuen Bürgerverband bildeten und ihre Apoikia („Kolonie", „Pflanzstadt") dementsprechend als eigenständiges Gemeinwesen konstituierten, scheint Phrynon kaum eine Polis mit staatlichem Charakter gegründet zu haben. Die landwirtschaftliche Nutzfläche in der näheren Umgebung Sigeions war begrenzt, und eine Ausweitung des Territoriums der neuen Siedlung stieß von vornherein auf größte Schwierigkeiten, da Sigeion im Interessengebiet der Mytilenaier lag,

---

[34] T. S. Noonan, The Grain Trade of the Northern Black Sea in Antiquity, AJPh 94 (1973) 231–242 (gegen C. Roebuck, The Economic Development of Ionia, CP 48, 1953, 9–16, der den Beginn des Getreidehandels mit dem Schwarzmeergebiet ins späte 7. Jahrhundert datiert). Vgl. ferner E. F. Bloedow, Corn Supply and Athenian Imperialism, AC 44 (1975) 20–29; Ch. G. Starr, The Economic and Social Growth of Early Greece 800–500 B. C., Oxford 1977, 164 f.; Legon, Megara 86 f.; B. Bravo, Le Commerce des céréales chez les Grecs, in: Garnsey – Whittaker, Trade 17 ff.; P. Garnsey, Famine and Food Supply in the Graeco-Roman World. Responses to Risk and Crisis, Cambridge u. a. 1988, 107 ff. – Siehe aber andererseits P. Herz, Gnomon 61 (1989) 138, der Auswirkungen einer Abkühlungsphase um 608 v. Chr. (B. Frenzel, JAWM 1986, 195–211) auf die Lebensmittelversorgung Athens vermutet.

[35] J. Neumann, Wind and Current Conditions in the Region of "Windy Ilion" (Troy), AA 1986, 345–363; M. Korfmann, Troy: Topography and Navigation, in: Mellink, Troy 1–16.

[36] Stahl, Aristokraten 212 f.

[37] Jeffery, Archaic Greece 89, vermutet unzutreffend, daß Phrynon auch Elaious auf der thrakischen Chersones besiedelt habe. Diese Annahme beruht lediglich auf einer Textemendation bei Ps.-Skymnos 708. Vgl. A. J. Graham, Colony and Mother City in Ancient Greece, Manchester 1964, 33, Anm. 5.

[38] Strabon XIII 1,38 p. 599 behauptet zwar, daß die Athener Phrynon ausgesandt hätten, doch liegt hier schwerlich genuine Tradition vor. Zum Stand der Diskussion über den Status von Sigeion vgl. jetzt Stahl, Aristokraten 212 ff.

die bereits vor der Ankunft der Athener eigene Siedlungen in der Troas gegründet hatten und nicht bereit waren, dort neue Kolonisten zu tolerieren. Mytilenes Hauptstützpunkt Achilleion war nach der angeblichen Grabstätte des großen Helden des Trojanischen Krieges benannt worden und lag etwa 6 km südlich von Sigeion auf dem Kap Beşik-Yassitepe, dem nördlichen Abschluß der Beşik-Bucht, an der sich einst der bronzezeitliche Hafen Trojas befunden hatte.[39]

In einer vermutlich aus dem zweiten Viertel des 6. Jahrhunderts stammenden Inschrift aus Sigeion – einer Grabstele – werden die dortigen Bewohner „Sigeier" genannt.[40] Die Situation hatte sich hier offenbar inzwischen geändert. Phrynon soll in einem Duell mit Pittakos, dem späteren Gesetzgeber in Mytilene, gefallen sein.[41] Die athenische Gründung war dann in Abhängigkeit von Mytilene geraten, wenn auch zumindest ein Teil der athenischen Siedler dort wohnen blieb und eigene Einrichtungen (nach athenischem Muster) besaß. Erst Peisistratos hat – wie es Herodot V 94, 1 formuliert – Sigeion „mit Waffengewalt den Mytilenaiern (wieder) entrissen" (wohl nach seiner sog. dritten Machtergreifung in Athen).

Über den Rechtsstatus der Siedlung in ihrer Anfangsphase um 600 sagt die genannte Inschrift allerdings nichts aus. Das auf dieser Grabstele erwähnte Amtsgebäude (Prytaneion) mag zwar für eine Institution bestimmt gewesen sein, die schon in der Zeit Phrynons bestanden haben kann, doch ist dies kein Beweis für eine staatliche Selbständigkeit der Neugründung um 600. Die Siedlergemeinschaft mußte nämlich in der fremden Umgebung jederzeit handlungsfähig sein und eigene Entscheidungen treffen können. Gleichwohl betrachteten sich die Kolonisten vermutlich weiterhin als Angehörige des athenischen Polisverbandes.

Jedenfalls entstand in Sigeion eine Siedlung, die das Werk der kolonisatorischen Tätigkeit einer kleineren Schar von Athenern unter Führung Phrynons war. Die Gründung ist nicht auf eine neue Konzeption territorialer Machtpolitik Athens zurückzuführen, da von Athen aus offenbar keine großen Anstrengungen zur Verteidigung und zum Ausbau der neuen Siedlung unternommen wurden. Hierzu fehlte freilich auch eine wichtige Voraussetzung: Athen besaß noch keine operativ verwendbare Flotte. Auch aus diesem Grund kann von einer neuen maritimen Politik Athens um 600 keine

---

[39] Vgl. M. Korfmann, Beşik Tepe: New Evidence for the Period of the Trojan Sixth and Seventh Settlements, in: Mellink, Troy 17–28.

[40] Sylloge I³ Nr. 2; M. Guarducci, Epigraphical Appendix, in: G. M. A. Richter, The Archaic Gravestones of Attica, London 1961, S. 165.

[41] Alkaios Frgm. 167 Voigt; Strab. XIII 1,38 p. 600; Plut. Mor. 858 B; Diog. Laert. I 74. Polyain. I 25. Zur Datierung vgl. A. A. Mosshammer, The Chronicle of Eusebius and Greek Chronographic Tradition, Lewisbury 1979, 246 ff.

Rede sein. Aus heutiger Sicht mag es zwar scheinen, daß ein Stützpunkt wie Sigeion seinen Zweck nur erfüllen konnte, wenn Kriegsschiffe die dortigen Gewässer sicherten. Solche Erfahrungen und Überlegungen können indes im damaligen Athen nicht vorausgesetzt werden. Die Kämpfe um Sigeion wurden bezeichnenderweise zu Lande ausgetragen. Ob die Orientierungsmarken, die Phrynon durch sein persönliches Engagement weit außerhalb Attikas setzte, richtungweisend für eine Überwindung des bis dahin noch recht beschränkten Horizontes „außenpolitischer" Interessen der Athener sein konnten, war bei der Gründung Sigeions gewiß nicht abzusehen.

4. Die innere Krise vor dem Archontat Solons

Solon zeichnet in seiner Eunomia-Elegie das düstere Bild einer schweren inneren Krise Athens vor seinem Archontat: Während die Göttin Athena ihre Polis beschirmt, wollen die „Bürger" (ἀστοί) aus Habsucht und Unverstand Athen zugrunde richten.[42] Die Führer des Demos wissen sich in ihrer Gier nach Reichtum nicht zu zügeln und vergreifen sich an heiligem Gut und öffentlichem Besitz. Dies kann der ganzen Polis über kurz oder lang Unheil bringen, so daß sie in elende Knechtschaft gerät. Bürgerzwist entsteht, der viele Opfer fordert. Innere Feinde unterjochen die Stadt (ἄστυ), während Scharen verarmter Athener als Sklaven verkauft in der Fremde weilen.

Solon will daher die Athener aufrütteln und vor der Verletzung des Rechts und vor rücksichtsloser Verfolgung ihrer Einzelinteressen warnen; er will sie zur Verantwortung gegenüber der Polis mahnen, weil nur die Eunomia – das göttliche Symbol für ein wohlgeordnetes Gemeinwesen – das Chaos des Aufruhrs verhindert, das jeden einzelnen ins Unglück stürzt. Die Eunomia erscheint hier als Inbegriff der Ordnung, die von den Bürgern aller Schichten in gemeinsamer Anstrengung angestrebt werden soll. So wird die göttliche Eunomia zu einem verpflichtenden Ideal für die Gemeinschaft. Mit dieser Analyse der Krise will Solon zugleich den Weg zur Überwindung der Mißstände aufzeigen. Die gesamte Bürgerschaft soll die Polisordnung tragen und den Zusammenhang zwischen der maßlosen Raffgier der Mächtigen und dem hieraus resultierenden Elend der Armen und damit auch die Ursachen der inneren Zwietracht und der Mißachtung traditioneller Normen erkennen. Jeder einzelne soll rechtlich handeln, sich mit der Polis identifi-

---

[42] Frgm. 3 Gentili-Prato = 3 Diehl. Grundlegend hierzu W. Jaeger, Solons Eunomie, Sitz.-Ber. Preuß. Akad. d. Wiss. 1926 = ders., Scripta Minora I, Rom 1960, 315–337. Vgl. Meier, Demokratie 15 ff.; B. M. W. Knox, Literature, in: Athens Comes of Age 43 ff.; P. Demont, La cité grecque archaïque et classique et l'idéal de tranquillité, Paris 1990, 46 f.

zieren und durch sein Verhalten dazu beitragen, die Eunomia, die gottgewollte und gerechte Ordnung, im öffentlichen Leben wiederherzustellen. Die Menschen selbst verschulden ihr Unglück, und das Schicksal eines jeden einzelnen ist eingebunden in das Leben der Gemeinschaft, deren Eunomia die Voraussetzung des individuellen Glücks ist, während die gestörte Ordnung (Dysnomia) in gleicher Weise für „Gute" und „Schlechte", d. h. für die Aristokraten und den Demos Verhängnis bringt.

Der Gedanke der kollektiven Verantwortung war für griechische Vorstellungen nicht völlig neu. Er klingt bereits im homerischen Epos an. Solon verbindet diese Konzeption aber erstmals – soweit wir sehen – mit der Erkenntnis kausaler „irdischer" Zusammenhänge, mit der Einsicht in die Folgen menschlichen Handelns für die Polis Athen, die nach dem Willen des Zeus nicht untergehen soll, aber durch die Hybris egoistischer Bürger (Astoi) geknechtet zu werden droht. So fordert Solon im Glauben an die Zukunft Athens und im Rückgriff auf Hesiods Begriff der Gerechtigkeit eindringlich einen Sinneswandel. Die Wirren sind für Solon nicht mehr wie bei Hesiod eine göttliche Strafe, sondern Auswirkungen menschlichen Fehlverhaltens.

Weitere Fragmente der Gedichte Solons ergänzen und erweitern seine Krisenanalyse. Im Mittelpunkt stehen immer wieder die Ursachen der gespannten Situation, Gewinnsucht und Habgier, und hieraus folgt Solons programmatisches Postulat, die drohenden Gefahren durch eine strikte Bindung an das Recht zu überwinden. Solon beklagt zwar generell den Egoismus der Bürger, doch richtet sich vor seinem Archontat die Kritik in Wirklichkeit gegen die Hybris einer Gruppe von führenden Adligen.[43] Die Not der Armen schildert er des weiteren in seinem großen ›Rechenschaftsgedicht‹, das er nach Vollendung seiner Reformen verfaßt hat. Hier verkündet er mit Stolz, daß er aus der attischen Erde die überall befestigten Horoi (Markierungssteine) herausreißen ließ und hierdurch bewirkte, daß der früher (vor seinem Archontat) geknechtete Boden wieder frei wurde. „Viele Athener" – heißt es weiter –, „die man teils widerrechtlich, teils zu Recht in die Fremde (d. h. in andere Poleis) verkauft hatte, führte ich in die gottgegründete Vaterstadt zurück; auch anderen (Athenern), die vor dem Schuldzwang geflohen waren und schon nicht mehr attisch sprachen, weil sie an vielen Orten herumirrten, gewährte ich Rückkehr, und denjenigen, die in der Heimat schmachvolle Knechtschaft erlitten und vor der Laune ihrer Herren zitterten, gab ich die Freiheit wieder".

Solons Gedichte bilden die Grundlage für die spätere Überlieferung über die Not der attischen Landbevölkerung. Die beiden wichtigsten Berichte in der aristotelischen Athenaion Politeia (2, 2–3) und bei Plutarch (Solon 13,

---

[43] Vgl. Spahn, Mittelschicht 122ff.

3–4) gehen letztlich auf eine gemeinsame Quelle zurück,[44] deren Autor Solon ausführlich zitiert hat, aber kein klares Bild mehr von der Situation um 600 v. Chr. besaß und ein simplifizierendes Zweischichtenmodell entwikkelte, indem er aus den Ausführungen Solons fälschlich den Schluß zog, daß der gesamte Demos sich in Abhängigkeit von den Reichen befand und einige wenige Athener den gesamten anbaufähigen Boden besaßen. Zweifellos hatte aber ein Großteil jener Bauern, die den Kern des attischen Aufgebotes bildeten, noch die wirtschaftliche Unabhängigkeit gewahrt. Die auf der alten Aufgebotsordnung basierende „solonische" Gliederung der Athener in Besitz- bzw. Einkommensklassen setzt eine relativ breite Hoplitenschicht voraus, die Solon nicht erst neu zu konstituieren brauchte. Viele Hopliten-Bauern mögen zwar angesichts der Not der Besitzer kleinerer Parzellen ihrerseits eine soziale Deklassierung befürchtet haben, doch wird in der Überlieferung nirgendwo ausdrücklich erwähnt, daß infolge der Krise nicht mehr genügend Wehrfähige zur Verfügung standen. Die Knechtung der Polis droht nach Solon nicht durch äußere Feinde, sondern durch Zwietracht und Bürgerkrieg und durch die Machtergreifung von Usurpatoren und Tyrannen. Die Existenz einer aktivierbaren Schicht mittlerer Grundbesitzer ist zudem aus der Berufung Solons zum Archon und Gesetzgeber zu erschließen, da seine Wahl zweifellos mit großer Beteiligung erfolgte und die versklavten Schuldknechte wohl von der Versammlung des Demos ausgeschlossen waren. Vor allem aber deutet Solons Warnung vor einem Aufruhr des Demos darauf hin, daß die Mittelschicht der Hopliten ein starkes Gegengewicht gegen die führenden Aristokraten darstellte, als sich die Krise zuspitzte.

Andererseits bildete die Oberschicht keinen geschlossenen Block. Solons Bild von den Wirren des Bürgerkrieges, der „die verriegelten Hoftore überwindet, über das hohe Gehege klettert und bis ins Innere des Hauses dringt" (Frgm. 3, 26–29 Gentili-Prato), wird eine Reihe von adligen Grundbesitzern beeindruckt haben, die mit den „großen Männern", die nach Solon die eigentliche Gefahr für den inneren Frieden der Polis bildeten (Frgm. 12, 3 Gentili Prato = 10 Diehl), nicht Schritt halten konnten, sich nicht in gleicher Weise wie die „Führer" (ἡγεμόνες) zu bereichern vermochten und Solons Auffassung über die Gefahr des Zerfalls der bisherigen Ordnung teilten. Auch von dieser Seite wird Solon Unterstützung erhalten haben, so daß sich der Druck gegen die „Mächtigen" verstärkte, die sich schließlich gezwungen sahen, der Berufung Solons zuzustimmen.

Im einzelnen lassen sich allerdings die Gruppierungen innerhalb der Oberschicht nicht identifizieren. Solon nennt keine Namen, und die spätere Überlieferung vermittelt auch hier wieder ein falsches Bild. Plutarch (Solon

---

[44] Zur Quellenlage Rhodes, Commentary 120ff.

13,2) unterstellt, daß die Parteiungen (Staseis) der Zeit vor der ersten Machtergreifung des Peisistratos (561/60 v. Chr.) bereits in der vorsolonischen Krise um und nach 600 existierten. Er übernimmt hierbei die irreführende Darstellung jener Staseis in der atthidographischen Tradition, wonach es sich um regionale Gruppierungen mit unterschiedlichen Verfassungszielen gehandelt haben soll. Insofern liegt bei Plutarch ein doppelter bzw. sogar dreifacher Fehler vor. Die von Solon als „Führer" des Demos bezeichneten Aristokraten waren sicherlich keine Dynasten mit breiter territorialer Machtbasis. In klassischer Zeit bestand der Grund und Boden der Oberschicht teilweise aus Streubesitz. Dies scheint in vorsolonischer Zeit kaum wesentlich anders gewesen zu sein, da ja Solon den Grundbesitz des Adels nicht aufgeteilt hat und die Agrarstruktur in Attika sich nach seinen Reformen nicht mehr grundlegend veränderte. Streubesitz kann schon im 9. und 8. Jahrhundert entstanden sein, indem führende athenische Familien sukzessiv in verschiedenen Regionen Brachland kultivieren ließen. So mögen siedlungsgeschichtlich bedingte Besitzverhältnisse in Attika mit dazu beigetragen haben, daß adlige Herren um 600 v. Chr. in verstärktem Maße bestrebt waren, unter Ausnutzung der Not ärmerer Bauern ihre Ländereien zu arrondieren. Motive und Handlungsspielräume dieser Aristokraten sind freilich primär aus den allgemeinen gesellschaftlichen Rahmenbedingungen abzuleiten. Das Streben aristokratischer Herren nach Mehrung ihres Grundbesitzes und nach Gewinnung neuer Quellen des Reichtums war ein gemeingriechisches Phänomen.[45] Da die großen Oikosbesitzer keine ständisch geschlossene Gruppe bildeten, mußten sie auch immer wieder mit der Konkurrenz aufsteigender Familien rechnen, die ihrerseits durch Vergrößerung ihres Grundbesitzes oder sporadische Handelsunternehmungen Reichtum und Prestige und damit einen neuen sozialen Rang gewannen und Anspruch auf Zugehörigkeit zur Führungsschicht erhoben. Rivalität und Konkurrenzdruck und der hiermit verbundene Zwang zur Statusdemonstration als Form der Selbstdarstellung und als Beweis für die eigene herausgehobene Position waren Faktoren, die in erheblichem Maße dazu beitrugen, daß einerseits die Rangunterschiede innerhalb einer prinzipiell „offenen" und sich auch in ihrer Zusammensetzung partiell verändernden Oberschicht fließend waren und sich z. T. auch vergrößerten, während andererseits wohl auch eine Reihe von Aristokraten im Verhalten ihrer eigenen Standesgenossen gegenüber verarmten Bauern maßlose Hybris sah. Solon war schwerlich der einzige Angehörige der athenischen Oberschicht, der dies kritisierte. Andernfalls hätte er in diesen Kreisen kaum Unterstützung gefunden. Durch die damalige Praktizierung des Schuld-

---

[45] Generell zu diesen kompetitiven Elementen archaischer griechischer Adelsethik Stahl, Aristokraten 86 ff.; Stein-Hölkeskamp, Adelskultur 104 ff.

rechts zeichnete sich jedenfalls eine Entwicklung ab, die zu erheblichen Veränderungen in der gesellschaftlichen Ausgangskonfiguration der archaischen Polis führen konnte, wenn auch die Zahl der bereits versklavten Athener wohl nicht übermäßig groß war.

Die Ursachen der Verschuldung werden in den Quellen nicht genannt. Da die athenische Münzprägung wohl erst einige Jahrzehnte nach den solonischen Reformen begann,[46] ist anzunehmen, daß Naturalschulden aufgenommen wurden, wenn z. B. ein kleiner Landwirt Getreide für die Aussaat oder zur Ernährung seiner Familie für eine gewisse Übergangszeit bis zur nächsten Ernte benötigte. Ob und inwieweit ein Rückgang der Getreideproduktion etwa durch Ausweitung der Olivenkulturen, durch eine Erschöpfung des Bodens infolge primitiver Bewirtschaftung (mangelhafte Düngung und Monokultur) oder durch Störungen im Wasserhaushalt nach größeren Rodungen eine Rolle spielte,[47] bleibt völlig offen, zumal zweifellos nicht alle Landwirte in Bedrängnis gerieten. Betroffen waren eben vor allem Kleinbauern, deren Land die Familie in Notzeiten nicht nährte. Die Parzellierung des Bodens durch Erbteilungen infolge des Bevölkerungswachstums ist indes quantitativ nicht faßbar. Im übrigen war Attika um 600 keineswegs übervölkert. Abgelegene Täler im Süden sind z. B. erst ein Jahrhundert später besiedelt worden.[48] Eigentliche Landnot kann daher kaum die Ursache der Krise gewesen sein. Allerdings ist zu berücksichtigen, daß Kultivierung und Rodung und vor allem die Anlage neuer Olivenhaine akute Not nicht kurzfristig lindern können.

Die Aufnahme von Schulden war nicht gleichbedeutend mit der Verpfändung der eigenen Person, wie dies in der aristotelischen Athenaion Politeia (2,2) angenommen wird, wo es heißt, daß bis zum Archontat Solons „alle auf den Leib borgten", d. h. mit der eigenen Person für die Anleihe bürgten. Vielmehr hatte – wie E. Ruschenbusch gezeigt hat – der Gläubiger das Recht des Zugriffs auf die Person des Schuldners, wenn dieser seinen Verpflichtungen nicht nachkam.[49] Zahlungsverzug wurde als Aneignung fremden Eigentums gewertet und galt dementsprechend als eine Art Diebstahl. Die

---

[46] Dazu etwa M. R.-Alföldi, Riflessioni sulla riforma monetaria cosidetta soloniana, Boll. Num. 8 (1987) 9–17; P. Musiolek, Zur Problematik der Solonischen Reformen, in: Herrmann – Köhn, Familie 448–451.

[47] Diese ökologischen Aspekte erörtert A. French, The Economic Background to Solon's Reforms, CQ 50 (1956) 11 ff.; ders., Athenian Economy 10 ff. Vgl. ferner etwa Langdon, Hymettos 91. Anders T. W. Gallant, Agricultural Systems, Land Tenure, and the Reforms of Solon, BSA 77 (1982) 116, der auf die Bedeutung der Brache hinweist.

[48] Lohmann, Atene 285 ff. Anders E. Ruschenbusch, Historia 40 (1991) 375–378, der „Übervölkerung in archaischer Zeit" vermutet.

[49] Ruschenbusch, Untersuchungen 30 f.; 40 ff.; ders., Über das Bodenrecht im archaischen Athen, Historia 21 (1972) 755. – Gleichsam aus der Sicht des Gläubigers

strikte, gleichsam aggressive Auslegung eines an sich unbestrittenen Rechtsanspruchs des Gläubigers war zweifellos nicht der einzige Weg zur Regelung dieses Problems. Hesiod erwähnt die Nachbarschaftshilfe für Bauern, die in Not waren: Wer geborgte Nahrungsmittel nicht wieder zurückerstattet, verliert zwar seinen guten Ruf, wird aber nicht versklavt. In aller Regel wird ein einfacher Bauer auch kaum die Möglichkeit gehabt oder die Unverfrorenheit besessen haben, einen in seiner Schuld stehenden Nachbarn regelrecht zu knechten. Diese Hemmschwellen wurden demgegenüber vor dem Archontat Solons von gewissen aristokratischen Oikosherren in Attika überwunden, die keine Bedenken hatten, Angehörige ihrer Polisgemeinschaft und ihrer Phylen und quasi-familiären Vereinigungen der Phratrien zu knechten, als Nachbarschaftshilfe zur Linderung von Not vielfach nicht mehr ausreichte. Offensichtlich handelte es sich nicht um einen sich über Generationen erstreckenden Prozeß der Versklavung ärmerer Bevölkerungsschichten. Solon repatriierte im Zuge seiner Reformen im wesentlichen neuversklavte athenische Bürger, die ohne weiteres wieder in die Polisgemeinschaft integriert werden konnten. Wenn er darauf hinweist, daß die in der Fremde lebenden Athener zum Teil nicht mehr attisch sprachen, so mag dies eine poetische Übertreibung sein, die nicht allzu wörtlich interpretiert werden sollte. Der Kontext läßt kaum darauf schließen, daß diese Leute bereits als Sklaven, d.h. als Kinder versklavter Athener in anderen Poleis geboren waren. Sie galten offenbar noch als gebürtige Athener.

Im übrigen praktizierten reiche Oikosbesitzer wohl nicht in jedem Fall sofort die Personalexekution, wenn verarmte Bauern nicht fristgerecht ihre Schulden abtragen konnten. Solon zählt nicht nur die Befreiung versklavter Schuldner, sondern auch die Entfernung der sogenannten Markierungssteine (Horoi) zu den großen Errungenschaften seiner Reformen. Die spätere Überlieferung differenziert nun zwischen den eigentlichen Schuldsklaven und den sogenannten Hektemoroi („Sechstelteiler"; „Sechstelbauern"), ohne allerdings diese zweite Kategorie klar zu definieren oder die Entstehung ihres Abhängigkeitsverhältnisses zu erklären. Offensichtlich konnten unsere beiden Hauptquellen – Aristoteles bzw. der Autor der Athenaion Politeia und Plutarch – die Institution der Hektemoroi nicht mehr exakt beschreiben. Nach der Athenaion Politeia 2,2 waren die Armen mit ihren Frauen und Kindern den Reichen unterworfen: „Sie wurden Pelatai (Dienstleute) und Hektemoroi genannt, weil sie für diese Abgabe (ein Sechstel ihrer Ernteerträge?) die Äcker der Reichen bebauten..., und wenn sie die Abgabe nicht leisten konnten, wurden sie und ihre Kinder als Schuldknechte versklavt." Plutarch (Solon 13,4–5) glaubt zu wissen, daß die Ange-

---

skizziert E.M. Harris CQ 82 (1988) 380, das Problem der Zahlungsunfähigkeit des Schuldners.

hörigen des gesamten nicht zum Adel zählenden Demos entweder für die Reichen das Land unter Ablieferung des Sechstels der Erträge bebauten und deshalb Hektemoroi oder Theten (Lohnarbeiter) hießen oder aber als Schuldsklaven teils in Attika, teils in der Fremde dienen mußten.

Diese verworrenen Angaben sind in der Forschung unterschiedlich erklärt worden.[50] Die Hauptprobleme sind hier die Entstehung des Hektemorats, die Eigentumsverhältnisse und die wirtschaftliche und rechtliche Stellung der Hektemoroi, die man als Hörige, Pächter, Teilbauern, Lohnarbeiter oder abgabenpflichtige Schuldner gedeutet hat. Ein bis in die „Dunklen Jahrhunderte" zurückreichendes erbliches Hörigkeitsverhältnis ist indes auszuschließen,[51] da Solon keine seit langer Zeit bestehende Abhängigkeit attischer Landbewohner, sondern eine akute Krise beschreibt. Zu den von Schuldenlast bedrückten Athenern sind daher auch die Hektemoroi zu zählen. Wenn Solon sich rühmt, „geknechtetes Land" befreit zu haben, so ist dies auf den von Hektemoroi bearbeiteten Grund und Boden zu beziehen. Die Hektemoroi konnten über dieses Land nicht mehr verfügen, erhielten es aber von Solon zu freiem Eigentum zurück. Aus diesem Grund können die von den Hektemoroi bestellten Äcker kein altes Eigentum großer Oikosbesitzer gewesen sein. Auf den Parzellen der Hektemoroi scheinen auch die Markierungssteine als sichtbare Zeichen der Belastung gestanden haben. Der kaiserzeitliche Lexikograph Pollux (VII 151) definierte im 2. Jahrhundert n. Chr. unter Berufung auf Solon den Begriff ἐπίμορτος γῆ als „abgabenpflichtiges Land", d. h. der Bauer, der diesen Grund und Boden bearbeitete, hatte einen Teil seiner Erträge abzuliefern.

---

[50] Einen informativen Überblick über den älteren Stand der Forschung bietet Rhodes, Commentary 90ff. Zum weiteren Gang der Diskussion vgl. jetzt D. Lotze, Grundbesitz und Schuldverhältnisse im vorsolonischen Attika, in: Herrmann – Köhn, Familie 442–447. Siehe ferner den ausführlichen Diskussionsbeitrag von M. Sakellariou zu dem Referat von C. Mossé, Les dépendants paysans dans le monde grec à l'époque archaïque et classique, in: Terre et paysans 85–97 (Sakellarious Beitrag ebd. 99–113).

[51] Alte Abhängigkeitsverhältnisse werden insonderheit in der angelsächsischen Forschung vermutet. Vgl. etwa W. G. Forrest, The Emergence of Greek Democracy, London 1966, 144ff. = Wege zur hellenischen Demokratie, München 1966, 147ff.; Rhodes, Commentary 94; O. Murray, Das frühe Griechenland, München 1982, 242 (engl. 1980); W. Beringer, 'Servile Status' in the Sources for Early Greek History, Historia 31 (1982) 31; vgl. dens., Freedom, Family, and Citizenship in Early Greece, in: Eadie – Ober, Ancient Historian 42f.; Morris, Burial 205–207; E. M. Wood, Peasant-Citizen and Slave. The Foundations of Athenian Democracy, London – New York 1988, 94f. H. Ando, A Study of Servile Peasantry of Ancient Greece: Centering around Hektemoroi of Athens, in: Yuge – Doi, Control 323–330, vergleicht das Hektemorat unzutreffend mit der Helotie.

Die innere Krise vor dem Archontat Solons 157

Pollux bezieht sich hier in Übereinstimmung mit anderen späten Lexikographen auf die attischen Hektemoroi. Obgleich es nicht sicher ist, ob die Bezeichnung „epimortos Ge" aus einem solonischen Gesetz stammt, das den künftigen Status der Hektemoroi regelte, ist die Lösung des Problems wohl darin zu sehen, daß verarmte Bauern einer drohenden Überschuldung und der damit verbundenen Gefahr der Versklavung durch die Verpflichtung zu entgehen suchten, einem „Gläubiger" in Zukunft (oder für einen längeren Zeitraum) bestimmte Ernteerträge abzuliefern.[52] Das Land des betreffenden Bauern wird dann durch einen Horos-Stein markiert worden sein, damit der Empfänger der genannten Leistungen sicher sein konnte, daß der Hektemoros nicht bei einem Dritten weitere Anleihen aufnahm und von diesem eventuell versklavt wurde, falls er die geborgten Naturalien nicht zurückerstattete. Dies schloß indes nicht aus, daß ein Hektemoros letztlich doch Schuldsklave wurde, wenn er weiter verarmte und die übernommenen laufenden Verpflichtungen nicht mehr Jahr für Jahr erfüllen konnte. Möglicherweise bezieht sich auf solche Fälle die Bemerkung Solons,[53] daß

---

[52] Aristot. Ath. Pol. 2,2 sagt nicht eindeutig, um welchen Betrag es sich bei dieser Abgabe handelte. Nach Plutarch Sol. 13,4 gaben die Hektemoroi ein Sechstel ab. Eustathios ad Od. 19,28 behauptet demgegenüber, daß sie fünf Sechstel abführen mußten, während die Angaben bei Hesych s. v. Hektemoroi und Schol. Plat. Eutyphr. 4 c unklar sind. In der althistorischen Forschung hat die Version des Eustathios wenig Zustimmung gefunden. Sie wurde u. a. übernommen von Woodhouse, Solon 42ff., der betonte, daß der Ausdruck Hektemoros nur eine Person bezeichnen kann, die ein Sechstel behält. Hiergegen wurde mit Recht geltend gemacht, daß der betreffende Bauer hiervon nicht leben konnte (K. v. Fritz, The Meaning of Hektemoros, AJPh 61, 1940, 54–62; ders., Once More the Hektemoros, ebd. 64, 1943, 24–43; N. Lewis, Solon's Agrarian Legislation, ebd. 62, 1941, 144–156). Das philologische Argument von Woodhouse ist neuerdings wieder aufgenommen worden von T. W. Gallant, BSA 77 (1982) 123f. (oben Anm. 47), der vermutet, daß die Hektemoroi Kleinbauern waren, die auf größeren Gütern Dienste zu leisten hatten und hierfür ein Sechstel der von ihnen erarbeiteten Erträge erhielten. Diese Hypothese ist schon deshalb unwahrscheinlich, weil Gallant für den Begriff μίσθωσις bei Aristot. Ath. Pol. 2,2 zwei verschiedene Bedeutungen („Lohn" und „Arbeit") in demselben Satz annehmen muß. Unbewiesen bleibt auch Gallants Annahme, daß freie Bauern versklavt worden seien, wenn sie ihre (angebliche) Arbeitspflicht auf großen Gütern nicht erfüllt hätten. Daß ein „Ernteanteil" als „Lohn" zu verstehen sei, bestreitet mit Recht Lotze, a. a. O. 445 (oben Anm. 50), der zu dem Schluß kommt, daß die Forschungskontroverse über die Höhe der Abgaben gegenstandslos wird, „wenn man in der Bezeichnung 'Sechstler' nur den Bezug auf die Berechnung der Anteile entsprechend dem in Sechstel gegliederten Maßsystem sieht, ohne daß damit die jeweilige Anzahl der Sechstel festgelegt war". Vgl. auch Oliva, Solon 26, und F. J. Frost, Attic Literacy and the Solonian Seisachtheia, AncW 15 (1987) 58.

[53] Frgm. 30, 9 Gentili-Prato = 24 Diehl.

Athener „unrechtmäßig" versklavt wurden, denn die Vereinbarung, die zwischen einem Hektemoros und einem „Gläubiger" getroffen worden war, sollte ja zunächst gerade ein Absinken in die Schuldknechtschaft verhindern. Die nach den Worten Solons „zu Recht" versklavten Athener scheinen demgegenüber Kleinbauern gewesen zu sein, denen es nicht gelungen war, die genannten Abmachungen zu erreichen, so daß sie dem Zugriff eines „Gläubigers" unmittelbar ausgesetzt waren, wenn sie Anleihen nicht zurückerstatten konnten.

Vermutlich war das Hektemorat zunächst eher eine Alternative zur Personalexekution des Schuldrechts, indem der Gläubiger dem Schuldner die Möglichkeit bot, Darlehen langfristig durch regelmäßige Abgaben abzutragen. Der Gläubiger hatte hierbei wahrscheinlich einen größeren Gewinn als beim „Verkauf" eines Schuldners in die Sklaverei. Wenn bestimmte Gläubiger dann doch mehr und mehr die Personalexekution praktizierten, mögen sie bestrebt gewesen sein, sich auch das Land ihrer Schuldner anzueignen, das nach einer Versklavung des Hofbesitzers von dessen Familie wohl in aller Regel nicht mehr gehalten werden konnte.[54]

Auf dem Höhepunkt der Krise wurde Solon 494 zum Archon und Diallaktes („Versöhner") gewählt. Er stammte aus einer alten Familie der athenischen Oberschicht, galt aber als „Mann der Mitte", als er die Vollmacht erhielt, einen Ausgleich zwischen den verfeindeten Gruppen und Schichten in der Polis herbeizuführen und neue Gesetze zu fixieren.[55] Seine Kritik am

---

[54] Es ist kaum anzunehmen, daß es in Attika unveräußerliches Land in privater Hand gab, wie u. a. Woodhouse, Solon 74ff., J. V. A. Fine, Horoi: Studies in Mortgage, Real Security, and Land Tenure in Ancient Athens, Hesperia Supplem. 9, Princeton 1971, 179ff., und N. G. L. Hammond, JHS 81 (1961) 76-98 (= Hammond, Studies in Greek History, Oxford 1973, 104–141) angenommen haben. – Aus der Angabe Aristot. Ath. Pol. 2,2, daß man bis auf Solon für Anleihen seine Person verpfändet habe, schließt J. K. Davies, Wealth and the Power of Wealth in Classical Athens, Salem, New Hampshire 1984, 40, das Land sei zumindest de facto unveräußerlich gewesen. Offensichtlich liegt aber bei Aristot. Ath. Pol. 2,2 ein Mißverständnis vor. Der Gläubiger konnte zweifellos aufgrund seines Zugriffsrechts den zahlungsunfähigen Schuldner versklaven. – Nicht verifizierbar ist die These Manvilles, Citizenship 128, daß "gene, phratriai, and other regional associations had ultimate (if sometimes distant) control over most plots worked by individual oikoi". Ebensowenig gab es in Attika „ein Bodeneigentumsmonopol für eine adlige Oberschicht". Vgl. D. Lotze, Spielräume sozialer Mobilität in Athen und Sparta, Klio 72 (1990) 137.

[55] Die in der Forschung verschiedentlich vertretene These, daß die Gesetzgebung Solons auf etwa 580/70 herabzudatieren sei (so u. a. Hignett, Athenian Constitution 316ff.; Sealey, City States 121–123; ders., Zum Datum der solonischen Gesetzgebung, Historia 28, 1979, 238ff.), hat R. W. Wallace, The Date of Solon's Reforms,

Lebensstil dominierender Aristokraten hatte mit dazu beigetragen, daß diese Gruppe in die Isolierung geraten war und die Machtergreifung eines Usurpators befürchten mußte, wenn ihnen in der gespannten Atmosphäre die Kontrolle über die Polisinstitutionen entglitt und ein „abtrünniger" Aristokrat es verstand, sich als Anwalt des Demos zu gerieren. In Athen waren sicherlich der Sturz des Adelsregimes in Megara durch den Tyrannen Theagenes sowie die Usurpation des Kypselos von Korinth, der Güter der bis dahin herrschenden Adelshäuser der Bakchiaden „konfisziert" hatte,[56] noch in lebhafter Erinnerung, und Ereignisse wie die Exzesse beim Sturz des Regimes der großen Grundbesitzer (Geomoren) auf Samos kurz nach 600[57] sowie die damaligen Machtkämpfe auf Lesbos[58] führten der athenischen Führungsschicht eindringlich die Folgen innerer Wirren vor Augen. Diese Gefahr schien aus ihrer Sicht nur noch Solon bannen zu können, der entschieden Parteikämpfe (Staseis) und Tyrannis ablehnte. Durch seine Mahnungen war Solon aber vor allem auch zum Hoffnungsträger breiter Schichten des Demos geworden.

Die in Athen und Attika herrschende Empörung über das Verhalten einer Spitzengruppe von „Führern" des Demos scheint nämlich eine selbstläufige Dynamik entwickelt zu haben, denn es ging zuletzt nicht mehr allein darum, die bereits geknechteten oder am Rande des Existenzminimums lebenden Athener aus ihrer Abhängigkeit zu befreien und die Ursachen ihrer rechtlichen und sozialen Deklassierung zu beseitigen. Sehr viel gefährlicher für den Bestand der Polisordnung war inzwischen ein Explosivstoff ganz anderer Art, die Forderung, daß allen Athenern gleicher Anteil (Isomoiria) am Landbesitz gewährt werden sollte. Diese Parole, die nicht mehr allein das Problem der Hektemoroi und Schuldknechte betraf, sondern auf eine Neuverteilung des gesamten Grund und Bodens abzielte, wurde vermutlich erst unmittelbar vor der Berufung Solons erhoben. Jedenfalls war die Stimmung

---

AJAH 8 (1983) 81–95, überzeugend zurückgewiesen. Ob die gesamte Gesetzgebung am Ende des Archontats (594/93) völlig abgeschlossen war, ist eine andere Frage.

[56] Hdt. V 92 ε 2; Nikolaos von Damaskos FgrHist 90 F 57,7. Dazu Berve, Tyrannis I 17; II 523.

[57] Plut. Mor. 303 E – 304 C. Die Erhebung wurde von samischen Flottenführern nach ihrem Sieg über die megarische Flotte (im Kampf um Perinth) inszeniert. Da die Niederlage der Megarer wahrscheinlich die von Solon initiierte athenische Intervention auf Salamis zur Folge hatte, sind die von Plutarch beschriebenen Ereignisse wohl in die frühen neunziger Jahre zu datieren. Vgl. Legon, Megara 122. Wenig wahrscheinlich ist der Ansatz von G. Shipley, A History of Samos 800–188 BC, Oxford 1987, 52, Anm. 21, der das athenische Unternehmen gegen Salamis in das Archontat Solons datiert und annimmt, daß die megarische Flotte sich damals noch im Einsatz gegen Samos befand.

[58] Vgl. Berve, Tyrannis I 91 ff.

breiterer Schichten, die das Schicksal versklavter Schuldner vor Augen hatten, immer bedrohlicher geworden. Es bleibt allerdings offen, von welcher Seite die Parole der Isomoiria ins Spiel gebracht worden ist. Nach Plutarch (Solon 14,4) soll Solon selbst durch den Ausspruch, Gleichheit führe nicht zum Krieg, sowohl bei den Besitzenden als auch bei den Besitzlosen Zustimmung gefunden haben, weil die Reichen erwarteten, daß Solon „Gleichheit nach Würde und Tüchtigkeit" gewährleiste, während die Armen hofften, gleichen Besitzanteil „nach Maß und Zahl" zu erhalten. Diese Erklärung ist zweifellos anachronistisch. Sie geht offensichtlich auf Diskussionen des 4. Jahrhunderts über das Problem der arithmetischen und proportionalen Gleichheit im politischen Bereich zurück und kann daher außer Betracht bleiben. Nicht auszuschließen ist allerdings, daß Solon vor seiner Wahl Gerüchten über eine neue Landverteilung nicht energisch genug entgegengetreten ist.

Die Parole der Isomoiria war in der vorsolonischen Krise keineswegs originell in Griechenland. Sie wurde nach Aristoteles (Politik 1306b 36ff.) bereits im späten 7. Jahrhundert während des zweiten Messenischen Krieges vom spartanischen Demos erhoben. Die inneren Spannungen zwischen der breiten Masse der Spartiaten und einer reichen Oberschicht konnten schließlich durch den Sieg Spartas über die Messenier überwunden werden. Die Spartiaten erhielten zusätzlich zu ihren von lakonischen Heloten bebauten Ländereien (Klaroi) in Südlakonien weiteren Landbesitz in Messenien, der von unterworfenen und nunmehr ebenfalls helotisierten Messeniern bearbeitet wurde,[59] so daß die spartanischen Aristokraten nicht auf ihre umfangreichen Besitzungen zu verzichten brauchten. Eine ähnliche Lösung sozialer Probleme durch Expansion war natürlich für die Polis Athen nicht möglich. Eine allgemeine Neuregelung des Landbesitzes in Attika selbst widersprach aber dem Programm der Eunomia, dem solonischen Ideal einer auf traditionellen Normen beruhenden Ordnung, in der die hohen Polisämter der Oberschicht vorbehalten bleiben sollten. Da der große Grundbesitz die wirtschaftliche Basis dieser Führungsschicht darstellte, wäre Solon mit unlösbaren Problemen konfrontiert worden, wenn er eine Nivellierung der Besitzunterschiede angestrebt hätte. Es gab nach Lage der Dinge überhaupt keine Alternative zum damaligen Führungssystem. Kein Hopliten-Bauer hätte die Mittel und das erforderliche Sozialprestige zur Ausübung von hohen Führungsfunktionen besessen. Im übrigen wäre durch Enteignungen großen Stils zweifellos ein offener Bürgerkrieg ausgelöst worden. Insofern bestand durchaus eine Korrelation zwischen den politischen Ordnungsvorstellungen Solons und seinen sozialen Maßnahmen, die

---

[59] F. Kiechle, Messenische Studien, Kallmünz 1959, 56ff.; ders., Lakonien und Sparta, München 1963, 203ff.

Not und Elend im Demos zu lindern suchten, ohne daß die führenden Familien einen Teil ihrer ererbten Besitzungen an die breite Masse abtreten mußten.

5. Die Reformen Solons

a) Seisachtheia

Solon wertete die von ihm verfügte allgemeine Schuldentilgung und Beseitigung der Schuldknechtschaft als seine wichtigste Leistung. Die Seisachtheia (Lastenabschüttlung) – wie die Aufhebung der Schulden im Sprachgebrauch der solonischen Zeit bezeichnet wurde – bedeutete aber für Teile des Demos letztlich eine Enttäuschung, weil man eben mehr erhofft und von Solon größere Landzuweisungen aus dem Besitz der Reichen erwartet hatte.[60] Solon verstand demgegenüber die Seisachtheia als integralen Bestandteil seines Gesamtwerkes. Seine Maßnahmen im Agrarbereich sind daher von seinen weiteren Maßnahmen zur Konsolidierung der Polis nicht zu trennen. Um dem Demos diesen Zusammenhang klarzumachen, kontrastiert Solon in seinem ›Rechenschaftsgedicht‹ das Elend der Ärmsten vor den Reformen mit ihrer Befreiung aus Abhängigkeit und Schuldsklaverei (Frgm. 30 Gentili-Prato). Während er der eigentlichen Gesetzgebung nur zwei Zeilen widmet, indem er auf die Gleichbehandlung von arm und reich in der durch seine Satzungen garantierten Rechtspflege hinweist, schildert er ausführlich das Schuldenproblem und die Seisachtheia. Hierbei spricht er im Kontext mehrfach generell vom Demos und betont, daß er das dem „Volk" in Aussicht gestellte Ziel auch erreicht habe. Möglicherweise entstand hierdurch in der von Plutarch und der aristotelischen Athenaion Politeia repräsentierten Überlieferung der Eindruck, daß mit der Seisachtheia eine allgemeine Emanzipation der breiten Masse der Bauern verbunden war.

Zunächst ist zu beachten, daß die befreiten Bauern als Gruppe zweifellos nicht generell mit jenen Unzufriedenen identisch sind, die nach den Worten Solons ihren Besitz durch „Raub" zu mehren trachteten, d. h. eine Aufteilung der Güter der Reichen verlangten.

[60] F. Cassola, La proprietà del suolo in Attica fino a Pisistrato, PP 28 (1973) 75–87 (insonderheit 81), vermutet, daß die sog. Reichen sich Ländereien im Besitz der Polisgemeinschaft und der Tempel angeeignet hätten und Solon dieses Land dann neu verteilt habe. Ob die von Solon Frgm. 3,12–13 Gentili-Prato erwähnten „Räubereien" gewisser Athener auf die Aneignung von öffentlichem Land zu beziehen sind, bleibt indes zweifelhaft. Im übrigen ist von einer Neuverteilung von Ländereien in den Quellen nirgendwo die Rede. Vgl. jetzt H. Brandt, Γῆς ἀναδασμός und ältere Tyrannis, Chiron 19 (1989) 210f.

Da die Zahl der reichen attischen Grundbesitzer mehr oder weniger begrenzt war und wohl kaum alle Aristokraten das Schuldrecht rigoros praktizierten, können andererseits nicht Tausende von Kleinbauern versklavt worden sein. Die meisten in Abhängigkeit geratenen Bauern waren offenbar Hektemoroi geworden, wie Solons Ausführungen über die „Befreiung des Landes" und die Beseitigung der Horoi vermuten lassen. Aber auch die Zahl der Hektemoroi scheint sich in Grenzen gehalten zu haben. Aus den Ausführungen Solons ist jedenfalls zu schließen, daß die Oberschicht die Beseitigung des Hektemorats und die Befreiung der Schuldsklaven eigentlich nicht als tiefen Eingriff in ihre Besitzrechte empfinden konnte. Solon erwartete geradezu den Dank der „mächtigen Herren" für seine moderate Regelung der brisanten Agrarfrage, während er in seinem ›Rechenschaftsgedicht‹ scharf auf die Kritik jener Unzufriedenen reagierte, die eine Neuverteilung des gesamten Bodens erwartet hatten.

Die Seisachtheia bestand somit in einer einfachen Annullierung aller Schulden und „Lasten" einschließlich der Abgabenpflicht der Hektemoroi, die nach Beseitigung der Horoi wieder frei über ihr Land verfügen konnten. Gleichzeitig wurde allen geflüchteten Schuldnern Amnestie gewährt. Wahrscheinlich erhielten sie – soweit dies möglich war – ebenso wie die in Attika verbliebenen und nunmehr emanzipierten Schuldsklaven ihren alten Landbesitz zu vollem Eigentum zurück. Schwierig war zweifellos die Rückführung der bereits in andere Gemeinwesen verkauften Athener. Diese Maßnahme hat sicherlich längere Zeit in Anspruch genommen. Es ist indes nicht bekannt, wie der Freikauf erfolgte und inwieweit es gelang, diese Schuldsklaven ausfindig zu machen. Relativ problemlos war demgegenüber die Wiedereingliederung der Hektemoroi und der in Attika lebenden Schuldknechte in den politischen Verband der Polisgemeinschaft. Die Hektemoroi waren wahrscheinlich sogar rechtlich gesehen Angehörige des Demos geblieben, da ihre Verpflichtungen – wie gesagt – wohl noch nicht zum Verlust der persönlichen Freiheit geführt hatten. Aber auch die Schuldsklaven galten natürlich noch als Athener und konnten insofern ohne weiteres wieder in den freien Demos aufgenommen werden.

Die Amnestie für flüchtige Schuldner und das Verbot des Zugriffs auf die Person eines zahlungsunfähigen Schuldners wurden in die allgemeine Gesetzgebung Solons aufgenommen. Die Aufhebung des Zugriffsrechts bedeutete zugleich die Beseitigung der Institution der Schuldknechtschaft in Athen. Damit wurden für die Zukunft die schlimmsten Folgen der Verarmung vermieden. Solon verhinderte hierdurch, daß Teile des Demos wieder in die Unfreiheit absinken konnten. Hierin liegt die große historische Bedeutung seiner Maßnahmen im Agrarbereich. Andererseits blieben freilich mittlere und kleine Höfe typisch für die attische Landwirtschaft. Karge Ernten und wohl auch Erbteilungen waren permanente Probleme attischer Bauern, die an ihrem langen Arbeitstag schwere körperliche Arbeit leisten mußten.[61] Bereits bei den Reformen des Kleisthenes spielten aber wirtschaftliche Gravamina der freien Landbevölkerung offensichtlich keine Rolle mehr, obwohl bis dahin noch nicht eine größere Zahl von Athenern außerhalb Attikas mit Land versorgt werden konnte. Wahrscheinlich sind innerhalb Attikas im Laufe des 6. Jahrhunderts die Anbauflächen erweitert worden. Der Bauernstand blieb jedenfalls die eigentliche demographische Basis Athens, das im frühen 5. Jahrhundert eine Hoplitenstreitmacht von etwa 8000–9000 Mann aufbieten konnte, die überwiegend aus Bauern bestand. Sicherlich waren auch in nachsolonischer Zeit noch Landbesitzer vom Verlust ihres Oikos bedroht. Die Existenz eines freien Bauerntums wurde hierdurch aber nicht mehr in Frage gestellt.

Schwer zu beurteilen ist das Problem möglicher Auswirkungen der Seisachtheia auf die Sklavenhaltung in der attischen Landwirtschaft. Wenn sich die Zahl der Schuldknechte athenischer Herkunft vor dem Archontat Solons in Grenzen gehalten hat, ist allerdings kaum anzunehmen, daß nach der Seisachtheia plötzlich ein großer Bedarf an auswärtigen Sklaven entstand. Die Zahl der in der Landwirtschaft (und im Gewerbe) beschäftigten Unfreien ist im Laufe des sechsten Jahrhunderts allenfalls allmählich gestiegen, und die Arbeitsbedingungen der Sklaven haben sich kaum geändert.

Insgesamt gesehen stellte Solons Seisachtheia somit zwar keine umfassende Agrarreform mit strukturellen Neuerungen in der Landwirtschaft dar. Dennoch handelte es sich um eine der folgenreichsten und wichtigsten Maßnahmen in der Geschichte Athens.[62] Die Gefahr einer kontinuierlichen Reduzierung der Bürgerzahl durch Versklavung überschuldeter Mitglieder der Gemeinschaft war gebannt. Solon hat durch seine Seisachtheia nicht nur eine akute Krise entschärft, sondern auch langfristig die Sozialstruktur der athenischen Bürgerschaft stabilisiert. Ziel der Seisachtheia war aus seiner Sicht die Sicherung des inneren Friedens. Unter diesem Aspekt ist auch der Gesamtkomplex seiner Gesetzgebung und Rechtsordnung zu sehen.

---

[61] Vgl. G. Audring, Über Grundeigentum und Landwirtschaft in der Krise der athenischen Polis, in: E. Ch. Welskopf (Hrsg.), Hellenische Poleis. Krise – Wandlung – Wirkung, I, Berlin 1974, 115.
[62] P. Spahn, Oikos und Polis. Beobachtungen zum Prozeß der Polisbildung bei Hesiod, Solon und Aischylos, HZ 231 (1980) 549.

b) Rechtsordnung

Solons Rechtsaufzeichnungen waren von einer frappierenden Vielfalt. Sie basierten aber nicht auf einer logisch-abstrakten Systematisierung des materiellen Rechts. Ebensowenig enthielten sie ein „Verfassungsgrundgesetz".[63] Solons Ziel war nicht die Entwicklung eines Systems von Normen oder die Konstituierung einer in die Zukunft weisenden Polisordnung, sondern die Konsolidierung der durch Staseis bedrohten Gemeinschaft. Dies erforderte zwar neben der Fixierung bewährter Verfahrensweisen in der Rechtspflege auch neue Regelungen in Anpassung an den allgemeinen wirtschaftlichen und gesellschaftlichen Wandel sowie die Einrichtung neuer öffentlicher Organe des Personenverbandes zur Bewältigung gemeinsamer Aufgaben. Eine bedeutende institutionelle Neuerung – die sog. Heliaia („Volksgericht") – war aber eher die Konsequenz einer Gesetzgebung, die größere Rechtssicherheit für alle Angehörigen der Polisgemeinschaft garantieren sollte.

Dementsprechend wurde auch das Prozeßrecht präzisiert bzw. überhaupt erst fixiert (wenn man von dem weiterhin gültigen „Blutrecht" und wohl auch einigen weiteren Bestimmungen Drakons absieht). „Recht" erhielt in Athen gleichsam eine neue „staatliche" Qualität, indem die schriftlich fixierten Satzungen unabhängig von den rechtsprechenden Personen immer wieder auf bestimmte Fälle angewendet werden konnten. Gesetze und Regelungen, deren Nichtbeachtung nachteilige Folgen hatte und für deren Durchsetzung zentrale Instanzen zuständig waren, wurden allgemein verbindlich. So manifestiert sich in der Gesetzgebung Solons nicht nur eine spezielle Form der Krisenbewältigung, sondern auch eine Konsolidierung der Staatlichkeit der Polisgemeinschaft. Die Übertragung besonderer Kompetenzen an den Gesetzgeber setzt bereits ein entwickeltes institutionelles Instrumentarium voraus, während die Durchführung der Reformen das Gefüge der Polisinstitutionen weiter festigte. Insofern ist die Gesetzgebung Solons aber auch in den allgemeinen Entwicklungsprozeß der griechischen Polis einzuordnen. Obwohl die einzelnen Gemeinwesen trotz steigender Bevölkerungszahl den typischen Charakter einer Kleingesellschaft gewahrt hatten, war durch die sukzessive Institutionalisierung öffentlicher Organe das Gemeinschaftsleben zunehmend komplexer geworden, während die wirtschaftliche Misere des niederen Demos sowie eine Übersteigerung der kompetitiven Elemente griechischer Adelsethik und daraus resultierende Staseis zur Entstehung neuen Konfliktpotentials geführt hatten. Durch den hierdurch bedingten spezifischen Bedarf an allgemein verbindlichen Regeln

---

[63] Ruschenbusch, Solonos Nomoi 26, und zuletzt Stahl, Aristokraten 193, der allerdings annimmt, daß in Athen „noch gänzlich die Voraussetzungen staatlicher Existenz" fehlten.

für die innere Organisation der Gemeinwesen erhielten die Entwicklung der Polisinstitutionen und die Ausdifferenzierung ihrer Kompetenzen weitere starke Impulse.

Die neuen Satzungen Solons wurden durch Veröffentlichung allen Polisangehörigen zugänglich gemacht. Als Gesetzesträger werden in der Überlieferung „Axones" und „Kyrbeis" genannt. Die solonischen Axones entsprachen zweifellos den drakontischen Gesetzesträgern. Später wurden offenbar Abschriften der solonischen Gesetze in sog. Kyrbeis eingraviert, unter denen wohl aufrecht stehende Bronzestelen mit dreieckigem Grundriß und spitz zulaufender Abdeckung zu verstehen sind.[64]

Einige Gesetze sind als „flankierende Maßnahmen" zur Seisachtheia zu interpretieren. Neben dem schon genannten Verbot des Zugriffs auf die Person des säumigen bzw. zahlungsunfähigen Darlehnsschuldners ist hier vor allem die von Aristoteles erwähnte Beschränkung des Grunderwerbs zu nennen. Ein von Solon festgesetztes Höchstmaß für Landbesitz wird allerdings nicht genannt. Da in der Überlieferung keine weiteren Hinweise auf diese Bestimmungen vorliegen, hat man mehrfach bezweifelt, daß Solon den Privatbesitz in dieser Weise zu reglementieren suchte.[65] Offenbar sollte aber das Gesetz mit dazu beitragen, die Zahl der selbständigen Oikoi zu erhalten.[66] Es entsprach durchaus den Intentionen des Gesetzgebers, wenn er nach seinen Maßnahmen zur Sicherung des freien Bauerntums der Konzentration des Großgrundbesitzes entgegensteuern und nach Möglichkeit verhindern wollte, daß kleinere Höfe von reichen Landbesitzern aufgekauft wurden und die Agrarkrise sich in anderer Form wiederholte.[67]

Die sich aus der Seisachtheia ergebenden aktuellen Probleme erklären

---

[64] Grundlegend hierzu Stroud, Axones. Vgl. auch N. Robertson, Solon's Axones and Kyrbeis and the Sixth-Century Background, Historia 35 (1986) 147–176 (gegen Rhodes, Commentary 131–135, der die Axones mit den Kyrbeis identifiziert). W. R. Connor, AncSoc 19 (1988) 185–188, vermutet, daß die Kyrbeis nur sakrale Gesetze enthielten.

[65] A. Andrewes, CAH III 3 (²1982) 384. Vgl. D. Asheri, Distribuzioni di terre nell'antica Grecia, MAT, Ser. 4 a, Nr. 10, 1966, 69f., der im Anschluß an N. G. L. Hammond, JHS 81 (1961) 83ff., fälschlich davon ausgeht, daß es in Attika unveräußerliches gentilizisches Land, aber auch veräußerliches Bodeneigentum gegeben habe. Siehe dagegen Bourriot, Genos II 760ff.

[66] P. Spahn, HZ 231 (1980) 549f.

[67] Der Zinsfuß soll demgegenüber nach Lys. 10,18 (Ruschenbusch, Solonos Nomoi F 68) nicht fixiert worden sein. Der Lysiastext besagt freilich nicht, daß Solon über die „Unentbehrlichkeit" des Zinsnehmens im Wirtschaftsleben Bescheid wußte und „Anreiz bieten" wollte, „das überschüssige Geld auf diese Weise anzulegen" (Gschnitzer, Griech. Sozialgesch. 78). Geldwirtschaft (in Form der Verwendung von Münzen) ist für die solonische Zeit – um es zu wiederholen – nicht vorauszusetzen.

des weiteren auch Solons Verbot der Ausfuhr von Nahrungsmitteln (mit Ausnahme des Olivenöls). Nach Plutarch stand dieses Gesetz auf dem ersten solonischen Axon.[68] Vermutlich sah der Gesetzgeber hier einen akuten Regelungsbedarf, um eine ausreichende Versorgung der ärmeren Bevölkerungsschichten in der für sie kritischen Übergangsphase nach ihrer Befreiung aus wirtschaftlicher und persönlicher Abhängigkeit zu gewährleisten. Allem Anschein nach sollte diese Bestimmung insonderheit emanzipierten Schuldsklaven, die ihren Landbesitz zurückerhalten hatten, sich aber zunächst noch nicht durch eigene Produktion ausreichend zu versorgen vermochten, einen Neuanfang als selbständig wirtschaftende Bauern erleichtern. Es bleibt offen, wie lange das Ausfuhrverbot gültig blieb bzw. beachtet wurde.[69] Daß Solon hiermit einen dirigistischen Eingriff in das attische Wirtschaftsleben intendierte, ist kaum anzunehmen. Gezielte wirtschafts- oder konjunkturpolitische Maßnahmen lagen außerhalb des Erfahrungsbereichs seiner Zeit.

Aufschlußreich ist in dieser Hinsicht das sog. solonische „Einbürgerungsgesetz", das die Verleihung des athenischen Bürgerrechts an Zuwanderer einschränkte.[70] Nur Verbannte aus anderen Gemeinwesen, denen eine Rückkehr in ihre Heimat verwehrt war, sowie auswärtige Handwerker, die mit ihrer Familie nach Attika übersiedeln und hier dauerhaft ihr Gewerbe ausüben wollten, sollten in den athenischen Polisverband aufgenommen werden und damit auch das Recht erhalten, in Attika Grund und Boden zu erwerben. Da das anbaufähige Land in Attika begrenzt war, suchte Solon offenbar die Einwanderung zu erschweren, indem Zuwanderer nur unter bestimmten Bedingungen naturalisiert werden sollten. Dieses Gesetz gehört daher gleichfalls in den Kontext der Seisachtheia, aus der ein erheblicher Handlungsbedarf zur Stabilisierung der Polisgemeinschaft und zur Erhaltung des Landbesitzes der „Altbürger" resultierte. Hingegen fragt es sich, ob hierdurch eine Forcierung von Handel und Gewerbe erreicht werden sollte, wie man unter Hinweis auf die Ausnahmeregelung für zuwandernde Handwerker gemeint hat.[71] Die Ansiedlung qualifizierter Spezialisten konnte zwar dem einheimischen Handwerk gewisse Impulse geben, nicht

---

[68] Plut. Sol. 24,1 = Ruschenbusch, Solonos Nomoi F 65.
[69] D. Flach, Solons volkswirtschaftliche Reformen, RSA 3 (1973) 13, vermutet eine „befristete Notstandmaßnahme" (im Anschluß an N. G. L. Hammond, The Seisachtheia and the Nomothesia of Solon, JHS 60, 1940, 80), schließt aber nicht aus, daß Solon Versorgungsengpässen zu begegnen suchte, die durch beträchtliche Schwankungen der Getreideernten im Schwarzmeergebiet verursacht worden seien. Eine Abhängigkeit Athens von diesem Markt läßt sich indes nicht beweisen (vgl. oben Anm. 34).
[70] Plutarch Sol. 24,4 = Ruschenbusch, Solonos Nomoi F 75.
[71] Vgl. etwa K.-W. Weeber, Ein vernachlässigtes solonisches Gesetz, Athenaeum 51 (1973) 30–33; Gschnitzer, Griech. Sozialgesch. 78f.

aber die wirtschaftlichen Prozesse tiefgreifend beeinflussen oder die ökonomische Struktur der athenischen Polis grundlegend verändern. Athen wurde nach den solonischen Reformen keine ausgesprochene Gewerbe- oder gar Industriestadt. Die Zahl der eigentlichen Spezialisten war mehr oder weniger begrenzt, so daß die Zuwanderung fremder Handwerker in archaischer Zeit nie eine Massenbewegung werden konnte.[72] Nach Lage der Dinge war daher auch nach dem solonischen Einbürgerungsgesetz kein allzu großer Zustrom zu erwarten. Zudem konnten selbst durch großzügige Maßnahmen zur Ansiedlung auswärtiger Spezialisten erst nach einer gewissen Anlaufzeit zusätzliche Arbeitsplätze entstehen. Solon konnte nicht davon ausgehen, daß bereits unmittelbar nach seiner Gesetzgebung zahlreiche besitzlose Athener durch fremde Handwerker neue Arbeitsmöglichkeiten erhielten. Im übrigen scheinen spezielle Förderungsmaßnahmen für Arbeitslose auch gar nicht dringend erforderlich gewesen zu sein. Eines der wichtigsten Ziele Solons war ja gerade die Restituierung deklassierter Bauern, die ihre ererbten Besitzungen zurückerhalten sollten. Es war nach dieser Maßnahme schwerlich notwendig, noch mehreren tausend unbeschäftigten und völlig besitzlosen Athenern Arbeit zu beschaffen und aus *diesem* Grund die Ansiedlung neuer Gewerbebetriebe zu begünstigen.

Hingegen scheint im einheimischen Gewerbe noch Nachfrage nach Arbeitskräften bestanden zu haben. Nur unter dieser Voraussetzung werden bestimmte Regelungen des solonischen „Unterhaltsgesetzes" verständlich, das generell jeden Athener verpflichtete, seine arbeitsunfähigen Eltern zu ernähren. Diejenigen Väter, die nicht für eine handwerkliche Ausbildung ihrer Söhne gesorgt hatten, sollten jedoch keinen Versorgungsanspruch haben.[73] Diese Bestimmung war nur sinnvoll, wenn bereits in einheimischen Gewerbebetrieben eine gewisse Zahl von Ausbildungsplätzen für heranwachsende Athener zur Verfügung stand, da das Gesetz natürlich sofort in Kraft trat und dementsprechend auch unmittelbar die vom Gesetzgeber intendierte Wirkung erzielen sollte. Im übrigen handelte es sich auch in diesem Fall schwerlich um eine spezielle volkswirtschaftliche Förderungsmaßnahme zur Belebung des Handwerks. Die genannte Bestimmung sollte nicht nur die Altersversorgung grundbesitzloser Theten sicherstellen, sondern auch einer weiteren Zersplitterung des bäuerlichen Kleinbesitzes entgegenwirken und damit eine der Ursachen sozialer Deklassierung bekämpfen,

---

[72] Im 5. Jahrhundert waren nach den Berechnungen R. M. Cooks, Die Bedeutung der bemalten Keramik für den griechischen Handel, JdI 74 (1959) 120, im gesamten attischen Töpfergewerbe allenfalls 400–500 Personen (einschließlich der Vasenmaler) gleichzeitig beschäftigt. Für das 6. Jahrhundert ist eine weit geringere Zahl anzunehmen. Vgl. Ch. G. Starr, CAH III 3 (^{2}1982) 430.
[73] Plut. Sol. 22,1 = Ruschenbusch, Solonos Nomoi F 56.

indem kinderreiche Bauern motiviert wurden, möglichst keine Erbteilungen vorzunehmen und statt dessen jüngere Söhne rechtzeitig in eine Lehre zu geben, so daß sie dann dauerhaft im Gewerbe tätig sein konnten.[74] Eine Stabilisierung der Polisgemeinschaft sollte des weiteren durch Stärkung der familiären und nachbarschaftlichen Bindungen und Nahverhältnisse erreicht werden. Der Erhaltung des Familienbesitzes und der Sicherung des Bestandes an existenzfähigen Haushaltungen dienten die Bestimmungen über die Rechte der Erbtochter (Epikleros),[75] einer Frau, die keine erbberechtigten Brüder hatte und vom Vater nicht mit einem von ihm adoptierten Mann verheiratet worden war. Ähnlich ist das Gesetz über die Testierfreiheit der Erblasser ohne vollbürtige Söhne zu verstehen.[76] Diese Bürger konnten jetzt nach eigenem Willen einen Gesamterben einsetzen. Hierdurch wurden die Regelungen des Erbtochtergesetzes ergänzt. Wenn der Erblasser Töchter hatte, wurde der testamentarisch eingesetzte Erbe adoptiert. Dieser hatte dann eine der Töchter des Erblassers zu heiraten. Der Oikos der Familie sollte demnach als Einheit erhalten bleiben.[77] Wahrscheinlich hatten auch kinderlose Bürger das Recht, einen Gesamterben einzusetzen, so daß nach ihrem Ableben eine Aufteilung ihres Besitzes verhindert werden konnte.[78] Ferner ist hier ein Gesetz zur Begrenzung der Mitgift zu nennen, das wohl vor allem kleine und mittlere Landwirte vor einer ruinösen Brautausstattung für Töchter und Schwestern schützen sollte.[79]

[74] Vgl. Gschnitzer, Griech. Sozialgesch. 79, der des weiteren annimmt, daß in der attischen Landwirtschaft anstelle von freien Lohnarbeitern nunmehr in stärkerem Maße Sklaven eingesetzt wurden. Eine Zunahme der Sklavenarbeit nach den Reformen Solons läßt sich aber schwerlich nachweisen. Andererseits wird freilich die Bedeutung der Sklavenarbeit in der Landwirtschaft von E. M. Wood, Agricultural Slavery in Classical Athens, AJAH 8 (1983) 1–47, zu gering veranschlagt.

[75] Ruschenbusch, Solonos Nomoi F 51–53. – „Epikleros" bezeichnet eigentlich die Frau, die zum Erbe gehört bzw. mit dem Erbe übernommen wird. Vgl. J. E. Karnezis, The Epikleros (Heiress), Athen 1972 (neugriech. mit engl. Zusammenfassung).

[76] Ruschenbusch, Solonos Nomoi F 49 a–b.

[77] Sinn und Zweck des Testiergesetzes sind allerdings umstritten. Zu der hier skizzierten Interpretation vgl. Harrison, Law I 82–84, 143f.; MacDowell, Law 100f.; Rhodes, Commentary 162f., 442f.

[78] Vgl. Plut. Sol. 21,3, der allerdings das Gesetz mißverstanden hat, wenn er lediglich kinderlose Erblasser erwähnt und behauptet, daß vor Solon „Geld und Oikos" im Genos des Verstorbenen geblieben seien, während Solon der Freundschaft mehr Ehre als der Verwandtschaft gegeben habe. Im übrigen besagt das Gesetz nicht, daß der einzelne Bürger durch Solon weitgehend aus der Bindung an ein „Geschlecht" gelöst wurde. Wie bereits ausgeführt, gab es keine familienübergreifenden Geschlechterverbände. Zum familienrechtlichen Aspekt des Testiergesetzes s. jetzt Bourriot, Genos II 781 ff.

[79] Ruschenbusch, Solonos Nomoi F 71 a–b; vgl. Oliva, Solon 67. – Bestimmungen

Daß die Gesetzgebung Solons den Bedürfnissen einer primär von agrarischen Strukturen und Verhältnissen geprägten Gesellschaft entsprach, bestätigen weitere Gesetze, die das Nachbarschaftsrecht betrafen und z. B. den Brunnenbau sowie den bei bestimmten Pflanzungen und bei der Anlage von Gräben einzuhaltenden Abstand zum Nachbargrundstück detailliert regelten.[80] Leitgedanke war auch hier die Sicherung eines geordneten Zusammenlebens der Bürger.

Darüber hinaus stellte sich dem Gesetzgeber die weitergehende Aufgabe, prozessuale Verfahrensweisen bei Rechtsverletzungen sowie auch bei streitigen Rechtsverhältnissen ohne strafbares Unrecht zu normieren. Zum Verständnis dieses großen Teilbereichs der solonischen Gesetzgebung ist zu beachten, daß die heutige Differenzierung zwischen Privatrecht und Strafrecht nicht auf die athenische Rechtsordnung übertragen werden kann sowie das alte Selbsthilfeverfahren in modifizierter Form in die „staatliche" Rechtspflege eingegangen ist und deren Entwicklung mitbestimmt hat. Die Satzungen Drakons und Solons wurden fixiert, als die Aufgabe der Ordnungssicherung von einer begrenzten Zahl von „ehrenamtlichen" Magistraten im Zusammenwirken mit der gesamten Gemeinschaft wahrgenommen wurde und die Solidarität der Nachbarn eine wirksame Unterstützung bei der Ausübung der Selbsthilfe zum Schutz gegen gewöhnliche Kriminalität war.[81] Der Polis fehlten die Mittel und Möglichkeiten zur Einrichtung einer regelrechten Justizverwaltung und einer mit der modernen Staatsanwaltschaft vergleichbaren Anklagebehörde. Die Mitglieder der Gemeinschaft waren sozusagen selbst für die öffentliche Ordnung zuständig. Insofern entsprachen die prozessualen Bestimmungen Solons dem Regelungsbedarf seiner Zeit. Seine Satzungen blieben aber darüber hinaus in der Kriminalgerichtsbarkeit auch die bindende Norm für die athenische Rechtsprechung in klassischer Zeit, als die politischen Institutionen sich längst in einem dynamischen Entwicklungsprozeß befanden.[82] Als Prototyp des weisen Gesetzgebers war Solon für spätere Generationen eine unbestrittene Autorität, wenn auch seine Satzungen ergänzt wurden und die Organisation des Gerichtswesens sich änderte. Grundsätzlich gewann das Recht durch die schriftliche Fixierung eine ganz neue Bedeutung für die Gemeinschaft. Die Gesetze waren fortan die alleinige Rechtsquelle.[83] Der künftigen Rechtsfindung und

---

gegen den Aufwand bei Begräbnissen (F 72 a–c) richteten sich wohl gegen übertriebene aristokratische Statusdemonstration, sind aber zumindest z. T. später zu datieren.

[80] Ruschenbusch, Solonos Nomoi F 60–63.
[81] Vgl. Ruschenbusch, Rechtsstreit 7 f.
[82] Hansen, Apagoge 113 ff., 118 ff.
[83] Bleicken, Athenische Demokratie 247.

Rechtsanwendung lag nur der Wortlaut der Gesetze zugrunde. In der klassischen Demokratie konnten bis zur Einführung neuer Nomothesieverfahren neue Gesetze oder Gesetzesänderungen allein von der Volksversammlung beschlossen werden, die aber die „private" Strafverfolgung nicht beseitigt und drakontische und solonische Prozeduren zur Ahndung gemeiner Verbrechen im wesentlichen beibehalten hat, während durch die Rechtsprechung selbst kein neues Recht entstand und die Beamten nicht befugt waren, neue Klageformen zu schaffen. So bestimmten Prinzipien, die aus den Ordnungs- und Rechtsvorstellungen der archaischen Zeit zu erklären sind, noch in klassischer Zeit das Anklage- und Klagerecht und die diesbezüglichen Prozeßformen.

Klagen und Prozesse bei einem gewöhnlichen Rechtsstreit (z. B. um den Besitz einer Sache) wurden ebenso wie die Anklagen bei schweren und leichten Delikten und die hierdurch eingeleiteten Rechtshandlungen als δίκαι bezeichnet. Klage- und anklageberechtigt waren die Betroffenen bzw. Geschädigten oder deren Rechtsvertreter. Ausnahmen bildeten freilich die schon erläuterten Regelungen für einen bestimmten Verwandtenkreis eines getöteten Bürgers im Blutrecht Drakons sowie die von Solon eingeführte sog. Popularklage, die es jedem Bürger ermöglichte, eine Anzeige bei dem zuständigen Magistrat zu erstatten, wenn sich ein Delikt gegen die gesamte Polisgemeinschaft oder aber gegen eine Person richtete, die keine Klage erheben konnte. Die übliche δίκη diente also nicht nur der Klärung eines streitigen Rechtsanspruchs zwischen Privatpersonen, sondern auch der Verfolgung von Unrechttaten. Andererseits wurde freilich im Rechtsverfahren zwischen einem Delikt gegenüber einer Privatperson und einer Rechtsverletzung gegenüber der Polisgemeinschaft differenziert. Es gab dementsprechend „private" und „öffentliche" Anklagen und Prozesse (ἴδιαι δίκαι und δημόσιαι δίκαι). Insofern kann im Bereich des Strafrechts eine Klassifizierung nach dem „Privatstrafrecht" und dem „öffentlichen Strafrecht" vorgenommen werden, wenn auch die Kategorien ἴδιαι δίκαι und δημόσιαι δίκαι nicht der heutigen Unterscheidung von „Zivilprozeß" und „Strafprozeß" entsprechen.[84]

Im öffentlichen Bereich sah Solon die Hauptgefahr in der Errichtung einer Tyrannis. Er hat diesen Tatbestand explizit in seine Satzungen aufgenommen. Als Strafe war die Atimie (Verbannung und Rechtlosigkeit) vorgesehen.[85] Es handelte sich um einen Rückgriff auf eine ältere Form der Straf-

---

[84] Vgl. im einzelnen Busolt I 544ff.; Busolt-Swoboda II 1176ff.; Harrison, Law II 74ff.; MacDowell, Law 53ff., 57ff.; Ruschenbusch, Untersuchungen 9f.

[85] Der bei Aristot. Ath. Pol. 16,10 (= Ruschenbusch, Solonos Nomoi F 37 a) zitierte Text ist vermutlich die nach 510 v. Chr. beschlossene Bestätigung eines älteren Gesetzes. Vgl. M. Ostwald, CAH IV (²1988) 304. Aristoteles bzw. der Verfasser der

verfolgung, wie aus dem schon erwähnten Amnestiegesetz zu erschließen ist. Atimie bedeutet hier zweifellos noch den völligen Entzug des Rechtsschutzes durch die Gemeinschaft.[86] Als potentielle Barriere gegen Usurpatoren und Tyrannen läßt sich des weiteren das sog. Anti-Neutralitätsgesetz Solons verstehen, das freilich in der modernen Forschung umstritten ist. Es soll unter Androhung der Atimiestrafe jeden Athener verpflichtet haben, bei inneren Auseinandersetzungen Partei zu ergreifen.[87] Solons Mahnungen zur Eintracht scheinen gegen die Echtheit dieses Gesetzes zu sprechen, doch ist andererseits nicht auszuschließen, daß nach den Intentionen Solons die Führer der als Staseis bezeichneten Gruppierungen mit starkem Widerstand im Demos rechnen sollten. In diesem Fall ist anzunehmen, daß Solon offene Konfrontationen der Hetairien verhindern wollte.[88] Wenn das Gesetz echt ist, handelt es sich bei der hierin vorgesehenen Strafe für „Neutralität" wohl um eine mildere Form der Atimie, die vermutlich keine Ächtung mit der Konsequenz der lebenslänglichen Verbannung bedeutete, sondern die Ausübung der Rechte eines Angehörigen der Polisgemeinschaft untersagte, so

Ath. Pol. bezeichnet das Gesetz als milde. Als Kriterium diente ihm hier offenbar die mildere Form der Atimiestrafe in seiner eigenen Zeit. Vgl. R. Sealey, AJAH 8 (1983) 98. Siehe auch die folgende Anmerkung. – Kaum zutreffend ist die These von T. E. Rihll, Lawgivers and Tyrants (Solon, Frr. 9–11 West), CQ 83 (1989) 277–286, daß Solon seine Warnung vor der Tyrannis in seiner Jugend verfaßt und auf Drakon bezogen habe.

[86] Wahrscheinlich leitete die solonische Kodifikation einen Bedeutungswandel des Atimiebegriffs ein, denn das sog. Anti-Neutralitätsgesetz (bzw. Stasis-Gesetz) bestrafte – falls es authentisch ist – „Neutralität im Bürgerkrieg" schwerlich mit völliger Rechtlosigkeit im archaischen Sinne (Aristot. Ath. Pol. 8,5). Vgl. im einzelnen B. Manville, Solon's Law of Stasis and Atimia in Archaic Athens, TAPA 110 (1980) 213–221; Rhodes, Commentary 158; Sealey, AJAH 8 (1983) 97–129.

[87] Aristot. Ath. Pol. 8,5 = Ruschenbusch, Solonos Nomoi F 38 a. Die Authentizität des Stasis- oder Anti-Neutralitätsgesetzes bestreiten u. a. Hignett, Athenian Constitution 26f.; A. Masaracchia, Solone, Florenz 1958, 173f.; Hansen, Apagoge 78; Sealey, AJAH 8 (1983) 100ff.; E. David, MH 41 (1984) 129–138; J. Bleicken, Zum sog. Stasis-Gesetz Solons, in: Bleicken (Hrsg.), Symposion für Alfred Heuß, Frankfurter Althistorische Studien, H. 12, Kallmünz 1986, 9–18; Ch. P. Longo, Historia 37 (1988) 374–379. Vgl. aber demgegenüber J. A. Goldstein, Historia 21 (1972) 538–545; V. Bers, Historia 24 (1975) 493–498; K. v. Fritz, Historia 26 (1977) 245–247 (der das Stasis-Gesetz als ein von Aristoteles deutlich gekennzeichnetes zusätzliches Gesetz verstand); R. Develin, Historia 26 (1977) 507f.; B. Manville, TAPA 110 (1980) 213–221; Rhodes, Commentary 157. – Ruschenbusch, Solonos Nomoi, S. 83, Adnotatio zu F 37 a–g (vgl. dens., Untersuchungen 23) bezieht das Gesetz auf Kriegsdienstverweigerung.

[88] Spahn, Mittelschicht 154; vgl. Meier, Entstehung des Politischen 209, Anm. 181; Gschnitzer, Griech. Sozialgesch. 80f.; Stahl, Aristokraten 230.

daß der betreffende atimos keine Ämter bekleiden, nicht an der Volksversammlung teilnehmen und keine Gerichtsstätte betreten durfte sowie nicht klage- und anklageberechtigt war.

Als Straftatbestände des sog. Privatstrafrechts galten u. a. alle Delikte gegen Leib und Leben athenischer Bürger, Eigentumsverletzungen und Schadenszufügung, Sittlichkeitsdelikte und Verbalinjurien an bestimmten Plätzen (in Heiligtümern, Amtsgebäuden und an Gerichtsstätten) und bei Festen sowie die Hinderung eines gerichtlich festgestellten Zugriffsrechts auf Sachen, d. h. widerrechtlicher Besitz oder Inbesitznahme einer Sache, die ein anderer durch gerichtliches Urteil erstritten hatte. Die Regelungen zur Verfolgung dieser Delikte können nicht isoliert betrachtet werden, da Solon zwar im sensiblen Bereich des Blutrechts Satzungen Drakons übernommen hat,[89] andererseits aber gewisse solonische Einzelbestimmungen zur Ahndung von Verbrechen und strafbaren Handlungen nur den Aussagen späterer Autoren – insonderheit den attischen Rednern des 4. Jahrhunderts – zu entnehmen sind und sich hier in jedem einzelnen Fall die Frage einer Revision bzw. Ergänzung solonischer Satzungen durch die Gesetzgebung der athenischen Demokratie stellt. Letztlich geht es auch hier wieder um das Problem der staatlichen Entwicklung Athens in der Zeit Drakons und Solons, d. h. um die Frage, inwiefern die „Staatlichkeit" der athenischen Polis durch die Gesetzgebung neue Impulse erhielt.

Umstritten sind der Charakter der Strafen und der aktive „staatliche" Strafvollzug.[90] Die modernen Forschungskontroversen resultieren z. T. aus der schon erörterten unterschiedlichen Interpretation des drakontischen Blutrechts. Ein zweifelsfreier Beleg für einen staatlichen Vollzug der Todesstrafe bei vorsätzlicher Tötung liegt in dem inschriftlich erhaltenen Teil des drakontischen Blutrechts nicht vor. Nach Demosthenes (23, 28 und 51) erlaubte aber bereits Drakon „jedem" Athener, einen nach dem Blutrecht zum Exil verurteilten Mann entweder eigenhändig zu töten oder ihn den Thesmotheten zuzuführen oder anzuzeigen, wenn der Verbannte sich unerlaubt auf attischem Gebiet aufhielt. Zweifellos ist die Festnahme nur dann als Alternative zur Tötung des Bannbrüchigen (nach dem Prinzip erlaubter Eigenmacht und Selbsthilfe) zu verstehen, wenn es nach drakontischem Recht be-

---

[89] Aristot. Ath. Pol. 7,1; Plut. Sol. 17.

[90] Ruschenbusch, Untersuchungen 13, kommt zu dem Schluß, daß das solonische Recht nur die Drohung mit der Strafe der Götter und die Entziehung des Rechtsschutzes kennt, aber keinerlei Strafe, die durch staatliche Organe „aktiv vollstreckt wird". Vgl. dazu aber die Rezension von E. Berneker, ZRG 87 (1970) 469ff., der auf die religiösen Aspekte des Straf- und Vergeltungsfluches hinweist. – Nörr, Mordtatbestand 652, und Stahl, Aristokraten 174f., nehmen an, daß Solon eine staatliche Sanktion für Mord geschaffen habe. Dagegen bereits Hansen, Apagoge 113ff.

reits einen „staatlichen" Strafvollzug gab und die Thesmotheten als zuständige Institution eine Exekution des abgeführten Verbannten veranlassen konnten.[91] Dies gilt unabhängig von der ebenfalls umstrittenen Frage, ob vorsätzlicher Mord bereits vom Areopag abgeurteilt wurde.

Bereits vor Solon war zweifellos die Selbsthilfe gegen Ehebruch (μοιχεία) und Diebstahl erlaubt. Solon hat auch in diesen Fällen die Eigenmacht nicht gänzlich untersagt, andererseits aber offenbar das Verfügungsrecht des Geschädigten bzw. Betroffenen begrenzt und dementsprechend den „staatlichen" Strafanspruch präzisiert, wie die hierzu vorliegenden Zeugnisse aus klassischer Zeit zeigen. Hiernach durfte bei der Verfolgung der Moicheia der Täter nur dann straflos getötet, mißhandelt oder eingesperrt werden, wenn das Geschehen ganz offenkundig war.[92] Bei nächtlichem Diebstahl stand es dem Geschädigten frei, den Täter zu töten oder zu verletzen oder zu den „Elfmännern" abzuführen, die den Rechtsbrecher exekutieren ließen, wenn er geständig war. Leugnete der Beschuldigte, kam es zu einem gerichtlichen Verfahren. Nach dem Schuldspruch wurde die Todesstrafe vollzogen. Bei handfestem Tagdiebstahl war die Abführung (ἀπαγωγή) zu den „Elfmännern" erlaubt, wenn der Wert des gestohlenen Gutes mehr als 50 Drachmen betrug.[93] Anstelle der Apagoge konnte auch die ἐφήγεσις (Hinführung der „Elfmänner" zum Tatort bzw. zum Beschuldigten) erfolgen. Das Vergehen wurde dann in gleicher Weise wie der nächtliche Diebstahl geahndet. Voraussetzung für den Vollzug der Todesstrafe war also in jedem Fall, daß der Dieb auf frischer Tat ertappt wurde. Der Geschädigte konnte aber auch eine Diebstahlklage anstrengen. Zuständig war das Volksgericht (Heliaia). Bestand Verdacht auf Diebstahl, konnte der Geschädigte unter genau vorgeschriebenen Bedingungen eine Haussuchung bei dem mutmaßlichen Täter vornehmen[94] und Diebstahlklage erheben, wenn er die gestoh-

---

[91] Hansen, Apagoge 116.
[92] Demosth. 23,53 und 55 (Ruschenbusch, Solonos Nomoi F 20). Der μοιχός (Ehebrecher) konnte bis zur Stellung von Bürgen (für die Zahlung des Lösegeldes) in Gewahrsam gehalten werden. – Das betr. Gesetz dehnte den Schutz, den es der Ehe gewährte, auch auf Mutter, Schwestern und Töchter sowie auf das legitime Konkubinat aus. Vgl. Lipsius, AR 430; Harrison, Law I 32f.; MacDowell, Law 124f.
[93] Demosth. 24,113f. Die gleichen Bestimmungen galten für die Verfolgung von Diebstahl an bestimmten öffentlichen Plätzen, wenn die gestohlene Sache mehr als 10 Drachmen wert war. Die Ahndung des Diebstahls im athenischen Recht behandelt ausführlich D. Cohen, Theft in Athenian Law, Münchener Beiträge zur Papyrusforschung und antiken Rechtsgeschichte 74, München 1983. Speziell zur Abführung und Anzeige des Täters: Hansen, Apagoge 36ff. Vgl. ferner Lipsius, AR 438ff.; Harrison, Law II 221–232; MacDowell, Law 147–149.
[94] Aristoph. nub. 497–499 mit Schol.; Isaios 6,42. Lipsius, AR 440 mit Anm. 78, bezog hierauf den bei Lys. 10,17 (= Ruschenbusch, Solonos Nomoi F 25) erhaltenen

lene Sache fand. Bei einer regelrechten Klage traf den Dieb jedoch in keinem Fall die Todesstrafe. Er mußte eine Buße in Höhe des doppelten Wertes des Klageobjektes zahlen (und natürlich das Diebesgut zurückgeben bzw. ersetzen). Allem Anschein nach gehen diese Regelungen des klassischen athenischen Rechts im Kern auf solonische Satzungen zurück. Erstaunlich ist nach heutigen Kriterien die unterschiedliche Strafe für das gleiche Delikt. Sie richtete sich nach der Art des Verfahrens, das der Kläger „wählte". Diese Inkonsequenz ist im athenischen Recht nie beseitigt worden.[95]

Nach athenischem Recht in klassischer Zeit konnte aber nicht nur der Geschädigte, sondern jeder rechtsfähige Bürger einen auf handhafter Tat ertappten Dieb den „Elfmännern" zuführen oder einen Prozeß in Form einer (öffentlichen) Popularklage gegen ihn anstrengen und hierbei vor Gericht als Kläger auftreten. Entsprechende Regelungen waren vermutlich ebenfalls schon in den Satzungen Solons enthalten. Bereits nach dem Blutrecht Drakons waren aber Apagoge und Endeixis (Anzeige) gegen Bannbrüchige möglich. Ob Drakon auch ähnliche Bestimmungen zur Ahndung von Raub und Diebstahl verfügt hat, bleibt eine offene Frage. Vor dem Volksgericht können jedenfalls Prozesse aufgrund von privaten oder öffentlichen Diebstahlklagen frühestens seit den solonischen Reformen stattgefunden haben, da die Institution der Heliaia erst von Solon geschaffen wurde.

Insgesamt gesehen durfte die Selbsthilfe nur unter bestimmten Voraussetzungen ausgeübt werden. Andererseits gab es Schutz gegen eine Behinderung der Selbsthilfe. Dieses Problem konnte etwa nach einer Entscheidung in einem streitigen Rechtsverhältnis akut werden. Das „Urteil" stellte in diesem Fall nur das Eigentumsrecht fest, und es oblag dann dem erfolgreichen Kläger, wieder in den Besitz des ihm zugesprochenen Objekts zu gelangen. Gab der Beklagte die Sache nicht heraus, konnte der Kläger eine Art Exekutionsklage anstrengen. Im Fall einer Verurteilung hatte der Beklagte eine doppelte Buße zu entrichten, die zu gleichen Teilen an den Kläger und an die Polis zu zahlen war.[96]

Weitere Wertstrafen sahen die solonischen Satzungen etwa für Sittlich-

Anfang eines solonischen Gesetzes. Offensichtlich konnte hiernach aber ein Hausbesitzer einen Einbrecher einsperren, um Hilfe herbeizuholen bzw. Anzeige zu erstatten. Vgl. Hansen, Apagoge 25. Oliva, Solon 63, interpretiert den Lysiastext in kurioser Weise: „(Lysias) bezeugt ..., daß es nach einem Gesetz Solons verboten war, das Haus zu schließen, wenn sich ein Dieb darin befand."
[95] Vgl. Hansen, Apagoge 120.
[96] Das attische Recht bot u. a. auch Schutz gegen unrechtmäßige Festsetzung, wenn sie unter dem Vorwand geschah, daß der Eingesperrte Moicheia begangen habe, der Tatbestand aber nicht erfüllt war. Vgl. Demosth. 59,66; Ruschenbusch, Untersuchungen 58f.

keitsdelikte und Verbalinjurien vor.[97] In den diesbezüglichen Zeugnissen aus klassischer Zeit werden diese Strafen in Drachmen angegeben. Für die Zeit Solons sind indes andere Strafsätze anzunehmen, da die Münzprägung – wie gesagt – später zu datieren ist. In Tiryns wurden im 7. Jahrhundert Strafen nach Maßeinheiten für Getreide gerechnet.[98] Im solonischen Athen waren vermutlich auch Bußen in Form von Edelmetallbarren möglich.

Die Polis Athen besaß bereits vor Solon in ihren Institutionen Instrumente zur Sicherung des inneren Friedens. Besonders deutlich wird dies im Bereich des Blutrechts. Darüber hinaus konnten Funktionsträger wohl auch in anderen Fällen auf ein Repertoire von Sanktionen zur Ahndung von Unrecht zurückgreifen. Andererseits bestand aber zweifellos Spielraum in der Festsetzung von Strafen und Bußen. Solon hat hier eine Reihe von klaren Regelungen getroffen und zudem neues Recht durch Gebote und Verbote geschaffen. Es bleibt allerdings offen, ob und inwieweit veränderte Verhaltensweisen für seine Gesetzgebung Bedeutung gewonnen haben und hiermit etwa das Verbot des Verkaufs lediger Töchter und Schwestern in die Sklaverei zu erklären ist.[99] Gruppenzwang und konformistisch wirkender Druck kollektiver Moralvorstellungen übten sicherlich nach wie vor einen starken Zwang aus.[100] Hinzu kam die Gliederung des Polisverbandes in kleinere Siedlungsgemeinschaften, in denen man sich gegenseitig kannte, so daß hier jedenfalls bei gewöhnlicher Kriminalität mit einer hohen Hemmschwelle zu rechnen ist. Trotzdem war auch in diesem Bereich seit Drakon offenbar ein neuer Regelungsbedarf entstanden. Die rechtmäßige Praxis der Selbsthilfe und der Druck der öffentlichen Meinung sowie die gesellschaft-

---

[97] Ruschenbusch, Solonos Nomoi F 26 – 31 b, F 32 a – 33 b.

[98] R. Koerner, Tiryns als Beispiel einer frühen dorischen Polis, Klio 67 (1985) 454.

[99] Ruschenbusch, Untersuchungen 42, betrachtet die solonische Gesetzgebung vornehmlich als Antwort auf Krisenerscheinungen: „Man heiratet die leibliche Schwester, man verkauft ledige Schwestern und Töchter in das Bordell, und man verweigert altersschwachen Eltern die Nahrung... Statt mit einer rechtmäßigen Ehefrau begnügt man sich mit einer Sklavin, die man im Falle der Not verkaufen kann..." Wenn solonische Satzungen auf solche Fälle Bezug nehmen (F 47; 31 a; 53; 20), besagt dies noch nicht, daß es sich um verbreitete Erscheinungen handelte. Im übrigen sucht Ruschenbusch, Die Polis und das Recht, Wiss. Jahrb. d. „Pantheios", Athen 1981, 315 ff., zwischen großen und kleinen Gemeinwesen zu differenzieren. Er betont hier, daß die Zahl der Normverstöße und Eigentumsdelikte in kleinen Gemeinden in aller Regel verschwindend gering ist. Nun war Athen um 600 v. Chr. zweifellos keine Großstadt. Die Basis des Zusammenlebens bildeten auch hier (wie im übrigen Attika) überschaubare Gemeinschaften, wenn es auch noch keine Demenordnung im Sinne der späteren kleisthenischen Ordnung gab (vgl. Whitehead, Demes 12 f.).

[100] Dazu generell U. Wesel, Frühformen des Rechts in vorstaatlichen Gesellschaften, Frankfurt a. M. 1985, 334 ff., der sich allerdings insonderheit auf akephale Gesellschaften bezieht.

liche Ausgrenzung des Unrechttäters wurden wohl nicht mehr als hinreichender Schutz gegen asoziales Verhalten empfunden, so daß der Gesetzgeber sich hier mit einer umfangreichen Aufgabe konfrontiert sah. Die Bedeutung der solonischen Satzungen erschöpft sich selbstverständlich nicht in ihrem Beitrag zur inneren Sicherheit des Polisverbandes. Durch die Fixierung prozessualer Verfahrensweisen wurden die Aufgaben und Kompetenzen der zuständigen Funktionsträger präzisiert, die in ihrer Amtsführung die diesbezüglichen Vorschriften zu beachten hatten und ihrerseits hieran gebunden waren. Ihre Tätigkeit war nunmehr in stärkerem Maße durch gesetzlich vorgeschriebene Pflichten und Aufgaben bestimmt. Hierdurch war die spätere demokratische Gestaltung des athenischen Beamtenwesens mit ihrem sukzessiven Abbau älterer Herrschaftsfunktionen keineswegs schon vorgezeichnet. Vielmehr konnten die Beamten dem Demos und den einzelnen Bürgern aufgrund der neuen Satzungen Solons als ausführende Organe einer den gesamten Polisverband verpflichtenden Rechtsordnung gegenübertreten und gewissermaßen das von Solon geschaffene Ordnungspotential repräsentieren. Insofern bedeutete die erwähnte Einschränkung ihrer diskretionären Entscheidungsbefugnis keine zwangsläufige Schwächung ihrer Position. Aus den Satzungen ergaben sich freilich auch neue Möglichkeiten der Beamtenkontrolle. Aufschlußreich ist in dieser Hinsicht das solonische Verbot der Ausfuhr von Nahrungsmitteln (mit Ausnahme des Olivenöls). Nach der bei Plutarch (Solon 24,1) überlieferten Fassung des Gesetzes hatte der Archon eponymos Zuwiderhandlungen mit einer Verfluchung des „Exporteurs" zu ahnden, der hierdurch der Bestrafung durch die Götter ausgeliefert werden sollte. Kam der Archon dieser Amtspflicht nicht nach, hatte er selbst eine hohe Buße zu zahlen. Aus dem erweiterten Tätigkeitsbereich der Magistrate ergab sich somit zugleich auch eine stärkere Einbindung in institutionelle Kontrollmechanismen.[101]

Tragender Pfeiler der solonischen Rechtsordnung war die Solidarität der Gemeinschaft. Dies entsprach der Unmittelbarkeit der Lebensverhältnisse in der archaischen Polis,[102] wie vor allem die Popularklage zeigt, die das Prinzip gegenseitiger Hilfeleistung voraussetzt. Der Gesetzgeber konnte hier anknüpfen an die Verpflichtung der Nachbarn und letztlich des gesamten Siedlungsverbandes, einem Mitglied der Gemeinschaft, dem Unrecht geschah, Beistand zu leisten.[103] Dementsprechend erlaubten die Be-

---

[101] Ähnlich ist ein Beschluß der Polis Dreros vor bzw. um 600 v.Chr. zu werten. Vgl. V. Ehrenberg, Eine frühe Quelle der Polisverfassung, in: Gschnitzer, Griech. Staatskunde 26ff. (zuerst in: CQ 37, 1943, 14–18).

[102] Vgl. Heuß, Hellas 173.

[103] K. Latte, Beiträge zum griechischen Strafrecht, I., Hermes 66 (1931) 39ff.; ders., Der Rechtsgedanke im archaischen Griechentum, in: Berneker, Griech. Rechtsgesch. 96 (zuerst in: Antike u. Abendland 2, 1946, 63ff.).

stimmungen über die Verfolgung von Raub und Diebstahl jedem Bürger, den Täter festzunehmen oder anzuzeigen. Darüber hinaus sollte die Popularklage im Interesse der Polisgemeinschaft allen Geschädigten helfen, die physisch oder aus rechtlichen Gründen nicht in der Lage waren zu klagen.[104] Das Verfahren schützte z. B. Waisen, Erbtöchter und schwangere Witwen, deren Besitz von ihrem Rechtsvertreter (κύριος) oder von ihren nächsten Verwandten veruntreut wurde. „Jeder beliebige Bürger, der wollte" (ὁ βουλόμενος), konnte das Unrecht anzeigen. Es oblag dann dem Archon eponymos, die Ermittlungen vorzunehmen.[105] In klassischer Zeit blieb die Rolle des βουλόμενος in solchen Fällen auf die Anzeige beschränkt, d. h. er konnte nicht als Kläger fungieren. Wahrscheinlich war diese Regelung bereits Bestandteil der solonischen Satzungen. Da die Erhaltung der Oikoi immer schon für die Gemeinschaft von Bedeutung war, hatte aber der Archon wohl schon vor Solon dafür Sorge zu tragen, daß Angehörige des Polisverbandes, die nicht rechtsfähig waren und daher nicht aus eigener Initiative zu ihrem Recht gelangen konnten, ihren Besitz nicht verloren. Durch die Formalisierung der Popularklage hat Solon diese Ansätze offenbar weitergeführt. Wahrscheinlich konnte nach seinen Satzungen bereits jeder Bürger Anzeige erstatten, wenn altersschwache Eltern von ihren Kindern nicht mehr versorgt wurden.[106] Ferner war die Popularklage gegen Vermögensverschwendung infolge von Schwachsinn oder Müßiggang möglich, weil die Geschädigten in aller Regel die Kinder waren, die unter Umständen keine Klage erheben wollten oder konnten.[107] Einen gewissen Schutz sollte die Popularklage aber auch Personen bieten, die von einem anderen Privatmann eingesperrt worden waren und infolgedessen faktisch außerstande waren, Anzeige wegen unerlaubter Eigenmacht zu erstatten und hierdurch eine Klärung der Rechtslage herbeizuführen.

Konspirative Aktionen, die sich gegen die Polisgemeinschaft richteten, waren bereits vor Solon vom Areopag abgeurteilt worden. Ein entsprechendes prozessuales Verfahren setzt eine vorhergehende Anzeige voraus,

[104] Vgl. Ruschenbusch, Untersuchungen 47 ff. M.-M. Mactoux, Lois de Solon sur les esclaves et formation d'une société esclavagiste, in: Yuge – Doi, Control 337, vermutet im Anschluß an Harrison, Law II 77, daß Solon die Popularklage u. a. zur Absicherung der Seisachtheia und der Aufhebung der Schuldknechtschaft eingeführt habe. Der Anwendungsbereich der Popularklage war jedoch von vornherein breiter.

[105] Er konnte in klassischer Zeit entweder selbst die Rechtsverletzung mit der gesetzlich vorgeschriebenen „Ordnungsstrafe" ahnden oder (in schwereren Fällen) ein Verfahren beim Volksgericht einleiten und einen Strafvorschlag machen. Vgl. Demosth. 43,54 und 75.

[106] Demosth. 24, 105.

[107] Ruschenbusch, Untersuchungen 50f. Vgl. Lipsius, AR 340; Harrison, Law I 80f.

wie auch immer im Einzelfall der „Prozeß" eingeleitet wurde. Solon hat für die Verfolgung öffentlicher Straftatbestände dieser Art zweifellos neue Regelungen getroffen. Da es sich hierbei um ein Problem der Kompetenzen öffentlicher Organe handelt, ist diese Frage im größeren Rahmen der „solonischen" Institutionen zu erörtern.

c) Institutionen und „Verfassung"

aa) Zensusklassen und Ämter

Solon verstand seine Nomothesie nicht als Einführung einer neuen Verfassung. Spezifisches Kennzeichen einer Polisordnung war aus damaliger Sicht die Geltung des Rechts (Nomos) als Einheit von Brauch, Satzungen und verpflichtenden Verhaltensnormen. Die Zeit Solons verfügte noch nicht über eine Verfassungstypologie im eigentlichen Sinne, die sich erst nach Mitte des 5. Jahrhunderts herausbildete. Es gab dementsprechend um 600 auch keinen umfassenden Verfassungsbegriff zur Bezeichnung der institutionellen Ordnung als solcher. Erst im Zuge einer schärferen Differenzierung zwischen demokratischen und oligarchischen Organisationsformen setzte sich etwa nach 430 v. Chr. anstelle älterer Termini für die „Ordnung" und „Einrichtung" (Taxis, Katastasis, Kosmos) eines Gemeinwesens der Begriff der Politeia durch,[108] der von Polites (Bürger) abzuleiten ist und primär die Teilhabe des Bürgers am Bürgerrecht und damit an der Polisgemeinschaft bezeichnet. Da die innere Organisation der Polis wiederum durch die Zusammensetzung der Bürgerschaft bedingt war, kommt in dem Terminus Politeia darüber hinaus die Korrelation von Bürgerrecht, Bürgerschaft und Polisordnung zum Ausdruck. Dementsprechend konnten auch die institutionellen Regelungen in ihrer Gesamtheit als Politeia verstanden werden. Solon dachte hingegen noch in anderen Kategorien, wenn er das Leitbild der Eunomia als Symbol für das Bewährte und Gültige, für das Richtige und Verpflichtende des guten Brauchs im Zusammenleben der Menschen propagierte.

Explizite Hinweise auf institutionelle Neuerungen liegen in den erhaltenen Gedichtfragmenten Solons nicht vor. Als Anspielung auf politische Organisationsprinzipien ließe sich allenfalls Solons Bemerkung verstehen, daß er dem Demos das ihm „Zukommende" (γέρας)[109] gegeben habe, ohne das Ansehen (τιμή) des Volkes zu schmälern oder zu erhöhen (Frgm. 7 Gentili-Prato = 5 Diehl). In den folgenden Versen betont Solon aber, daß auch

---

[108] Vgl. Meier, Demokratie 50ff.
[109] Die Textvariante κράτος bei Plut. Sol. 18,5 ist abzulehnen.

die Reichen und Mächtigen durch ihn kein Unrecht erlitten hätten. Offenbar bezieht er sich hier primär auf die Besitzverhältnisse, um zu unterstreichen, daß er nicht bereit war, eine Neuverteilung des gesamten Grund und Bodens vorzunehmen. Daß seine Äußerungen vom Verfasser der aristotelischen Athenaion Politeia (12,1) in diesem Sinne verstanden wurden, zeigt die Einordnung des Zitats in die Darstellung der Unzufriedenheit des Demos und des Adels über den Mittelweg, den Solon bei der Durchführung der Seisachtheia eingeschlagen hatte. Deutlicher kommen Solons Vorstellungen von der politischen Rolle des Demos in einem anderen Gedichtfragment zum Ausdruck (Frgm. 8 Gentili-Prato = 5,7–10 Diehl). Es heißt hier, daß das Volk am ehesten der Führung folgt, wenn man ihm weder zuviel Handlungsfreiheit läßt noch zuviel Zwang auferlegt. Hinweise auf institutionelle Regelungen lassen sich der bildreichen poetischen Sprache Solons indes nicht entnehmen. Die aus späterer Sicht als Konstituierung einer neuen Verfassung interpretierten Maßnahmen waren für Solon selbst offenbar ein integraler Bestandteil der von ihm fixierten Thesmoi (Gesetze), die nach seiner Darstellung das Gleichheitsprinzip, d.h. die Gleichstellung aller rechtsuchenden Athener und die gleichen Sanktionen für Hoch und Niedrig garantieren sollten. Im politischen Bereich ist die solonische Ordnung indes durch eine Abstufung der Rechte gekennzeichnet. Das Kriterium waren die Besitzverhältnisse, so daß die solonische Polis allgemein als Timokratie eingestuft wird, in der nach der Definition des Aristoteles in der ›Nikomachischen Ethik‹ (1160 b 17–18) die politischen Rechte der Bürger auf der Vermögenseinschätzung beruhen. Dementsprechend wurde diese Ordnung als „radikale Abkehr von den Grundsätzen des alten Adelstaates" interpretiert.[110] Die soziale Struktur der athenischen Führungsschicht hat sich aber nach der Gesetzgebung Solons wohl kaum wesentlich verändert. Bezeichnenderweise ist im ›Rechenschaftsgedicht‹ Solons nicht davon die Rede, daß die dominierende Schicht gegen die Zulassung „neuer Männer" zum Archontat protestierte. Die athenischen Aristokraten sahen durch die solonischen Reformen ihren traditionellen Führungsanspruch offenbar nicht in Frage gestellt, und neben den zu den aristoi zählenden Landbesitzern gab es schwerlich weitere „Reiche" als Kandidaten für das Archontat.

Bei der Bewertung der Regelungen Solons im politisch-institutionellen Bereich sind zunächst wieder die beiden großen Themen seines politischen Wirkens zu berücksichtigen: die Seisachtheia und die Beseitigung der Tyrannisgefahr. Den Intentionen Solons, die Seisachtheia durch flankierende Maßnahmen wirtschaftlich abzusichern, entsprach offenbar das Bestreben des Gesetzgebers, den Demos auch stärker in die politisch-rechtliche Organisation der Polisgemeinschaft zu integrieren. So konnten nunmehr in der

---

[110] Bengtson, GG[5] 124.

neuen Institution der Heliaia etwa auch Kleinbauern und Handwerker als „Richter" fungieren und sich hierdurch ihrer Mitverantwortung für den inneren Frieden der Polis bewußt werden. Von großer Bedeutung war für Solon aber vor allem, daß den militärischen Pflichten und Aufgaben der Mittelschicht der Hopliten im politisch-institutionellen Bereich Rechnung getragen wurde.[111] Gerade die in der Phalanx dienenden Athener mußten für die von ihm propagierte Idee der Polisordnung gewonnen werden, da sie zweifellos das stärkste Gegengewicht gegen den Machtanspruch einzelner bilden konnten, falls Tyrannisaspiranten mit Hilfe von Hetairien die Herrschaft zu gewinnen suchten. Es galt aber zugleich, den kompetitiven Ehrgeiz der dominierenden Aristokraten möglichst im Rahmen der politischen Organisationsform zu befriedigen, so daß auch auf diese Weise eine gewisse Barriere gegen die Gefahr der Tyrannis gebildet wurde.

Schwer zu entwirren ist die Überlieferung über die vier solonischen Schätzungs- oder Zensusklassen.[112] Solon soll eine Einteilung der Bürger nach ihrem Jahreseinkommen vorgenommen und hierbei Maßeinheiten für Naturalien zugrunde gelegt haben. Nach den vorliegenden Angaben zählten zur ersten Klasse der Pentakosiomedimnoi („Fünfhundertscheffler") alle Athener mit einem jährlichen Ernteertrag von 500 Scheffeln (Medimnoi) Getreide und zur zweiten Klasse der Hippeis („Reiter") die Bürger mit einer Ernte von 300 Medimnoi, während für die Einstufung in die dritte Klasse der als Hopliten dienenden sog. Zeugiten eine Mindestproduktion von 200 Medimnoi vorausgesetzt wurde und alle übrigen Athener, die den Zeugitenzensus nicht erreichten, die vierte Klasse der Theten bildeten. Hierbei soll als Äquivalent des Getreidemaßes (1 Medimnos = ca. 52,53 Liter) das Hohlmaß für Öl bzw. Wein (1 Metretes = ca. 39,39 Liter) gegolten haben.[113]

---

[111] Spahn, Mittelschicht 137, zählt zu den „Mittleren" auch Athener der zweiten Zensusklasse der Hippeis. Dies ist sicherlich z. T. zutreffend, doch rechneten sich die reicheren Hippeis wohl kaum zur breiten Mittelschicht.

[112] Aristot. Ath. Pol. 7,3–4; Pol. 1274 a 19–21 (wo die „Klassen" in falscher Reihenfolge aufgezählt werden); Plut. Sol. 18,1–2; Pollux VIII 129.

[113] Nach Plutarch Sol. 23,3 (auf den Opfertarif bezogen) sollen eine Drachme oder ein Schaf den gleichen Wert wie ein Medimnos (Getreide) gehabt haben, doch wird die Getreideart nicht genannt. Aufgrund dieser Gleichsetzung und der Angabe des Demosthenes 43,54, daß in seiner Zeit ein Zeugites für eine Erbtochter eine Brautausstattung von 150 Drachmen zu zahlen hatte, vermutete eine Reihe von Forschern (u. a. A. Boeckh, Die Staatshaushaltung der Athener, I³, Berlin 1886, 581; Beloch, GG I² 1, 303; Busolt-Swoboda II 822; vgl. R. Thomsen, Eisphora. A Study of Direct Taxation in Ancient Athens, Kopenhagen 1964, 148ff.), daß der Mindestertrag für den Zeugitenzensus pro Jahr 150 Medimnen betragen habe und später eine Erhöhung vorgenommen worden sei. Aus den genannten Nachrichten bei Demosthenes und Plutarch können indes keine Rückschlüsse auf solonische Steuer- oder Einkom-

Auffällig ist zunächst, daß in der Überlieferung weder der unterschiedliche Wert der Getreidearten und der genannten flüssigen Erzeugnisse berücksichtigt wird noch ein Hinweis auf eine Anrechnung sonstiger Früchte oder tierischer Produkte vorliegt. Ein Maß Öl oder Wein war mehr wert als ein Scheffel Weizen, und Weizen war wertvoller als Gerste.[114] Im übrigen konnte sich die bäuerliche Subsistenzwirtschaft nicht auf ein bestimmtes Erzeugnis spezialisieren. Es dürfte schwierig gewesen sein, unter diesen Umständen für die Einstufung der einzelnen Bauern eine möglichst gerechte Bemessungsgrundlage zu finden. Auch wenn man dies schließlich durch ein ausgeklügeltes System erreicht hätte, wäre die übrige Bevölkerung unberücksichtigt geblieben. Eine voll entwickelte Geldwirtschaft, die es ermöglicht hätte, für Gewerbetreibende anstelle des bäuerlichen Naturaleinkommens ein Äquivalent an Münzen zu berechnen, kann für die solonische Zeit nicht vorausgesetzt werden. Spätere Nachrichten über bestimmte finanzielle Verpflichtungen athenischer Bürger geben keine Aufschlüsse über solonische Einteilungskriterien. Nach einem von Demosthenes (43,54) zitierten Gesetz sollte eine Erbtochter (aus der Thetenklasse) von einem der nächsten Verwandten geheiratet werden. War der in Frage kommende Verwandte hierzu nicht bereit, hatte er eine Brautausstattung zu zahlen, und zwar der Pentakosiomedimnos 500, der Hippeus 300 und der Zeugites 150 Drachmen.[115] Diese Beträge standen zweifellos noch nicht in den Satzungen Solons. Dies zeigt ein Vergleich mit dem ältesten inschriftlich erhaltenen athenischen Volksbeschluß, der in die Jahre nach den Reformen des Kleisthenes zu datieren ist.[116] Hiernach betrug der Wert einer Hoplitenrüstung im ausgehenden 6. Jahrhundert 30 Drachmen. Eine Brautausstattung von 150 Drachmen hätte in dieser Zeit einen Bauern der Zeugitenklasse wirtschaftlich ruiniert, während in den solonischen Satzungen gerade eine Einschränkung der Mitgift vorgeschrieben war. Die von Demosthenes erwähnten Beträge setzen eine Minderung des Geldwertes gegenüber den Anfängen der Münzprägung voraus und können daher keinesfalls schon im 6. Jahrhundert fixiert worden sein. Auch die Angabe Plutarchs (Solon 23,3),

---

mensklassen gezogen werden. Vgl. C. M. A. van den Oudenrijn, Mnemosyne, Ser. 4, 5 (1952) 19–27; G. E. M. de Ste. Croix, ClMed 14 (1953) 42ff.; Rhodes, Commentary 142, 145; Oliva, Solon 55.

[114] Dazu bereits K. M. T. Chrimes, On Solon's Property Classes, CR 46 (1932) 2–4, die vermutete, daß für die Einstufung ein potentieller Ertrag an Gerste angenommen wurde, d. h. eine Menge, die geerntet worden wäre, wenn der betreffende Grundbesitzer auf seinem gesamten Land Gerste angebaut hätte. Andere Forscher nehmen eine Art „Weizenstandard" an. Vgl. Rhodes, Commentary 141f.

[115] Vgl. Anm. 113.
[116] IG I³ 1 = Meiggs-Lewis Nr. 14.

daß (nach den Satzungen Solons) ein Schaf oder eine Drachme als Äquivalent für einen Scheffel Getreide galt, ist kein Beleg für ein entsprechendes Umrechnungsverfahren bei der Einstufung der Athener in die vier solonischen Zensusklassen. Plutarch bezieht sich nicht auf Einkommens- oder Zensusklassen, sondern auf den Opfertarif,[117] für den ebenso wie bei der Festsetzung von Strafsätzen ursprünglich Naturalien als Bemessungsgrundlage galten. Die Umrechnung in Drachmen wurde erst durch steigenden Geldumlauf möglich. Sie kann daher nicht in die solonische Zeit datiert werden. Auch dürften die durchschnittlichen Jahreserträge eines Zeugiten damals nicht einem Wert von 150 oder gar 200 Schafen entsprochen haben.

Die Bezeichnung „Fünfhundertscheffler" scheint zwar eine Staffelung der Zensussätze nach Naturalerträgen zu implizieren, doch fragt es sich, ob dieser Begriff eine exakte Feststellung der Jahresernte im solonischen Athen voraussetzt oder nur eine Art Richtmaß für die Einstufung der betreffenden Grundbesitzer andeutet. Verifizierbare Zitate aus solonischen Satzungen enthalten keine Anweisungen zur Erfassung des Jahreseinkommens athenischer Bürger. Die in der atthidographischen Tradition genannten Naturalerträge sind vermutlich erst aus Daten des späten 5. und des 4. Jahrhunderts abgeleitet, die sich z. B. den damals geltenden Bestimmungen des „Erbtochtergesetzes" entnehmen und mit der gleichfalls nachsolonischen Korrelation von Drachme und Medimnos kombinieren ließen.

Herodot (II 177) behauptet freilich, daß Solon ein vom Pharao Amasis verfügtes Gesetz übernommen habe, das jeden Einwohner in Ägypten zur Angabe seiner jährlichen Einkünfte verpflichtete und für ein Versäumnis der Einkommenserklärung die Todesstrafe vorsah. Diese Nachricht ist indes schon aus chronologischen Gründen unzutreffend, da Amasis erst 570/69 v. Chr. Pharao geworden ist. Im übrigen hätte der Verwaltungsaufwand, der nach Herodots Darstellung im solonischen Athen vorauszusetzen wäre, die Magistraturen der Polis überfordert. Die relativ wenigen Funktionsträger unterhalb der Leitungsebene der Archonten wären schwerlich in der Lage gewesen, das Einkommen der Bevölkerung eines Gebietes zu erfassen, das flächenmäßig etwa so groß wie das heutige Luxemburg war.

Offenbar basierte die sog. Zensuseinteilung im Prinzip auf der Aufgebotsordnung und der Einordnung der Wehrfähigen in den Heerbann aufgrund der Ausrüstung, die sie besaßen. Die Bezeichnungen für die zweite und dritte Klasse zeigen, daß es sich hier um eine ältere (vorsolonische) Gliederung nach militärischen und sozialen Kriterien handelt.[118] Die Angehörigen

---

[117] Vgl. Anm. 113.

[118] Bereits C. Cichorius, Zu den Namen der attischen Steuerklassen, in: Griechische Studien Hermann Lipsius zum 60. Geburtstag dargebracht, Leipzig 1894, 195–140, hat auf den ursprünglich militärischen Charakter dieser „Zensuseinteilung" hin-

der zweiten Klasse der Hippeis waren Grundbesitzer bzw. deren wehrfähige Söhne, die sich Pferde leisten konnten und bei einem Aufgebot zu Pferd ins Feld rückten, im Kampf aber sich wohl größtenteils in die Hoplitenphalanx einreihten.[119] Die Bezeichnung für die dritte Klasse der Zeugiten bedeutet „Reihenleute", d. h. Kombattanten, die „in Reih und Glied" (im ζυγόν) in der Phalanx kämpften.[120] Die zur Thetenklasse zählenden Athener dienten im Kriegsfall lediglich als Leichtbewaffnete oder fungierten als Waffen- und Proviantträger.

Die Erfassung der Wehrfähigen erfolgte wohl im wesentlichen über die Phylen und Phratrien, während für eine eilige Mobilmachung das Meldesystem der Naukrarien eingeschaltet wurde. Jedenfalls war es den Polisbehörden ohne Verwaltungsapparat möglich, über die Unterabteilungen der Polisgemeinschaft ein Bild von der Gliederung der Wehrfähigen und der Sozialstruktur der Bürgerschaft zu gewinnen. Zu beachten ist, daß die Zugehörigkeit zu den drei ersten Zensusklassen eine Statusangelegenheit war und der einzelne Athener in aller Regel wohl von sich aus danach trachtete, den hierdurch definierten sozialen Rang zu erreichen. Auch aus diesem Grund

gewiesen. Vgl. ferner etwa Beloch, GG I² 1, 303; C. F. Lehmann-Haupt, in: A. Gercke – Ed. Norden, Einleitung in die Altertumswissenschaft, III, Leipzig ²1914, 20; A. Andrewes, The Greek Tyrants, New York 1956, 87; Bengtson, GG⁵ 124; Jeffery, Archaic Greece 93 und 107, Anm. 6; D. Whitehead, The Archaic Athenian ZEYΓΙΤΑΙ, CQ 75 (1981) 282–286. Demgegenüber sucht Bugh, Horsemen 20ff., zu zeigen, daß die „Zensuseinteilung" nur nach ökonomisch-politischen Kriterien erfolgte. W. R. Connor, Tribes, Festivals and Processions; Civic Ceremonial and Political Manipulation in Archaic Greece, JHS 107 (1987) 47ff., bringt die „Klassen" mit der Höhe ihrer Opfergaben bei Festen der Polisgemeinschaft in Verbindung.

[119] Als Kombattanten sind sie dementsprechend von den Meldereitern der Naukrarien zu unterscheiden. Vgl. Th. J. Figueira, Historia 35 (1986) 273 (oben Kap. II, Anm. 100).

[120] Pollux VIII 132 bezeichnet die Zeugiten als ζευγοτροφοῦντες, „Gespannbauern", die zwei Ochsen besaßen. Richtig ist aber zweifellos die Ableitung von ζυγόν, d. h. Glied der Phalanx (Whitehead, CQ 75, 1981, 285f.). Der durchschnittliche Landbesitz eines Zeugiten ist kaum zu bestimmen. Ältere Schätzungen (im allgemeinen zu hoch) hat H. Volkmann, RE X A (1972) 250 s. v. Zeugitai, zusammengestellt. Nach neueren Schätzungen wäre der durchschnittliche Hof eines Hopliten in klassischer Zeit auf ca. 40–60 griechische Plethren (= 3,6 – 5,4 ha) zu veranschlagen. Vgl. V. N. Andreyev, Some Aspects of Agrarian Conditions in the Fifth to Third Centuries B. C., Eirene 12 (1974) 14ff.; M. H. Jameson, Agriculture and Slavery in Classical Athens, CJ 73 (1977/78) 125, Anm. 13; A. Burford Cooper, The Family Farm in Greece, ebd. 168ff.; R. Osborne, Classical Landscape with Figures. The Ancient Greek City and its Countryside, London 1987, 46. Zu beachten ist jedoch, daß das Land von sehr unterschiedlicher Qualität war. Hiernach richteten sich wiederum die Anbaumöglichkeiten. Vgl. French, Athenian Economy 20f.

wäre eine zentrale Erfassung des Jahreseinkommens der Bürger für eine Zensuseinteilung kaum erforderlich gewesen.

Die Pentakosiomedimnoi bildeten eine Gruppe, die aus der Schicht der Hippeis deutlich herausgehoben war. Diese spezielle Bezeichnung wurde vermutlich geprägt, als der Medimnos Getreide als Wertmesser größere Bedeutung gewann.[121] Der Begriff „Pentakosiomedimnos" ist jünger als das Wort „Hippeus". Da eine genaue Erfassung der Einkünfte von Grundbesitzern kaum möglich war, scheint die Zahl 500 eher einen symbolischen Wert für eine relative große Ernte darzustellen. Ob erst Solon diese „Zensusklasse" konstituiert hat, läßt sich nicht ausmachen. Die Fünfhundertscheffler besaßen jedenfalls seit den solonischen Reformen Privilegien, die nicht allen zur Oberschicht der agathoi zählenden Athenern zukamen.

Die Überlieferung über die Regelungen Solons zur Besetzung der Ämter ist allerdings widersprüchlich. Aristoteles betont in der ›Politik‹ mehrfach (1273 b 35 ff.; 1274 a 16–19; 1281 b 32–34), daß Solon das (aus der Sicht der „Edlen" und „Reichen") „aristokratische" Prinzip der Wahl der Beamten nicht geändert habe.[122] Demgegenüber heißt es in der Skizze der solonischen „Verfassung" in der Athenaion Politeia (8,1), daß die Ämter (d. h. hier die neun Archontenstellen) nach einer Vorwahl, in der die (vier) Phylen jeweils zehn Kandidaten bestimmten, ausgelost wurden. Der Verfasser vergleicht hiermit das noch in seiner Zeit gültige Verfahren bei der Einsetzung der Archonten, betont aber in seinem Bericht über die Reformen des Jahres 487/86, daß damals zum erstenmal nach der Tyrannis (der Peisistratiden) eine Auslosung aus Vorgewählten vorgenommen worden sei, während bis dahin Wahlen stattgefunden hätten (Ath. Pol. 22,5). Im übrigen bleibt in seinem Vergleich zwischen dem Besetzungsverfahren in seiner Zeit und der angeblichen solonischen Praxis unberücksichtigt, daß seit 487/86 die zehn kleisthenischen Phylen die Kandidaten für die Auslosung bestimmten. Des weiteren fehlen in der Athenaion Politeia exakte Angaben über eine Vermö-

---

[121] Bezeugt ist dieser Wertmesser für das späte 7. Jahrhundert in Tiryns. Vgl. R. Koerner, Klio 67 (1985) 454.

[122] E. S. Staveley, Greek and Roman Voting Elections, London 1972, 33 ff., nimmt an, daß die vorsolonischen Archonten vom Areopag gewählt worden seien. In der Athenaion Politeia 8,2 heißt es zwar, daß der Areopag in alter Zeit die Kandidaten zu sich berief und selbständig für jede Behörde den „Geeigneten" auswählte, doch ist diese Angabe zweifellos eine bloße Konstruktion, die zudem im Widerspruch steht zu der Nachricht Ath. Pol. 5,2, wonach Solon von der Polisgemeinschaft gewählt wurde. Nach Aristot. Pol. 1274 a 15–17 soll Solon allerdings dem Demos das Recht eingeräumt haben, die Beamten zu wählen und zur Rechenschaft zu ziehen. Der Hinweis auf die Beamtenkontrolle zeigt indes, daß Aristoteles an dieser Stelle die solonischen Reformen aus der Perspektive seiner eigenen Zeit deutet. Möglicherweise hat Aristoteles seine These aus Solon Frgm. 7,1–2 Gentili-Prato (= 5, 1–2 Diehl) abgeleitet.

gensqualifikation für das Archontat in solonischer Zeit. Der Verfasser bemerkt lediglich, daß seit Solon Angehörige der drei ersten „Klassen" zu den Ämtern der Archonten, der Tamiai (Schatzmeister der Athena), der Poletai, der „Elfmänner" und der Kolakreten zugelassen waren, und zwar jeder „im Verhältnis zu seiner Einkommensschätzung". Näher erläutert wird dann nur die Voraussetzung für die Ausübung des Amtes der Schatzmeister, die – wie es des weiteren heißt – nach dem noch immer gültigen Gesetz Solons aus den Fünfhundertschefflern ausgelost werden. Dies sei ein Beweis für das kombinierte Wahl- und Losverfahren Solons bei der Besetzung der Archontenstellen. Auch dieses Argument ist nicht zwingend, denn bei der Einsetzung der Tamiai fand im 4. Jahrhundert keine Vorwahl statt. Zudem ist zu beachten, daß nach dem in der Athenaion Politeia in anderem Zusammenhang (47,1) beschriebenen „solonischen" Verfahren bis zur Konstituierung der zehn neuen kleisthenischen Phylen jährlich nur vier Tamiai (d. h. jeweils ein Schatzmeister aus jeder der vier alten Phylen) eingesetzt worden wären. Bereits für die Mitte des 6. Jahrhunderts sind aber acht Tamiai eines bestimmten Amtsjahres belegt.[123] Vermutlich ist die Auslosung der Tamiai erst im Zuge der Ausweitung des „demokratischen" Prinzips des Losverfahrens auf nahezu alle Ämter (mit Ausnahme der militärischen) im 5. Jahrhundert eingeführt worden. Daß seit Solon nur Pentakosiomedimnoi Schatzmeister werden konnten, ist hingegen nicht zu bezweifeln, da die Polisgemeinschaft sich im Fall von Veruntreuungen am Besitz der „Kassenbeamten" schadlos zu halten suchte.

Auch für Bekleidung des Archontats wird ein für damalige Verhältnisse beachtlicher Besitz vorausgesetzt worden sein. Ein Archon hatte nach den Satzungen Solons unter Umständen für Amtsverfehlungen beträchtliche Bußgelder zu zahlen. Dies deutet darauf hin, daß die Archonten zur Spitzengruppe der Grundbesitzer zählten und erst durch die Reformen des Jahres 487/86 die zweite Zensusklasse der Hippeis zum Archontat zugelassen wurde. Diese Erweiterung des Kandidatenkreises ist wohl damit zu erklären, daß erst 487/86 das kombinierte Wahl- und Losverfahren eingeführt wurde und dementsprechend fortan auch eine größere Zahl von Bewerbern Jahr für Jahr zur Verfügung stehen mußte. Das Archontat hatte inzwischen durch die Einführung des Strategenamtes (501/500) an Bedeutung verloren, während im solonischen Athen der Archon eponymos und der Polemarchos noch die wichtigsten Führungspositionen innehatten. Die Auseinandersetzungen um das eponyme Archontat kurze Zeit nach den Reformen Solons wären unverständlich, wenn Auslosungen stattgefunden hätten, die den Kandidaten, die über das Archontat stärkeren Einfluß zu gewinnen suchten, nur geringe Chancen bei der Bewerbung um dieses Amt bieten konnten. Im

---

[123] IG I² 393. Vgl. Hignett, Athenian Constitution 325.

übrigen befehligte der Polemarchos damals noch das Aufgebot. Im klassischen (demokratischen) Athen wurden militärische Führungsaufgaben nie ausgelosten Beamten anvertraut. Solon hat hierfür schwerlich andere Regelungen getroffen.[124]

Aus einer Reihe von Gründen ist daher anzunehmen, daß alle neun Archontenstellen (im weiteren Sinne des Wortes) durch Wahlen in der Volksversammlung besetzt wurden und nur Pentakosiomedimnoi diese Ämter bekleiden konnten. Wenn Solon explizit diesbezügliche Verfügungen formuliert hat, wurde hierdurch vermutlich im wesentlichen nur eine bereits übliche Praxis sanktioniert, da – wie gesagt – kein Widerstand der bisherigen Führungsschicht gegen eine Zulassung *aller* Pentakosiomedimnoi zum Archontat überliefert ist. Die Qualifikation für dieses Amt war zwar sicherlich fortan eindeutig fixiert, doch wurde hierdurch die traditionelle Rangordnung nicht unmittelbar in Frage gestellt. Im Zuge der allmählichen wirtschaftlichen Aufwärtsentwicklung standen freilich langfristig mehr Kandidaten zur Verfügung. Solon hat dies indes wohl kaum bereits einkalkuliert.

Der eponyme Archon leitete sicherlich wie bisher die Volksversammlung und wohl auch den Areopag (sofern dieses Gremium nicht als Blutgerichtshof unter dem Vorsitz des Basileus tagte). Neue Aufgaben wuchsen

---

[124] Zur Forschungsdiskussion über die solonische Regelung der Besetzung der Archontenstellen vgl. Rhodes, Commentary 146 ff., sowie R. Develin, The Election of Archons from Solon to Telesinos, AC 48 (1979) 455 ff., und dens., Athenaeum N. S. 62 (1984) 299 und 305 ff.; Athenian Officials 2. Develin stimmt der Version der Athenaion Politeia 8,1 zu, nimmt aber an, daß in der Stasis nach Solon für kurze Zeit wieder das Wahlverfahren eingeführt worden sei, bis die nichtadligen Schichten erneut das Wahl- und Losverfahren erstritten hätten. Unter der Tyrannis seien die Archonten hingegen direkt gewählt worden, und seit 487/86 habe man endgültig eine jährliche Auslosung aus Vorgewählten vorgenommen. Diese Rekonstruktion setzt regelrechte Ständekämpfe voraus, die es in Athen zweifellos nicht gegeben hat. – Oliva, Solon 57, nimmt an, daß die von ihm vermutete solonische Einsetzung der Archonten durch das Los unter Peisistratos abgeschafft und zu Beginn des 5. Jahrhunderts wieder ins Leben gerufen worden sei. Auch Andrewes, CAH III 3 ([2]1982) 386, gibt der Angabe Ath. Pol. 8,1 den Vorzug gegenüber Aristot. Pol. 1273 b 40 – 1274 a 2. Ähnlich Stahl, Aristokraten 177 mit Anm. 103. W. G. Forrest – D. L. Stockton, The Athenian Archons: A Note, Historia 36 (1987) 240, wollen die Nachrichten harmonisieren. Sie vermuten, daß vor Solon der Areopag die Archonten auf der Basis einer von den Phylen präsentierten Liste gewählt habe, während seit Solon eine Auslosung aufgrund einer entsprechenden Liste vorgenommen worden sei. Das Problem der nachsolonischen Auseinandersetzungen um das eponyme Archontat wird indes durch diese Thesen nicht gelöst. Aus dem gleichen Grund führt auch die Vermutung G. L. Cawkwells, Nomophylakia and the Areopagus, JHS 108 (1988) 5, daß seit Solon neun gewählten Kandidaten die einzelnen Archontenstellen durch Los zugewiesen worden seien, nicht weiter.

dem Archon eponymos und anderen Beamten aus der solonischen Rechts- und Gerichtsordnung zu. Vor allem die Konstituierung des „Volksgerichtes" der Heliaia führte zu einer Intensivierung der Interaktion von Polisorganen und betraf daher auch wesentliche Aspekte der politischen Organisation Athens.

bb) *Heliaia, Rat der 400, Volksversammlung*

Die solonische Heliaia wird häufig als Appellationsinstanz gegen richterliche Urteile der Beamten interpretiert und mit der Ekklesia gleichgesetzt, d. h. als Versammlung des Demos verstanden, die als Gericht tagte.[125] Diese Theorie verbindet den Begriff Heliaia (bzw. Eliaia in der älteren Form) etymologisch mit den Termini Halia und Haliaia, die in einer Reihe von dorischen Poleis als technische Bezeichnungen für „Volksversammlung" dienten.[126] Als Hauptbeleg für die Funktion der Heliaia als Appellationsinstanz gilt die Angabe der Athenaion Politeia (9,1), daß zu den drei „volkstümlichsten" Maßnahmen Solons die Zulassung der sog. ἔφεσις an das „Gericht" (Dikasterion) gehöre. Der Begriff „Dikasterion" soll dementsprechend nach dieser Interpretation nicht einen einzelnen Gerichtshof als Unterabteilung des Volksgerichts bezeichnen (wie dies in klassischen Zeugnissen in aller Regel der Fall ist),[127] sondern sich auf die Heliaia in ihrer Gesamtheit beziehen. Da die Gerichtsbeamten im klassischen Athen im wesentlichen nur noch die Prozesse vorzubereiten und zu leiten hatten, wird

---

[125] Vgl. etwa R. J. Bonner – G. Smith, The Administration of Justice from Homer to Aristotle, I, Chicago 1938 (ND New York 1968), 152–157; Hignett, Athenian Constitution 97; H. T. Wade-Gery, Essays in Greek History, Oxford 1958, 173 ff.; MacDowell, Law 30–32; Rhodes, Commentary 160; Andrewes, CAH III 3 (²1982) 388; M. Ostwald, From Popular Sovereignty to the Sovereignty of Law. Law, Society, and Politics in Fifth-Century Athens, Berkeley – Los Angeles – London 1986, 10. Die Hauptargumente dieser Theorie sind zusammengefaßt von Sealey, Athenian Republic 60 ff., der allerdings (wie er selbst einräumt) irreführend die Gleichsetzung von Ekklesia und Heliaia als "older theory" bezeichnet und hiervon die "newer theory" differenziert, die von E. Ruschenbusch (Ephesis. Ein Beitrag zur griechischen Rechtsterminologie, ZRG 78, 1961, 386–390; Heliaia: Die Tradition über das solonische Volksgericht, Historia 14, 1965, 381–384) und M. H. Hansen (Eisangelia 51 f.; The Athenian Heliaia from Solon to Aristotle, ClMed 33, 1981–1982, 9–47) entwickelt wurde. Die Thesen von Ruschenbusch und Hansen, die die Heliaia als ordentliches Gericht deuten, sind nicht allgemein akzeptiert worden.

[126] Vgl. Schulthess, RE VII 2 (1912) 2233 ff. s. v. Halia; M. Wörrle, Untersuchungen zur Verfassungsgeschichte von Argos im 5. Jh. v. Chr., Diss. Erlangen–Nürnberg 1964, 32 ff.

[127] Vgl. Busolt-Swoboda II 1151 mit Anm. 3.

nach der genannten Theorie des weiteren eine Einschränkung der gerichtsmagistratischen Kompetenzen im Verlauf einer längeren (mit Solon beginnenden) Entwicklung angenommen und dementsprechend vermutet, daß der Beamte nach solonischem Recht zwar noch nicht (wie in klassischer Zeit) das Verfahren an ein Dikasterion zu überweisen hatte, wenn seine Strafbefugnis nicht ausreichte, die von ihm für notwendig erachtete Strafe zu verhängen. Wohl aber soll der Beklagte oder Angeklagte durch Solon das Recht erhalten haben, das „Urteil" eines Beamten anzufechten und von sich aus die Heliaia anzurufen, deren Aufgabe es dann gewesen sei, die Sache neu zu entscheiden. Die Möglichkeit des Einspruchs gegen die richterliche Entscheidung eines Beamten ist im 6. Jahrhundert für Chios belegt.[128] Nach einem fragmentarisch erhaltenen Gesetz, das vermutlich etwa zwischen 575 und 550 beschlossen wurde, war in diesem Fall der „Volksrat" (βολὴ δημοσίη) zuständig, der jeden Monat tagte und sowohl „die übrigen Angelegenheiten des Demos" zu regeln als auch Berufungen gegen richterliche Urteile der Beamten zu entscheiden hatte. Dieses Verfahren kann aber nicht ohne weiteres mit der in der Athenaion Politeia erwähnten Ephesis an das Dikasterion (bzw. an die Heliaia) verglichen werden, da der Volksrat in Chios und die Heliaia in Athen unterschiedliche Institutionen waren.[129]

Des weiteren ist zu beachten, daß der dorische Begriff „Halia" auch die Versammlung einer bestimmten Sektion des „Volkes" bezeichnen kann.[130] Die Gleichsetzung von „Halia", „Haliaia" und „Heliaia" ist nicht zwingend. Hinzu kommt, daß im klassischen Athen zwar „Demos" (im staatsrechtlichen Sinne) und „Ekklesia", nicht aber „Demos" und „Heliaia" identifiziert wurden. Nicht das Gericht, sondern die Volksversammlung repräsentiert den gesamten Demos.[131] Die Geschworenen der Heliaia, die lediglich abzustimmen haben, nicht aber diskutieren können, üben nach athenischem Ver-

---

[123] Meiggs-Lewis Nr. 8. Dazu L. H. Jeffery, The Courts of Justice in Archaic Chios, BSA 51 (1956) 157–167.

[129] M. Just, Ἐκκαλεῖσθαι im Prozeßrecht des frühen Chios, RIDA, ser. 3, 16 (1969) 191–205, will die Entstehung beider Organe auf eine revolutionäre Massenbewegung zurückführen, verkennt aber, daß jedenfalls in Athen (im Unterschied zu Rom) keine Ständekämpfe stattgefunden haben. Im übrigen sagt die Urkunde aus Chios selbstverständlich über die Entstehung der athenischen Heliaia nichts aus.

[130] M. H. Hansen, ClMed 33 (1981–82) 29.

[131] Hierzu und zum Folgenden M. H. Hansen, Demos, Ecclesia and Dicasterion in Classical Athens, GRBS 19 (1978) 127–146 = Hansen, The Athenian Ecclesia, Kopenhagen 1983, 139–160; ders., Initiative und Entscheidung. Überlegungen über die Gewaltenteilung im Athen des 4. Jahrhunderts, Xenia H. 6, Konstanz 1983, 7ff.; ders., The Athenian Assembly in the Age of Demosthenes, Oxford 1987, 101ff.; ders., The Political Powers of the People's Court in Fourth-Century Athens, in: Murray-Price, Greek City 215ff.

ständnis für den Demos richterliche Funktionen aus. Die Heliaia und ihre Dikasterien wurden somit als eigene Institutionen der Polisgemeinschaft verstanden. Während in klassischer Zeit 6000 Geschworene aus allen Bürgern, die sich für die richterliche Tätigkeit zur Verfügung stellten und mindestens 30 Jahre alt sein mußten, ausgelost wurden, konnte an der Volksversammlung jeder Athener schon nach Vollendung des 18. Lebensjahres teilnehmen, sofern er ἐπίτιμος, d.h. im vollen Besitz der bürgerlichen Rechte war. Nirgendwo wird in den Quellen angedeutet, daß die Heliaia als öffentliches Organ aus der Volksversammlung hervorgegangen ist.

Wenn nach athenischem Recht die „Elfmänner" alle auf frischer Tat ergriffenen und geständigen Diebe und „Übeltäter" (κακοῦργοι)[132] ohne Gerichtsverhandlung exekutieren lassen konnten, andererseits aber ein Verfahren vor der Heliaia einzuleiten hatten, sofern der Beschuldigte leugnete, war die Heliaia in diesem Fall zweifellos keine Berufungsinstanz. Wurde anstelle einer ἀπαγωγή (Festnahme des Diebes) eine Diebstahlklage angestrengt, war die Heliaia nach solonischem Recht sicherlich ebenfalls ein Gericht erster Instanz. Des weiteren fungierte die Heliaia als zuständiges Gericht, wenn jemand wegen Mißhandlung der Eltern oder Verweigerung des Kriegsdienstes verurteilt worden war und sich als ἄτιμος („Ehrloser") an einer für ihn verbotenen Stätte aufgehalten hatte (Demosthenes 24, 105). Auch hier handelte es sich nicht um eine Appellation. Tatbestand war vielmehr die Mißachtung eines Urteils, das im Fall der schlechten Behandlung altersschwacher Eltern zweifellos der Archon eponymos gefällt hatte.[133] Wenn der Verfasser der Athenaion Politeia solche Regelungen vor Augen hatte, kann er unter „Ephesis an das Dikasterion" nicht eine Appellation, sondern nur eine reguläre Überweisung verstanden haben. „Ephesis" kann zwar auch „Einspruch" bedeuten. Hierzu liegen jedoch nur Zeugnisse aus späterer Zeit vor, die sich aber nicht auf Entscheidungen beziehen,

---

[132] Vgl. zum Begriff des κακοῦργος Hansen, Apagoge 36ff.

[133] Rhodes, Commentary 160f., der unter Ephesis eine Appellation versteht, sucht das Problem, das Demosth. 24, 105 für seine Interpretation darstellt, zu umgehen, indem er annimmt, daß die Nichtbeachtung der magistratischen Entscheidung durch einen ἄτιμος „möglicherweise" als Einspruch aufgefaßt wurde. Diese These wird durch den Kontext nicht gestützt. – Das weitere bei Demosth. a.a.O. zitierte Gesetz (vgl. Lys. 10,16), wonach die Heliaia einen Dieb zusätzlich zur Einsperrung in den Fußblock verurteilen konnte, bezieht Rhodes im Anschluß an Lipsius, AR 440, auf Verhandlungen vor der Heliaia in zweiter Instanz. Jeder „Richter" sei berechtigt gewesen, die Zusatzstrafe zu beantragen. Demgegenüber weist Hansen, ClMed 33 (1981–82) 30, mit Recht darauf hin, daß Heliasten in klassischer Zeit überhaupt keine Strafe beantragen konnten. In der solonischen Heliaia wird dies kaum anders gewesen sein. Hansen bezieht die formelhafte Wendung προστιμᾶσθαι δὲ τὸν βουλόμενον auf den Kläger.

die von einem einzelnen Beamten mit koerzitiven Befugnissen getroffen wurden.[134]

Die solonische Heliaia hatte sicherlich größere gerichtliche Kompetenzen als der archaische Volksrat in Chios. Die Zahl der Heliasten (Richter in der Heliaia) bleibt ein offenes Problem. Ob diese Richter nach der solonischen Ordnung bereits ausgelost und auf mehrere Gerichtshöfe aufgeteilt wurden, läßt sich ebenfalls nicht ausmachen.

Als weitere institutionelle Neuerung wird in der Athenaion Politeia (8, 4) und in der Solonvita Plutarchs (19, 1–2) der „Rat der Vierhundert" genannt, in den die vier altattischen Phylen je 100 Mitglieder entsandt haben sollen. Die Athenaion Politeia erwähnt lediglich die Konstituierung des Rates, während Plutarch die Gründe für diese Maßnahme Solons sowie die Funktionen der neuen Institution zu kennen glaubt: Angeblich soll Solon im Hinblick auf die Unruhe im Demos nach der Seisachtheia einen zweiten Rat (neben dem bereits bestehenden Areopag) geschaffen und dem neuen Organ die Aufgabe übertragen haben, „alles vorzuberaten und darauf zu achten, daß keine Agenda ohne Vorbereitung vor die Volksversammlung gebracht werden". Der Hinweis auf die revolutionäre Stimmung im Demos nach der allgemeinen Schuldentilgung basiert wohl auf Schlüssen, die Plutarch (bzw. seine Quelle) aus dem ›Rechenschaftsgedicht‹ Solons gezogen hat. Solon nimmt hier aber gar nicht auf die Institutionen der Polis Athen Bezug. Auch die Bemerkungen Plutarchs zu den vorberatenden (probouleutischen) Funktionen des Rates der Vierhundert stammen sicherlich nicht aus authentischer Tradition.

Da politische Aktivitäten dieses Gremiums nicht ausdrücklich belegt sind, ist die Existenz des solonischen Rates in der Forschung umstritten. Einerseits wird darauf verwiesen, daß der inschriftlich bezeugte „Volksrat" in Chios, dessen Mitglieder von den dortigen Phylen bestimmt wurden, als zweiter Rat neben einem älteren Adelsrat zu verstehen sei, so daß ein ähnliches Organ des Demos auch in Athen bestanden haben könne.[135] Hingegen vertrat C. Hignett die Auffassung, daß im Unterschied zur „fortschrittlichen" Polis Chios eine Vorberatung der Agenda der solonischen Ekklesia unwahrscheinlich sei.[136] Zweifellos war das formalisierte Verfahren der Vor-

---

[134] Die Belege erörtern Ruschenbusch, ZRG 78 (1961) 386–390, und Sealey, Athenian Republic 62ff.

[135] Die Hauptargumente für die Existenz des Rates der 400 nennen de Laix, Probouleusis 13ff.; P.J. Rhodes, The Athenian Boule, Oxford ²1985, 208f.; ders. Commentary 153f. Vgl. auch J.M. Moore, Aristotle und Xenophon on Democracy and Oligarchy, London 1975, 221f.

[136] Hignett, Athenian Constitution 92–96. Die Nachrichten Herodots V 72,2 und der Athenaion Politeia 20,3, daß Kleisthenes' Gegenspieler Isagoras in der Stasis

beratung der Tagesordnung der athenischen Volksversammlung im späteren Rat der 500 das Ergebnis einer längeren Entwicklung nach den Reformen des Kleisthenes. Die detailliert geregelte Geschäftsordnung des Rates der klassischen Demokratie kann selbstverständlich für eine solonische Institution nicht vorausgesetzt werden. Andererseits waren die Gemeinwesen des griechischen Mutterlandes im frühen 6. Jahrhundert im Vergleich zu den ionischen Poleis keineswegs generell rückständig. Regelmäßige Tagungen der Volksversammlung nach vorausgehenden Beratungen des „Ältestenrates" (Gerousia) fanden bereits seit längerem in Sparta statt, und in Tiryns besaß der Damos (Demos) Beschlußrechte über die Verwaltung des „öffentlichen Besitzes",[137] so daß die Volksversammlung dort sicherlich nicht nur zu den jährlichen Wahlen zusammentrat. In Athen manifestiert sich vor allem in der solonischen Rechtsordnung und der Konstituierung der Heliaia die Ausdifferenzierung von Zuständigkeiten. In diesen institutionellen Rahmen fügt sich ein neuer Rat, der ähnlich wie der Volksrat in Chios vermutlich „Angelegenheiten des Demos" zu erledigen hatte, durchaus ein, wenn auch offenbleiben muß, welche Kompetenzen sich im einzelnen aus solchen Zuständigkeiten ergaben. Im übrigen bezeichnet der Demosbegriff in der Urkunde aus Chios keineswegs die niederen Schichten der Bürgerschaft. Gemeint ist vielmehr die Polisgemeinschaft.[138] Auch der solonische Rat war eine politische Institution des Gesamtverbandes der Athener. Theten waren zwar in dieser Boulé wahrscheinlich nicht vertreten. Offenbar sollte aber in diesem Gremium ein größerer Kreis von Athenern (unter Einschluß von Pentakosiomedimnoi und Hippeis, die nicht ins Archontat und

nach dem Sturz der Tyrannis die Boulé auflöste, ist entgegen der These Hignetts wohl kaum auf den Areopag zu beziehen, den nicht einmal Peisistratos auf dem Höhepunkt seiner Macht zu beseitigen wagte. – Die These M. Zambellis, L'origine della Bule dei Cinquecenti, Quarta Miscellanea Greca e Romana, 1975, 112 u. 128, daß der bei Herodot und in der Athenaion Politeia erwähnte Rat ein erst nach dem Ende der Tyrannis eingerichtetes Gremium mit 400 Mitgliedern gewesen sei, findet in den Quellen keine Stütze.
[137] Vgl. R. Koerner, Klio 67 (1985) 455f.
[138] C. Ampolo, La βουλὴ δημοσίη di Chio: un consiglio «populare»?, PP 38 (1983) 401–416, vermutet, daß diese Boulé der einzige Rat in Chios war und noch eine Versammlung von „Adligen" darstellte. Die Zahl der damaligen Phylen in Chios, von denen jede (wie es in der Inschrift heißt) 50 Ratsmitglieder stellte, ist nicht bekannt. (Vgl. jetzt N. F. Jones, Public Organisation in Ancient Greece, Philadelphia 1987, 191.) Geht man von der Mindestzahl von vier ionischen Phylen aus, hätte es sich nach Ampolo um einen Adelsrat von 200 Mitgliedern gehandelt. Diese Zahl ist für den athenischen Areopag in etwa zutreffend, erscheint aber für eine mittelgroße Polis wie Chios reichlich hoch. In vergleichbaren Gemeinwesen war die Zahl der Mitglieder des „traditionellen" Rates in aller Regel kleiner: 80 in Argos, 60 in Knidos, 90 in Elis.

damit nicht in den Areopag gelangen konnten) in die Verantwortung genommen werden. Da die Ratsmitglieder allem Anschein nach nicht gelost wurden, ist allerdings nicht auszuschließen, daß die Zusammensetzung der Boulé von sozial einflußreichen Gruppen in den Phylen gesteuert werden konnte. Wir wissen indes nicht, inwieweit sich dies auf das politische Kräftespiel im nachsolonischen Athen auswirkte. Bei der sog. ersten Machtergreifung des Peisistratos (561/60) scheinen der Areopag und der Rat der Vierhundert durch eine Entscheidung der Volksversammlung überspielt worden zu sein. Es handelt sich aber um ein tumultuarisches Verfahren, das keine Aufschlüsse über die übliche Interaktion öffentlicher Organe bietet. Die damals von Peisistratos inszenierte Aktion zeigt allerdings auch, daß die Ekklesia als Instrument zur Durchsetzung von Beschlüssen im Interesse eines einzelnen Aristokraten mißbraucht werden konnte. Daß die Volksversammlung durchaus schon außergewöhnliche Maßnahmen beschließen bzw. entsprechenden Vorschlägen zustimmen konnte, zeigt das positive Gegenbeispiel, die mit der Wahl Solons zum Archon verbundene Übertragung der Vollmacht, neue Satzungen zu fixieren. Solon selbst hat freilich wohl keine Regelungen getroffen, die der Ekklesia völlig neue Befugnisse in der Entscheidungsfindung einräumten.

cc) Areopag

Das Bild des solonischen Areopags ist in der Überlieferung in starkem Maße durch staatstheoretische Diskussionen und politische Auseinandersetzungen über Verfassungsfragen des 5. und 4. Jahrhunderts geprägt.[139] Eine summarische Darstellung der Aufgaben dieses Organs im Rahmen der solonischen „Verfassung" liegt in der aristotelischen Athenaion Politeia (8,4) vor. Hiernach soll Solon dem Areopag die Überwachung der Nomoi – der nunmehr geltenden Gesetze – übertragen haben.[140] Die im Kontext verwendete Formel νομοφυλακεῖν bezeichnet generell die Ausübung von Aufsichts- und Kontrollfunktionen im politisch-institutionellen Bereich. Diese Aufgabe oblag in einigen griechischen Poleis sogenannten νομοφύλακες („Gesetzeswächtern"), einer Behörde, die nach den Kategorien des Aristoteles (Politik 1323 a 8) als aristokratische Institution galt. In Athen wurden Nomophylakes vermutlich erstmals zwischen 329 und 322 v. Chr. eingesetzt. Demetrios von Phaleron übertrug ihnen dann wahrscheinlich die Aufgabe zu prüfen, ob die Beamten sich an die bestehenden Gesetze hielten. Ferner hatten die νομοφύλακες darauf zu achten, daß im Rat und in der Volksver-

---

[139] Dazu jetzt (mit erschöpfender Behandlung der umfangreichen Forschungsliteratur) Wallace, Areopagos 48 ff., 94 ff., 131 ff., 145 ff., 174 ff.
[140] Plutarch Sol. 19,2 bezeichnet den solonischen Areopag als φύλαξ τῶν νόμων.

sammlung keine ungesetzlichen Anträge zur Abstimmung gebracht wurden.[141] Der Autor der Athenaion Politeia verstand indes unter der angeblichen Nomophylakie des Areopags sehr viel weitergehende Kompetenzen. Aus seiner Sicht besaß der Areopag damals nicht nur „wie früher" die Aufsicht über die „Verfassung" (Politeia),[142] sondern auch die Befugnis, „die meisten und wichtigsten öffentlichen Angelegenheiten" zu erledigen, fehlbare Handlungen zu ahnden und die von ihm festgesetzten Bußen an die Kasse des Gemeinwesens abzuführen, ohne die verhängten Strafen begründen zu müssen. Des weiteren heißt es an der genannten Stelle (8, 4), daß der Areopag das zuständige Gremium für die Aburteilung von Verschwörungen zur „Auflösung des Demos" (d. h. zum Sturz der Demokratie) gewesen sei und Solon ein spezielles Gesetz über die „Anzeige" (Eisangelia) dieses Vergehens erlassen habe.

Die Gleichsetzung von Demos und Demokratie und die Verwendung des erst im späten 5. Jahrhundert gebräuchlichen Politeiabegriffs zeigen, daß hier eine anachronistische Skizze des „solonischen" Areopags vorliegt. Sie basiert letztlich auf den um die Mitte des 4. Jahrhunderts neu belebten Diskussionen über die athenische Verfassungsentwicklung, die dem Gesetzgeber Solon die Rolle eines Archegeten der athenischen Demokratie zuwiesen, während andererseits auch behauptet wurde, daß der Areopag bis zu den Reformen des Ephialtes (462 v. Chr.) als „Hüter der Verfassung" überragende Bedeutung für die Wahrung der traditionellen Polisordnung besessen habe.[143] Verläßliche Nachrichten über eine Einschränkung der Kom-

[141] Vgl. H.-J. Gehrke, Das Verhältnis von Politik und Philosophie im Wirken des Demetrios von Phaleron, Chiron 8 (1978) 149ff. Die Nachricht des Philochoros FgrHist 328 F 64 b (Lex. Cantabr. p. 351), daß nach den Reformen des Ephialtes sieben Nomophylakes eingesetzt wurden, wird durch sonstige Nachrichten nicht gestützt und ist zweifellos unzutreffend. Siehe auch J. Martin, Von Kleisthenes zu Ephialtes, Chiron 4 (1974) 31. G. L. Cawkwell, Nomophylakia and the Areopagus, JHS 108 (1988) 3, hält demgegenüber die Angabe des Philochoros für glaubwürdig, vermutet aber, daß die (angeblichen) Nomophylakes bald durch das sog. Paranomieverfahren (dazu die unten Anm. 147 genannte Arbeit H. J. Wolffs) ersetzt wurden. Das erste Paranomieverfahren ist jedoch erst für 415 v. Chr. belegt (Andok. 1,17).
[142] Die gleiche Funktion wird Ath. Pol. 3,6 und 4,4 dem Areopag vor Drakon und in der fiktiven drakontischen Verfassung zugeschrieben. Vgl. Wallace, Areopagos 39ff., der freilich im vorsolonischen Areopag lediglich einen Gerichtshof sieht.
[143] Jacoby, Atthis 74f., 123; ders., FgrHist III b (Supplem.) Text 109ff. mit einer Zusammenstellung der diesbezüglichen Zeugnisse; E. Ruschenbusch, Patrios Politeia. Theseus, Drakon, Solon und Kleisthenes in Publizistik und Geschichtsschreibung des 5. und 4. Jh. v. Chr., Historia 7 (1958) 398ff.; ders., Die Quellen zur älteren griechischen Geschichte, in: Symposion 1971. Akten der Gesellschaft für griechische und hellenistische Rechtsgeschichte, Köln–Wien 1975, 67ff.; ders., Atthis und Politeia, Hermes 109 (1981) 321ff.

petenzen des Areopags im Jahre 462 lagen um 350 aber offenbar nicht (mehr) vor. Die älteste Darstellung der Reformen des Ephialtes in der Athenaion Politeia (25, 1–4) enthält keine detaillierten Angaben über die damaligen Regelungen, die der Volksversammlung, dem Volksgericht und dem „kleisthenischen" Rat bestimmte Kontrollbefugnisse übertrugen.[144] Von einer regelrechten „Entmachtung des Areopags" 462 v. Chr. kann schon deshalb keine Rede sein, weil dieses Gremium damals weder eine Entscheidungsinstanz in der politischen Willensbildung des athenischen Bürgerverbandes war noch als Exekutivorgan fungierte.

In den ›Eumeniden‹ des Aischylos, die wenige Jahre nach den Reformen des Ephialtes aufgeführt wurden, gilt die Blutgerichtsbarkeit des Areopags als eigentliche Aufgabe dieses Gremiums seit mythischer Zeit. Aischylos sah als Zeitgenosse in den Gesetzesanträgen des Ephialtes schwerlich einen revolutionären Schritt.[145] Da der Areopag weiterhin die Blutgerichtsbarkeit (bei vorsätzlichem Mord) ausübte, war diese Institution für Aischylos nach wie vor „das Bollwerk des Landes und der Polis Schutz und Heil" (Eumeniden 701), eben weil das Blutrecht die Grundlage für Recht und Ordnung darstellte.[146] Nicht durch formalisierte Funktionen im Rahmen einer institutionalisierten Interorgankontrolle, sondern als unbestechliches Gericht über das schwerste menschliche Verbrechen erscheint der Areopag in den ›Eumeniden‹ als Wächter über die Polisordnung. Diese Funktion ist nicht mit einer „Aufsicht über die Gesetze" (Nomophylakia) gleichzusetzen. Ein Instrument zur Gesetzeskontrolle wurde erst in der vollentwickelten Demokratie mit der Einführung des sog. Paranomieverfahrens (γραφὴ παρανόμων) geschaffen, einer Popularklage wegen Gesetzwidrigkeit von Volksbeschlüssen, die erstmals für das Jahr 415 v. Chr. belegt ist.[147]

Die Kompetenzen, die das Volksgericht (bzw. die aus der Heliaia gebildeten Dikasterien), der kleisthenische Rat der 500 und die Volksversammlung 462 v. Chr. erhielten, erstreckten sich insonderheit auf die Beamtenkon-

---

[144] Vgl. E. Ruschenbusch, Ephialtes, Historia 15 (1966) 369–376; Sealey, Ephialtes 125 ff.

[145] Jacoby, FgrHist, III b (Supplem.) Notes 528 (Addenda zu Hellanikos F 1). Wallace, Areopagos 87 ff., sieht demgegenüber keine Möglichkeit, aus den ›Eumeniden‹ eine diesbezügliche Stellungnahme des Aischylos zu den Reformen 462 zu erschließen. Vgl. andererseits Meier, Entstehung des Politischen 144 ff., der die Gesetze des Ephialtes als tiefen Einschnitt in der athenischen Geschichte wertet und das „Politische" als zentralen Aspekt der ›Eumeniden‹ herauszuarbeiten sucht. L. G. H. Hall, Ephialtes, the Areopagus and the Thirty, CQ 84 (1990) 319–328, vermutet, daß der Areopag als Institution durch Ephialtes eher gestärkt wurde.

[146] Vgl. C. W. Macleod, Politics and the Oresteia, JHS 102 (1982) 127 ff.

[147] H. J. Wolff, „Normenkontrolle" und Gesetzesbegriff in der attischen Demokratie, SHAW 1970, Nr. 2.

trolle. Vor der Amtsübernahme fand die sog. Dokimasie („Prüfung") statt, die bestätigen sollte, daß der Beamte athenische Eltern hatte, an bestimmten Kulten teilnahm und seine familiären und bürgerlichen Pflichten erfüllte.[148] Das Verfahren entwickelte sich aus einer einfachen „Prüfung" vor dem Rat der 500 zu einer doppelten Dokimasie vor dieser Boulé und vor einem von den Thesmotheten geleiteten Dikasterion.[149] Wir wissen indes nicht, seit wann die Dokimasie vorgeschrieben war und in welcher Form sie vor 462 praktiziert wurde. Des weiteren wurde in der klassischen Demokratie die Finanzführung der Behörden während ihrer Amtstätigkeit regelmäßig kontrolliert, und nach Ablauf des Amtsjahres mußten sich die Beamten noch einer doppelten Prüfung unterziehen, die generell als Euthynai (Rechenschaftsabnahme) bezeichnet wurde. Zuständig waren hierfür im 4. Jahrhundert zehn aus der Bürgerschaft ausgeloste sog. Logistai („Rechner") und ihre „Beisitzer" (Synegoroi) sowie die Euthynoi („Untersucher"), ein Ausschuß des kleisthenischen Rates.[150] In dieser Form bestand das Kontrollsystem aber schwerlich bereits seit 462. Vielmehr ist mit einer Weiterentwicklung der von Ephialtes eingeführten Neuerungen zu rechnen. Aus dem vollentwickelten Euthynaiverfahren können keinesfalls entsprechende Kompetenzen des Areopags vor 462 erschlossen werden. Es gibt keinen Beweis für die Annahme, daß präzis umrissene Kontrollfunktionen dieses Gremiums aufgrund der Gesetzesanträge des Ephialtes von den Logistai und den Euthynoi übernommen wurden. Nur soviel ist deutlich, daß der Areopag nach 462 nicht an der Beamtenkontrolle beteiligt war.

Demgegenüber hatte der „solonische" Areopag neben sakralrechtlichen Strafbefugnissen und der Blutgerichtsbarkeit zweifellos weitere gerichtliche Kompetenzen, die zumindest faktisch eine gewisse Kontrolle der Beamten implizierten. So wird z. B. für ein „Strafverfahren" gegen einen Archon

[148] Aristot. Ath. Pol. 55,3 (mit weiteren Einzelheiten). Vgl. G. Adeleye, The Purpose of the Dokimasia, GRBS 24 (1983) 295–306, die mit Recht betont, daß die Dokimasie keine bloße Formalität war, sondern garantieren sollte, daß integre Kandidaten in die Ämter gelangten.
[149] Aristot. Ath. Pol. 45,3; 55,2–5; vgl. Lys. 26,11–12; Demosth. 20,90. Die einzelnen Stufen dieser doppelten Prüfung und das Verfahren der Ephesis (Appellation oder „Überweisung") an ein Dikasterion sind umstritten. Vgl. den Überblick über die kontroverse Literatur bei Rhodes, Commentary 615ff.; s. jetzt auch Sealey, Athenian Republic 63f.
[150] Dazu ausführlich M. Piérat, Les Euthynoi athéniens, AC 40 (1971) 526–573. – Zum Verfahren im 4. Jahrhundert: Aristot. Ath. Pol. 48,3–5; 54,2. Vgl. Rhodes, Commentary 560ff., 597ff. Erstmals belegt sind 30 Logistai in der Tributquotenliste 454/53. Sie hatten die Abrechnungen der Hellenotamiai des ersten Attischen Seebundes entgegenzunehmen und das für den Schatz der Athena vorgeschriebene Sechzigstel zu berechnen. Vermutlich waren sie Vorläufer der zehn in der Ekklesia ausgelosten Logistai des 4. Jahrhunderts.

eponymos, der Zuwiderhandlungen gegen Solons Verbot der Ausfuhr von Nahrungsmitteln tolerierte, der Areopag zuständig gewesen sein, da der Archon in diesem Fall eine sakrale Verfluchung des Gesetzesbrechers unterlassen hatte. Aristoteles behauptet zwar in der ›Politik‹ (1274 a 15–18; 1281 b 32–34), der Demos habe in der solonischen Ordnung die Beamten zur Rechenschaft gezogen (εὐθύνειν τὰς ἀρχάς). Die Terminologie ist aber auch hier anachronistisch, da das Euthynaiverfahren im eigentlichen Sinne – wie gesagt – erst nach 462 entstand. Eine Rechenschaftspflicht der Beamten gegenüber der Ekklesia, der Heliaia oder dem Rat der Vierhundert kann aus dieser Nachricht nicht abgeleitet werden. So oblag es in der solonischen Ordnung wahrscheinlich dem Areopag, Meldungen über Pflichtverletzungen der Behörden entgegenzunehmen, die Klage zu prüfen und gegebenenfalls eine Buße zu verhängen. Dieses Verfahren resultierte aus der Funktion des Areopags als Gerichtshof. Da aber die solonische Zeit noch nicht in Verfassungskategorien dachte, hatte der Areopag selbstverständlich nicht über Klagen auf Verletzung verfassungsrechtlicher Formvorschriften im Sinne des späteren Paranomieverfahrens zu entscheiden.[151] Es konnte sich daher nur darum handeln, daß der Areopag im Einzelfall zu prüfen hatte, ob ein Beamter seiner eidlich bekräftigten Verpflichtung nachkam, die geltenden (neu kodifizierten) Gesetze zu beachten und anzuwenden. Der Ablauf des Verfahrens läßt sich nicht rekonstruieren. Da aber im solonischen Ausfuhrverbot für Nahrungsmittel eine bestimmte Buße für Amtsvergehen vorgesehen war, ist zu vermuten, daß die Archonten nach Ablauf ihres Amtsjahres nicht automatisch Mitglied auf Lebenszeit im Areopag wurden.

Gerichtliche Kompetenzen, die über sakrale Strafbefugnisse und die Blutgerichtsbarkeit hinausgingen, besaß der Areopag schon vor den Reformen Solons, wie das schon mehrfach erwähnte solonische Amnestiegesetz zeigt, das ein Verfahren zur Aburteilung von Umsturzversuchen im Areopag voraussetzt. Wahrscheinlich hat Solon die Zuständigkeit des Areopags für die Ahndung von Vergehen gegen die Polis gesetzlich sanktioniert, wenn auch die Klage in solchen Fällen noch nicht auf „Beseitigung der Demokratie" lauten konnte, wie dies in der Athenaion Politeia (8,4) unterstellt wird. Vermutlich genügte eine einfache Meldung (beim Archon?), die dann vor den Areopag gebracht wurde. Wenn in der Athenaion Politeia diesbezügliche

---

[151] Einen Überblick über das Problem der sog. Nomophylakia des Areopags und die diesbezügliche Forschungsliteratur gibt Wallace, Areopagos 55–64, der zu zeigen sucht, daß dieser Begriff zwar nicht solonisch ist, der solonische Areopag aber nach Aristot. Ath. Pol. 8,4 gleichwohl darüber zu „wachen" hatte, daß die Gesetze Bestand hatten. Wallace beruft sich auf Demosth. 23,62, wonach Solon bestimmt habe, daß die Aufhebung oder Änderung eines Gesetzes durch einen Beamten oder Privatmann mit Atimie bestraft werden sollte. Im Kontext wird indes der Areopag nicht erwähnt.

Bestimmungen Solons als „Eisangeliegesetz" bezeichnet werden, so überträgt der Autor den ihm vertrauten Begriff der Eisangelia („Anzeige") als Terminus technicus für öffentliche Klagen wegen schwerer Verstöße gegen die Polis in der entwickelten Demokratie unzutreffend auf die solonische Satzung, die er im übrigen gar nicht wörtlich zitiert.[152] Die spätere Vielfalt der Eisangelieklagen, die von jedem Bürger im kleisthenischen Rat oder in der Volksversammlung erhoben werden konnten und in aller Regel an ein Dikasterion überwiesen wurden, ergab sich erst aus den politischen Rahmenbedingungen des späten 5. und des 4. Jahrhunderts, nachdem bereits in den ersten Jahrzehnten des 5. Jahrhunderts mehrere „politische" Prozesse vor dem Volksgericht bzw. vor der Ekklesia stattgefunden hatten. Die prozessualen Verfahrensweisen im frühen 5. Jahrhundert sind jedoch nicht im einzelnen bekannt, so daß wir nicht wissen, ob die betreffenden Klagen durch Anzeigen beim Areopag eingeleitet wurden. Formal können die solonischen Bestimmungen durchaus bis zu den Reformen des Ephialtes gültig geblieben sein. Die durch Kleisthenes eingeleitete Entwicklung hat jedoch dazu geführt, daß bei Verstößen gegen die Polisinteressen (bzw. bei vermeintlicher Gefährdung der Polisordnung) die Volksversammlung und die Heliaia eingeschaltet wurden. Ein spezielles neues Eisangeliegesetz war hierfür möglicherweise gar nicht erforderlich.[153]

Im Hinblick auf den Erfahrungshorizont der solonischen Zeit kann somit die damalige Aufgabe des Areopags nicht als Nomophylakie im verfassungsrechtlichen Sinne definiert werden. Wohl aber war der Areopag durch seine Zuständigkeit für die Verfolgung von Mord, Sakralfreveln und „Hochverrat" der bedeutendste Gerichtshof in Athen. Wenn sich seine Kompetenzen des weiteren auf die Ahndung von Pflichtverletzungen der Behörden

[152] Die Rekonstruktion des von Solon vorgesehenen Verfahrens bleibt hypothetisch. Vgl. dazu die Kontroverse zwischen J. P. Rhodes (Eisangelia at Athens, JHS 99, 1979, 103–114; Commentary 156) und M. H. Hansen (Eisangelia 17–19; 56f.; Eisangelia at Athens: a Reply, JHS 100, 1980, 89–95). Hansen schließt nicht aus, daß der Areopag „politische" Delikte gegen das Gemeinwesen aburteilte, vermutet aber, daß erst Kleisthenes das Eisangelieverfahren eingeführt habe und von Anfang an für diese Klage nicht der Areopag, sondern die Volksversammlung zuständig gewesen sei. Rhodes verweist darauf, daß die solonischen Gesetze für den Verfasser der Athenaion Politeia zugänglich waren und die Nachricht über die „Anzeige beim Areopag" im Kern zutreffend sein könne. Hansen hält es demgegenüber für methodisch verfehlt, den Ausdruck ἐπὶ καταλύσει τοῦ δήμου Ath. Pol. 8,4 zu streichen, den anderen Teil der Phrase (Σόλωνος θέντος νόμον εἰσαγγελίας) aber zu akzeptieren. Der Verfasser der Ath. Pol. behauptet freilich nicht, die solonische Bestimmung wörtlich zu zitieren. Vgl. Wallace, Areopagos 65f., der (im Anschluß an M. Ostwald, TAPA 86, 1955, 104) mit Recht darauf hinweist, daß wir den präzisen Wortlaut des solonischen Gesetzestextes selbstverständlich nicht kennen.
[153] Vgl. Sealey, Ephialtes 130.

erstreckten, konnte er hierdurch gegebenenfalls indirekt Einfluß auf ihre Amtsführung gewinnen. Hinzu kam, daß für die Beamten schon aus persönlichen Motiven im Normalfall eine Abstimmung mit dem Areopag geboten war, dem sie ja auf Lebenszeit angehören wollten. Sieht man von den zeitweiligen Wirren nach den solonischen Reformen und der Situation unter Peisistratos und seinen Söhnen einmal ab, waren die Archonten während ihrer Amtszeit geradezu angewiesen auf das Einverständnis der Mitglieder des Areopags, der nach wie vor auch eine beratende Versammlung war, wie die später belegte Bezeichnung «Boulé» zeigt.

Eine klare Abgrenzung der beratenden Funktionen des Areopags und des neuen Rates der 400 ist freilich nicht möglich. Ablauf und institutionelle Relevanz der Beratungen in diesen beiden Gremien lassen sich aus der Geschäftsordnung und den Kompetenzen des kleisthenischen Rates der 500 ohnehin nicht ermitteln. Das formalisierte Verfahren der klassischen Demokratie bietet keine Vergleichsmöglichkeiten. Nimmt man Solons Eunomia zum Maßstab, sollte nach seinen Vorstellungen wohl vor allem eine breite Übereinstimmung in den Beratungs- und Entscheidungsorganen der Polis erreicht werden. Allerdings bleibt aufgrund der Quellenlage die Frage offen, ob der Archon eponymos als Leiter der Volksversammlung die Agenda der Ekklesia nach eigenem Ermessen bestimmen konnte oder formal an einen diesbezüglichen Vorbeschluß des Rates der 400 oder des Areopags gebunden war.

d) Das Problem der Münz-, Maß- und Gewichtsreform

Als eigenen Komplex der solonischen Neuordnung erwähnt die aristotelische Athenaion Politeia (10,1–2) eine Münz- und Gewichtsreform, die nach der Seisachtheia, aber noch vor der eigentlichen Nomothesie durchgeführt worden sei. Hiernach soll Solon die Normen für Maße, Gewichte und Münzen „vergrößert" und gleichzeitig den Silberwert der attischen Münzdrachme gegenüber dem Silbergewicht der Gewichtsdrachme geringfügig verringert haben. Wahrscheinlich polemisiert der Autor hier indirekt gegen die Darstellung des Atthidographen Androtion, der die Seisachtheia als Zinsermäßigung interpretiert und im Widerspruch zu den Ausführungen Solons (Frgm. 30 Gentili-Prato = 24 Diehl) behauptet hatte, der athenische Gesetzgeber habe nicht durch Aufhebung der Schulden, sondern durch eine regelrechte Währungsreform in Form einer Abwertung des Münzgeldes die Rückzahlungsverpflichtungen der Schuldner erleichtert, ohne die Gläubiger zu schädigen, so daß beide Seiten zufriedengestellt worden seien.[154]

---

[154] Androtion FgrHist 324 F 34 = Plut. Sol. 15,3–4.

Der Bericht der Athenaion Politeia stimmt vermutlich im wesentlichen mit der im 4. Jahrhundert verbreiteten Vorstellung überein, daß Solon das attische System der Maße und Gewichte eingeführt und dabei auch eine Münzreform vorgenommen habe. Androtion suchte hingegen das Bild eines maßvollen Reformers zu zeichnen, der einen radikalen Eingriff in die bestehenden Besitzverhältnisse zu vermeiden wußte.

Die „solonische" Münzreform ist seit längerem durch die Ergebnisse der numismatischen Forschung in Frage gestellt worden.[155] Die älteren, noch unbeschrifteten athenischen Münzen werden jetzt überwiegend in die nachsolonische Zeit datiert. Es handelt sich um sog. Wappenmünzen (mit einem „Wappen" als Münzbild). Wahrscheinlich wurden sie erst nach der dritten und endgültigen Usurpation des Peisistratos (ca. 546) eingeführt. Die Prägung eines konstanten athenischen Münztyps mit dem Athenakopf auf der Vorderseite und der Eule mit der Angabe der prägenden Polisgemeinschaft auf der Rückseite (AΘE als Abkürzung für AΘENAION = „Gepräge der Athener") begann dann vermutlich um 520.

Zweifellos besteht ein Zusammenhang zwischen den athenischen Systemen der Maße, Gewichte und Münzen. Ein Sonderfall sind freilich die Hohlmaße (1 Medimnos = ca. 52,53 Liter für „trockene" Produkte; 1 Metretes = ca. 39,39 Liter für „Flüssiges"). H. Büsing hat kürzlich darauf hinge-

---

[155] Die ältere Literatur verzeichnet K. Kraft, Zur Übersetzung und Interpretation von Aristoteles, Athenaion Politeia, Kap. 10 (Solonische Münzreform), JNG 10 (1959/60) 21–46 = Kraft, Gesammelte Aufsätze zur antiken Geldgeschichte und Numismatik I, Darmstadt 1978, 145–170. Siehe auch Th. Fischer, Zu Solons Maß-, Gewichts- und Münzreform, Chiron 3 (1973) 1–14; Rhodes, Commentary 152f., 164ff. – Die Spätdatierung der Wappen- und Eulenmünzen geht zurück auf einen Aufsatz von C. M. Kraay, NC 1956, 43ff., der den Beginn der „Eulen" etwa 525/20 ansetzte und in einer Serie von weiteren Aufsätzen diese Datierung zu verteidigen suchte. Vgl. ferner M. H. Crawford, Solon's Alleged Reform on Weights and Measures, Eirene 10 (1972) 5–8, und vor allem M. R.-Alföldi, Riflessioni sulla riforma monetaria cosidetta solonia, Boll. Num. 8 (1987) 9–17 (mit einer ausgezeichneten Einführung in den Stand der Diskussion). Das Datierungsproblem wurde verbunden mit der Frage der Herkunft des attischen Münzsilbers und der These von der Intensivierung des Bergbaus im Laureion unter der Herrschaft der Peisistratiden. Daß die Wappenmünzen zumeist aus thrakischem Silber, die Eulenmünzen hingegen aus Laureion-Silber stammen, hat sich indes nicht bestätigt. Vgl. E. Paszthory, Schw. Mbll. 32 (1982) 30ff., 36, sowie Lohmann, Atene 306, Anm. 535. Zur Chronologie der frühen athenischen Emissionen: J. H. Kroll, From Wappenmünzen to Gorgoneia to Owls, ANSMusN 26 (1981) 1–32. Allgemein zu den Anfängen der athenischen Münzprägung: C. M. Kraay, Archaic and Classical Greek Coins, Berkeley–Los Angeles 1976, 56–63. – Gegen eine Herabdatierung der Eulenmünzen in die peisistratidische Zeit: L. Weidauer, Probleme der frühen Elektronprägung, Fribourg 1975, passim, und D. Kagan, The Date of the Earliest Coins, AJA 86 (1982) 343ff.

wiesen, daß die Hohlmaßsysteme „als gemeingriechisch gelten müssen" und die Hohlmaße „unabhängig neben den aus den Fußmaßen abzuleitenden Kubikmaßen" existierten.[156] Hingegen weichen die athenischen („solonischen") Einheiten für Längenmaße und Silbergewichte vom dorisch-aiginetischen System ab, das in der Antike allgemein auf König Pheidon von Argos zurückgeführt wurde, dessen Herrschaft aber nicht sicher zu datieren ist. Der attische Fuß (als Längeneinheit) war um ein Zehntel kleiner als der dorische Fuß. In einem entsprechenden Verhältnis standen nach den Ergebnissen H. Büsings die aus den Längenmaßen abgeleiteten Gewichtsmaße für Edelmetall (Silber) im attischen und im dorischen System. Die in der Athenaion Politeia 10,1 erwähnte „Vergrößerung" der attischen Gewichtsnormen ist demnach wohl so zu verstehen, daß beim Wiegen eines bestimmten Gegenstandes mit den neuen Gewichten „eine größere Zahl von Gewichtseinheiten als bei dem alten System herauskommt" und die neuen Gewichte dementsprechend leichter sind.[157] Es bleibt aber offen, ob die attischen Längen- und Gewichtsmaße tatsächlich auf die Reformen Solons zurückgehen oder aber die Angaben der Athenaion Politeia lediglich eine Art aitiologische Erklärung für die in Attika geltenden Normen darstellen. In den überlieferten Fragmenten der Gesetze Solons finden sich hierzu keine Bestimmungen.

Die in der Athenaion Politeia 10,2 des weiteren angedeutete Differenzierung zwischen Münzgewicht und Edelmetallgewicht kann jedenfalls nach dem heutigen Stand der numismatischen Forschung nicht mehr den Reformen Solons zugeordnet werden. Jene Angabe besagt lediglich, daß in Athen aus 60 Gewichtsminen (1 Silbertalent des ungeprägten Edelmetalls) Silbermünzen im Wert von 63 Minen geschlagen wurden. Dies bedeutet, daß das reine Silbergewicht einer Münzdrachme bei gleichem Wert ca. fünf Prozent geringer als eine (Gewichts-)Drachme ungeprägten Silbers war.

Die Standardmünze der ältesten attischen Emissionen war das Didrachmon („Doppeldrachme"), doch wurden gegen Ende dieser Serien bereits Tetradrachmen (Vierdrachmenstücke) geprägt. Auf dem Tetradrachmon basierte dann auch der Münzfuß der bald darauf einsetzenden Serien der berühmten athenischen „Eulen". Die attischen Prägungen ordneten sich gewissermaßen in die bereits bestehenden (etwas älteren) Münzsysteme ein. M. Radnóti-Alföldi hat kürzlich betont, daß die athenischen Münzen leicht konvertierbar waren. So entsprachen zwei attische Didrachmen oder ein Te-

---

[156] H. Büsing, Metrologische Beiträge, JdI 97 (1982) 1 ff. Obige Zitate ebd. 28 und 29. Die folgenden Ausführungen zum Problem der Maße stützen sich vor allem auf die sorgfältige Untersuchung Büsings.
[157] Büsing, a. a. O. 42. – Zur Diskussion über die Datierung der Herrschaft Pheidons vgl. jetzt Gehrke, Herodot 38 ff.

tradrachmon etwa einem euboiischen Stater (ca. 17,2 g), zwei attische Drachmen einem korinthischen Stater (ca. 8,6 g) und zehn attische Drachmen sieben aiginetischen.[158] Die hier skizzierten Probleme der frühen athenischen Münzprägung gehören somit zwar nicht mehr in den großen Komplex der solonischen Reformen. Die attischen Emissionen basieren aber auf einem Normensystem für Längen-, Kubik- und Gewichtsmaße, das spätestens Mitte des 6. Jahrhunderts in Athen und Attika Anwendung fand. Wir wissen freilich nicht genau, wann es entstanden ist. Wenn es nicht von Solon selbst, sondern erst nach seinen Reformen eingeführt wurde, dürfte gleichwohl das Prinzip der Normsetzung, das sich in der solonischen Rechtsordnung manifestiert, mit dazu beigetragen haben, daß der Münzprägung Athens eigene attische Maßeinheiten zugrunde gelegt wurden.

e) Ergebnisse und Bedeutung der solonischen Reformen

Es war Solon gelungen, ohne Blutvergießen eine Krise zu überwinden, die unmittelbar vor seinem Archontat in den offenen Bürgerkrieg zu führen drohte.[159] Der Ruf nach einer gleichmäßigen Aufteilung des Grund und Bodens (Isomoiria) ist nach seinen Reformen bald verstummt.[160] Eine radikale

[158] M. R.-Alföldi, a. a. O. 16–17 (oben Anm. 155).

[159] Nach Abschluß seiner Gesetzgebung scheint Solon Athen verlassen zu haben. Er kehrte vermutlich erst nach längeren Reisen zurück und griff dann wohl nicht mehr aktiv in das politische Geschehen ein. Eine „Biographie" Solons vor und nach seiner Kodifikation läßt sich aus der vorliegenden Überlieferung, die sich ihrerseits im wesentlichen nur auf Andeutungen in seinen Gedichten stützen konnte, indes kaum erstellen. Vgl. M. R. Lefkowitz, Patterns of Fiction in Ancient Biography, The American Scholar 52 (1983) 205 ff. – Aus Solons Fragmenten 14 und 15 Gentili-Prato (= 9 und 8 Diehl) wurde in der späteren Tradition offenbar sein Widerstand gegen den Aufstieg und die erste Machtergreifung des Peisistratos abgeleitet. Vgl. Aristot. Ath. Pol. 14,2–3; Diod. IX 4.20; Plut. Sol. 30,1–31,2; Diog. Laert. I 49–50. Möglicherweise hat Solon die Besetzung der Akropolis durch die Leibwache des Peisistratos noch erlebt (Oliva, Solon 80), doch sind die überlieferten Berichte über seine Reaktion auf die angebliche Bereitschaft seiner Mitbürger, eine Tyrannis zu tolerieren, wohl erfunden. – Problematisch sind im übrigen auch die widersprüchlichen Nachrichten bei Herodot I 29,2 und in der Ath. Pol. 7,2, wonach Solon die Athener schwören ließ, seine Gesetze zehn (Herodot) bzw. hundert Jahre (Ath. Pol.) nicht zu ändern. Vgl. dazu Rhodes, Commentary 136.

[160] Gleichwohl scheint es nach Solon Frgm. 31 Gentili-Prato (= 25 Diehl) auch unter den Mächtigen und Reichen Unzufriedenheit gegeben zu haben. Offenbar handelte es sich aber nur um eine Minderheit, die sich durch die Seisachtheia geschädigt fühlte.

Verbesserung der Lebensverhältnisse der breiten Masse durch Umverteilung des Landbesitzes war fortan kein Gegenstand der Politik in Athen. Solons Seisachtheia und Beseitigung der Schuldknechtschaft haben ohne tiefgreifende Veränderung der politischen und gesellschaftlichen Strukturen die soziale und rechtliche Deklassierung freier Landbewohner unterbunden. Dies war eine wesentliche Voraussetzung für die Entwicklung Athens zum größten Bürgerverband in Griechenland und damit letztlich auch für die Großmachtstellung der athenischen Demokratie im 5. Jahrhundert, wenn auch diese Konfiguration durch die Gesetzgebung Solons keineswegs schon vorgezeichnet war.

Eine pazifizierende Wirkung hatte zweifellos das neue Ordnungspotential der Satzungen (Thesmoi), die eine gleiche Behandlung aller Athener vor dem Recht sicherstellen sollten. Die Thesmoi bildeten nunmehr einen tragenden Pfeiler der gesellschaftlich-institutionellen Ordnung, in der in der Heliaia und wohl auch im Rat der Vierhundert eine größere Zahl von Bürgern Mitverantwortung für die Polis übernehmen konnte, wenn auch hierdurch noch keine regelmäßige Beteiligung breiter Schichten des Demos am politischen Geschehen garantiert war, zumal vor allem die vielen Bauern aus den z. T. weit entfernten Landgebieten sich infolge des harten täglichen Existenzkampfes kaum in den genannten Gremien zu engagieren vermochten oder zur Volksversammlung kommen konnten, die im übrigen noch nicht allzuoft tagte. Immerhin stabilisierte die Normierung des Rechts das institutionelle Gefüge der Polis. Beachtung und Anwendung der nunmehr geltenden Satzungen stellten die öffentlichen Organe vor neue Aufgaben, die kontinuierlich zu bewältigen waren.

Unbestritten waren die Gliederung der Bürger in Zensusklassen und die Kriterien der Amtsfähigkeit. Die wirtschaftliche Basis der Oberschicht und die hieraus resultierende gesellschaftliche Position der größeren Oikosbesitzer blieben erhalten. Andererseits bestand innerhalb der Zensusordnung potentiell soziale Mobilität. Die Grenzen zwischen den Zensusklassen waren z. T. fließend. Zwischen einer Reihe von Hopliten-Bauern und vielen agathoi, die nicht zur Spitzengruppe der Pentakosiomedimnoi zählten, bestand keine tiefe und unüberbrückbare Kluft. Hinzu kamen als integrierende Faktoren die fiktiven Abstammungsgemeinschaften der Phylen und Phratrien, in denen Hoch und Niedrig zusammenkamen, um beispielsweise gemeinsame Pflichten im Rahmen der Wehrordnung zu erfüllen oder an gemeinsamen Kulten teilzunehmen. Weder die agathoi noch die breiten Schichten des Demos bildeten jeweils einen geschlossenen Block. Der Demos (im soziologischen Sinne) besaß keine eigenen Organisationsformen und Führungssysteme.

Zweifellos sah sich Solon nicht gezwungen, spezifische politische Emanzipationsbestrebungen einer geburts- oder ständerechtlich von den Leitungsfunktionen ausgeschlossenen Gruppe zu befriedigen. Gleichwohl mag seine Regelung der Ämtervergabe einem gewissen Anspruchsdruck eines größeren Kreises ambitionierter Pentakosiomedimnoi gegenüber den ins Schußfeld der Kritik geratenen sogenannten „Führern" (Hegemones) des Demos Rechnung getragen haben. Die Zulassungsbestimmungen waren durchaus geeignet, die Voraussetzungen für eine Versachlichung im Verfahren der Bestellung von Magistraten zu schaffen. Durch das formale Qualifikationsmerkmal für das Archontat war jedenfalls jetzt die Schicht der regimentsfähigen Oikosbesitzer eindeutig definiert. Prinzipiell hatten alle Pentakosiomedimnoi die Chance, eine der neun Archontenstellen zu bekleiden und damit auch in den Areopag zu gelangen.

Für die institutionelle Einbindung amtlicher Funktionen waren die Satzungen in ihrer Gesamtheit von größter Bedeutung. Die Oberbeamten wurden auf vielfältige Weise in die Pflicht genommen, denn es oblag ihnen ja, das Recht anzuwenden und den Gesetzen Geltung zu verschaffen. Die Amtsführung stellte hierdurch neue objektive Anforderungen an die hohen Funktionsträger, die sich vor allem im zivilen Bereich zu bewähren hatten (wenn man von den militärischen Aufgaben des Polemarchos absieht). Die Erfüllung der durch die Rechtsordnung vorgeschriebenen Pflichten war durchaus ein Maßstab für Leistung und Ansehen, zumal die Archonten ihre Funktionen im Rechtsgang immer wieder vor der Öffentlichkeit ausüben mußten. Daher stellte das Amt als solches zweifellos ein hohes Ziel für eine Reihe von „Fünfhundertschefflern" dar, so daß sich ein fester Bezugsrahmen für eine Einbindung kompetitiver Elemente des aristokratischen Selbstverständnisses in die Polisordnung bilden konnte.

Andererseits kam freilich der stimulierende Faktor der Bewährung im Amt aus verschiedenen Gründen nur abgeschwächt zur Geltung. Die Rivalitäten innerhalb der Oberschicht um Rang und Ansehen waren zwar primär auf die Konkurrenz um das eponyme Archontat ausgerichtet, das eine Sonderstellung unter den höheren Magistraturen einnahm, zumal dem Archon neben seinen Aufgaben in der Rechtspflege auch die Leitung der Volksversammlung zukam. Das wohl damals schon geltende Verbot der Kontinuation und Iteration dieser Magistratur verhinderte aber die Entstehung einer exklusiven Elite von Amtsinhabern innerhalb der Schicht der Pentakosiomedimnoi. Auch den einflußreichsten Athenern war es verwehrt, über das eponyme Archontat eine langfristige, institutionell verankerte und durch die Polisordnung sanktionierte Führungsposition zu gewinnen. Zudem hatte der Archon eponymos im Rahmen seiner Kompetenzen nur begrenzte Aktionsmöglichkeiten. Er konnte sich nicht durch glanzvolle äußere Erfolge profilieren. Diese Chance hatte allenfalls der Polemarchos, der aber seinerseits keine politischen Leitungsfunktionen ausübte. Es bestand auch kein Sachzwang, die militärischen und politischen Kompetenzen in der Hand des

Archon oder des Polemarchos zu bündeln (bzw. mehreren gleichrangigen Funktionsträgern zu übertragen). Weder die kurzfristige Verwicklung Athens in den sog. ersten Heiligen Krieg unmittelbar nach dem Archontat Solons noch der Konflikt mit Megara erforderten einen großen Kräfteeinsatz oder eine neue Führungsorganisation. Weiträumige Machtpolitik stand ohnehin nicht zur Diskussion. Athen war durch Solons Lösung der drängenden sozialen Probleme und durch seine Gesetzgebung noch keine Großmacht in dem sich stabilisierenden System griechischer Gemeinwesen geworden.

So ergibt sich aus der Rückschau ein Bezugsfeld, in dem mannigfache Wechselwirkungen erkennbar sind. Da kein äußerer Druck auf Athen lastete, wuchs dem Areopag keine dauerhafte politisch-strategische Führungsrolle zu. Dieses Gremium gewann infolgedessen nicht die Position des römischen Senats, zumal auch kein Bedarf an einem starken institutionellen Gegengewicht gegen die Magistraturen bestand, deren „herrschaftliche Komponente" ja im Unterschied zu den römischen Imperiumsträgern nur schwach ausgebildet war.[161] Dies wird mit dazu beigetragen haben, daß sich der Areopag nicht zu einem Organ des Interessenausgleichs und der inneren Integration der amtsfähigen Oberschicht entwickelte und die Umsetzung seiner Autorität in politisches Potential gestört bzw. sogar durchkreuzt wurde durch das Bestreben einzelner Aristokraten, durch Faktions- und Gruppenbildungen außerhalb der Institutionen bestimmenden Einfluß auf die Verhältnisse in der Polis auszuüben. Areopag und Behörden waren jedenfalls mehrfach machtlos gegenüber den Aktivitäten von Stasisführern. Da die breite Masse des Demos nicht durch Klientelbindungen den großen Adelshäusern verpflichtet war, zeichneten sich andererseits langfristig aber auch Möglichkeiten einer Aufwertung der Volksversammlung ab, wenn das hier bereitstehende Instrumentarium politisch aktiviert werden konnte. Dies war freilich ein Wechsel auf die Zukunft. Die Konsolidierung der traditionellen Gesellschaftsstruktur begünstigte vorerst noch die Bildung von Staseis auf der Basis von Adelsfaktionen und Hetairien, die ein tendenziell desintegrierendes Element in der Polis darstellten, da sie den Partikularinteressen von Individuen und Gruppen dienten. Im übrigen bestand innerhalb der Schicht der „Fünfhundertscheffler" eine deutliche wirtschaftliche und gesellschaftliche Differenzierung, so daß sich hieraus unterschiedliche Handlungsmöglichkeiten für die Angehörigen dieser Gruppe ergaben. Repräsentanten wohlhabender Adelsfamilien vermochten durch Heiratsverbindungen mit „großen Häusern" in anderen Poleis, durch erfolgreiche wirt-

---

[161] Die Position des Senats der römischen Republik stellt geradezu ein Kontrastbild zur Stellung des Areopags dar. Vgl. jetzt K.-J. Hölkeskamp, Die Entstehung der Nobilität, Stuttgart 1987, 170 ff.

Die Reformen Solons 205

schaftliche Aktivitäten „in Übersee" sowie auch durch Raubfahrten, die das sog. solonische „Vereinsgesetz" ausdrücklich erlaubte,[162] ihre Ressourcen erheblich zu vermehren und dadurch im Wettbewerb um Reichtum und Prestige ihre Überlegenheit über ihre Standesgenossen noch zu steigern. Individuelle Aktivitäten außerhalb der eigenen Polis bündelten sich selbstverständlich nicht zu einem gemeinsamen außenpolitischen Handeln. Sie verstärkten vielmehr die Tendenz, solidaritätssprengende Geltungsansprüche im Sozialkörper des Polisverbandes zu erheben und gegebenenfalls durch Stasisbildungen durchzusetzen, die aber immer auch einen starken Gegendruck durch konkurrierende Gruppierungen erzeugten und damit zu einer Fluktuation der Rangverhältnisse führten, so daß sich die Statuspositionen nicht hierarchisch verfestigten. Bindungen innerhalb einer Stasis, deren Kristallisationspunkt eine Hetairie bildete, waren auf den Anführer fixiert, der aber hierdurch keine permanente Hausmacht gewann, da der Zusammenhalt seiner Anhängerschaft eher auf einer temporären Konvergenz von Interessen beruhte.[163] Wesentliche Voraussetzung für Stasisbildungen war die Fähigkeit prominenter Aristokraten, eine Hetairie durch Gewinnung und Mobilisierung einer breiteren Anhängerschaft im Demos zu erweitern und dieses Potential in das politische Kräftespiel einzubringen. Diese Bindungen konnten aber austauschbar sein, wenn der Stasisführer den Erwartungen seiner Anhänger nicht mehr entsprach, wenn er von anderen herausragenden Aristokraten überspielt wurde.

Es kam freilich nicht ununterbrochen zu Stasisbildungen dieser Art, mit denen die öffentlichen Organe unter Druck gesetzt oder zeitweise faktisch ausgeschaltet werden konnten.[164] In den wenigen Nachrichten zur Geschichte Athens in nachsolonischer Zeit (bis zur Tyrannis des Peisistratos) wird die Funktionsfähigkeit der Polisorganisation nicht genügend ins Blickfeld gerückt, so daß die Perspektive in den Quellen teilweise verzerrt ist. Es gelang keiner aristokratischen Gruppe, über längere Zeit ein Einflußmonopol zu behaupten, bevor Peisistratos nach zweimaligem Scheitern gleichsam im dritten Anlauf mit Hilfe von auswärtigen Gefolgschaften und

---

[162] Ruschenbusch, Solonos Nomoi F 76.
[163] Dazu generell J. Martin, Dynasteia. Eine begriffs-, verfassungs- und sozialgeschichtliche Skizze, in: R. Koselleck (Hrsg.), Historische Semantik und Begriffsgeschichte, Stuttgart 1979, 237f.
[164] Stahl, Aristokraten 100, betont mit Recht, daß „die Sammlung von Anhängern... für die Aristokraten als Mittel des Konkurrenzkampfes von wesentlicher Bedeutung" war. Seine These, daß die Stasis gewissermaßen ein Dauerzustand war bzw. daß das politische Leben von einer „dauerhaften sozialen Konfrontation" (a. a. O. 103) gekennzeichnet war, ist indes kaum zutreffend. Im nachsolonischen Athen gab es auch ruhige Zeiten, ohne die etwa die Errichtung öffentlicher Bauten auf der Agora oder die Ausgestaltung des Panathenäenfestes nicht möglich gewesen wären.

Söldnern eine überragende Machtstellung zu gewinnen vermochte und die Adelsfehden vorerst unterbinden konnte (wahrscheinlich 547/46 oder 546/45). Der politische Alltag war bis dahin zweifellos weithin durch einen im allgemeinen störungsfreien Ablauf der Tätigkeit der Behörden und der politischen Organe und Richtergremien gekennzeichnet, während gewissermaßen in Intervallen die innere Ordnung der Polis durch Machtkämpfe in der Oberschicht und daraus resultierende Staseis gefährdet war. Das Phänomen der Stasisbildungen war sicherlich eine schwere Hypothek für die athenische Polisgemeinschaft. Es darf aber nicht übersehen werden, daß andererseits aus dem Prinzip aristokratischer Selbstdarstellung durch Übernahme öffentlicher Aufgaben und Ämter auch permanent Leistungen für die Polis erwuchsen. Hierdurch wurde der Bestand der solonischen Ordnung überhaupt erst ermöglicht. Sie überdauerte in ihren Grundzügen auch die Tyrannis. Peisistratos und seine Söhne standen einem Personenverband gegenüber, der bereits seine politische Seinsform als Polisgemeinschaft gefunden und durch die solonische Gesetzgebung in seiner sozialen und institutionellen Ordnung starken Halt gewonnen hatte.

6. *Von Solon zur Tyrannis des Peisistratos*

a) Kriegerische Verwicklungen

Nach der vorliegenden Überlieferung soll Athen noch im Archontat Solons bzw. schon vor dessen Amtsantritt am sog. ersten Heiligen Krieg teilgenommen haben,[165] den die Pylaiische Amphiktyonie („Umwohnerbund") – eine ursprünglich mittelgriechische, aus der Gemeinschaft des Kultes im Demeterheiligtum in Anthela (Thermopylen) erwachsene Vereinigung – gegen die phokische Polis Krisa bzw. Kirrha[166] führte. Als Kriegsgrund werden Repressalien der Krisaier genannt, die den freien Zugang zum delphischen Heiligtum behindert und die Unabhängigkeit der berühmten Orakelstätte in Frage gestellt hätten.[167] Das Motiv der Sicherung der Freiheit

---

[165] Dies ergibt sich aus Aischin. 3,108 und Plut. Sol. 11,1, wonach Solon in der Amphiktyonie den Antrag auf Kriegsbeschluß gestellt haben soll und Alkmaion, der erst im Archontat Solons aus dem Exil zurückkehren konnte, angeblich den Befehl über die aufgebotene athenische Streitmacht erhielt.

[166] Die beiden Namensformen sind äquivalent.

[167] Vgl. Plut. Sol. 11,1; Aischin. 3, 107f.; Paus. X 37,6. Die Geschichtlichkeit dieses Krieges wird bestritten von N. Robertson, The Myth of the First Sacred War, CQ 72 (1978) 38–73, der die diesbezügliche Überlieferung auf eine Fälschung in der Zeit Philipps II. von Makedonien zurückführt (zustimmend F. J. Frost, Historia 33, 1984, 289). Vgl. demgegenüber G. A. Lehmann, Der „Erste Heilige Krieg" – eine

Delphis ist indes wohl ein Topos späterer Propaganda. Zweifellos war es das Ziel der Amphiktyonen, die Schutzherrschaft über Delphi zu gewinnen und damit ihren Einflußbereich erheblich zu erweitern. Der Krieg endete wahrscheinlich Ende der neunziger Jahre (591/90?) mit der Zerstörung Krisas. Das Gebiet der Polis wurde dem delphischen Heiligtum übereignet, in dem fortan zweimal im Jahr die Amphiktyonen tagten. Athen hatte sich allem Anschein nach als Mitglied der Sakralgemeinschaft am Krieg beteiligt.[168] Allzu groß dürfte indes der athenische Kräfteeinsatz noch während oder unmittelbar nach der solonischen Gesetzgebung nicht gewesen sein, da in Athen das Problem der Neuordnung des Gemeinwesens im Vordergrund stand.

Ungesichert sind die Nachrichten über die Rolle Solons im ersten Heiligen Krieg. Relativ ausführlich berichtet hierüber Plutarch (Solon 11), der unter Berufung auf die von Aristoteles und Kallisthenes erstellten Listen der Sieger in den Pythischen Spielen zu Delphi erwähnt, daß der Kriegsbeschluß der Pylaiischen Amphiktyonie gegen Krisa auf Antrag Solons erfolgt sei. Als Feldherr (Strategos) der Athener sei in „delphischen Urkunden" (Hypomnemata) aber nicht Solon, sondern der Alkmeonide Alkmaion genannt. Daß Aristoteles authentische Unterlagen über einen von Solon herbeigeführten Kriegsbeschluß zur Verfügung hatte, ist unwahrscheinlich.[169] Die angebliche Initiative Solons ist eher als Bestandteil einer von Aischines (3, 108) bezeugten populären athenischen Version zu werten. In den Gedichtfragmenten Solons findet sich kein Hinweis auf das Kriegsgeschehen. Dies schließt freilich nicht aus, daß Athen sich bereits in seinem Archontat der Koalition gegen Krisa anschloß. Da die Pylaiische Amphiktyonie damals von thessalischen Aristokraten dominiert wurde,[170] ist jedoch zu vermuten, daß thessalischer Einfluß ausschlaggebend für den Kriegsbeschluß war. Zweifelhaft erscheint auch die Nachricht, daß Alkmaion zum „Strategos" ernannt worden sei. Da das reguläre Strategenamt noch nicht existierte, kann er allenfalls Polemarchos gewesen sein oder bestimmte Sondervollmachten

Fiktion?, Historia 29 (1980) 242–246, der die Spekulationen Robertsons mit überzeugenden Argumenten zurückgewiesen hat, sowie (modifizierend) K. Tausend, Die Koalitionen im 1. Heiligen Krieg, RSA 16 (1986) 49–66. Zum Begriff des „Heiligen Krieges" s. jetzt K. Brodersen, Heiliger Krieg und Heiliger Friede in der frühen griechischen Geschichte, Gymnasium 98 (1991) 1–14.

[168] In der Forschung wurde freilich mehrfach angenommen, daß Athen erst aufgrund seiner Teilnahme am ersten Heiligen Krieg Mitglied der Amphiktyonie wurde. Vgl. aber demgegenüber H. W. Parke, The Delphic Oracle, I. The History, Oxford 1956, 104 f.

[169] Jacoby, FgrHist III b, Kommentar zu Nr. 297–607 (Text) 214 f.

[170] G. A. Lehmann, Thessaliens Hegemonie über Mittelgriechenland im 6. Jh. v. Chr., Boreas 6 (1983) 38.

erhalten haben. Er war jedoch aufgrund des „kylonischen Frevels" der Alkmeoniden verbannt worden und konnte erst nach dem Amnestiegesetz Solons nach Athen zurückkehren.[171] Daß er dann sofort ein militärisches Kommando erhielt, ist wenig wahrscheinlich. Möglicherweise wurde er in der Überlieferung wegen des Engagements seines Enkels Kleisthenes beim Wiederaufbau des Apollontempels in Delphi mit dem zum Kampf für die Freiheit des Orakels stilisierten Krieg gegen Krisa in Verbindung gebracht. Die spätere Überlieferung erlaubt kaum den Schluß auf eine „verstärkte Präsenz der Alkmeoniden in Delphi" im frühen 6. Jahrhundert.[172] Nur soviel ist deutlich, daß Delphi damals neues Kultzentrum der Pylaiischen Amphiktyonie wurde, das dortige Orakel in der Folgezeit auch außerhalb der griechischen Welt sein Ansehen erheblich zu steigern vermochte und die Pythischen Spiele seit 591/90 bzw. 582/81 eine neue Form gefunden haben.

Weitere Nachrichten über außenpolitische und militärische Aktivitäten der Athener im frühen 6. Jahrhundert bieten ein verwirrendes Bild. Die Berichte enthalten unterschiedliche Versionen der Ereignisse aus pro- und antiathenischer Sicht sowie Dubletten, Legenden und Anekdoten. Hinzu kommen die Datierungsprobleme. Glaubwürdig erscheint zunächst die Nachricht Herodots I 59,4, daß es Peisistratos gelang, den megarischen Hafen Nisaia zu erobern. Herodot bezeichnet die damalige Position des Peisistratos als „Strategie". Wenn hiermit die Polemarchie gemeint ist, wird Peisistratos dieses Amt nicht vor 570, eher um 565 bekleidet haben.[173] Eine

---

[171] F. J. Frost, Historia 33 (1984) 289f., nimmt an, daß Alkmaion sich mit einer Gefolgschaft von Verwandten und Anhängern am Kampf beteiligt habe, doch bleibt dies eine bloße Hypothese. – Rhodes, Commentary 224, 264, vermutet, daß das Strategenamt im 6. Jahrhundert noch keine reguläre Magistratur war, für auswärtige Unternehmungen aber möglicherweise ad hoc ein Strategos ernannt wurde. Auch in diesem Fall stellt sich aber die Frage, ob Alkmaion bereits unmittelbar nach seiner Rückkehr ein solches Kommando erhalten hat, wenn in Athen tatsächlich im Archontat Solons Hopliten für den Kampf gegen Krisa aufgeboten worden sind. Zur Frage einer „vorkleisthenischen" Strategie vgl. zusammenfassend Ch. W. Fornara, The Athenian Board of Generals from 501 to 400, Wiesbaden 1971, 7, Anm. 22, der davor warnt, in einem Aufgebot der archaischen Zeit "a tightly organized machine" zu sehen. Anders Develin, Athenian Officials 3, der vermutet, daß das Strategenamt nicht erst 501/500 eingeführt wurde.

[172] Diese Auffassung vertritt Stahl, Aristokraten 209.

[173] Vgl. F. Schachermeyr, RE XIX (1937) 160f.; Berve, Tyrannis I 47; Kinzl, Tyrannis 309. Demgegenüber will Develin, Athenian Officials 41, der Angabe Herodots I 59,4 entnehmen, daß Peisistratos damals tatsächlich als Strategos fungierte. – F. J. Frost, Historia 33 (1984) 290, vermutet, daß Peisistratos nicht in amtlicher Funktion, sondern auf eigene Faust Nisaia eroberte, um am Golf von Eleusis eigene Gefolgsleute aus dem östlichen Attika anzusiedeln. Nach Herodot I 59,3 gewann Peisistratos

genaue Datierung ist indes nicht möglich. In der althistorischen Forschung wird sein Handstreich in Nisaia vielfach unter Berufung auf Plutarch (Solon 9–10) mit dem Konflikt um Salamis in Verbindung gebracht. Nach Plutarch sollen die Kämpfe auf Salamis nach der von Solon initiierten „Rückeroberung" der Insel angedauert haben, bis beide Seiten ein spartanisches Schiedsgericht anriefen, das aufgrund der von Solon angeführten mythologischen, archäologischen und ethnologischen Argumente Salamis den Athenern zusprach. Obwohl Plutarch im Kontext Nisaia nicht erwähnt,[174] hat man vermutet, daß erst durch die Einnahme der megarischen Hafenstadt der athenische Anspruch auf Salamis endgültig durchgesetzt wurde, indem Megara sich nunmehr dem spartanischen Schiedsspruch beugte und auf die Insel verzichtete, dafür aber Nisaia zurückerhielt.[175]

Herodot erwähnt indes in seinem Bericht über die athenische Besetzung des Hafenplatzes weder vorausgehende Kämpfe um Salamis noch ein spartanisches Schiedsgericht, das wohl als athenische Geschichtsklitterung zu werten ist, die erst durch die atthidographische Tradition Verbreitung gefunden hat. Hintergründe und Anlaß der athenischen Aktion gegen Nisaia bleiben offene Fragen.[176] Es kann sich um eine militärische Demonstration gehandelt haben, die den Megarern die Entschlossenheit Athens zur Sicherung des Raumes von Eleusis vor Augen führen sollte, ohne daß zu diesem

---

aber erst unmittelbar vor seiner sog. ersten Machtergreifung eine größere Anhängerschaft.

[174] Nach der verworrenen Darstellung Plutarchs Sol. 12,5 soll Athen während der Wirren nach dem Putschversuch Kylons Nisaia verloren haben.

[175] Aus der umfangreichen Literatur hierzu seien folgende Arbeiten genannt: Legon, Megara 136ff.; Rhodes, Commentary 224, der vermutet, daß Salamis mehrfach den Besitzer wechselte; Andrewes, CAH III 3 (^{2}1982) 373; Frost, Historia 33 (1984) 290; Stahl, Aristokraten 204, der annimmt, daß nach dem (angeblichen) spartanischen Schiedsspruch „erst ein Feldzug des Peisistratos (vor seiner Tyrannis) den Athenern endgültig den Besitz der Insel" sicherte (vgl. aber bereits Busolt, GG II^2 221, Anm.: „Nirgends wird dem Peisistratos ein so bedeutsamer Erfolg, wie es die Eroberung von Salamis gewesen wäre, zugeschrieben." Siehe auch Schachermeyr, RE XIX 160f.). – Piccirilli, Arbitrati 53 (vgl. dens., Solone e la guerra per Salamine, ASNP ser. 3,8, 1978, 1–13), datiert das Schiedsgericht „kurz nach der Schlacht bei Sepeia, wahrscheinlich 519/18 v.Chr.". Er beruft sich darauf, daß die Spartaner vor ihrem Sieg über die Argiver bei Sepeia noch nicht genügend Autorität als Schiedsmacht besessen hätten (vgl. auch Beloch, GG I^2 2, 312f.). Die Schlacht bei Sepeia ist jedoch erst um 494 v.Chr. anzusetzen. – Oliva, Solon 44f., äußert sich mit Recht skeptisch zur Überlieferung über jenes Schiedsgericht.

[176] Auf die Einnahme Nisaias ist Aen. Tact. 4,8–11 zu beziehen. Die Darstellung ist anekdotenhaft und teilweise eine Dublette der Erzählung Plutarchs (Sol. 8) von der Aktion Solons gegen Salamis. Vgl. generell A. Podlecki, Solon or Peisistratus? A Case of Mistaken Identity, AncW 16 (1987) 3–10.

Zeitpunkt der athenische Besitz der Insel Salamis noch gefährdet war. Athen war aber nicht in der Lage, Nisaia auf Dauer zu behaupten. Hierzu wäre es erforderlich gewesen, an diesem Platz permanent eine stärkere Truppe athenischer Hopliten zu stationieren, die freilich überwiegend Bauern waren und daher nicht über einen längeren Zeitraum Dienst leisten konnten, während zu erwarten war, daß die Megarer ihr gesamtes Aufgebot mobilisierten, um ihren einzigen Hafen am Saronischen Golf zurückzugewinnen. Vermutlich hat Peisistratos Nisaia geräumt, bevor megarische Gegenmaßnahmen wirksam wurden. Längere Kämpfe um Nisaia werden von Herodot nicht erwähnt. Aus den beiden Fixpunkten der von Solon initiierten Aktion gegen Salamis und der kurzfristigen Besetzung Nisaias läßt sich somit kein jahrzehntelanges Ringen zwischen Athen und Megara ableiten. Wahrscheinlich wurde Salamis von den Athenern zwischenzeitlich nicht wieder geräumt.

Problematisch erscheint auch die Überlieferung über einen Schiedsspruch, den der Tyrann Periander von Korinth zugunsten der Athener im Konflikt um Sigeion gefällt haben soll. Daß Periander in dieser Weise als „Schiedsrichter" fungiert habe, berichtet freilich bereits Herodot V 95, 2, der im Kontext bemerkt, daß die Athener ihren Anspruch auf Sigeion mit dem Hinweis auf ihre Teilnahme am Trojanischen Krieg begründeten (V 94, 2).[177] Wenn diese Angaben zutreffen, wäre zu folgern, daß der Polis Athen durch die Initiative Phrynons gleichsam ein Außenbesitz zugewachsen ist und die Aktivität des Oikisten keine „außerstaatliche" Privatsache blieb, sondern der Polisgemeinschaft neue Perspektiven in ihren Außenbeziehungen eröffnete. Kann aber Sigeion tatsächlich durch einen Schiedsspruch athenischer Besitz geworden sein, wenn es andererseits bei Herodot V 94,1 heißt, daß Peisistratos (nach seiner dritten Machtergreifung) den Ort „mit Waffengewalt den Mytilenaiern entriß"? Wären beide Nachrichten richtig, hätte Sigeion in der Zeit zwischen jenem Schiedsspruch und der Aktion des Peisistratos den Besitzer wieder gewechselt, ohne daß Herodot dies ausdrücklich erwähnt. Athen hätte in diesem Fall kampflos auf seine angeblich im frühen 6. Jahrhundert so energisch verfochtenen „Besitzrechte" verzichtet. Zweifel sind hier berechtigt.[178] Der mythisch begründete Anspruch Athens auf den

---

[177] Spätere Quellen: Aristot. Rhet. 1375 b 31; Demetrios v. Skepsis bei Strab. XIII 1,38 p. 600; Apollodoros von Athen, FgrHist 244 F 27 a. Daß bereits Alkaios den Periander in einem Papyrusfragment wegen des angeblichen Schiedsspruchs als „Schlichter" (μεσίτης) bezeichnet hat (D. L. Page, Sappho and Alcaeus, Oxford ³1965, 159; Berve, Tyrannis II 527; Andrewes, CAH III 3, ²1982, 374), ist keineswegs sicher. Vgl. Alkaios Frgm. 306f, 19–20 Voigt mit dem textkritischen Apparat ad locum.

[178] Vgl. M. R. Cataudella, Erodoto e la cronologia dei Cipselidi, Maia 16 (1964) 219, der aber zu Unrecht bestreitet, daß es zwei athenische Unternehmungen nach Si-

Raum von Sigeion ist erstmals in den ›Eumeniden‹ des Aischylos belegt (458 v. Chr.), der das Gebiet am Skamandros als Land der Athena bezeichnet, das die Anführer der Achaier nach dem Fall Trojas der Göttin „als auserwählte Gabe für die Nachfahren des Theseus" geschenkt hätten.[179] Aischylos' Ausführungen hatten durch vorausgehende Kriegsereignisse und durch die Bedeutung Sigeions für die damalige athenische Seebundpolitik einen aktuellen Bezug. Einige Jahre vorher hatten während des Thasischen Aufstandes Kämpfe bei Sigeion stattgefunden, wie die athenische Gefallenenliste des Jahres 464 zeigt.[180] Ein athenischer Volksbeschluß rühmt dann im Jahre 451/50 in der schwierigen Situation nach dem Scheitern der Ägyptischen Expedition der Athener die Loyalität der Sigeier und sichert ihnen volle Unterstützung gegen Gegner auf dem kleinasiatischen Festland zu.[181] Des weiteren ist zu beachten, daß Aischylos an der genannten Stelle der ›Eumeniden‹ die Athener ausdrücklich als Nachfahren des Theseus bezeichnet. Theseus ist nicht vor dem späten 6. oder frühen 5. Jahrhundert zum eigentlichen „Nationalhelden" der Athener aufgestiegen[182] und erhielt offiziell erst durch die Initiative Kimons ca. 475 in Athen ein Heroon, das bekannte Theseion. Vor diesem Hintergrund gewinnt der athenische Anspruch auf das Land am Skamandros politische Aktualität, denn die im Theseion dargestellte Aufnahme des Theseus im Palast seines göttlichen Vaters Poseidon unter dem Meer ist als mythische Präfiguration der athenischen Seemacht zu verstehen.[183] Daß in diesem Zusammenhang auch der von Herodot erwähnte Schiedsspruch Perianders erfunden wurde, ist nicht auszuschließen.[184] Die Athener haben

geion (um 600 und unter Peisistratos) gab (vgl. dazu Berve, Tyrannis II 553). Siehe auch bereits Beloch, GG I² 2, 316, allerdings mit falscher („niedriger") Chronologie. Die Überlieferung über den Schiedsspruch wird indes überwiegend akzeptiert. Vgl. den Forschungsbericht von Piccirilli, Arbitrati 30–35, der im Anschluß an Will, Korinthiaka 381–391, den Spruch in die Zeit von 561–555 v. Chr. datieren will. Dieser Ansatz beruht auf der schwerlich zutreffenden sog. niedrigen Chronologie der Kypseliden. Vgl. oben Anm. 7.

[179] Aischyl. Eum. 398–403.
[180] IG I² 928.
[181] Vgl. Meiggs, The Athenian Empire, Oxford 1972, 117.
[182] Vgl. Neils, Theseus 11 f.; K. Hitzl, Gnomon 61 (1989) 148 ff.
[183] Vgl. J. von Ungern-Sternberg, Das Grab des Theseus und andere Gräber, in: W. Schuller (Hrsg.), Antike in der Moderne, Konstanzer althist. Forschungen 15, Konstanz 1985, 324.
[184] H. Aigner, Sigeion und die peisistratidische Homerförderung, RhM, N. F. 121 (1978) 204–209, verbindet demgegenüber die von Herodot V 94,2 erwähnte mythische Begründung des athenischen Anspruchs auf Sigeion mit Bemühungen der Peisistratiden um die homerischen Gesänge. Ähnlich Stahl, Aristokraten 221 f., der zudem aus dem archäologischen Befund an den Tumuli bei Sigeion (J. M. Cook, The Troad. An Archaeological and Topographical Study, Oxford 1973, 164 ff.) verstärkte

jedenfalls vor der dritten Machtergreifung des Peisistratos schwerlich energisch das Ziel verfolgt, Sigeion zu behaupten oder zurückzugewinnen, wenn auch dort weiterhin Siedler athenischer Herkunft lebten, wie die Phanodikos-Stele aus dem zweiten Viertel des 6. Jahrhunderts zeigt.

Von Kämpfen des frühen 6. Jahrhunderts scheint auch Herodots Bericht (V 82–87) über die „alte Feindschaft" zwischen Athen und Aigina zu handeln. Diese Darstellung, die teils aus athenischer, teils aus aiginetischer Quelle stammt und mit aitiologischen Legenden ausgeschmückt ist, scheint aber weitgehend eine Dittographie der (lückenhaften) Schilderung der Kämpfe Athens mit Aigina 488/87 v. Chr. bei Herodot VI 88–93 zu sein. Andererseits ist nicht auszuschließen, daß um und nach 600 die damals noch zur See überlegenen Aigineten wiederholt Raids gegen athenische Küstenplätze durchführten und die Athener durch überraschende, letztlich aber erfolglose Gegenschläge Rache zu nehmen suchten. Verlauf und Chronologie solcher Unternehmungen lassen sich jedoch nicht mehr rekonstruieren.

Insgesamt erlaubt die skizzierte schmale Quellengrundlage kaum die Folgerung, daß sich in den Aktivitäten einzelner athenischer Aristokraten bereits um und nach 600 eine Kontinuität der Außenpolitik Athens abzeichnete sowie Themen und Ziele außenpolitischen Handelns ein Derivat der athenischen Staatswerdung waren bzw. für die Herausbildung des „Staates" große Bedeutung gewonnen haben.[185] Die athenische Polisgemeinschaft besaß bereits vor Solon „staatlichen Charakter", während die wohl aus einem Konflikt um strittige Bezirke im Raum von Eleusis resultierende vorübergehende Besetzung Nisaias die einzige einigermaßen faßbare militärische Aktion der Athener zwischen den Reformen Solons und der Tyrannis des Peisistratos bleibt.

Die spärlichen Nachrichten über außenpolitische Beziehungen der Athener erlauben im übrigen keine Rückschlüsse auf innerathenische Gruppierungen und Machtverhältnisse. Ein Zusammenhang zwischen wirtschaftlichen Interessen athenischer Adelsfaktionen und den kriegerischen Verwicklungen nach dem Archontat Solons läßt sich nicht nachweisen. Die späte und höchst unsichere Nachricht über die Rolle Alkmaions im ersten Heiligen Krieg beweist keineswegs, daß der damalige Repräsentant der Alkmeoniden über Delphi die Verbindungen seines Hauses mit hellenischen Aristokraten sowie mit Dynasten außerhalb des griechischen Siedlungsraumes erheblich zu erweitern und hierdurch seine Position in Athen selbst

---

Aktivitäten der Athener in diesem Raum im späten 6. Jahrhundert ableitet. Die Historizität des Schiedsspruches Perianders läßt sich indes mit solchen Argumenten nicht beweisen.

[185] Diesen Schluß zieht Stahl, Aristokraten 210, 218, 222.

zu stärken suchte. Es bleibt auch offen, ob das Geschehen in Sigeion nach dem Tod Phrynons überhaupt ein lebhaftes Echo in Athen gefunden hat. Ferner gibt es in den Quellen keine Hinweise auf eine Beeinträchtigung des aiginetischen Handels und eine daraus resultierende Belastung der aiginetisch-athenischen Beziehungen durch Solons (wohl nur kurzfristig wirksames) Ausfuhrverbot attischer Bodenerzeugnisse. Vielmehr nahm der Handel der Aigineten, deren Oberschicht vor allem durch merkantile Fernfahrten Reichtum gewonnen hatte, gerade im 6. Jahrhundert einen weiteren Aufschwung. Insofern erübrigen sich Vermutungen über mögliche ökonomische Ursachen der athenisch-aiginetischen Spannungen,[186] die ohnehin erst im ausgehenden 6. Jahrhundert nach den Reformen des Kleisthenes deutlicher auszumachen sind, als die Aigineten attische Küstenplätze plünderten, während das athenische Aufgebot gegen eine thebanische Streitmacht im Felde stand. Ebensowenig ist etwa die Besetzung Nisaias als Indiz für innerathenische Stasisbildungen zu werten. Nach Herodot hat Peisistratos nicht als Stasisführer, sondern als athenischer Militärbefehlshaber den megarischen Hafenplatz erobert. Seine Stasisbildung erfolgte erst einige Jahre später, als er bereits als erfolgreicher Heerführer galt.

Des weiteren ist ungewiß, ob Solon und Peisistratos in den Kämpfen um Salamis und Nisaia bereits die mythische Fiktion ins Spiel brachten, daß Philaios, der legendäre Sohn des Trojafahrers Aias, Salamis den Athenern übergeben[187] und Nisos, der Eponym von Nisaia bzw. König von Megara, die Herrschaft über die Megaris von seinem Vater, dem mythischen athenischen König Pandion II., erhalten habe.[188] Wir wissen nicht, wann diese

[186] Th. J. Figueira, Aegina and Athens in the Archaic and Classical Periods: A Sociopolitical Investigation, Diss. Univ. of Pennsylvania 1977, 240ff., der diese Kämpfe in die Zeit unmittelbar nach Solons Archontat datiert, vermutet vor den solonischen Reformen "a symbiotic relationship" zwischen Aigina und Angehörigen der athenischen Oberschicht, denen die Aigineten Metalle, Luxusgüter und Sklaven verkauft und dafür Korn und Schuldknechte erhalten hätten. Dieser Handel sei durch Solons Aufhebung der Schuldknechtschaft und Verbot der Kornausfuhr schwer gestört worden. Figueira räumt ein (a. a. O. 244), daß seine Erklärung eine bloße Hypothese ist. Die genannte Dissertation liegt jetzt auch als Monographie vor: Aegina. Monographs in Classical Studies, ed. by W. R. Connor, New York 1981. Zur Darstellung des Konflikts bei Herodot vgl. ferner Figueira, Herodotus on the Early Hostilities between Aegina and Athens, AJPh 106 (1985) 49–74.
[187] Plut. Sol. 10,2–3. Vgl. Aristot. Rhet. 1375 b 30; Strab. IX 1,10, p. 394; Diog. Laert. I 48.
[188] Hellanikos FgrHist 4 F 78; Paus. I 39,4; Strab. IX 1,6, p. 392. Dazu Legon, Megara 42f. In diesen Kontext der „mythischen" Begründung des athenischen Anspruchs auf Salamis gehört auch der bereits in der Antike als interpoliert geltende Vers Il. II 558, der im homerischen Schiffskatalog die Kontingente der Athener und des Salaminiers Aias verbindet (vgl. M. Finkelberg CQ 82, 1988, 38–41).

Sagen entstanden sind. Andererseits hat freilich Solon bereits Athen als älteste ionische Stadt bezeichnet.[189] Mythische Vergangenheitsdeutung war somit in Athen wie in zahlreichen anderen griechischen Gemeinwesen durchaus schon ein Medium der Identitätsfindung und ein Instrument „politischer" Argumentation. In mythischen und legendären Gestalten manifestierten sich für die Mitglieder des Personenverbandes der athenischen Polis in solonischer Zeit schon eine weit in die Vergangenheit zurückreichende und im Mythos präfigurierte Identität und Solidarität. Dieses Gemeinschaftsbewußtsein hat um und nach 600 allem Anschein nach auch in der Errichtung öffentlicher und kultischer Bauten seinen Ausdruck gefunden.

b) Polisgemeinschaft und Adelsfaktionen

Seit dem frühen 6. Jahrhundert ist die Agora im Kerameikosgebiet durch ihre bauliche Ausstattung als politisches Zentrum der athenischen Polisgemeinschaft ausgewiesen. Um 600 enden die Bestattungen im zentralen Teil der Agora. Etwa gleichzeitig wurden die dort angelegten privaten Brunnen nicht mehr benutzt,[190] während in den südwestlichen und nordwestlichen Sektoren öffentliche Gebäude entstanden.[191] Der älteste Bau, das rechteckige sog. Haus C (15 x 6,70 m) im nördlichen Bereich des späteren Bouleuterion, wurde vermutlich im ersten Viertel des 6. Jahrhunderts erstellt. Es diente vielleicht als Amtslokal.[192] Eine eindeutige Funktionsbestimmung ist jedoch nicht möglich. Die beiden Räume dieses Gebäudes waren von Süden her über eine ausgedehnte Terrasse zugänglich. Im südlichen Teil der gesamten Anlage entstand vermutlich um die Mitte des 6. Jahrhunderts im Bereich der späteren Tholos ein größerer unregelmäßiger Gebäudekomplex (22 m in der Ost-West- und 18,50 m in der Nord-Süd-Richtung) mit einem trapezförmigen Innenhof mit je sieben Stützen an den Längsseiten. Dieses sog. Haus F, das mit Haus C durch eine Stütz- und Einfriedungsmauer verbunden war, wurde verschiedentlich als Wohn- und Regierungssitz des Peisistratos gedeutet.[193] Peisistratos hat indes nach seiner dritten Machtergreifung keine

[189] Solon Frgm. 4 Gentili-Prato (= 4,1–3 Diehl).
[190] E. Brann, The Athenian Agora VIII. The Late Geometric Protoattic Pottery, Princeton, 1962, 108. Vgl. jetzt auch T. Hölscher, The City of Athens: Space, Symbol, Structure, in: City States in Classical Antiquity and Medieval Italy, ed. by A. Molho–K. Raaflaub–J. Emlen, Stuttgart 1991, 362ff.
[191] Thompson – Wycherley, Agora XIV 19f.
[192] Thompson – Wycherley, a.a.O. 26f.; T.L. Shear, Tyrants and Buildings in Archaic Athens, in: Athens Comes of Age 4.
[193] H. A. Thompson, The Athenian Agora. A Guide, Athen ²1962, 21 (revidiert in der 3. Auflage 1976, S. 56f.); W. Zschietzmann, Der Kleine Pauly I (1964) 694;

eigentliche „Regierung" ausgeübt. Öffentliche Funktionen wurden weiterhin von den bis dahin zuständigen Polisorganen wahrgenommen. Eine Zuweisung des Gebäudes F an Peisistratos ist zudem aus chronologischen Gründen problematisch. Der Bau kann noch vor der Tyrannis beschlossen und geplant worden sein. Möglicherweise war er für verschiedene Aufgaben des solonischen Rates der Vierhundert bestimmt, der hier allerdings nicht in voller Stärke tagen konnte. Für Vollversammlungen des Rates diente vielleicht ein im Westen der Terrassenanlage zwischen Haus C und Haus F aus dem Kolonos Agoraios herausgegrabenes Halbrund.

Eindeutig identifiziert ist das Amtslokal des Archon Basileus, die Stoa Basileios, deren Überreste 1970 freigelegt wurden.[194] Der einfache, recht bescheidene Bau (17,72 x 7,57 m in den Außenmaßen) entstand wohl nach Mitte des 6. Jahrhunderts. Vor dieser Stoa befand sich ein etwa 3 m langer flacher Kalksteinblock, an dem die Archonten vor Beginn ihres Amtsjahres vereidigt wurden. Die planvolle Gestaltung des Westrandes der Agora wird des weiteren bestätigt durch einen Zeusaltar[195] und ein um die Mitte des 6. Jahrhunderts errichtetes Heiligtum für Apollon Patroos.[196] Der Altar war wahrscheinlich dem häuslichen Schutzgott Zeus Herkeios geweiht.[197] Die Teilhabe an den Riten für Zeus Herkeios und Apollon Patroos galt als Voraussetzung für die Zugehörigkeit zur Polisgemeinschaft. Die geweihten Stätten auf der Agora in unmittelbarer Nähe der neuen Amtslokale und Tagungsräume deuten auf den Öffentlichkeitscharakter der dortigen Kulte hin, die von der Polisgemeinschaft eingerichtet wurden und zweifellos vielen Athenern Gelegenheit boten, an diesen Riten teilzunehmen.

Selbst wenn die genannten Gebäude am Westrand der Agora größtenteils erst in der Zeit der Tyrannis (d. h. nach 546) errichtet wurden, hat Peisi-

---

Boersma, Building Policy 14ff., 30; T. L. Shear, a. a. O. 17; St. G. Miller, The Prytaneion. Its Function and Architectural Form, Berkeley – Los Angeles – London 1978, 65, Anm. 77; Young, Building Projects 150ff.; G. Gruben, AA 1982, 672; Camp, Agora 51f.; Stahl, Aristokraten 237f. Vgl. aber demgegenüber Travlos, Bildlexikon Athen 53; Thompson – Wycherley, Agora XIV 28; F. Kolb, Die Bau-, Religions- und Kulturpolitik der Peisistratiden, JdI 92 (1977) 106; G. Kuhn, Untersuchungen zur Funktion der Säulenhalle in archaischer und klassischer Zeit, JdI 100 (1985) 310f.

[194] T. L. Shear, Hesperia 40 (1971) 243ff.; ders., ebd. 44 (1975) 365ff.; Thompson – Wycherley, Agora XIV 83ff.; vgl. auch G. Kuhn, a. a. O. 200ff.

[195] Thompson – Wycherley, a. a. O. 96.

[196] Von Thompson – Wycherley, a. a. O. 136f. um 550, von Young, Building Projects 115 nach 570 v. Chr. datiert.

[197] Die Zuweisung des Zeusaltars ist freilich strittig. Vgl. Kolb, JdI 92 (1977) 107, mit Anm. 42, der sich gegen die neuerdings wieder von Young, a. a. O. 165ff., vertretene These wendet, daß es sich um einen Altar für Zeus Agoraios handelt. Die enge Verbindung von Zeus Herkeios und Apollon Patroos betont Bourriot, Genos II 1068.

stratos hier schwerlich ein völlig neues Konzept verfolgt, sondern eher ältere Bestrebungen der Polisgemeinschaft unterstützt, denn die Neugestaltung der Agora begann – wie gesagt – bereits im ersten Viertel des 6. Jahrhunderts. Ob hiermit auch von vornherein eine Verlegung älterer Amtslokale intendiert war, läßt sich kaum entscheiden. Eine „Alte Agora" erwähnt lediglich der athenische „Grammatiker" Apollodoros (2. Jahrhundert v. Chr.) in seinem Werk ›Über die Götter‹.[198] Sie wurde von mehreren Forschern nicht im sog. inneren Kerameikos, sondern an anderen Stellen im Umkreis der Akropolis lokalisiert.[199] Durch einen überraschenden Inschriftenfund im Jahre 1980 konnte die Lage des Heiligtums der Aglauros, das Aglaureion, am Osthang der Akropolis neu bestimmt werden.[200] Da nach der Beschreibung des Pausanias I 18,2–3 das Prytaneion, der Amtssitz des Archon eponymos, in der Nähe des Aglaureion lag und in der Athenaion Politeia 3,5 das Boukoleion, das ältere Amtslokal des Archon Basileus, beim Prytaneion lokalisiert wird, vermutet G. S. Dontas, daß diese Gebäude ebenfalls östlich der Akropolis lagen und die von Apollodoros erwähnte „Alte Agora" dort zu suchen sei.[201] Pausanias nennt indes nicht die exakte Entfernung zwischen dem Aglaureion und dem Prytaneion. Zudem ist nicht sicher, ob im vorsolonischen Athen ein topographischer Zusammenhang zwischen dem Platz für die Volksversammlung und den Amtsgebäuden der Archonten bestand. Das singuläre Zeugnis des Apollodoros ist kein eindeutiger Beweis für die Existenz einer sonst nirgendwo belegten „Alten Agora".

Ein bedeutendes Gemeinschaftswerk der Polisgemeinschaft war der sog. Alte Athenatempel für Athena Polias auf der Akropolis, das von den Persern 480/79 zerstörte Haupheiligtum der Athener in archaischer Zeit über dem „Dörpfeld-Fundament" beim Erechtheion.[202] Die Datierung dieses

---

[198] FgrHist 244 F 113 (Zitat bei Harpokration 143, 28 s. v. πάνδημος Ἀφροδίτη).

[199] Ältere Lokalisierungsversuche diskutiert R. E. Wycherley, Archaia Agora, Phoenix 20 (1966) 285 ff. Vgl. ferner F. Kolb, Agora und Theater, Volks- und Festversammlung, Berlin 1981, 20 ff.

[200] G. S. Dontas, The True Aglaurion, Hesperia 52 (1983) 48–63.

[201] Zustimmend N. Robertson, Solon's Axones and Kyrbeis and the Sixth-Century Background, Historia 35 (1986) 157 ff., mit einer phantasievollen Rekonstruktion der sogenannten Archaia Agora.

[202] Ein zweiter archaischer Athenatempel (sog. „Urparthenon") wurde von einer Reihe von Forschern aufgrund der wahrscheinlich 485/84 anzusetzenden Hekatompedoninschrift vermutet, die einen „Tempel" und das „Hekatompedon" erwähnt (IG I³ 4 B). Wahrscheinlich war aber das Hekatompedon kein Tempel, sondern ein heiliger Bezirk. Vgl. F. Preisshofen, Zur Topographie der Akropolis, AA 1977, 74–84. Zur Diskussion über die Frage eines zweiten Athenatempels vgl. etwa Young, Building Projects 124 ff., (der allerdings S. 180, Anm. 55, die Ergebnisse Preisshofens bezweifelt); Muss – Schubert, Akropolis 59 f.

Athenatempels, der bereits einen spätgeometrisch-früharchaischen Vorgängerbau hatte, ist allerdings nicht gesichert. Aus verschiedenen Giebelfragmenten des sog. Perserschutts sind mehrere Bauphasen des Heiligtums erschlossen worden.[203] Ihre stilgeschichtliche Einordnung ist indes kontrovers. Dies betrifft auch die sog. peisistratidischen Marmorgiebel (mit der Gigantomachie im Osten und Tierkampfszenen im Westen). Sie werden überwiegend in die Spätzeit der Tyrannis datiert, doch ist nicht auszuschließen, daß der Gigantengiebel erst nach dem Sturz der Peisistratiden entstanden ist.[204] Ältere Porosgiebel mit Löwendarstellungen und mythologischen Szenen sind wahrscheinlich einer früheren Bauphase (der sog. H-Architektur) zuzuordnen, die wohl etwa um die Mitte des 6. Jahrhunderts oder wenig später,[205] d. h. einige Zeit nach der Einführung der Großen Panathenäen anzusetzen ist, die seit 566/55 alle vier Jahre veranstaltet wurden,[206] während in den Zwischenjahren weiterhin das traditionelle „Gesamtfest" der Athena stattfand.

Noch vor oder um 550 erfolgte wohl auch die Umgestaltung des Zugangs

[203] Vgl. den Überblick bei Travlos, Bildlexikon Athen 143 mit der älteren Literatur; s. ferner Young, Building Projects 122 ff.; Bancroft, Acropolis 46 ff.; Muss – Schubert, Akropolis 51 ff.; Shapiro, Art und Cult 21 ff. – Umstritten ist der Rekonstruktionsversuch von I. Beyer, Die Datierung der großen Reliefgiebel des Alten Athenatempels der Akropolis, AA 1977, 44–74, der folgende Bauphasen annimmt: 1.: „Holzperistase um amphiprostyle Steincella mit einem einzigen Porosgiebel" um 650; 2.: „Steinperistase (H-Architektur) mit zwei Porosgiebeln" ca. 625–600; 3.: „peisistratidischer Neubau mit zwei Marmorgiebeln." – Zum sog. „Blaubart" vgl. jetzt B. Kiilerich, OpAth 17 (1988) 123–136, wonach die Figur eine Darstellung des Geryon sei („nicht vor 550"). Siehe ferner H. Knell, Mythos und Polis. Bildprogramme griechischer Bauskulptur, Darmstadt 1990, 1 ff.

[204] K. Stähler, Zur Rekonstruktion und Datierung des Gigantomachietempels von der Akropolis, in: Antike und Universalgeschichte. Festschrift H. E. Stier, Münster 1972, 88–112; ders., Der Zeus aus dem Gigantomachietempel der Akropolis?, Boreas 1 (1978) 28–31. Vgl. auch R. Tölle–Kastenbein, Bemerkungen zur absoluten Chronologie spätarchaischer und frühklassischer Denkmäler Athens, AA 1983, 580, Anm. 52; M. Mertens-Horn, Die Löwenkopf-Wasserspeier des griech. Westens im 6. und 5. Jh. v. Chr. im Vergleich mit den Löwen des griech. Mutterlandes, Mainz 1988, 45.

[205] Vgl. E.-L. Schwandner, Der ältere Porostempel der Aphaia auf Aegina, Berlin 1985, 129.

[206] Nach Markellinos vit. Thuk. 3 und Eusebios Chron. zu Ol. 53,3 fanden die Großen Panathenäen seit 566/65 (Archontat des Hippokleides) statt. Diese Angabe verdient den Vorzug gegenüber der Nachricht Aristot. Frgm. 637 Rose, wonach Peisistratos die Panathenäen gestiftet habe. Die älteren panathenäischen Preisamphoren sind zweifellos vor der dritten (endgültigen) Machtergreifung des Peisistratos anzusetzen. Vgl. bereits J. A. Davison, Notes on the Panathenaea, JHS 78 (1958) 26 ff.

zur Akropolis durch Errichtung einer zehn Meter hohen Rampe mit polygonaler Stützmauer und mehreren Durchgängen. Da die Akropolis hierdurch ihren Festungscharakter weitgehend verlor, könnte damals auch die von Herodot (IX 13,2) und Thukydides (I 89,3.93,2) erwähnte ältere Stadtmauer errichtet worden sein, die freilich ein wesentlich kleineres Areal als der spätere themistokleische Mauerring einschloß.[207]

Der neue Akropoliseingang entstand wahrscheinlich im Zusammenhang mit der Reorganisation der Panathenäen, dem Höhepunkt der athenischen Kultfeiern und Riten, die als periodische Wiederholung bedeutsamen Geschehens in mythischer Vergangenheit zur Erneuerung des Lebens und der Ordnung des Polisverbandes gefeiert wurden. An den Panathenäen konnten alle Glieder der Gemeinschaft teilnehmen. Dies bestätigt die spätere Darstellung des Zuges der Großen Panathenäen auf dem Fries des Parthenon. Bereits um die Mitte des 6. Jahrhunderts kommt durch die Bezeichnung „Pallados Panegyris" die identitätsstiftende Funktion der Festversammlung (Panegyris) der Athener zu Ehren ihrer Schutzgöttin zum Ausdruck.[208] Durch die Einführung sportlicher Agone, die von Athlotheten (Wettkampfordnern) geleitet wurden,[209] sollten die Großen Panathenäen darüber hinaus mit den periodischen panhellenischen Sportfesten von Olympia, Delphi, Korinth und Nemea konkurrieren. Es ist anzunehmen, daß die neuen Festprogramme der Pythischen Spiele in Delphi (wahrscheinlich seit 582/81) und der Isthmien bei Korinth (wohl seit etwa 572/70 oder wenig später) sowie die Gründung der Nemeen (vermutlich 573) den Beschluß der athenischen Polisgemeinschaft, die Panathenäen zu reorganisieren und zu erweitern, mitbestimmt haben. Die Entscheidung, dem athenischen Hauptfest gewissermaßen panhellenischen Glanz zu verleihen, wurde zweifellos von allen Organen der Polis getragen. Nach einer von Athlotheten gestifteten Weihinschrift nach der Einführung der Großen Panathenäen galt die Organisation des Wettlaufs offenbar als Veranstaltung für den Demos,[210] d. h. für die Polisgemeinschaft. In dem großen Festzug (Pompé) quer über

---

[207] E. Vanderpool, The Date of the Pre-Persian War City Wall of Athens, in: Phoros. Tribute to B. D. Meritt, Locust Valley 1974, 156–160, vermutet, daß hierdurch die Akropolis ihre Funktion als Zitadelle verloren habe und daraufhin die von Herodot (IX 13,2) und Thukydides (I 89,3. 93,2) erwähnte ältere Stadtmauer erbaut worden sei. Zur Umgestaltung des Eingangs zur Akropolis vgl. zusammenfassend Travlos, Bildlexikon Athen 482. Zum Umfang der älteren Stadtmauer: F. E. Winter, Sepulturae intra urbem and the Pre-Persian Walls of Athens, Hesperia Supplem. 19 (1982) 199–204.

[208] IG I² 472. Vgl. Bancroft, Acropolis 102–108.

[209] Vgl. Raubitschek, Dedications Nr. 326–328.

[210] Vgl. die von C. Gallavotti, RAL 31 (1976) 236, vorgeschlagene Lesart der Inschrift Raubitschek, Dedications Nr. 327. Dazu Stahl, Aristokraten 248.

die Agora bis zum Alten Athenatempel auf der Akropolis und in der Übergabe eines neuen Gewandes (Peplos) an Athena Polias manifestierte sich die Einheit des Polisverbandes. Im Verlauf des Festes – insonderheit beim Wagenrennen und beim Zug der Reiter – erhielten natürlich vor allem athenische Aristokraten die Möglichkeit der Selbstdarstellung als Angehörige einer sozial herausgehobenen Schicht, doch ist die Neugestaltung der Panathenäen insgesamt gesehen ein eindrucksvolles Zeugnis für die Leistungsfähigkeit der gesamten Polisgemeinschaft und ihrer durch die solonischen Reformen geprägten Ordnung, die nach Ausweis der archäologischen Zeugnisse im großen und ganzen gesicherte Verhältnisse garantierte. Neben den schon erwähnten öffentlichen Bauten, deren Ausführung die Bereitstellung erheblicher Mittel und eine planvolle Arbeitsorganisation verlangte, sind hier vor allem die Innovationen in der schwarzfigurigen Vasenmalerei und die steigende Produktion von Behältern für den Öl- und Weintransport,[211] ferner die Errichtung von kleineren Weihestätten[212] auf der Akropolis (etwa zwischen 570 und 550) und die dortigen Koren-Stiftungen vor der Jahrhundertmitte, eine Reihe von festen Grabbauten in Athen und viele freistehende Grabmonumente in den Landgebieten sowie qualitätvolle Grabsteine und Skulpturen zu nennen.[213]

Statusdemonstrationen durch Weihungen und aufwendige Gräber sowie ein florierender Ölexport sind freilich für sich genommen noch kein Beweis für einen allgemein höheren Lebensstandard der breiten Masse. Gleichwohl zeichnete sich im sozialökonomischen Bereich offensichtlich eine gewisse Stabilisierung der Lage ab, wenn auch nach wie vor erhebliche soziale Unterschiede bestanden. Insgesamt gesehen scheint trotz temporärer Spannungen die Entwicklung nach den solonischen Reformen bis Mitte oder sogar bis Ende der sechziger Jahre des 6. Jahrhunderts in ruhigen Bahnen verlaufen zu sein.

Die Nachrichten der Athenaion Politeia 13,1–2 über Auseinandersetzungen um das Archontat stehen hierzu nicht im Widerspruch. Zweimal soll das Amt des Archon eponymos nicht besetzt worden sein. Nach der Zählung

---

[211] Hinzu kommt natürlich die Herstellung der alltäglichen Gebrauchsgegenstände aus Ton. Die wirtschaftliche Bedeutung dieses Produktionszweiges betont E. Kluwe, Zur Entwicklung, Rolle und Struktur des Handwerks in der griechischen Polis, EAZ 29 (1988) 586.

[212] Vgl. F. Preisshofen, AA 1977, 78f.; F. Kolb, JdI 92 (1977) 103.

[213] Bereits um 600 sind die beiden kolossalen Kouroi von Sounion entstanden. Vgl. Richter, Kouroi 30ff., 42ff.; Nr. 2–5; Abb. 33–49; Travlos, Bildlexikon Attika 404, 416f., Abb. 520–521. – Daß innenpolitische Auseinandersetzungen nach den Reformen Solons die Entwicklung des attischen Kunsthandwerks nicht beeinträchtigt haben, vermutete bereits E. B. Harrison, Athenian Agora XI. Archaic and Archaistic Sculpture, Princeton 1965, 3.

der Athenaion Politeia handelte es sich um die Amtsjahre 590/89 und 586/85 v. Chr., wenn man davon ausgeht, daß Solon 594/93 das Archontat bekleidete.[214] Die Situation in jenen Jahren wird in der genannten Schrift als Anarchia bezeichnet. Hiermit ist nicht etwa ein anarchischer Zustand, sondern die Vakanz des eponymen Amtes gemeint. Die anderen acht Archontenstellen konnten offenbar besetzt werden. Insofern scheint die Polisordnung bedingt funktionsfähig geblieben zu sein, zumal jeweils in der Anarchia der erwähnten Jahre wieder ein eponymer Archon für die nächste Amtszeit bestimmt werden konnte. Die Staseis, die in der Athenaion Politeia als Ursache der beiden Vakanzen genannt werden, sind daher nicht als Bürgerkriegsparteien zu verstehen. Wahrscheinlich handelte es sich um Anhängerschaften rivalisierender Kandidaten. Nähere Einzelheiten sind nicht bekannt. Es bleibt offen, wie die Probleme bewältigt wurden, die sich in der Rechtspflege sowie bei der Einberufung und Leitung beratender Versammlungen des Areopags und bei der Durchführung der Wahlen für das folgende Jahr aus der Vakanz des höchsten Amtes ergaben.

Einige Jahre nach der zweiten Anarchia kam es erneut zu einer Krise, als der Archon Damasias nach Ablauf seines regulären Amtsjahres (582/81) nicht zurücktrat. Er soll noch ein weiteres Jahr und zwei Monate sein Amt ausgeübt haben, bis er „mit Gewalt" vertrieben wurde. Motive für das Verhalten des Damasias werden im Bericht der Athenaion Politeia 13,2 nicht genannt. Man hat vermutet, daß Damasias das Archontat als Sprungbrett zur Errichtung einer Tyrannis betrachtet habe.[215] Es ist jedoch nicht auszuschließen, daß er seine Amtstätigkeit fortsetzte, weil noch keine ordnungsgemäße Wahl eines Nachfolgers durchgeführt werden konnte. Dies kann freilich gleichfalls nur eine Hypothese sein. Unklar ist auch, welche Kräfte Damasias zur Aufgabe des Amtes gezwungen haben.

Da die Konflikte um die Bekleidung des Archontats fortdauerten, soll nach der Absetzung des Damasias ein zehnköpfiges Archontenkollegium eingesetzt worden sein, das aus fünf Aristokraten („Eupatridai"), drei nichtadligen Grundbesitzern („Agroikoi") und zwei Gewerbetreibenden („Demiourgoi") bestanden habe. Nach dem Kontext ist diese Angabe der Athenaion Politeia 13,2 nicht als Erhöhung der Archontenstellen im weiteren Sinne (unter Einschluß der Thesmotheten) zu verstehen, sondern auf das eponyme Archontat zu beziehen. Der Autor betont, daß jenes zehnstellige Kollegium für die Dauer eines Jahres amtierte.[216] Er verweist zudem

---

[214] Vgl. Rhodes, Commentary 180f.; Andrewes CAH III 3 (²1982) 392; Develin, Athenian Officials 39.

[215] Vgl. etwa Berve, Tyrannis I 45f.

[216] Gemeint sind möglicherweise nur die letzten zehn Monate des dritten „Amtsjahres" des Damasias. Vgl. Develin, Athenian Officials 40.

darauf, daß in jener Zeit der Archon eponymos die größte Macht (Dynamis) besessen habe. Hiernach wurde also das eponyme Archontat in den folgenden Jahren wieder regulär besetzt. Wahrscheinlich ist aber das zehnstellige Archontat eine Konstruktion, die auf staatstheoretische Reflexionen des späten 5. oder des 4. Jahrhunderts zurückgeht.[217] In den solonischen Gesetzen ist weder eine ständerechtliche Privilegierung sogenannter Eupatriden noch eine berufsständische Differenzierung des athenischen Demos belegt. Das Prinzip einer ständischen Gliederung der Bevölkerung spielte offenbar erstmals in der Sozialutopie des Hippodamos[218] eine Rolle und wurde dann seit Kritias (spätes 5. Jahrhundert) in der Staatstheorie mehrfach diskutiert. Aus dem in der Athenaion Politeia genannten Zahlenverhältnis (fünf Eupatriden, fünf „nichtadlige" Athener) läßt sich somit kaum ein ständerechtlicher Kompromiß herauslesen. Eine Art Ständekampf hat es auch nach den solonischen Reformen zweifellos nicht gegeben. Die in der Athenaion Politeia skizzierten Auseinandersetzungen um das eponyme Archontat waren sicherlich keine Reaktion des athenischen Adels auf die solonischen Zulassungskriterien, wie man verschiedentlich gemeint hat.

Etwa zwanzig Jahre nach der Damasias-Affäre entstanden neue Spannungen. Die älteste Darstellung dieser Konflikte Ende der sechziger Jahre[219] liegt bei Herodot I 59,3–60,1 vor. Es heißt hier zunächst lapidar, daß „die Athener aus der Ebene" (οἱ ἐκ τοῦ πεδίου Ἀθηναῖοι) unter Führung des Lykourgos, des Sohnes des Aristolaides, und die „Küstenbewohner" (Paraloi) unter Megakles, dem Sohn des Alkmaion, in Streit gerieten und Peisistratos, Sohn des Hippokrates, daraufhin eine dritte Stasis um sich scharte, um die Alleinherrschaft (Tyrannis) zu gewinnen. Peisistratos – so fährt Herodot fort – gerierte sich als Führer der „Bewohner der Gebiete jenseits der Berge" (Hyperakrioi) und erhielt auf Beschluß der Volksversammlung eine Leibwache von Keulenträgern, nachdem er dem Demos durch einen Trick glaubhaft gemacht hatte, er sei auf dem Lande von seinen Gegnern überfallen worden. Mit dieser „Garde" besetzte er dann die

[217] D. Kienast, Die innenpolitische Entwicklung Athens im 6. Jahrhundert und die Reformen 508, HZ 200 (1965) 267.
[218] Aristot. Pol. 1267 b 30–33. Vgl. Kienast, a. a. O. 267, Anm. 2. Zur Staatstheorie des Hippodamos s. jetzt auch H.-J. Gehrke, Bemerkungen zu Hippodamos von Milet, in: Demokratie und Architektur. Der hippodamische Städtebau und die Entstehung der Demokratie, Konstanzer Symposion vom 17.–19. Juli 1987, 1989, 58–63.
[219] Das umstrittene Problem der Chronologie der insgesamt drei Usurpationen des Peisistratos erläutert zusammenfassend (mit einem Überblick über die Forschungsliteratur) Rhodes, Commentary 191–199. Vgl. dens., Peisistratid Chronology Again, Phoenix 30 (1976) 219–233. Unwahrscheinlich sind die Kombinationen von J. S. Ruebel, The Tyrannies of Peisistratos, GRBS 14 (1973) 125–136, der die dritte Usurpation ca. 534/33 ansetzt.

Akropolis und herrschte nunmehr – wie Herodot behauptet – als Tyrann über Athen, ohne die bestehenden Ämter zu beseitigen oder die Gesetze zu ändern. Die Anhänger des Lykourgos und des Megakles einigten sich aber und vertrieben Peisistratos, bevor dessen Herrschaft konsolidiert war. Soweit der Bericht Herodots.

Die Gründe für die Stasisbildungen werden hier nicht genannt.[220] Offensichtlich konnten Herodots Informanten hierüber keine Auskunft geben. Die über Herodots Darstellung hinausgehenden Nachrichten der Athenaion Politeia 13,4–5 über unterschiedliche Verfassungsziele jener Staseis besitzen keinen eigenständigen Quellenwert. Hiernach waren die Pediakoi (Herodots „Athener aus der Ebene") Anhänger der Oligarchie, während die Paralioi (die Paraloi Herodots) eine „mittlere Verfassung" anstrebten und die hier als Diakrioi bezeichneten Anhänger des Peisistratos als „demokratisch" galten. Dieses Schema basiert auf späteren Verfassungstypologien und ist daher anachronistisch. Einige weitere Nachrichten der Athenaion Politeia sind gleichfalls als Verfälschung der im 5. Jahrhundert noch bekannten Fakten zu werten und auf theoretisierende Interpretationen der „Parteigegensätze" zurückzuführen. So werden in dieser Schrift aus jenem Verfassungsschema Aussagen über die Sozialstruktur und die Motive der Anhängerschaft des Peisistratos abgeleitet, wenn es heißt (13,5), daß sich dieser Stasis Personen anschlossen, die durch die Schuldentilgung Solons verarmt waren oder nicht zur alteingesessenen athenischen Bevölkerung zählten. Der Hinweis auf „verarmte" Athener resultiert letztlich aus der Version, daß die solonische Seisachtheia eine „demokratische" Maßnahme gewesen sei (Ath. Pol. 9,1). Hieraus wurde offensichtlich geschlossen, daß die Schuldentilgung den Reichen erheblichen Schaden zufügte. Zweifellos ist aber durch die Beseitigung des Hektemorats und der Schuldknechtschaft kein großer Oikosbesitzer verarmt. Ebenso fragwürdig ist die Behauptung, daß Peisistratos „Neubürger" für sich gewinnen konnte. Der Autor der Athenaion Politeia verweist dazu auf die Überprüfung (Diapsephismos) der Bürgerlisten nach dem Ende der Tyrannis. Dieser Diapsephismos richtete sich indes primär gegen Personen, die erst unter der Tyrannis das athenische Bürgerrecht erhalten hatten,[221] während vor dem ersten Coup des

---

[220] Ausführliche Analysen jener Parteiungen haben in jüngster Zeit Stahl, Aristokraten 56ff., und Stein-Hölkeskamp, Adelskultur 139ff., vorgelegt. Beide Untersuchungen bieten auch erschöpfende Literaturangaben zu dieser Problematik. Vgl. ferner E. Kluwe, Bemerkungen zu den Diskussionen über die drei „Parteien" in Attika zur Zeit der Machtergreifung des Peisistratos, Klio 54 (1972) 101 ff.; J. Holladay, The Followers of Peisistratos, G&R 24 (1977) 40ff.; Rhodes, Commentary 199ff.; Andrewes, CAH III 3 (²1982) 393ff.

[221] Vgl. K.-W. Welwei, Der „Diapsephismos" nach dem Sturz der Peisistratiden, Gymnasium 74 (1967) 423–437.

Peisistratos schwerlich schon zahlreiche Zuwanderer naturalisiert worden waren. In der Athenaion Politeia wird somit der Aufstieg des Peisistratos historisch aus der Situation nach den solonischen Reformen abgeleitet und mit den Kämpfen um das Archontat in den achtziger Jahren in Verbindung gebracht. Nach der älteren Darstellung Herodots, der mündlich tradierte Überlieferung bietet, formierte demgegenüber Peisistratos seine Stasis in Reaktion auf den Streit der „Leute aus der Ebene" und der Paral(i)oi. Wenn dies zutrifft, ist kaum anzunehmen, daß damals jahrzehntealte Feindschaften ausgetragen wurden. Peisistratos hatte erst einige Jahre zuvor mit einem athenischen Aufgebot gegen Megara gekämpft. Die Aktion war sicherlich von breiter Zustimmung getragen. Es gibt in der Überlieferung keinen Hinweis auf eine Art Kampfabstimmung oder eine Stasisbildung bei der Ernennung des Peisistratos zum athenischen Befehlshaber in dieser Phase des Krieges mit Megara. Des weiteren ist zu beachten, daß in aller Regel überwiegend Bürger aus Athen selbst und aus der näheren Umgebung der Stadt an Volksversammlungen teilnahmen. Peisistratos wird daher auch in diesem Raum breitere Zustimmung gefunden haben, als er mit Lykourgos und Megakles konkurrierte und jenen „Volksbeschluß" herbeiführte, der ihm die Bildung einer Leibwache ermöglichte. Im Gebiet von Athen existierte somit keine festgefügte und kontinuierlich agierende Gruppierung unter Lykourgos. Den Kern seiner Anhängerschaft bildete vermutlich eine Hetairie adliger Gefolgsleute, die selbst große Oikosbesitzer oder jüngere Aristokraten waren, aber wohl geringere Ressourcen und Einflußmöglichkeiten als Lykourgos besaßen. Die Anhängerschaft des Alkmeoniden Megakles war ihrerseits der Stasis des Lykourgos nicht zahlenmäßig überlegen und wird daher ebenfalls im wesentlichen aus einer Adelshetairie bestanden haben, während es Peisistratos überraschend gelang, zumindest kurzfristig größeren Anhang zu gewinnen. Kristallisationspunkt seiner Stasis war indes sicherlich gleichfalls eine Gruppe adliger Hetairoi. Da Peisistratos seinen Widersachern nur temporär überlegen war, vermochte aber auch er keine dauerhafte Bindung breiterer Schichten an seine Person zu erreichen. Nicht einmal die Hyperakrioi bzw. Diakrioi bildeten eine permanente Hausmacht des Peisistratos oder einen mit seinem Hause eng verbundenen Klientelverband. Er mußte vielmehr diese Stasis erst „sammeln", wie Herodot I 59,3 bemerkt. Die drei Staseis der späten sechziger Jahre des 6. Jahrhunderts stehen zwar in der Tradition aristokratischer Konkurrenz um Einfluß und Prestige. Sie waren aber keine durchorganisierten Kollektive, sondern eher temporäre Interessengemeinschaften. Daß zwischen ihren Anführern keine unüberbrückbaren Gegensätze bestanden, zeigt die Reaktion des Lykourgos und des Megakles auf die Besetzung der Akropolis durch die Leibwache des Peisistratos.

Der Konflikt entstand zweifellos aus Rivalitäten der Protagonisten. Die Bezeichnungen der Staseis, die ihre Namen angeblich nach den Regionen erhielten, in denen sie ihren Grundbesitz hatten, sprechen nicht hiergegen, zumal die Abgrenzung der Landesteile strittig ist. Die Regionen decken sich nicht mit der politisch-organisatorischen Einteilung in Asty (Stadtgebiet und Umland), Paralia (Küste) und Mesogaia (Binnenland) im Zuge der kleisthenischen Reformen. Nach der von Thukydides (II 20, 1. 4; 55, 1; VII 19, 1) erwähnten landschaftlichen Gliederung Attikas war die Ebene schlechthin der Raum von Athen und das Kephisosgebiet (umsäumt von Aigaleos, Parnes, Pentelikon, Hymettos), während die Paralia bzw. Paralos die Küstengebiete „bis Laureion, wo die Athener ihre Silbergruben haben", umfaßte (d. h. wohl die etwa vom Hymettos aus sich nach Südosten erstreckenden Zonen).[222] Die Hyperakria bzw. Diakria war zweifellos (vom Standpunkt der in der Stadt ansässigen Athener aus) das nordöstliche Attika. Wahrscheinlich zählte man hierzu aber auch die Ostküste bis Brauron, wo sich der Stammsitz der Familie der Peisistratiden befunden haben soll (Ps.-Plat. Hipparchos 228 b; Plut. Sol. 10, 3). Ob der Grundbesitz des Peisistratos nur in diesem Raum lag, bleibt indes eine offene Frage.

Ein kaum zu lösendes Problem ist die Lokalisierung der Besitzungen der Alkmeoniden, die in der Forschung der letzten drei Jahrzehnte in allen zur Debatte stehenden Regionen (Pedion, Paralia, Diakria bzw. Hyperakria) „angesiedelt" wurden.[223] Unbekannt ist des weiteren die Herkunft des Stasisführers Lykourgos. Aus der Namensgleichheit mit dem späteren Politiker Lykourgos, der in den dreißiger Jahren des 4. Jh. großen Einfluß ausübte und der Kultvereinigung (Genos) der Eteoboutaden angehörte, kann selbstverständlich nicht geschlossen werden, daß jener ältere Lykourgos gleichfalls zum Genos der Eteoboutaden zählte.

Angesichts der skizzierten Unsicherheiten lassen sich die Auseinandersetzungen kaum mit regionalen oder wirtschaftlich bedingten Interessengegensätzen erklären.[224] Lykourgos kann schwerlich gegenüber Megakles und

---

[222] Dazu ausführlich R. J. Hopper, 'Plain', 'Shore' and 'Hill' in Early Athens, BSA 56 (1961) 89–219.

[223] Die einzelnen Lösungsversuche erörtert kritisch Bourriot, Genos II 811 ff. Vgl. auch Stahl, Aristokraten 75 f.

[224] Die „regionalistische Theorie" ist in der neueren Forschung vor allem von R. Sealey, Regionalism in Archaic Athens, Historia 9 (1960) 155–180 (= Sealey, Essays 9–38) mit Nachdruck vertreten worden. Vgl. dens., City States 123 f. – Unterschiedliche Wirtschafts- und Sozialstrukturen in den einzelnen Landesteilen suchte vor allem A. French, The Party of Peisistratos, G&R 6 (1959) 46–57, aufzuzeigen. Vgl. auch dens., Solon and the Megarian Question, JHS 77 (1957) 238–246; Athenian Economy 25–27. Beide Aspekte hat H. W. Pleket, The Archaic Tyrannis, Talanta 1 (1969) 42, zu kombinieren versucht.

Peisistratos als Repräsentant alteingesessener athenischer Großgrundbesitzer und Kornproduzenten gelten, die sich – wie man vermutet hat – gleichsam als „Establishment" gegen „Aufsteiger" zur Wehr gesetzt hätten und bestrebt gewesen seien, eine Ausweitung des Handels und einen damit verbundenen Aufstieg von Händlerkreisen aus der Paralia zu verhindern sowie revolutionäre Bestrebungen unterer Bevölkerungsschichten unter ihrem „populistischen" Führer Peisistratos zu unterbinden.[225] Megakles und Peisistratos, die ihren Stammbaum auf Nachfahren Nestors zurückführten, waren keine Außenseiter unter den athenischen Aristokraten, und die Bezeichnungen der Staseis besagen nicht, daß sich in den einzelnen Landesteilen jeweils Interessengruppen mit unterschiedlichen wirtschaftlichen Zielsetzungen gebildet hatten. In allen drei Regionen gab es nicht nur gute und schlechte Böden und größere Küstenstreifen, sondern auch Landbesitz in unterschiedlicher Größe. Möglicherweise sind die von geographischen Bezeichnungen abgeleiteten „Namen" der Faktionen damit zu erklären, daß führende Mitglieder der Staseis in den Regionen, denen sie zugeordnet wurden, den größten Teil ihrer Besitzungen hatten und von daher sich gewisse Kristallisationspunkte der Gruppenbildungen ergaben,[226] was aber – wie gesagt – nicht bedeutet, daß jeweils die Mehrzahl der Bewohner einer bestimmten Zone zu einer dort zu lokalisierenden Stasis gehörte oder die Faktionen regional begrenzt blieben.[227]

Ökonomische Gravamina waren schwerlich die eigentlichen Ursachen des Konflikts. Die Situation ist schon deshalb nicht mit den Unruhen um und nach 600 zu vergleichen, weil die Institution der Schuldknechtschaft und das Hektemorat nicht mehr existierten. Des weiteren ist aber auch zu beachten,

[225] Zu dieser vor allem von French (oben Anm. 224) vorgetragenen These s. bereits die kritischen Einwände Holladays, G&R 24 (1977) 42f.

[226] Ob die Alkmeoniden im Raum von Anavyssos einen großen Teil ihrer Besitzungen hatten, bleibt freilich unklar. Es ist keineswegs sicher, ob die bei Phoinikia gefundene sog. Kroisos-Basis zum Grabmonument eines Alkmeoniden gehört und aufgrund der bei Herodot VI 125 vorliegenden Überlieferung über die Verbindungen der Alkmeoniden zum Lyderkönig Kroisos auf einen Angehörigen dieser Familie zu beziehen ist, wie C. W. Th. Eliot, Where Did the Alkmeonidai Live?, Historia 16, 1967, 279ff. (vgl. dens., Coastal Demes of Attika. A Study of the Policy of Kleisthenes, Toronto 1962, 73f.), zu zeigen suchte (ähnlich J. Barett, Monumental Evidence for the History of the Alcmeonids, Diss. Univ. of North Carolina 1972, 161ff.). Zur Kritik dieser These s. Bourriot, Genos II 811ff.

[227] Die Führer der Staseis waren sicherlich keine "tribal leaders", wie F. J. Frost, Tribal Politics and the Civic State, AJAH 1 (1976) 68, annimmt. Unzutreffend ist auch die These C. W. Th. Eliots, Historia 16 (1967) 285, daß in Attika viele "baronies" existierten. Vgl. demgegenüber Stahl, Aristokraten 76, der vermutet, daß gerade die Alkmeoniden in verschiedenen Regionen Grundbesitz hatten.

daß die attische Binnenkolonisation offenbar noch nicht zum Abschluß gekommen war. H. Lohmann hat neuerdings durch eine umfassende Untersuchung der Siedlungs- und Wirtschaftsstruktur des Demos Atene im Südwesten Attikas nachgewiesen, daß die dortigen Küstentäler von Charaka und Thimari sowie das Hochtal von Hagia Photini bis zum Ende der archaischen Zeit noch weitgehend unbesiedelt geblieben sind.[228]

Zumindest im südlichen Attika bestanden somit im 6. Jh. noch Möglichkeiten, durch Kultivierung und Terrassierung neues Ackerland zu gewinnen. Insgesamt gesehen ist es wenig wahrscheinlich, daß drängende wirtschaftliche Not und daraus resultierende soziale Forderungen breiterer Schichten akute Probleme waren, als Peisistratos seine Stasis formierte und auch im Raum von Athen Anhänger zu gewinnen vermochte. Die Konflikte der späten sechziger Jahre in Athen lassen einen gewissen Funktionswandel der Adelshetairien vermuten. Konkurrenzkämpfe und Rivalitäten der führenden Adligen bewegten sich offensichtlich nicht mehr lediglich im Rahmen vorinstitutioneller inneraristokratischer Auseinandersetzungen. Das Wechselspiel der politischen und gesellschaftlichen Kräfte konnte nicht mehr einfach an den Institutionen vorbeilaufen, die ja den Adligen auch die Möglichkeit zu politischem Wirken boten. Deutlicher faßbar wird das Bestreben, durch Hetairien auf die öffentlichen Organe in Athen Einfluß zu nehmen, allerdings erst in den Konflikten nach dem Ende der Tyrannis, als Isagoras mit massiver Unterstützung seiner Hetairie sich bei der Wahl für das eponyme Archontat des Jahres 508/07 gegen den von Kleisthenes favorisierten Kandidaten durchsetzen konnte. Zweifellos war dies aber keine neue, erst aus der Situation nach der Herrschaft der Peisistratiden sich ergebende Spielart adligen Machtkampfes. Bereits um 600 waren in Mytilene auf Lesbos die Hetairien auch ein Instrument des Kampfes um Macht und Einfluß in den Polisorganen. Der Dichter Alkaios beklagte den Ausschluß von der (Volks-)Versammlung (Agora) und vom Rat, als er mit den Mitgliedern der Hetairie des Pittakos im Exil lebte, nachdem ein Anschlag der Hetairoi auf den „Tyrannen" Myrsilos verraten worden war.[229] Pittakos arrangierte sich dann freilich mit Myrsilos und wurde nach dessen Tod vom Demos in Mytilene zum Aisymnetes „gewählt" und mit Vollmachten zur Bekämpfung der Exulanten um Alkaios ausgestattet (Aristot. Pol. 1285 a 35–37). Die Adelskämpfe auf Lesbos um 600, die sich vor dem Hintergrund einer schweren sozialen Krise abspielten, sind zwar nicht ohne weiteres mit den Konflikten der Hetairien in Athen um 560 vergleichbar. Auch in Athen scheinen aber Teile des Demos die Aktivitäten des Peisistratos gegen die konkurrierenden Hetairien um Megakles und Lykourgos begrüßt zu haben

[228] Lohmann, Atene 212f.
[229] Alkaios Frgm. 130 b Voigt.

und deshalb bereit gewesen zu sein, ihm zu seinem persönlichen Schutz eine Leibwache zu bewilligen. Der diesbezügliche Beschluß der Volksversammlung zeigt jedenfalls, daß im Verlauf der Adelsrivalitäten von einem der Protagonisten die Ekklesia eingeschaltet wurde. Den entsprechenden Antrag stellte ein Hetairos des Peisistratos (Aristot. Ath. Pol. 14,1). Die eigentümliche Bewaffnung der Leibwache läßt freilich kaum darauf schließen, daß die in der Ekklesia versammelten Athener einen offenen Bürgerkrieg befürchteten. Keulenträger sind kein Kampfinstrument gegen eine schwerbewaffnete Bürgerkriegspartei. Auch Peisistratos wird sich im klaren gewesen sein, daß er mit einer begrenzten Zahl von Leibwächtern nicht Athen oder gar ganz Attika kontrollieren konnte.[230] Die Besetzung der Akropolis war nicht gleichbedeutend mit der Errichtung einer Tyrannis. Wollte Peisistratos lediglich seine Überlegenheit demonstrieren oder seine Gegenspieler einschüchtern?

Das Unternehmen erwies sich bald als Fehlschlag. Megakles und Lykourgos vertrieben mit den vereinten Kräften ihrer Hetairien Peisistratos und dessen Leibwache. Der Konflikt wurde jetzt also wieder außerhalb der Institutionen ausgetragen. Archonten und Bürgeraufgebot waren nicht beteiligt. Der Demos hat offenbar nicht eingegriffen, als Peisistratos zum Abzug aus Athen gezwungen wurde. Nähere Einzelheiten sind nicht bekannt, doch scheint es nicht zu schweren Kämpfen gekommen zu sein. Haß- und Rachegefühle – vielfach Begleiterscheinungen aristokratischer Machtkämpfe – werden in den Quellen nicht erwähnt. Vermutlich ist für einige Jahre in Athen wieder Ruhe eingekehrt, bis sich die Rivalitäten zwischen Megakles und Lykourgos erneut zuspitzten und Megakles sich mit Peisistratos verband, der nach dem Fiasko auf der Akropolis weder verfolgt noch verbannt worden war. Die Initiative zu dieser jetzt gegen Lykourgos gerichteten Allianz ging von Megakles aus, der nunmehr zweifellos für einige Zeit die dominierende Persönlichkeit in Athen war. Sein Plan, Peisistratos familiär an sein Haus zu binden, scheiterte indes. Daraufhin einigte er sich erneut mit Lykourgos und dessen Stasis (ca. 556). Von einer Tyrannis des Peisistratos kann wiederum keine Rede sein.[231] Peisistratos riskierte keine offene Konfrontation und verließ mit einer Reihe von Gefolgsleuten Attika.[232] Seine frühere Besetzung der Akropolis sowie seine Allianz mit Megakles wurden vermutlich in der Überlieferung nur deshalb als Usurpationen bezeichnet, weil es ihm nach längerer Zeit schließlich doch noch gelang, die dominierende Position in Athen zu gewinnen.

Peisistratos verbrachte etwa zehn Jahre im Exil. Er besiedelte zunächst

---

[230] Kinzl, Tyrannis 322, Anm. 56.
[231] Vgl. Kinzl, a. a. O. 310f.
[232] Hdt. I 60,1 – 61,2; Aristot. Ath. Pol. 15,1.

von Eretria (Euboia) aus mit Gefolgsleuten Rhaikelos am Thermaischen Golf und ließ einige Zeit später Gold- und Silberminen im Pangaiongebirge östlich der Strymonmündung ausbeuten.[233] Mit den hierdurch gewonnenen Ressourcen warb er Söldner an und verpflichtete sich Aristokraten in Theben, Argos, Eretria und Naxos sowie auch in einigen anderen Gemeinwesen, um seine Rückkehr nach Athen vorzubereiten. Der Stützpunkt für dieses Unternehmen (ca. 546) wurde Eretria. Das stärkste Kontingent in seiner Streitmacht waren vermutlich zahlreiche „Freiwillige" aus Argos (angeblich etwa 1000). Der Naxier Lygdamis unterstützte ihn mit eigenen Gefolgsleuten und Zuwendungen für die Söldner. Weitere Mittel zur Bestreitung der hohen Ausgaben für das Unternehmen erhielt Peisistratos aus Theben und anderen Poleis, während die führenden Kreise in Eretria die Rüstungen auf ihrem Gebiet nicht nur tolerierten, sondern zweifellos auch aktiv förderten.[234]

Von Eretria aus besetzte Peisistratos mit seiner Streitmacht Marathon. Damit begann faktisch ein Bürgerkrieg in Attika. Nach den Angaben Herodots I 62,1 sollen Anhänger des Peisistratos „aus der Stadt" sowie weitere Männer „aus den Demen" (Landgemeinden) nach Marathon geeilt sein, um Peisistratos zu unterstützen, während „die Athener in der Stadt" (d. h. die Polisorgane) zunächst nicht reagiert hätten. Erst nachdem Peisistratos von Marathon aus den Marsch auf Athen angetreten habe, sei ihm das athenische Heer bis zum Heiligtum der Athena von Pallene entgegengezogen. Dort konnte der Vorstoß des Peisistratos offenbar zunächst blockiert werden, bis es den Invasoren gelang, das athenische Aufgebot zu überrumpeln und in die Flucht zu schlagen. Peisistratos konnte dann mühelos Athen besetzen. Herodots Darstellung ist allerdings in verschiedenen Punkten ungenau und unvollständig. Ein zutreffendes Bild vom Ablauf der Ereignisse läßt sich hieraus kaum gewinnen. Daß in der Stadt erst Abwehrmaßnahmen

---

[233] Hdt. I 64,1; Aristot. Ath. Pol. 15,2. J. W. Cole, Peisistratus on the Strymon, G&R 22 (1975) 42–44, nimmt an, daß auch Siedler aus Eretria mit Peisistratos nach Rhaikelos zogen, während D. Viviers, Pisistratus' Settlement on the Thermaic Gulf: a Connection with the Eretrian Colonization, JHS 107 (1987) 193–195, vermutet, daß Peisistratos sich seinerseits in Eretria einem Kolonistenzug angeschlossen hat.

[234] Die Hilfstruppe aus Argos soll nach Aristot. Ath. Pol. 17,4 Hegesistratos, Peisistratos' Sohn aus seiner Verbindung mit einer Argiverin, herangeführt haben. Herodot I 61,4 erwähnt dies aber in seinem Bericht über das argivische Kontingent nicht. Daher ist die Nachricht über die Aktion des Hegesistratos möglicherweise eine spätere Erfindung. Hegesistratos wurde kaum vor 560 geboren, und die dritte Usurpation des Peisistratos ist wohl ca. 546 noch vor dem Fall von Sardeis anzusetzen. Eine exakte Datierung des Untergangs des Lyderreiches ist allerdings nicht möglich. Vgl. etwa J. Cargill, The Nabonidus Chronicle and the Fall of Lydia, AJAH 2 (1977) 97–116.

getroffen wurden, als Peisistratos von Marathon aus weiter vorstieß, ist wenig wahrscheinlich. Wenn sich das athenische Aufgebot gleichsam auf halbem Wege bei Pallene den Invasoren entgegengestellt hat, standen vermutlich schon Hopliten in Bereitschaft, bevor Peisistratos seine Truppe von Marathon aus in Marsch setzte. Andererseits hatte der damals amtierende Polemarchos offensichtlich Schwierigkeiten, die Bürgermiliz in voller Stärke zu mobilisieren, falls Peisistratos tatsächlich – wie Herodot berichtet – aus Athen und attischen Landgebieten Zulauf erhielt. Angaben über die Zahl der Parteigänger des Peisistratos und über die beiderseitigen Truppenstärken liegen indes nicht vor. Nur soviel ist deutlich, daß Peisistratos die athenische Streitmacht nicht in offener Feldschlacht überwand, sondern durch einen Überraschungsangriff auf das gegnerische Lager den Sieg errang. Insofern kann kaum davon die Rede sein, daß die aufgebotenen athenischen Mannschaften demoralisiert waren und nicht entschlossen genug für die bestehende Ordnung kämpften. Jedenfalls hatte zumindest ein Teil der Hopliten aus Athen dem Mobilmachungsbefehl Folge geleistet, und das Aufgebot war zunächst in der Lage, den Vormarsch des Peisistratos zu stoppen. Die athenische Niederlage ist eher auf Fehler der Führung zurückzuführen, die das Lager ihrer Mannschaften nicht genügend abgesichert hatte. Als der Sperriegel bei Pallene überwunden war, hatten die athenischen Hopliten keine Chance, sich wieder zu sammeln und die Stadt zu verteidigen.[235] Peisistratos war nunmehr mit seiner im Kern aus Söldnern und Gefolgsleuten auswärtiger Aristokraten bestehenden und durch seine Parteigänger aus Athen und Attika verstärkten Streitmacht Herr der Lage.

7. Die Tyrannis

a) Peisistratos

Die Überlieferung zur Tyrannis des Peisistratos ist dürftig und zudem teilweise widersprüchlich und anekdotisch. Sie zeichnet das Bild eines Herrschers, der seine Macht durch Söldner sicherte, die Athener entwaffnete, die Söhne von (prominenten) Bürgern als Geiseln nahm und nach Naxos in Gewahrsam gab, Abgaben erhob, ärmeren Bauern aber auch Anleihen gewährte, andererseits bestrebt war, die Landbevölkerung aus der Stadt herauszuhalten und ihre Teilnahme am öffentlichen Leben zu verhindern, insgesamt aber die Polisordnung bestehen ließ und die Gesetze nicht revidierte, freilich auch dafür sorgte, daß sie nicht angewendet wurden.

[235] F. J. Frost, The Athenian Military before Cleisthenes. Historia 33 (1984) 291, urteilt zu einseitig, wenn er das Bürgeraufgebot als "ineffective and lazy" bezeichnet.

Trotz der skizzierten Problematik der literarischen Überlieferung und der Schwierigkeit, relevante archäologische Zeugnisse chronologisch einzuordnen, wird die Herrschaft des Peisistratos in der Forschung allgemein recht positiv beurteilt. Sie gilt als „Friedenszeit für Athen",[236] in der unter dem Schirm eines persönlichen Regimentes das Wirtschaftsleben einen beachtlichen Aufschwung nahm, Kulte und religiöse Feste weit stärker als zuvor eine identitätsstiftende Funktion für den Polisverband gewannen[237] und die entscheidenden Voraussetzungen für eine endgültige Konsolidierung der staatlichen Ordnung Athens Ende des 6. Jahrhunderts geschaffen wurden.[238]

Zunächst ist zu beachten, daß die Tyrannis des Peisistratos zwar ähnlich wie die älteren Herrschaften in Korinth, Megara und Sikyon aus Adelsfehden und aristokratischen Machtkämpfen entstanden war, im nachsolonischen Athen aber andere politische Voraussetzungen bestanden, da hier bereits eine weiterentwickelte Polisordnung mit funktionsfähigen Institutionen existierte. Die wenigen Nachrichten über Maßnahmen des Peisistratos zur Absicherung seiner neugewonnenen Macht vermitteln allerdings kein zutreffendes Bild von seiner Herrschaftspraxis, da die Struktur des personalen Beziehungsgeflechtes in der Polis nicht ins Blickfeld gerückt und das Verhältnis des Usurpators zu den verschiedenen Bevölkerungsschichten in ein allzu grobes Raster gepreßt wird. Wenn Herodot I 64,1 generalisierend bemerkt, daß jene Athener, die nicht geflohen waren, ihre Söhne als Geiseln stellen mußten, so kann er sich nur auf die Oberschicht beziehen. Nach der Darstellung der Athenaion Politeia (15,4) gelang es hingegen Peisistratos nach seinem Einzug in Athen, durch eine Entwaffnung aller Wehrfähigen von vornherein jede Opposition im Adel *und* im Demos auszuschalten. Angeblich veranlaßte er bei einer „Waffeninspektion" durch eine akustisch kaum verständliche Rede die Bürgerhopliten, näher an ihn heranzutreten und dabei ihre Waffen zurückzulassen, die dann von Trabanten des Tyrannen eingesammelt und in den umliegenden Häusern deponiert worden seien. Dieser Bericht ist jedoch in sich widersprüchlich und unglaubhaft.[239] Wäh-

[236] C. Mossé, La tyrannie dans la Grèce antique, Paris 1969, 72.
[237] Heuß, Hellas 182; vgl. Andrewes, CAH III 3 (²1982) 416.
[238] Stahl, Aristokraten 261; vgl. Bleicken, Athenische Demokratie 26.
[239] Bei Aristot. Ath. Pol. 15,4 heißt es u. a., daß die Waffen der Bürger im sog. Theseion versteckt worden seien. Zweifellos ist aber erst um 475 ein Heroon für Theseus errichtet worden (Paus. I 17,6). Polyainos strat. I 21,2 erwähnt demgegenüber als Aufbewahrungsort der Waffen das Heiligtum der Aglauros, das vor einigen Jahren im Osten der Akropolis lokalisiert werden konnte (G. S. Dontas, Hesperia 52, 1983, 48–63; vgl. oben Anm. 200). Nach der Athenaion Politeia a. a. O. soll aber die Waffeninspektion in der Nähe des Eingangs zur Akropolis (d. h. im Westen) stattgefunden haben. – Im übrigen trugen an den Panathenäen des Jahres 514 viele Athener Waffen

rend einer „Heeresversammlung" konnten nicht Tausende von Ausrüstungsgegenständen (Panzer, Beinschienen, Helme, Schilde, Schwerter, Lanzen) unbemerkt versteckt werden. Nach Herodot I 63,2, der sich nur auf mündliche Überlieferung stützen konnte, ließ Peisistratos nach der Schlacht bei Pallene die besiegten Athener durch eine beschwichtigende, von seinen Söhnen übermittelte Botschaft auffordern, sich fortan um ihre Privatangelegenheiten zu kümmern. Demgegenüber heißt es in der Athenaion Politeia 15,4, Peisistratos habe *nach* der Entwaffnung der Hopliten an die Bürger appelliert, daß sie ihren Geschäften nachgehen und ihm selbst die Sorge für das Gemeinwesen überlassen sollten. Allem Anschein nach ist diese Version eine Ausgestaltung der bei Herodot vorliegenden Tradition, in der von einer Entwaffnung der Hopliten noch keine Rede war. Das Bürgeraufgebot ist in der Zeit der Tyrannis indes wohl nicht mehr mobilisiert worden. Jedenfalls zerfiel die militärische Organisation der Polisgemeinschaft, so daß eine völlige Neuorganisation im Zuge der Reformen des Kleisthenes erforderlich wurde. Da aber bereits 506 v. Chr. das athenische Hoplitenaufgebot wieder voll einsatzfähig war, ist kaum anzunehmen, daß unter der Tyrannis alle Phalangiten ihre Rüstung abgeben mußten.

Die Oberschicht in ihrer Gesamtheit bildete keine geschlossene Opposition gegen Peisistratos. Bereits um 561/60 bestand ein Teil seiner Anhängerschaft aus Adligen, von denen später eine unbekannte Zahl mit ihm ins Exil nach Euboia und nach Thrakien ging. Die meisten dieser Exulanten standen dann zweifellos bei Pallene auf seiner Seite, so daß er nach Errichtung der Tyrannis von vornherein Gefolgsleute in der Oberschicht besaß. Weitere Aristokraten hatten sich ihm vermutlich nach seiner Landung bei Marathon angeschlossen. Bis zur Schlacht bei Pallene hatte das Wechselspiel der Kräfte allenfalls eine temporäre Vorrangstellung einzelner hochrangiger Aristokraten ermöglicht. Die Regel war eine gleichsam mehrstellige Dominanz von „Leitern des Demos" (wie Solon die führenden Aristokraten bezeichnet hatte), die sich aber im Konkurrenzkampf um Einfluß und Prestige weitgehend gegenseitig neutralisierten. Dieser innere Zirkel der Führungsschicht, die eigentliche „Machtelite", hatte wiederum eine Art „Sekundärelite" protegiert, die für Archontenstellen und sonstige höhere Funktionen im Rahmen der Polisordnung in Frage kam. Die Entscheidung bei Pallene bedeutete zugleich das Ende der Ausrichtung der „Sekundärelite" auf einige wenige herausragende Aristokraten und potentielle Stasisführer, die bisherigen Hauptkontrahenten des Peisistratos, während für die formale Besetzung der Polisämter weiterhin ein gewisses Reservoir von Kandidaten der „Sekundärelite" zur Verfügung stand, die von Peisistratos durch geschicktes

(Schild und Speer), die wohl kaum erst unmittelbar vor dem Festzug verteilt worden sind (vgl. Thuk. VI 56,2. 58,2).

Taktieren gewonnen werden konnten, ja gewonnen werden mußten, weil er gar nicht in der Lage war, die funktionsfähigen Polisorgane zu beseitigen und anstelle der bisherigen Selbstorganisation des Gemeinwesens eine prinzipiell neuartige Herrschaftsform mit einem von ihm abhängigen größeren Verwaltungs- und Erzwingungsstab zur Aufrechterhaltung der öffentlichen Ordnung und zur Durchführung der Rechtspflege mit ihren mannigfachen Aufgaben in einer bereits recht komplexen Gesellschaft einzuführen.[240] Die auswärtigen Gefolgsleute des Peisistratos, die ohnehin größtenteils Athen bald wieder verließen, sowie die angeworbenen Söldner kamen hierfür nicht in Betracht. So konnte Peisistratos schon aus personellen Gründen die Polisordnung nicht einfach ignorieren. Er konnte zwar die Macht in der Polis ausüben, nicht aber ihr inneres Gefüge grundlegend umgestalten. Auf die Dauer mußte er daher bestrebt sein, Akzeptanz bei einem Großteil der bisherigen Träger dieser Ordnung zu finden, zu denen auch jene Angehörige des Demos (im soziologischen Sinne) zählten, die an Wahlen teilnahmen, sich in der Heliaia engagierten und niedere Ämter bekleideten.

Der innere Zirkel der athenischen Führungselite, der nicht generell mit der amtsfähigen Oberschicht gleichzusetzen ist, war freilich ausgeschaltet. Allerdings bleibt im einzelnen unklar, welche Aristokraten zusammen mit den Alkmeoniden unmittelbar nach der Schlacht bei Pallene Attika verließen. Als Exulanten werden neben den Alkmeoniden in der Überlieferung noch Leogoras, ein Vorfahr des um 440 v. Chr. geborenen Redners Andokides, sowie Kimon Koalemos, ein Stiefbruder des älteren Miltiades, namentlich genannt.[241] Es wird jedoch nicht deutlich, ob Leogoras und Kimon bereits unmittelbar nach Pallene ins Exil gingen. Ungewiß ist auch, ob damals der reiche Aristokrat Kallias flüchtete, den Herodot VI 121 als „Tyrannenhasser" bezeichnet und insofern mit den Alkmeoniden vergleicht. Kallias soll die Güter des Peisistratos gekauft haben,[242] als dieser nach dem Scheitern seiner Koalition mit dem Alkmeoniden Megakles vertrieben worden war.[243]

---

[240] Treffend bemerkt hierzu V. J. Rosivach, The Tyrant in Athenian Democracy, QUCC 30 (1988) 47: "... tyranny at Athens was not a constitution but a condition determining how the constitution would work." Daß in der Zeit der Tyrannis die solonische Ordnung bestehen blieb, wird bereits in der athenischen Tradition des 5. Jahrhunderts betont: Thuk. VI 54,5–6; vgl. Hdt. I 59,6; Aristot. Ath. Pol. 14,3; 16,8. Irreführend ist Ath. Pol. 22,1, wonach die Gesetze Solons unter der Tyrannis dadurch „unsichtbar" blieben, daß sie nicht mehr angewendet wurden.

[241] Leogoras: Andok. 2,26; Kimon Koalemos: Hdt. VI 103, 1–3. Vgl. Berve, Tyrannis II 548.

[242] Die materiellen Ressourcen der Peisistratiden erörtert Davies, APF 452 ff.

[243] Nach Pausanias I 26,4 hat ein Kallias eine sitzende Athena (ein Werk des Endoios) auf der Akropolis gestiftet. Vgl. Raubitschek, Dedications 491 f.; Davies APF 255 f.

Unter der Herrschaft des Peisistratos verloren die Exulanten offenbar nicht ihre Besitzungen in Attika. Sie brauchten jedenfalls in der Verbannung keineswegs auf aristokratische Repräsentation zu verzichten und konnten im übrigen später größtenteils wieder zurückkehren. Kimon erreichte die Aussöhnung mit den Machthabern, nachdem er mit einem Viergespann zum zweitenmal das Wagenrennen in Olympia gewonnen und diesen Sieg Peisistratos zugesprochen hatte. Allerdings hat Kimon diesen Kompromiß mit Peisistratos wahrscheinlich erst kurz vor dessen Tod (528/27) geschlossen, da er seinen zweiten Olympiasieg wohl bei den Spielen 528 gewonnen hat.[244] Auch die Alkmeoniden befanden sich damals vermutlich nicht mehr im Exil. Allem Anschein nach hat Kleisthenes, der spätere Reformer, bereits einige Jahre später (525/24) das eponyme Archontat bekleidet.

Schwer zu beurteilen ist der Bericht Herodots I 64,1 über die Festnahme zahlreicher junger Aristokraten. Peisistratos hat wohl kaum alle Söhne der damals in Athen und Attika gebliebenen Adligen ergreifen lassen, zumal es nicht möglich war, sofort Geiseln nach Naxos zu deportieren, wo zu diesem Zeitpunkt noch die aristokratischen Gegner des Lygdamis dominierten. Lygdamis gewann dann zwar mit Unterstützung des Peisistratos die Macht in Naxos, doch wurde diese Aktion wohl erst nach einer gewissen Vorbereitungszeit unternommen, in der Peisistratos seine Herrschaft in Athen und Attika zu stabilisieren suchte. Konnte er in dieser Zeit bereits Hunderte von Geiseln in Gewahrsam halten, während er gleichzeitig bemüht war, Akzeptanz beim Adel und beim Demos zu finden und die Funktionsfähigkeit der öffentlichen Organe und der Rechtsordnung zu gewährleisten? Wenn Peisistratos tatsächlich Geiseln gefordert hat, kann es sich nur um eine begrenzte Zahl gehandelt haben.

Als weitere antiaristokratische Maßnahme des Peisistratos, die sich gegen Relikte einer älteren privaten Gerichtsbarkeit aristokratischer Grundbesitzer gerichtet haben soll, gilt in der Forschung die nur in der Athenaion Politeia 16,5 erwähnte Einsetzung von „Demenrichtern", die angeblich in den Demen (Gemeinden) auf dem Lande Streitigkeiten zwischen Dorfbewohnern schlichten sollten, um es der Landbevölkerung zu ersparen, „in die Stadt zu gehen und ihre Arbeit zu versäumen".[245]

---

[244] Zur Datierung vgl. Berve, Tyrannis II 548. Die Nachricht Herodots VI 103,3, daß Kimon nach seinem dritten Olympiasieg (wahrscheinlich 524), den er für sich selbst reklamierte, auf Anstiftung der Söhne des Peisistratos ermordet worden sei, ist kaum glaubhaft, da Miltiades, der Sohn Kimons, weiterhin mit den Peisistratiden kooperierte. Vgl. bereits H. Bengtson, Einzelpersönlichkeit und athenischer Staat zur Zeit des Peisistratos und des Miltiades, SBAW 1939, Nr. 1, S. 9.

[245] Diese Nachricht wird durchweg für glaubwürdig gehalten. Vgl. etwa Hignett, Athenian Constitution 115; D. Kienast, HZ 200 (1965) 269 mit Anm. 6; Berve, Ty-

Die atthidographische Tradition, aus der diese Nachricht stammt, betrachtete die „Demenrichter" offenbar eher als ein Instrument zur Beherrschung des Demos, denn in der Athenaion Politeia 16,3 heißt es im gleichen Zusammenhang, Peisistratos habe die Landwirtschaft gefördert, um zu verhindern, daß sich die Bauern in der Stadt aufhielten und sich mit öffentlichen Angelegenheiten beschäftigten. Wenn Peisistratos tatsächlich eine Entpolitisierung des Demos intendiert haben sollte, ließ sich dies aber auf die genannte Weise kaum erreichen, da die Bevölkerung Athens hiervon überhaupt nicht tangiert wurde und Versammlungen der Bürger aus verschiedenen Teilen Attikas etwa an den Festen der Phratrien oder während der großen kultischen Feiern der Polis ohnehin nicht unterbunden werden konnten. Im übrigen ist es fraglich, ob eine Verlagerung bestimmter Bereiche der Rechtspflege überhaupt zu einer wesentlichen Entlastung der zentralen Organe führen konnte. Da die solonischen Satzungen weiterhin gültig blieben, mußten die hierin geregelten Fälle weiterhin in Athen selbst entschieden werden. Dies betraf den gesamten Komplex des Nachbarschafts-, Erb- und Familienrechts, d. h. Bereiche der Rechtspflege, die für die ländliche Bevölkerung zweifellos besondere Bedeutung hatten. Aber auch die moderne Theorie einer antiaristokratischen Tendenz der Institution der „Demenrichter" vermag nicht zu überzeugen. Relikte privater adliger Rechtsprechung lassen sich im nachsolonischen Athen nicht nachweisen. Daß es eine patrimoniale Gerichtsbarkeit des Adels nie gegeben hat, zeigt die rechtlich offenbar problemlose Restituierung der Hektemoroi und Schuldsklaven im Zuge der solonischen Reformen. Aristokratische Schiedsrichtertätigkeit, wie sie Hesiod um 700 in Boiotien beschreibt, ist nicht mit adliger Gerichtsbarkeit gleichzusetzen. Dies wird im vorsolonischen Athen kaum anders gewesen sein. Die Rechtspflege der Polis durch Behörden und öffentliche Organe und Gremien wurde dann durch Solon geradezu institutionalisiert. Die Einsetzung von „Demenrichtern" hätte also einen direkten Eingriff in die Polisorganisation bedeutet. Derartige Interventionen des Peisistratos werden aber in den Quellen sonst nicht erwähnt.[246] Peisistratos besaß keine quasi-legale, institutionell verankerte Machtbasis. Es ist daher auszuschließen, daß „Demenrichter" eine mit der tyrannischen Machtstellung unmittelbar verknüpfte Institution von Einzelrichtern bildeten.[247] Peisistratos hätte allenfalls durch Polisorgane einen Beschluß zur Konstitu-

---

rannis I 59; II 549; Rhodes, Commentary 215f.; Andrewes, CAH III 3 (^{2}1982) 407; Whitehead, Demes 14; Stahl, Aristokraten 115; 185f.; Stein-Hölkeskamp, Adelskultur 146. Skeptisch demgegenüber de Sanctis, Atthis 313; J. Day – M. Chambers, Aristotle's History of Athenian Democracy, Univ. of California Press 1962, 95f.

[246] Vgl. die oben Anm. 240 angeführten Textstellen.
[247] Dies vermutet Stahl, Aristokraten 186.

ierung eines Gremiums von „Demenrichtern" herbeiführen können. Nach den üblichen Regeln der Ausübung öffentlicher Funktionen hätten die Positionen der „Demenrichter" dann jährlich von der Polisgemeinschaft neu besetzt werden müssen. Insgesamt gesehen bleibt somit die singuläre Nachricht der Athenaion Politeia über „Demenrichter" des Peisistratos zweifelhaft. Sicher belegt sind erst die im Jahre 453/52 von der demokratischen Polis eingesetzten Demenrichter,[248] die für vermögensrechtliche Bagatellsachen zuständig waren und im übrigen wohl kaum als Einzelrichter fungierten.

Problematisch ist auch die Darstellung der Athenaion Politeia 16, 2–4, die der Herrschaft des Peisistratos gewissermaßen eine soziale Note zu geben, diese aber mit egoistischen Motiven des Machthabers zu erklären versucht. Hiernach wollte Peisistratos durch großzügige Darlehen nicht nur – wie bereits erwähnt – die Bauern von der Stadt fernhalten und auf diese Weise ihre Teilnahme am politischen Geschehen unterbinden, sondern die Landbewohner auch zu einer besseren Feldbestellung motivieren, um hierdurch selbst höhere Einkünfte durch Eintreibung des von ihm eingeführten „Zehnten" zu erzielen.

Nach dem Kontext müßte es sich um eine zehnprozentige Bodenertragssteuer gehandelt haben. Demgegenüber berichtet Thukydides VI 54, 5, daß die Söhne und Nachfolger des Peisistratos ein Zwanzigstel der Einkünfte der Athener als Abgaben eingezogen hätten, während Herodot I 64, 1 nur generell Einkünfte des Peisistratos aus Attika und vom Strymon (d.h. von seinen Besitzungen in Thrakien) erwähnt.

Eine zehnprozentige Bodenertragssteuer wäre für kleine und mittlere Bauern zweifellos eine erhebliche Belastung gewesen. Zudem bleibt offen, in welcher Form in der archaischen Polis überhaupt „Steuern" eingezogen werden konnten.[249] Die vermutlich nach 546 v. Chr. in Umlauf gesetzten sog. Wappenmünzen waren große Nominale, die für eine „gerechte" Steuererhebung ungeeignet waren. Regelmäßige Naturalabgaben setzen hingegen nicht nur eine ständige Einschätzung der Bodenerträge, sondern auch Maßnahmen zur Lagerung der Produkte sowie ein umfangreiches Kontrollsystem voraus. Hierfür reichten aber die bestehenden Polisorgane nicht aus. Ein Besteuerungssystem in der von Thukydides und der Athenaion Politeia angedeuteten Form wäre daher ohne umfangreiche organisatorische Maß-

---

[248] Vgl. Aristot. Ath. Pol. 26,3; 53,1.
[249] Die Annahme K. J. Dovers, daß der Begriff des „Zehnten" bei Aristot. Ath. Pol. 16,4 als eine Art Sammelbegriff für „Steuer" zu interpretieren sei und das „Zwanzigstel" bei Thuk. VI 54,5 das eigentliche Richtmaß darstellte, läßt die Frage der Steuereinziehung offen (Dover, Commentary IV 329). Auch die Vermutung, daß die Peisistratossöhne die Steuer herabgesetzt hätten (Berve, Tyrannis I 53, 65f.; H. W. Pleket, Talanta 1, 1969, 46, Anm. 95), bietet keine Lösung dieses Problems.

nahmen, d. h. ohne einen weiteren Ausbau der Polisbehörden bzw. (als Alternative) ohne Konstituierung eines regelrechten Verwaltungsstabes des Machthabers nicht möglich gewesen. Entsprechende Angaben liegen in den Quellen jedoch nicht vor. Regelmäßige Ertragssteuern wurden in griechischen Poleis in vorhellenistischer Zeit generell nicht erhoben. Athen bildete unter Peisistratos und seinen Söhnen schwerlich eine Ausnahme. Auch hier wurden die Kosten für kultische Feiern und öffentliche Bauten zweifellos durch spezielle Leistungen und Beiträge der Mitglieder des Polisverbandes bestritten. Die von Herodot I 64,1 erwähnten Einkünfte „aus Attika und vom Strymon" gewann Peisistratos wohl im wesentlichen aus seinen eigenen Besitzungen. Ob er den Silberbergbau im Laureion intensiviert hat, bleibt freilich ungewiß, da hierzu keine eindeutigen montan-archäologischen Ergebnisse vorliegen.[250] Soweit während der Tyrannis schon „Eulen"-Münzen aus Laureionsilber geprägt wurden, erfolgte die Emission im übrigen im Namen der „Polis der Athener". Nichts deutet darauf hin, daß Peisistratos nach seinem Einzug in Athen das Recht des „Speererwerbs" – der Gewinnung oder Erweiterung der Herrschaft durch Eroberung – proklamiert und dementsprechend Anspruch auf den Besitz des gesamten attischen Landes und damit auch der Bergwerke im Laureion erhoben hat.[251] Das Gegenteil war der Fall, wenn er tatsächlich – wie Herodot I 63,2 berichtet – nach seinem Erfolg bei Pallene den Athenern jede Furcht vor einem Verfügungsanspruch des Siegers zu nehmen suchte. Einen Rechtstitel oder eine institutionalisierte Position, die gegebenenfalls eine Legitimation für die Erhebung von Ertragssteuern sein konnte, besaß Peisistratos jedenfalls nicht. Er hätte daher eine Einziehung von Steuern allenfalls durch entsprechende Entscheidungen der Polisorgane erreichen können. Auch insofern ist die Überlieferung über eine Besteuerung der Athener während der Tyrannis in sich widersprüchlich.

Unter diesem Aspekt erscheint die Nachricht der Athenaion Politeia 16, 3–4, daß Peisistratos die Landwirtschaft durch Gewährung von Darlehen an die Bauern zu fördern suchte, um höhere Steuern zu erhalten, wenig glaubhaft. Private Patronage durch Peisistratos kann sicherlich nicht ausgeschlossen werden. Eine flächendeckende, gleichsam „offizielle" Agrarpolitik ist hingegen unwahrscheinlich. Die zunehmende Bedeutung des attischen Olivenöls im 6. Jahrhundert läßt zwar darauf schließen, daß damals durch Terrassenbau die Anbauflächen vergrößert worden sind, doch ist eine genaue Datierung solcher Meliorationen nicht möglich.[252] Wenn Hangterrassierungen, die keineswegs ein Reservat von „Großbauern" waren, unter Peisistratos intensiviert wurden, handelt es sich eher um eine Weiterführung

---

[250] Vgl. Lohmann, Atene 195.
[251] Diese These vertrat Berve, Tyrannis I 53.
[252] Lohmann, Atene 308.

Die Tyrannis 237

älterer Maßnahmen, die mit der Bevölkerungszunahme zu erklären sind. Der Fleiß attischer Bauern hat sich hier wohl schon vor Peisistratos neue Möglichkeiten erschlossen. Im Olivenanbau hätten jedenfalls gezielte Initiativen des Peisistratos frühestens acht bis zehn Jahre nach seiner Machtergreifung, d. h. etwa Mitte der dreißiger Jahre des 6. Jahrhunderts wirksam werden können. Die Aufwärtsentwicklung in der attischen Landwirtschaft begann aber zweifellos schon früher. Daher kann auch die steigende Produktion von Vorrats- und Verpackungsgefäßen für Wein und Öl kaum mit der Tyrannis unmittelbar in Verbindung gebracht werden.

Ähnlich ist die Situation im Kunsthandwerk zu bewerten. Die Blüte der schwarzfigurigen sowie die Innovationen der rotfigurigen attischen Vasenmalerei und der steigende Export kostbarer attischer Gefäße waren selbstverständlich kein Verdienst des Peisistratos, sondern Leistungen der attischen Handwerker und Künstler, deren Arbeiten im schwarzfigurigen Stil schon vor 560/50 die „Vormachtstellung Athens" in der Keramikproduktion begründeten, während der Trend zur Massenproduktion etwa ab 530 eine hohe Anpassungsfähigkeit der Werkstätten an die Bedürfnisse des Marktes voraussetzt,[253] die ein einzelner Machthaber in spätarchaischer Zeit indes nicht steuern und regulieren konnte.

Generell ist zu beachten, daß die Frage der Wechselbeziehungen zwischen der Tyrannis und der Entwicklung in der attischen Kunst ohnehin erst für die Zeit nach der dritten Machtergreifung des Peisistratos relevant sein kann. Das zentrale Problem ist hier die sogenannte Baupolitik des Machthabers, der in der älteren Forschung große Bedeutung beigemessen wurde, indem man davon ausging, daß Peisistratos durch Errichtung von öffentlichen Anlagen und Tempeln in der Bevölkerung Zustimmung zu finden und sein Prestige zu erhöhen suchte. Wie bereits dargelegt, sind jedoch infolge der weithin ungesicherten Datierung der in Betracht kommenden Bauten definitive Aussagen hierüber nicht möglich.[254] Es bleibt daher offen, inwieweit Peisistratos nach 546 die Bautätigkeit auf der Agora und der Akropolis initiiert oder forciert hat. Die sogenannte H-Architektur des Alten Athenatempels sowie der Porosaltar im Bezirk der Athena Nike auf der Akropolis (auf dem ehemaligen Turm der alten mykenischen Bastion) sind vermutlich früher anzusetzen.[255] Unwahrscheinlich ist die Einrichtung eines Kultes für Artemis Brauronia auf der Athener Akropolis in der Zeit des Peisistratos.

[253] E. Kluwe, EAZ 29 (1988) 586f.
[254] Vgl. oben S. 214 ff.
[255] Vgl. oben S. 217 zur sog. H-Architektur. – Die Weihung des Nikealtars (Raubitschek, Dedications, Nr. 329, S. 359–364) ist wohl um 550 zu datieren. Vgl. Young, Building Projects 121 f. Für einen späteren Ansatz (ca. 540–530) plädiert Shapiro, Art and Cult 24.

Die ältere These, daß damals der Kult der Schützerin der Geburt und der Gebärenden von Brauron nach Athen übertragen worden sei, beruft sich vor allem auf die Überlieferung über die Herkunft der Familie der Peisistratiden aus dem Demos Philaidai, zu dem nach der kleisthenischen Demenordnung Brauron gehörte. Die Datierung der wenigen Reste des heiligen Bezirks für Artemis Brauronia auf der Akropolis ist jedoch ungesichert, und eine Kultübertragung ist nicht ausdrücklich belegt und im Hinblick auf die Bedeutung des Frauenfestes der Brauronia in Brauron wohl auch auszuschließen.[256]

Auffällig ist die geringe Zahl der Weihgeschenke auf der Akropolis von der Mitte der vierziger Jahre bis zum Tod des Peisistratos (528/27).[257] Diesen Befund hat man damit zu erklären versucht, daß Peisistratos in dieser Zeit auf der Akropolis residiert und aus Sicherheitsgründen keinen freien Zugang zum Burgberg gestattet habe oder aber aristokratische Auftraggeber es abgelehnt hätten, Repräsentationsgeschenke am Wohnsitz des Tyrannen zu weihen. Verifizieren läßt sich diese These indes nicht.[258] Die Peisistratiden wurden zwar in der Endphase der Tyrannis auf der Akropolis belagert, doch hatten sie sich nicht auf dem Bergplateau, sondern im sogenannten Pelargikon verschanzt,[259] das etwas niedriger unterhalb der Burgmauer lag. Möglicherweise ließ Hippias hier erst in der Endphase seiner Tyrannis eine Bastion einrichten.

Im übrigen hat Peisistratos gegenüber der Polisgemeinschaft schwerlich explizit den Anspruch erhoben, Herr und Besitzer der Akropolis zu sein, da die dortigen Heiligtümer als Eigentum der Gottheiten galten. Er hatte sich zwar bei seiner zweiten (noch nicht endgültigen) Machtergreifung dem athenischen Demos durch eine kuriose Maskerade als „Diener" der Schutzgöttin Athens präsentiert, indem er auf einem Wagen in Begleitung einer als Athena ausstaffierten Frau seinen Einzug in Athen hielt.[260] Letztlich mißglückte aber dieser Versuch, die führende Position in Athen zu gewinnen.

---

[256] R. Osborne, Demos: The Discovery of Classical Attika, Cambridge u. a. 1985 (³1988) 154ff., 172ff. Vgl. R. F. Rhodes – J. J. Dobbins, The Sanctuary of Artemis Brauronia on the Athenian Akropolis, Hesperia 48 (1979) 325–341; Shapiro, Art and Cult 65 f. – Young, Building Projects 121, datiert die Entstehung dieses Heiligtums ins späte 6. Jahrhundert. Bis in die jüngste Zeit wurde freilich zumeist angenommen, daß Peisistratos den Bezirk für Artemis auf der Akropolis eingerichtet habe. Vgl. etwa E. Kluwe, Peisistratos und die Akropolis von Athen, WZ Jena 14 (1965) 10; Berve, Tyrannis II 552; Stahl, Aristokraten 245, Anm. 63; Stein-Hölkeskamp, Adelskultur 151. – Zur Herkunft der Peisistratiden: Ps.-Plat. Hipparch. 228 b; Plut. Sol. 10,3.

[257] Raubitschek, Dedications 455 ff.

[258] Gegen die Annahme einer Tyrannenresidenz auf der Akropolis: Boersma, Building Policy 14 ff. Vgl. andererseits F. Kolb, JdI 92 (1977) 104 ff.

[259] Hdt. V 64,2; Aristot. Ath. Pol. 19,5.

[260] Hdt. I 60; Aristot. Ath. Pol. 14,4. Zur Symbolik dieser Szene vgl. jetzt W. R.

Wir wissen nicht, wie sein damaliger Mißerfolg und die hieraus resultierende Kompromittierung des „Dieners" der Athena sich auf die Selbstdarstellung des Tyrannen nach 546 ausgewirkt haben. Bemühungen des Peisistratos um eine Angleichung an Herakles, der in einer Reihe von Wagenszenen auf attischen schwarzfigurigen Vasen als Begleiter der Stadtgöttin Athena dargestellt ist, sind zwar nicht auszuschließen, doch konnten nach dem Fiasko der zweiten Machtergreifung derartige Assoziationen auch peinlich wirken.[261] In der literarischen Überlieferung ist bezeichnenderweise nicht belegt, daß Peisistratos nach 546 zur Stabilisierung und Legitimierung seiner Macht seine eigene Person und sein Haus gleichsam in eine übermenschliche Sphäre zu rücken versuchte. Die genealogische Fiktion seiner pylischen Abstammung von den Nachfahren Nestors[262] blieb im üblichen Rahmen aristokratischer Statuserhöhung durch Stammbaumkonstruktionen, während mit der Legende vom Synoikismos unter der Herrschaft des Theseus offenbar erst in nachkleisthenischer Zeit die Einheit Attikas mythisch begründet wurde, so daß Peisistratos die Symbolik dieser geschichtlichen Sinndeutung schwerlich schon auf seine eigene Position beziehen konnte.[263] Fraglich ist auch, ob der Machthaber – wie man vermutet hat[264] – an die alte kultische Verbindung zwischen dem mythischen Gründerkönig Erechtheus und Athena anzuknüpfen suchte, um sich etwa als Neugründer Athens zu

Connor, Tribes, Festivals and Processions; Civic Ceremonial and Political Manipulation in Archaic Greece, JHS 107 (1987) 42 ff., der m. E. mit Recht betont (46), daß Peisistratos nicht als Herakles oder Monarch erscheinen wollte, sondern als Diener und Helfer der Athena, der eigentlichen Herrin des Landes ("... a brave but subordinate charioteer, and thereby the agent of the true protector and ruler of the land, Athena"). Vgl. die in der folgenden Anmerkung genannte Miszelle Cooks.

[261] Zu den Heraklesmotiven in der Vasenmalerei zur Zeit des Peisistratos: J. Boardman, Herakles, Peisistratos and Sons, RA 1972, 57 ff.; ders., Herakles, Peisistratos and Eleusis, JHS 95 (1975) 1 ff.; ders., Image and Politics in Sixth Century Athens, in: H. A. G. Brijder (Ed.), Ancient Greek and Related Pottery. Proceedings of the Intern. Vase Symposium in Amsterdam, 12–15 April, 1984, 239 ff. Skeptisch gegenüber der Forschungsthese, daß Peisistratos sich mit Herakles identifiziert habe, äußert sich R. M. Cook, Pots and Peisistratan Propaganda, JHS 107 (1987) 167–169, der abschließend bemerkt: "... arguments for the politically allusive and still more for propagandist theory are too tenuous to be convincing." Vgl. aber die Replik J. Boardmans, Herakles, Peisistratos and the Unconvinced, JHS 109 (1989) 158 f. Auch Shapiro, Art and Cult 162, schließt nicht aus, daß Peisistratos mit dem "mortal hero" Herakles identifiziert werden wollte.

[262] Hdt. V 65,3; vgl. Diog. Laert. I 53.

[263] Vgl. Welwei, Staatswerdung Athens 169 ff.

[264] So Stahl, Aristokraten 252. Vgl. demgegenüber E. Montanari, Il mito dell'autoctonia: Linee di una dinamica mitico-politica ateniese, Rome ²1981, 59, und V. J. Rosivach, Autochthony and the Athenians, CQ 81 (1987) 301.

gerieren. Da Peisistratos keinerlei Herrschaftstitel besaß, seine faktisch konkurrenzlose Suprematie nicht gleichbedeutend mit einer legalisierten Herrschaft war und die Polisordnung formal bestehen blieb, ist kaum anzunehmen, daß er gewissermaßen offiziell als Monarch und neuer Herrscher über Athen gelten wollte.

Andererseits hatte er freilich mannigfache Möglichkeiten, auch durch die Symbolik des Kultes seine Überlegenheit über alle anderen attischen Aristokraten zu demonstrieren. Seine Söhne betätigten sich später als Ordner des Festzuges der Panathenäen.[265] Ähnliche Funktionen könnte auch Peisistratos ausgeübt haben, um seine besondere Verbindung mit der göttlichen Repräsentantin der Polis zu betonen. Dies ist indes nicht gleichzusetzen mit einer Instrumentalisierung des Kultes zur Rechtfertigung seiner Macht. Der Kult der Stadtgöttin, den weiterhin die Eteobutaden ausübten, war weder eine Privatangelegenheit noch ein Monopol des Peisistratos. Wohl aber manifestierten sich im Glanz der Panathenäen und im Festzug zu Ehren der Athena die kultisch-religiöse Einheit der gesamten Polis und die gesellschaftliche Gliederung ihres Personenverbandes, in dem Peisistratos nunmehr der dominierende Aristokrat war. Die festlichen Darbietungen boten ihm die Chance, diese Position nicht nur vor der eigenen Polisgemeinschaft, sondern auch (insonderheit bei den Großen Panathenäen) vor einem panhellenischen Publikum zu repräsentieren. Andererseits wird freilich Peisistratos ebensowenig wie seine Söhne und Nachfolger bei den kultischen Feiern auf den Schutz seiner Leibwache verzichtet haben. So wurde vermutlich gerade durch den Rhythmus der Feste der Oberschicht und dem Demos in Athen immer wieder deutlich, daß die Polisgemeinschaft der persönlichen Herrschaft eines einzelnen unterworfen war.

Während kein Zweifel besteht, daß Peisistratos im eigenen Interesse die Panathenäen gefördert hat, fehlen Belege für ein Engagement des Machthabers bei der Veranstaltung der Großen oder Städtischen Dionysien, die dem von Eleutherai nach Athen übertragenen Kult des Dionysos Eleuthereus galten. In der Zeit der Vormachtstellung des Peisistratos beginnt zwar die Geschichte des attischen Dramas mit dem Auftritt des Thespis an den Städtischen Dionysien in einem der drei ersten Jahre der 61. Olympiade (536/35–533/32). Auch war der Dichter damals bei der Ausstattung seines Chores zweifellos auf aristokratische Protektion angewiesen.[266] Ihre große Bedeu-

---

[265] Aristot. Ath. Pol. 18,3; Thuk. VI 57,1.
[266] K. H. Kinzl, Zur Vor- und Frühgeschichte der attischen Tragödie, Klio 62 (1980) 185 f., vermutet, daß ein Alkmeonide Thespis protegierte. Vgl. aber jetzt W. R. Connor, City Dionysia and Athenian Democracy, ClMed 40 (1989) 7–32, der zu zeigen sucht, daß die Städtischen Dionysien erst einige Jahre nach dem Ende der Tyrannis eingerichtet wurden.

tung gewannen die Städtischen Dionysien aber erst durch die Entwicklung der attischen Tragödie im 5. Jahrhundert, während dieses Fest in der Zeit der Tyrannis in keiner Weise mit dem Höhepunkt der attischen Feiern an den Panathenäen vergleichbar ist, so daß Peisistratos die Protektion des Kultes für Dionysos Eleuthereus möglicherweise anderen Adligen überlassen hat.

Ein weiteres offenes Problem ist das Verhältnis des Peisistratos zum Mysterienkult von Eleusis. Die umfangreiche Bautätigkeit im dortigen Demeterheiligtum ist eher in die Zeit der Herrschaft seiner Söhne bzw. ins späte 6. Jahrhundert zu datieren,[267] und es bleibt unklar, ob der eleusinische Heros Triptolemos auf Betreiben des Tyrannenhauses als attischer Kulturbringer propagiert wurde. Daß Peisistratos und seine Söhne Eleusis stärker an Athen zu binden suchten, um Machtansprüchen des dortigen Lokaladels entgegenzuwirken, ist wenig wahrscheinlich.[268] Die Eumolpiden, die in der eleusinischen „Hierarchie" die höchste Position einnahmen, waren kein dynastiefähiges Adelsgeschlecht, sondern eine Priesterfamilie mit erblicher Sakralwürde.

Als Tyrannis kann die Machtstellung des Peisistratos nur in eingeschränktem Sinne bezeichnet werden. Es handelte sich – wie gesagt – um die Vorherrschaft eines Aristokraten. Sie hatte insofern tyrannische Züge, als der Machthaber Leibwächter und Söldner unterhielt[269] und mit diesem Instru-

---

[267] Vgl. Mylonas, Eleusis 77ff.; Boersma, Building Policy 24f.; Young, Building Projects 131f.; Travlos, Bildlexikon Attika 93f., skizziert demgegenüber die Baumaßnahmen im späten 6. Jahrhundert unter dem Stichwort „Zeit des Peisistratos".

[268] Demgegenüber vermutet F. Kolb, JdI 92 (1977) 114, eine „stärkere Bindung von Eleusis an Athen ... im Licht der strafferen Zusammenfassung Attikas unter den Tyrannen ..., der Beseitigung regionaler Unabhängigkeit, der Brechung lokaler Machtpositionen des Adels, die gerade auch im kultischen Bereich wurzelten". Kolb geht indes noch davon aus, daß es Adelsgeschlechter mit exklusiven Kulten gab. Diese These läßt sich nach den Untersuchungen Roussels (Tribu et cité) und Bourriots (Genos I–II) nicht mehr halten. Vgl. jetzt auch R. S. J. Garland, Religious Authority in Archaic and Classical Athens, BSA 79 (1984) 75ff.

[269] Die Zahl der Leibwächter (δορυφόροι) und Söldner (ἐπίκουροι) scheint in der Endphase der Tyrannis nicht allzu groß gewesen zu sein, da Hippias 511 v. Chr. rund 1000 Reiter seiner thessalischen Verbündeten zu Hilfe holte, um den Angriff einer kleineren spartanischen Streitmacht bei Phaleron abzuwehren. Auch Peisistratos hat sicherlich nicht ständig eine große Söldnertruppe unterhalten. M. F. Vos, Scythian Archers in Archaic Attic Vase-Painting, Groningen 1963, 86, hat aufgrund von Skythendarstellungen in der attischen Vasenmalerei vermutet, daß Peisistratos zwischen 540 und 530 v. Chr. skythische Bogenschützen angeworben habe. Sie fand hiermit vielfach Zustimmung. Vgl. etwa A. M. Snodgrass, Arms and Armour of the Greeks, Ithaca, N. Y., 1967, 83f.; A. Alföldi, Die Herrschaft der Reiterei in Griechenland und Rom nach dem Sturz der Könige, in: Gestalt und Geschichte. Festschrift K. Schefold, Bern 1967, 18 u. 21; P. A. L. Greenhalgh, Early Greek Warfare, Cambridge 1973, 149; Stahl, Aristokraten 220; I. A. Smith, Athens under the Tyrants, Bris-

mentarium sowie durch seine „Gefolgsleute" im Bürgerverband die freie Konkurrenz um Einfluß und Vorrang in der Polis unterband und damit auch die Rahmenbedingungen veränderte, die das politische Kräftespiel in der solonischen Ordnung bestimmt hatten. Anstelle einer mehr oder weniger begrenzten Gruppe von „Leitern des Demos" (nach der Terminologie Solons) hatte ein einzelner Aristokrat eine vorerst unangefochtene Überlegenheit über alle anderen Adligen gewonnen. Peisistratos stand aber nicht über oder neben der Polis und übte auch keine institutionalisierte Herrschaft aus, sondern besaß individuelle, durch militärische Gewalt errungene Macht *in* der Polis, ohne daß sein Geltungsanspruch, den er im aristokratischen Konkurrenzkampf um die führende Position in der Polis durchgesetzt hatte, irgendwie durch einen Akklamationsakt des attischen Personenverbandes legitimiert war. Unter diesem Aspekt war Peisistratos kein Repräsentant der Polis Athen. Auch wenn er an der Spitze des Panathenäenzuges als prominentester Athener auftrat, war die Feier immer noch eine Demonstration der Einheit des Bürgerverbandes unter dem Schutz der Stadtgöttin.

Mit staatsrechtlichen Kategorien läßt sich der Primat des Peisistratos somit nicht erfassen. Läßt man den unscharfen Tyrannenbegriff außer Betracht, entzieht sich die Stellung des Peisistratos einer Einordnung in ein Verfassungsschema. Das Kriterium des widerrechtlichen, gegen den Willen der Beherrschten ausgeübten Gewaltregimentes als Charakteristikum der Tyrannis in der Verfassungstypologie der späteren Staatstheorie versagt hier, weil Peisistratos Akzeptanz suchte und die Polisgemeinschaft kein Untertanenverband wurde, sondern als Gemeinwesen mit seinen öffentlichen Organen und spezifischen Identifikationssymbolen im Kult bestehen blieb. Durch den Primat des Peisistratos wurden nicht alle Aktivitäten in den Polisinstitutionen zur Farce. Die Rechtspflege erfolgte weiterhin nach den solonischen Satzungen, die durch Peisistratos schwerlich ergänzt oder modifiziert worden sind. Das athenische Gesetz gegen übertriebenen Gräberluxus, das in der Forschung wiederholt in die Zeit des Peisistratos datiert wurde,[270] ist

tol 1989, 38. Skythische Bogenschützen im Heer des Peisistratos sind indes in der literarischen Überlieferung nicht belegt. Die genannten Vasendarstellungen sind z. T. durch Beischriften als mythologische und epische Szenen gekennzeichnet. Vgl. im einzelnen K.-W. Welwei, Unfreie im antiken Kriegsdienst. Erster Teil: Athen und Sparta, Wiesbaden 1974, 8–22. – Die δορυφόροι der athenischen Tyrannen wurden nach Aristot. Frgm. 394 Rose (= Schol. in Aristoph. Lysistr. 665) auch λυκόποδες genannt. J. D. Bing, Lykopodes: A Contribution to Athenian Military History from Peisistratos to Kleisthenes, CJ 72 (1976/77) 308–316, will die Leibwächter als Argiver identifizieren, doch ist hier keine Sicherheit zu gewinnen.

[270] Vgl. etwa Berve, Tyrannis II 551; H. W. Pleket, Talanta 1 (1969) 49f. – Das Gesetz ist bei Cicero de leg. II 26,64f. überliefert und wohl aus Demetrios von Phaleron übernommen.

wahrscheinlich später anzusetzen, da diesbezügliche Reglementierungen kaum mit den kunstvollen Grabstatuen und -steinen des letzten Viertels des 6. Jahrhunderts zu vereinbaren sind.[271] Im übrigen war Peisistratos kein Gesetzgeber. Daß ihm legislative Vollmachten übertragen wurden, ist nirgendwo überliefert. Neue „Gesetze" hätte er vermutlich in der Volksversammlung beantragt bzw. beantragen lassen.

Bei den Wahlen konnte er zweifellos seinen Einfluß auf die Ekklesia geltend machen. Dies besagt indes noch nicht, daß alle neun Archontenstellen Jahr für Jahr mit Verwandten und engsten Gefolgsleuten des Peisistratos besetzt wurden.[272] Da die Funktionen der athenischen Oberschicht in den Institutionen der Polis nicht von anderen Bevölkerungsschichten wahrgenommen werden konnten, wäre Peisistratos gar nicht in der Lage gewesen, gegen eine ständige Opposition großer Teile des Adels Macht auszuüben. So mußte er konzedieren, daß Repräsentanten bedeutender Adelshäuser im öffentlichen Bereich einen gewissen Spielraum für Selbstdarstellung und Statusdemonstration zurückgewannen,[273] andererseits aber auch verhindern, daß aristokratische Konkurrenten zur Gefahr für seine eigene Position werden konnten. Er war daher wahrscheinlich bemüht, eine Reihe von Adligen, die ihrerseits nicht mit den großen Häusern rivalisieren konnten, an seine Person zu binden. Diese Möglichkeit bot sich etwa durch Protektion bestimmter Kandidaten für eine der neun Archontenstellen.

Insgesamt gesehen hatte Peisistratos somit im Rahmen der bestehenden Polisordnung keinen unbegrenzten Handlungsspielraum. Hierdurch waren auch seine außenpolitischen Aktivitäten in erheblichem Maße determiniert. Er war offensichtlich bestrebt, seine Sonderstellung im Innern durch äußere Erfolge zu rechtfertigen, aber jedes Risiko zu vermeiden, um seine Position nicht durch Niederlagen in Frage zu stellen. So unternahm er nur wenige militärische Aktionen. Wohl bald nach Stabilisierung der Lage in Athen fand das Unternehmen gegen Naxos statt. Ziel der Expedition war die Ausschaltung der dortigen aristokratischen Gegner des Lygdamis, der auf diese Weise eine Gegenleistung für seine Unterstützung des Peisistratos im Kampf bei Pallene erhielt. Des weiteren erwähnt Herodot I 64, 2 eine vermutlich wenig

---

[271] F. Kolb, JdI 92 (1977) 136.

[272] Namen eponymer Archonten sind allerdings nur für die ersten Jahre nach dem Tod des Peisistratos durch eine fragmentarische Inschrift von der Athener Agora belegt. Die Liste kann indes nicht als repräsentativ für die Tyrannis gelten, da die Peisistratiden damals bemüht waren, im Einvernehmen mit Angehörigen traditionsreicher Adelsfamilien die Vorherrschaft ihres Hauses zu sichern. Vgl. Meiggs-Lewis Nr. 6 c.

[273] J. H. Kroll, From Wappenmünzen to Gorgoneia to Owls, ANSMusN 26 (1981) 9, nimmt an, daß aristokratische Aufseher der Münzprägung Embleme nach eigener Wahl prägen lassen konnten. Dies bleibt indes eine bloße Vermutung.

später anzusetzende sakrale „Reinigung" der Insel Delos auf Anordnung des athenischen Machthabers. Offenbar sollte hierdurch nicht zuletzt der Vorrang Athens im ionischen Griechentum betont werden.[274] Seine „Außenpolitik" war jedenfalls in starkem Maße auf den Ägäisraum ausgerichtet.[275]

Der größte Erfolg des Peisistratos war die Rückgewinnung Sigeions im Kampf gegen Mytilene.[276] Wahrscheinlich führte er dieses Unternehmen mit bewährten Gefolgsleuten und Söldnern durch. Eine genaue Datierung ist wiederum nicht möglich, doch ist zu vermuten, daß die Aktion um 540 bzw. in den frühen dreißiger Jahren stattfand.[277] Peisistratos erzielte hierdurch zweifellos einen enormen Prestigegewinn, indem er seine Handlungsmöglichkeiten als mächtigster Mann Athens demonstrierte. Insofern ist das Unternehmen am Hellespont in den größeren Rahmen der Aktivitäten aristokratischer Herren der archaischen Zeit einzuordnen, die außerhalb ihres Gemeinwesens sich neue Ressourcen zu erschließen suchten, um ihre Position in der eigenen Polis zu stärken. Wahrscheinlich siedelte Peisistratos in Sigeion athenische Kolonisten an. Die Aufsicht über den Hafenplatz übertrug er seinem Sohn Hegesistratos.[278] Herodot (V 94,1) bezeichnet diese Maßnahme aus der Sicht der perikleischen Zeit als Einsetzung eines Tyrannen. Wenn die älteren lokalen Institutionen in Sigeion, die aus dem Hinweis auf ein Prytaneion der Sigeier in der sog. Phanodikos-Inschrift zu erschließen sind, bestehen blieben, wurde der Ort freilich kein Privatbesitz des athenischen „Tyrannenhauses". Nach modernen staatsrechtlichen Kategorien läßt sich allerdings das Verhältnis Sigeions zu Athen und zum dortigen Machthaber kaum fixieren.[279] Sigeion war nunmehr als Siedlung von dem

---

[274] Andrewes, CAH III 3 (²1982) 403.

[275] Wahrscheinlich unterhielt er Schiffe aus eigenen Mitteln. Vgl. Berve, Tyrannis I 63.

[276] Hdt. V 94–95; vgl. Strab. XIII 1,38 p. 600.

[277] Berve, Tyrannis I 62; II 553 f. Daß Peisistratos erst um 530 Sigeion eroberte (so kürzlich noch Stahl, Aristokraten 220, Anm. 42) ist wenig wahrscheinlich. Vgl. D. Viviers, La conquête de Sigée par Pisistrate, AC 56 (1987) 5 ff.: ca. 540–535 v. Chr. Viviers vermutet (S. 23), daß Peisistratos seinen Erfolg in Sigeion zu einem Sieg der Athener stilisierte. Nach Hdt. V 94,1 hat Peisistratos das Unternehmen offenbar persönlich geleitet. Er war aber um 530 bereits etwa 70 Jahre alt.

[278] Hegesistratos war offenbar noch relativ jung, als er die Vertrauensstellung in Sigeion erhielt (vgl. oben Anm. 234). Es besteht indes kein Grund, im Hinblick auf sein Alter (geb. ca. 560 oder in den frühen fünfziger Jahren), die Eroberung Sigeions in die späten dreißiger Jahre zu datieren (vgl. Anm. 277).

[279] Vgl. Ehrenberg, Polis und Imperium 116, 223. Die These, daß Sigeion „Tyrannenbesitz" wurde, hat vor allem H. Berve, Miltiades. Studien zur Geschichte des Mannes und seiner Zeit, Hermes Einzelschr. 2, Berlin 1937, 26 ff., vertreten. Vgl.

dominierenden athenischen Aristokraten abhängig geworden, der seinen persönlichen Erfolg aber auch als Gewinn für die Polis reklamieren konnte. Vor allem athenische Schiffseigner werden es begrüßt haben, daß der Hafenplatz und wichtige Stützpunkt für den zunehmenden Handel mit dem Schwarzmeergebiet wieder unter der Kontrolle eines Atheners stand.[280]

In dieser Zeit herrschte nördlich der Dardanellen auf der thrakischen Chersones bereits seit längerem Miltiades der Ältere, der wahrscheinlich in den fünfziger Jahren des 6. Jahrhunderts der Aufforderung der thrakischen Dolonker, die Führung in ihrem Stamm zu übernehmen, Folge geleistet und attische Kolonisten auf der genannten Halbinsel angesiedelt hatte. Nach der Darstellung Herodots VI 35 soll in Athen bereits Peisistratos die unbeschränkte Macht ausgeübt haben, als Miltiades, der damals gleichfalls ein mächtiger Mann gewesen sei, nach der Chersones aufbrach. Da Miltiades als Oikist und „Herrscher" der Dolonker gute Beziehungen zum Lyderkönig Kroisos unterhielt und das Ende des Lyderreiches etwa gleichzeitig mit der dritten und endgültigen Machtergreifung des Peisistratos anzusetzen ist, sind Herodots Ausführungen zur Datierung des von Miltiades organisierten Kolonistenzuges schwerlich auf die Situation in Athen nach 546 zu beziehen. Andererseits war es Peisistratos um 560 sowie um 556 nicht gelungen, für längere Zeit „alle Macht" in Athen zu gewinnen, wie dies Herodot VI 35,1 unterstellt. Offenbar sind die von Herodot im Kontext genannten Motive des Miltiades, der sich angeblich nicht der Herrschaft des Peisistratos beugen wollte,[281] erst geraume Zeit nach den Ereignissen in die Diskussion gebracht worden, als man den Kolonistenzug nicht mehr genau zu datieren vermochte. Herodot konnte jedenfalls den Aufbruch des Miltiades nach der Chersones nicht mehr eindeutig in eine der drei „überlieferten" Tyrannenherrschaften des Peisistratos einordnen.

Ziel des Miltiades war es zweifellos, „eine eigene, selbständige Machtstellung zu gründen".[282] Wenn er tatsächlich – wie es bei Herodot VI 36,1

---

dens., Tyrannis I 62; II 553, zur weiteren Diskussion über diese Frage, in der sich neuerdings Andrewes, CAH III 3 (²1982) 403f., wieder im Sinne Berves entschieden hat.

[280] Stahl, Aristokraten 223ff., vermutet, daß Peisistratos in Sigeion ein großes künstliches Hafenbecken anlegen ließ. Der von Stahl angeführte topographische Befund reicht aber zur Verifizierung dieser These nicht aus.

[281] Die Nachfahren der Erben des älteren Miltiades waren in den späteren kleisthenischen Demos Lakiadai eingeschrieben, während die Peisistratiden nach Ps.-Plat. Hipparch. 228 b aus dem Demos Philaidai stammen. Rückschlüsse auf ältere Nachbarschaftsbeziehungen zwischen Philaiden und Peisistratos sind indes nicht möglich. Vgl. Andrewes, CAH III 3 (²1982) 405. Möglicherweise hatten die Philaiden ebenso wie andere bedeutende aristokratische Familien Athens in verschiedenen Teilen Attikas Besitzungen.

[282] Berve, Tyrannis I 80.

heißt – in Athen „jeden, der wollte", zur Teilnahme an dem Kolonistenzug einlud, handelte es sich wohl kaum um ein in der Volksversammlung beschlossenes und damit von der Polisgemeinschaft ausdrücklich sanktioniertes Unternehmen. Die neue Machtstellung des Miltiades war als „Herrschaft" gleichsam losgelöst von der Metropolis. Andererseits blieben freilich Miltiades und die mit ihm aufgebrochenen Kolonisten als Athener weiterhin mit der Mutterstadt verbunden,[283] so daß der eigenständige Machtbereich des Oikisten letztlich auch eine Stärkung der Position Athens an den Meerengen bedeutete. Nur so wird die Unterstützung verständlich, die später die Söhne des Peisistratos dem jüngeren Miltiades gewährten, als sie es ihm ermöglichten, die verwaiste Herrschaft auf der Chersones zu übernehmen. Insofern ist aber auch bereits für die Zeit nach der sogenannten dritten Machtergreifung des Peisistratos eine Kooperation zwischen dem Usurpator in Athen und dem damals schon auf der Chersones herrschenden älteren Miltiades zu vermuten. Die Verbindung mit Athen war zweifellos eine wesentliche Voraussetzung für die Herrschaft des Miltiades, der seinerseits die Aktivitäten des athenischen „Tyrannenhauses" in Sigeion kaum als Konkurrenzunternehmen gewertet hat, während wiederum Peisistratos nach seiner endgültigen Machtergreifung in Athen nicht daran interessiert sein konnte, daß sich die Verhältnisse auf der Chersones änderten. Nach Lage der Dinge bedeutete die Herrschaft eines Atheners in diesem Raum eine Art Flankensicherung für Peisistratos, als er Sigeion eroberte.

Eine scharfe Trennungslinie zwischen der Politik des Peisistratos und außenpolitischen Interessen der Polisgemeinschaft ist nicht zu erkennen. Es ist anzunehmen, daß Peisistratos nach seiner dritten Machtergreifung weiterhin gute Beziehungen zu jenen Adelshäusern in Argos, Eretria und wohl auch in Theben unterhielt, die ihm um 546 Beistand geleistet hatten.[284] Diese Verbindungen sowie sein Einvernehmen mit der herrschenden Schicht in Thessalien stärkten die Stellung des Peisistratos in Athen. Sie waren aber auch für die Polisgemeinschaft in ihrer Gesamtheit schon deshalb bedeutsam, weil Peisistratos – wie es in der Athenaion Politeia 16,7 heißt – „sich stets um Frieden bemühte".[285] Diese Friedenspolitik, die das

---

[283] Miltiades und seine Kolonisten galten weiterhin als Athener. Dies ergibt sich aus der späteren Anklage gegen Miltiades den Jüngeren „wegen Tyrannis auf der Chersones" (Hdt. VI 104,2), d. h. wegen Herrschaft über Athener. Vgl. Ehrenberg, Polis und Imperium 225 f.

[284] Andrewes, CAH III 3 (²1982) 402. Auf ältere thessalische Kontakte läßt zudem der Name seines Sohnes Thessalos schließen.

[285] Nach Aristot. Ath. Pol. 16,7 wurde die Tyrannis des Peisistratos angeblich mit der „Goldenen Zeit unter Kronos" verglichen (s. dazu Hesiod Op. 109–126). Rhodes, Commentary 217 f., vermutet, daß bereits in der Endphase der Tyrannis oder

relativ positive Urteil über Peisistratos in der Überlieferung des 5. und 4. Jahrhunderts in starkem Maße bestimmt hat, war freilich nicht zuletzt dadurch möglich, daß der Schatten der persischen Expansion noch nicht auf dem griechischen Mutterland lag.

b) Die Söhne des Peisistratos

Als Peisistratos 528/27 starb,[286] war die Machtstellung seines Hauses in der Polis Athen nicht in Frage gestellt. Gegen die Erbfolge in der „Tyrannenfamilie" erhob sich kein Widerstand. Rechtlich gesehen erbten Hippias, Hipparchos und Thessalos, die Söhne des Peisistratos aus seiner Ehe mit einer Athenerin, nicht die Herrschaft über Athen, sondern die Ressourcen ihres Vaters. Hierdurch waren sie freilich in der Lage, in gleicher Weise Einfluß auf die Polisorgane und das öffentliche Leben in Athen auszuüben wie Peisistratos nach seiner dritten Machtergreifung. Insofern war die quasi-dynastische Erbfolge der Peisistratiden selbstverständlich keine reine Privatsache, sondern ein Politikum ersten Ranges, wenn auch diese Regelung nicht durch öffentliche Organe der Polisgemeinschaft sanktioniert wurde. Da die Polisordnung formal weiterexistierte, stand eine Legalisierung des Machtmonopols zweifellos nicht zur Debatte. Eine neue Situation war freilich dadurch gegeben, daß die Söhne des Peisistratos gewissermaßen eine Erbengemeinschaft bildeten. Von einer „Samtherrschaft" im staatsrechtlichen Sinne kann aber schon deshalb keine Rede sein, weil die drei Brüder gar keine offiziell anerkannten, im Nomos der Polis verankerten Herrschaftsrechte besaßen. Im übrigen scheint Hippias, der älteste Sohn des Peisistratos, seit 528/27 die dominierende Persönlichkeit in der „Tyrannenfamilie" gewesen zu sein.[287]

wenig später „irgend jemand" diese Wertung vorgenommen habe. Sicherheit ist hier jedoch nicht zu gewinnen.
[286] Wahrscheinlich im Frühjahr 527. Vgl. M. E. White, Hippias and the Athenian Archon List, in: J. A. S. Evans (Ed.), Polis and Imperium. Studies in Honour of E. T. Salmon, Toronto 1974, 84; Lewis, CAH IV (²1988) 287.
[287] Hippias als ältester und politisch maßgebender Peisistratossohn: Thuk. I 20,2; VI 54,2. 55,1; Aristot. Ath. Pol. 18,1; Ps.-Aristot. oec. 1347 a 4ff. Vgl. Berve, Tyrannis II 554f. – D. M. Lewis, CAH IV (²1988) 287, schließt demgegenüber aufgrund von Ps.-Plat. Hipparch. 228 b nicht aus, daß Hipparchos älter als Hippias war (was aber nach Thuk. VI 54,2 in Athen fälschlich behauptet wurde). In den Quellen werden die Brüder vielfach generell als „die Tyrannen" (auch in Berichten über Ereignisse nach dem Tod des Hipparchos) bzw. als „die Peisistratiden" bezeichnet (Hdt. V 55. 62,2. 63,2–3. 65,1. 90,1–2; VI 39,1. 123,1; Thuk. VI 54,5) oder als Herrscher über Athen dargestellt (z. B. Aristot. Ath. Pol. 18,1). Andererseits nennt Herodot V 55 Hipparchos „den Bruder des Tyrannen Hippias".

Thessalos, der jüngste der drei Brüder, tritt in der fragmentarischen Überlieferung über die Herrschaft der Peisistratiden stark zurück, während Hippias als „Genußmensch" und Förderer der Dichtkunst dargestellt wird.[288] In der athenischen Tradition galt der Machtwechsel im „Tyrannenhaus" 528/27 nicht als historischer Einschnitt.[289] Der Autor der Athenaion Politeia (17,3) betont die Kontinuität in der Politik der Peisistratiden. Er bezieht sich auf die Zeit vor dem Tod des Peisistratos und die Jahre nach dem Herrschaftswechsel, die nach seiner Darstellung durch ein mildes Regime der Machthaber gekennzeichnet waren. Insofern stimmt er mit dem Urteil des Thukydides (VI 54, 5–6) überein, wonach „diese Tyrannen" (die Söhne des Peisistratos) ihre Herrschaft bis zur Ermordung des Hipparchos (514 v. Chr.) maßvoll ausübten und die bestehenden Gesetze (Nomoi) der Polis weiterhin gültig blieben. Ein Fragment einer auf der Athener Agora gefundenen Archontenliste bestätigte die Bemühungen der Peisistratiden nach 528/27, attische Adelshäuser für eine Kooperation auf höchster Ebene zu gewinnen.[290] Die „Wahl" des Archon eponymos 527/26, dessen Name (Onetorides?) nur teilweise erhalten ist, erfolgte möglicherweise noch auf Vorschlag des Peisistratos.[291] Wenn die Ergänzung des Namens richtig ist, stammte dieser Archon wahrscheinlich aus einer relativ reichen aristokratischen Familie, die in Athen selbst residierte. Im nächsten Jahr (526/25) bekleidete Hippias persönlich das höchste Amt, das er dann an den Alkmeoniden Kleisthenes (den späteren Reformer) übergab (525/24). Nachfolger des Kleisthenes wurde Miltiades (524/23), Sohn des Kimon Koalemos, des Stiefbruders des älteren Miltiades. Nach der Amtszeit eines sonst nicht bekannten athenischen Aristokraten (523/22) fungierte der jüngere Peisistratos,[292] Sohn des Hippias, als Archon (522/21).

Die fragmentarische Liste der eponymen Beamten in den zwanziger Jahren des 6. Jahrhunderts bietet Aufschluß über die Methoden der Herrschaftssicherung der Peisistratiden. Durch Wahrnehmung der Aufgaben des höchsten Polisbeamten sollten prominente Aristokraten faktisch die Machtverhältnisse in Athen anerkennen.[293] Kandidaturen und „Wahlen" waren

---

[288] Ps.-Plat. Hipparch. 228 b – 229 d; Aristot. Ath. Pol. 18,1.

[289] Der Hinweis bei Aristot. Ath. Pol. 16,7 auf die härtere Herrschaft unter den Söhnen des Peisistratos ist auf die Endphase der Tyrannis nach der Ermordung des Hipparchos zu beziehen.

[290] Meiggs – Lewis Nr. 6 c.

[291] Lewis, CAH IV (^{2}1988) 288.

[292] Erhalten sind nur wenige Buchstaben des Namens (... στρατ ...), doch besteht kaum ein Zweifel, daß es sich um den jüngeren Peisistratos handelt.

[293] Bemerkenswert sind natürlich auch die beiden Archontate des Hippias und seines Sohnes Peisistratos. Ob dies als deutlicher Kontrast zur Besetzung der Archontenstellen unter dem älteren Peisistratos zu werten ist, muß freilich offenbleiben, da

Die Tyrannis 249

zwar an die Zustimmung der Machthaber gebunden, doch blieb das eponyme Archontat gleichwohl ein erstrebenswertes Ziel der Repräsentanten traditionsreicher Adelsfamilien. Da die Archonten in ihrer Amtsführung den geltenden Gesetzen der solonischen Kodifikation verpflichtet blieben, konnten sie zumindest in der Rechtspflege unabhängig von Weisungen der „Tyrannen" agieren und hierdurch in der Polisgemeinschaft Prestige gewinnen. Ähnliche Möglichkeiten hatten aufgrund ihrer gerichtlichen Funktionen der Polemarchos, der (sakrale) Basileus und die Thesmotheten.

Der politische Handlungsspielraum der athenischen Oberschicht wurde freilich unter den Peisistratiden nicht erweitert, und eine Reihe von Aristokraten war nicht bereit, sich dauerhaft dem „Tyrannenhause" unterzuordnen. Die Alkmeoniden sowie andere Adlige gingen einige Zeit nach dem Archontat des Kleisthenes erneut ins Exil und unternahmen wohl noch vor der Ermordung des Hipparchos (514) den Versuch, in Leipsydrion am Parnes ein Bollwerk gegen die Peisistratiden zu errichten, nachdem sich bereits Kedon, ein jüngerer athenischer Aristokrat, ohne Erfolg gegen die Machthaber erhoben hatte.[294] Da der Vorstoß nach Leipsydrion wahrscheinlich von Boiotien aus erfolgte, ist zu vermuten, daß die Alkmeoniden vor allem in Theben Unterstützung gefunden hatten. Sie rechneten im übrigen mit einer tyrannisfeindlichen Stimmung in Athen und Attika. Indes schlossen sich nur wenige Athener den Exulanten an. Die Alkmeoniden und ihre Anhänger konnten sich daher in Leipsydrion nicht behaupten und wurden von den Belagerungstruppen der Peisistratiden unter hohen Verlusten zum Abzug gezwungen.

Auch in dieser Zeit stand die Oberschicht in Athen und Attika keineswegs als geschlossener Block dem „Tyrannenhaus" gegenüber. Einige Adelsfamilien waren mit den Peisistratiden verwandtschaftlich verbunden,[295] andere

wir keine Vergleichsmöglichkeiten haben. Siehe dazu auch Lewis, CAH IV ([2]1988) 289.
[294] Nach Hdt. V 62,2 und Aristot. Ath. Pol. 19,3 hätten die Kämpfe um Leipsydrion allerdings erst nach der Ermordung des Hipparchos stattgefunden. Dieser Ansatz ist in der althistorischen Forschung überwiegend übernommen worden. Vgl. aber demgegenüber Berve, Tyrannis I 68; II 558f.; H.-F. Bornitz, Herodot-Studien, Berlin 1968, 30ff.; M. A. Levi, Commento storico alla res publica Atheniensium di Aristotele, I, Mailand-Varese 1968, 192; B. Virgilio, Commento storico al quinto libro delle «Storie» di Erodoto, Pisa 1975, 84f.; M. Zahrnt, Delphi, Sparta und die Rückführung der Alkmeoniden, ZPE 76 (1989) 297, Anm. 2–3, die m. E. mit Recht für eine Vordatierung eingetreten sind. – Über die Erhebung des Kedon (Aristot. Ath. Pol. 20,5) sind keine Einzelheiten bekannt.
[295] Nach Thuk. VI 55,1 war Hippias mit der Tochter eines Kallias verheiratet, nach Kleidemos FgrHist 323 F 15 war seine Frau hingegen die Tochter eines Charmos. Daß Thukydides auf der von ihm zitierten Inschrift den Namen falsch gelesen hat (Jacoby,

Aristokraten, die sich z. T. bereits Peisistratos angeschlossen hatten, zählten zu den Hetairoi bzw. Gefolgsleuten der „Tyrannenfamilie",[296] und der jüngere Miltiades kooperierte auch nach seinem Archontat offenbar noch mit den Machthabern. Zumindest hat er den Primat der Peisistratiden weiterhin anerkannt und hierdurch eigene Herrschaftspläne an den Dardanellen zu realisieren vermocht. Die Überlieferung über die Ermordung seines Vaters Kimon Koalemos auf Anstiftung der Peisistratiden erscheint daher wenig glaubhaft.[297] Miltiades' Bruder Stesagoras, der etwa seit 524 als Nachfolger seines Stiefonkels, des älteren Miltiades, die Herrschaft über die thrakischen Dolonker und die griechischen Siedlungen auf der Chersones ausgeübt hatte, war um 516/15 ermordet worden. Die Ereignisse am Hellespont tangierten unmittelbar die Position der Peisistratiden in Sigeion, die an der Erhaltung des Status quo auf der Chersones interessiert waren. Dies erklärt die Unterstützung, die sie nach dem Tod des Stesagoras dem jüngeren Miltiades gewährten, der nunmehr die Herrschaft über die Chersones gewann. Ohne das Einverständnis der Machthaber in Athen wäre Miltiades kaum in der Lage gewesen, das Erbe seines Stiefonkels und seines Bruders anzutreten.[298]

Ihr Verhältnis zum Demos suchten die „Tyrannen" zweifellos nach den Vorgaben des Peisistratos zu gestalten. Die Polis sollte weiterhin gleichsam Bezugspunkt und Forum für die öffentlichen Aktivitäten der Machthaber bilden. Deutlich zum Ausdruck kommt diese Kontinuität in den Baumaßnahmen der Peisistratidenzeit und in der Ausrichtung der großen attischen Kultfeste, die ja ein Teil des öffentlichen Lebens der Polisgemeinschaft waren.

Wie bereits dargelegt, ist allerdings die zeitliche Einordnung der sogenannten peisistratidischen Bauten im einzelnen strittig.[299] Die Bautätigkeit der Peisistratossöhne konzentrierte sich offenbar vor allem auf den südöstlichen Teil der Stadt, wo im Ilissosgebiet mit dem Bau des gewaltigen Tempels des Zeus Olympios begonnen wurde[300] und der jüngere Peisistratos wäh-

FgrHist III b [Supplem] Text 71; Berve, Tyrannis II 546), ist wenig wahrscheinlich (Dover, Commentary IV 333f.).

[296] Auf eine Hetairie des Hippias spielt Aristophanes Lysistr. 1153 an.

[297] Hdt. VI 39,1. 103,3; vgl. oben Anm. 244.

[298] Nach Hdt. VI 39,1 rüsteten die Peisistratiden eine Triere für Miltiades aus. Vgl. auch W. Schuller, Die Herrschaft der Athener im Ersten Attischen Seebund, Berlin–New York 1974, 17, Anm. 43.

[299] Vgl. im einzelnen Young, Building Projects 111 ff.

[300] Es bleibt offen, ob mit der Planung bereits unter Peisistratos begonnen wurde. Zweifellos sollte das Olympieion etwa mit dem Artemision in Ephesos oder dem Heraion in Samos konkurrieren. Vgl. F. Kolb, JdI 92 (1977) 111; D. M. Lewis, CAH IV (^{2}1988) 295f. – Vollendet wurde der Bau erst unter Hadrian.

rend seines Archontats (522/21) im Heiligtum des Apollon Pythios einen Altar stiftete.[301] Des weiteren ließen die Peisistratiden dort die Wasserversorgung durch die bei Thukydides II 15,5 als Enneakrunos bezeichnete Einfassung der Quelle Kallirrhoe verbessern.[302] Auf der Akropolis wurde vermutlich seit den zwanziger Jahren des 6. Jahrhunderts der Alte Athenatempel umgestaltet. Wenn die Machthaber durch ihre Bautätigkeit in Fortsetzung ähnlicher (aber noch sehr viel bescheidenerer) Maßnahmen des Peisistratos ihre konkurrenzlose Überlegenheit über andere Adelshäuser zu demonstrieren suchten, so war die Zielgruppe dieser Bemühungen um Legitimierung und Stabilisierung „tyrannischer" Herrschaft letztlich der gesamte Polisverband, für den die öffentlichen Altäre, Tempel und Götterfeste wesentliche Identitätssymbole darstellten. Der Vollzug der Kulte diente der Sicherung der (aus unserer Sicht imaginären) Existenzbedingungen der durch göttlichen Willen entstandenen Gemeinschaftsordnung, an der die Politen aller Zensusklassen teilhatten. Bereits vor der Tyrannis hatte auf der Agora mit dem vorerst noch recht modesten Arrangement öffentlicher Bauten die politische Einheit des athenischen Personenverbandes sichtbaren Ausdruck gefunden. Unter den Peisistratossöhnen wurden in diesem politischen Zentrum der Gemeinde mit der Errichtung des Zwölfgötteraltares und eines Brunnenhauses[303] in der Südostecke der Agora sinnfällige Zeichen einer Politik gesetzt, die als Wahrung der überkommenen Ordnung verstanden werden sollte. Auf der Agora übten die Amtsträger einen wesentlichen Teil ihrer Funktionen aus, und die Bürger bzw. repräsentative Teile des Polisverbandes nahmen hier gegebenenfalls an „Wahlen" oder anderen Versammlungen der Gemeinde teil oder fungierten eventuell auch als Richter in der Heliaia, die ebenso wie die Blutgerichtshöfe zweifellos weiterhin in der üblichen Weise getagt und Urteile gefällt hat. So leisteten athenische Bürger nach wie vor als Beamte und als „Richter" durch öffentliche Tätigkeit einen Beitrag zur Rechtspflege im Polisgebiet. Hingegen wurden politische Entscheidungen im eigentlichen Sinne von den „Tyrannen" getroffen, wenn auch nicht auszuschließen ist, daß neben den „gelenkten"

---

[301] Meiggs – Lewis Nr. 11; Thuk. VI 54,6–7; Paus. I 19,1. Die von Thukydides zitierte und 1877 wiedergefundene Altarinschrift hat ähnliche Buchstabenformen wie eine im boiotischen Ptoion-Heiligtum des Apollon aufgestellte Weihinschrift, die eine Stiftung des Peisistratossohnes Hipparchos erwähnt: L. Bizard, BCH 44 (1920) 237ff.

[302] R. Tölle-Kastenbein, Kallirrhoe und Enneakrunos, JdI 101 (1986) 55–73; vgl. auch J. Owens, The Enneakrounos Fountain-House, JHS 102 (1982) 222–225.

[303] Das durch eine spätarchaische Tonrohrleitung gespeiste sog. SO-Brunnenhaus (Krene) wurde 1952 entdeckt. Es handelt sich zweifellos um die von Pausanias I 14,1 fälschlich als Enneakrunos bezeichnete Anlage. Vgl. Camp, Agora 49f., und vor allem R. Tölle-Kastenbein, a. a. O. 61 f.

Wahlen gelegentlich auch Scheinabstimmungen über Angelegenheiten der Bürgergemeinschaft stattfanden. Wahrscheinlich wurde dies nicht nur in Adelskreisen, sondern auch im Demos als Defizit an politischen Handlungsmöglichkeiten empfunden. Wir können allerdings aufgrund der Quellenlage nicht zwischen passiver Hinnahme und aktiver Zustimmung athenischer Bürger und ihrer Einstellung gegenüber dem „Tyrannenhaus" klar differenzieren. Es ist aber kaum anzunehmen, daß die Selbstdarstellung des Peisistratos und seiner Söhne an den großen Polisfesten sowie die Errichtung repräsentativer Bauten eine Identifizierung der Mehrheit der Athener mit der Herrschaft dieser Machthaber bewirkt haben. Gemeinsame Kultfeiern waren selbstverständlich kein Novum. Die Polisangehörigen erlebten an den religiösen Festen seit langem ihre Zugehörigkeit zu einer größeren Gemeinschaft. Die prachtvollere Gestaltung der Polisfeiern und der panhellenische Rahmen der Großen Panathenäen[304] mögen zwar eine Reihe von Athenern beeindruckt haben, doch wurde hierbei auch immer wieder die Sonderstellung der Machthaber sinnfällig demonstriert, zumal ihre Leibwächter und Trabanten stets zur Stelle waren. Es ist schwer vorstellbar, daß diese Praxis jahrzehntelang in der athenischen Bevölkerung nicht auf Kritik stieß. Harmodios und Aristogeiton rechneten jedenfalls bei ihrem Anschlag auf die Machthaber bei den Großen Panathenäen 514 v. Chr. mit einer Erhebung gegen die Tyrannis.

Auch die bauliche Ausgestaltung Athens scheint langfristig nicht die intendierte Wirkung erzielt zu haben, wenn sie vor allem der Herrschaftssicherung des Tyrannenhauses dienen sollte. Wasserleitung und Brunnenhaus waren zwar gemeinnützige Einrichtungen, die der Bevölkerung im Zentrum Athens gerade in den letzten Jahren der Tyrannis gewisse Erleichterungen verschafften. Dies hat aber nicht dazu geführt, daß der städtische Demos auf der Seite der Peisistratiden stand, als ihr Regime schließlich durch spartanische Intervention gestürzt wurde. Sicherlich boten sich durch die Bautätigkeit für die hiermit befaßten Handwerker neue Verdienstmöglichkeiten.

---

[304] Nach Ps.-Plat. Hipparch. 228 b soll Hipparchos den Rhapsodenvortrag der homerischen Gedichte (in festgelegter Reihenfolge) an den Panathenäen eingeführt haben. Im Hinblick auf das Interesse der Peisistratiden an der Gestaltung dieses Festes ist die Nachricht nicht unglaubwürdig (H. Aigner, RhM 121, 1978, 204f.), wenn auch nicht auszuschließen ist, daß an der genannten Textstelle lediglich die Auffassung des 4. Jahrhunderts über die Anfänge der Homerrezitation an den Panathenäen zum Ausdruck kommt. Sicherlich unzutreffend ist Diog. Laert. I 57, wonach Solon die geordnete Rezitation der Rhapsodenvorträge eingeführt habe. Vgl. M. S. Jensen, The Homeric Question and the Oral-Formulaic Theory, Kopenhagen 1980, 145ff., deren Theorie von der Redaktion homerischer „Einzellieder" auf Anordnung des Peisistratos allerdings unbewiesen bleibt. Die hierzu vorliegenden späten Nachrichten sind ihrerseits antike Hypothesen.

Zudem haben sich die materiellen Lebensbedingungen unter den Peisistratossöhnen zweifellos weiterhin verbessert. Soziale und wirtschaftliche Gravamina und Forderungen waren bei der politischen Neuorganisation Attikas durch Kleisthenes im Unterschied zur vorsolonischen Krise bezeichnenderweise kein entscheidender Faktor. Es fragt sich indes, ob breitere Schichten in Athen die wirtschaftliche und soziale Konsolidierung als Erfolg der „Tyrannen" gewertet haben, die im übrigen mit ihren Baumaßnahmen kein gezieltes Arbeitsbeschaffungsprogramm für ärmere oder arbeitslose Bürger verfolgten.[305] Es gab nach wie vor kein theoretisches Konzept „staatlicher" Wirtschaftspolitik. Zu beachten ist zudem, daß der weitaus größte Teil der Bevölkerung Attikas immer noch in der Landwirtschaft tätig war und die Landbewohner für die Bautätigkeit in Athen und andere Projekte der „Tyrannen" zweifellos Abgaben zu leisten hatten, wenn auch wohl kaum regelmäßig Steuern erhoben wurden.[306] Wenn sich die athenischen Bürger nicht gegen die Peisistratiden erhoben haben, so besagt dies noch nicht, daß weithin Zufriedenheit mit der Situation in Athen und Attika herrschte. Wahrscheinlich war es vor allem der Abschreckungseffekt der fremden Söldnertruppe in Athen, der den innerathenischen Gegnern der Peisistratiden keine Chance ließ, die Bürgerschaft gegen die Tyrannenmacht zu mobilisieren. Insofern hatten die Bemühungen der Peisistratiden, in Fortsetzung der Strategie ihres Vaters die Handlungsmöglichkeiten aristokratischer Konkurrenten entscheidend zu schwächen, zumindest im athenischen Bürgergebiet zweifellos Erfolg.

Andererseits sind die Aktivitäten der Alkmeoniden außerhalb Attikas ein Indiz für Veränderungen im Kräftefeld der griechischen Staatenwelt, die auf die Dauer die Position der Machthaber in Athen schwächten. Bereits um 525/24 hatte eine spartanisch-korinthische Expeditionstruppe nach einem erfolglosen Unternehmen gegen Polykrates von Samos die Herrschaft des Lygdamis beseitigt,[307] der um 538 Polykrates zur Herrschaft verholfen

[305] F. Kolb, JdI 92 (1977) 137. – Lewis, CAH IV (²1988) 292, vermutet auch Arbeiten am attischen Wegenetz zur Erleichterung des Transports von Baumaterialien. Belegt ist, daß Hipparchos an bestimmten Straßenpunkten Hermen mit gnomischen Sprüchen aufstellen ließ (Ps.-Plat. Hipparch. 228 b – 229 d; vgl. Whitehead, Demes 14f.). Eine Herme dieser Art (allerdings ohne den Namen des Hipparchos) ist bei Koropi/Sphettos wiedergefunden worden: J. Kirchner u. S. Dow, AM 62 (1937) 1ff.; IG I² 837. Vgl. im einzelnen Shapiro, Art and Cult 125 f.

[306] Die bei Ps.-Aristot. oec. 1347 a 4–17 erwähnten Tricks des Hippias zur Erhöhung seiner Einnahmen sind „größtenteils trivial oder anachronistisch" (Lewis, CAH IV, ²1988, 290). Anders Berve, Tyrannis I 70; II 560 f.

[307] Vgl. R. Bernhardt, Die Entstehung der Legende von der tyrannenfeindlichen Außenpolitik Spartas im 6. und 5. Jh. v. Chr., Historia 36 (1987) 262 f. – S. C. Klein, Cleomenes: A Study in Early Spartan Imperialism, Diss. Univ. of Kansas 1973, 122 f.,

hatte. Polykrates selbst wurde etwa 522 Opfer eines Betrugsmanövers des persischen Satrapen Oroites. Damit waren in der Ägäiswelt zwei Machthaber ausgeschaltet, mit denen die Peisistratiden zweifellos freundschaftlich verbunden waren. Einige Jahre später (etwa 519) gelang es ihnen zwar, ihren Einfluß bis zum Asopos in Boiotien auszuweiten, als sie auf ein Hilfegesuch und Bündnisangebot der Plataier eingingen, die nicht bereit waren, sich dem thebanischen Hegemonieanspruch in Boiotien zu beugen.[308] Langfristig bedeutete aber diese Intervention, die militärisch zu einem athenischen Erfolg über thebanische Streitkräfte führte, zweifellos eine schwere Hypothek für die Peisistratiden. Während um 546 thebanische Aristokraten Peisistratos bei der Vorbereitung seines Angriffs auf Athen wirksame Unterstützung gewährt hatten, herrschte nunmehr offenbar ein gespanntes Verhältnis zwischen den maßgebenden Kräften in Theben und den Peisistratiden, die in den Krisen der folgenden Jahre jedenfalls keinen Sukkurs aus Boiotien zu erwarten hatten.

Der Niedergang der Tyrannis in Athen wurde durch die Ermordung des

145f., Anm. 20, will den Sturz des Lygdamis ins Jahr 515 herabdatieren, doch ist dies schwerlich zutreffend.

[308] Nach Hdt. VI 108 wandten sich die Plataier zunächst an König Kleomenes I. von Sparta und die Spartaner, „die in der Nähe standen". Kleomenes soll das Hilfegesuch jedoch abgelehnt und den Plataiern geraten haben, sich in den Schutz Athens zu begeben. Der Zeitpunkt ergibt sich aus Thuk. III 68,5, wonach die Allianz mit Athen im 93. Jahr vor der Zerstörung Plataiais (427 v. Chr.) geschlossen wurde. Diese Datierung ist in der Forschung allerdings umstritten, da weder bei Herodot noch bei Thukydides im Kontext die athenischen „Tyrannen" erwähnt werden. Zudem hat man bezweifelt, daß Kleomenes I. sich 519 in Boiotien befand. Dementsprechend wurde mehrfach eine Verschreibung der griechischen Zahl 93 aus 83 bei Thukydides a. a. O. angenommen und das Bündnis in das Jahr 509 datiert. G. S. Shrimpton, When Did Plataea Join Athens?, CP 79 (1984) 295–303, vermutet hingegen, daß die neue attische Demenstruktur nach den Reformen des Kleisthenes Athen in Konflikt mit Theben brachte und Plataiai sich 506 an Athen anschloß. Die Datierung bei Thukydides ist jedoch keineswegs abwegig. Hierdurch wird jedenfalls verständlich, daß die Peisistratiden 511 und 510 keine Hilfe aus Theben erhielten. Ausführlich zur Problemlage nunmehr L. Prandi, Platea: momenti e problemi della storia di una polis, Padua 1988, 27ff., und A. Schachter, Boiotia in the Sixth Century B. C., in: Beister–Buckler, Boiotika 83, die 519 als Jahr der Allianz zwischen Plataiai und Athen annehmen, sowie E. Badian, Plataea between Athens and Sparta, ebd. 103 mit Anm. 16, der dieser Datierung letztlich zustimmt. Vgl. ferner H. Beister, in: Lauffer, Griechenland 555. – Ob sich damals auch Eleutherai und Oropos an Athen anschlossen, bleibt unsicher. Zum Rechtsstatus der Bewohner dieser beiden Orte vgl. F. Gschnitzer, Abhängige Orte im griechischen Altertum, Zetemata H. 17, München 1958, 82ff., 86ff. Zu den Grenzverhältnissen s. L. Prandi, Problemi del confine attico-beotico, CISA 13 (1987) 50ff.

Hipparchos an den Panathenäen des Jahres 514 eingeleitet. Die „Tyrannenmörder" Harmodios und Aristogeiton galten schon kurze Zeit nach der Vertreibung der Peisistratiden durch spartanische Streitkräfte unter König Kleomenes I. (510 v. Chr.) als die großen Freiheitshelden der athenischen Polisgemeinschaft.[309] Dieser Geschichtslegende widersprechen bereits im 5. Jahrhundert Herodot und vor allem Thukydides,[310] der als eigentliches Tatmotiv eine persönliche Kränkung des Harmodios durch dessen verschmähten Liebhaber Hipparchos anführt, andererseits freilich auch betont, daß die Verschwörer spontane Hilfe durch Festzugsteilnehmer erhofften, die an diesem Tag in der Stadt einige Waffen (Schild und Speer) tragen konnten. Die verschiedenen Berichte über das Geschehen sind teilweise widersprüchlich.[311] Offenbar hatten Harmodios und Aristogeiton nur eine kleine Freundesgruppe in ihren Plan eingeweiht.[312] Sie beabsichtigten, zunächst Hippias zu beseitigen, der auf der Akropolis den Panathenäenzug empfangen wollte. Als sie durch ein Mißverständnis sich verraten glaubten, eilten sie auf die Agora und töteten Hipparchos, der dort am Leokoreion[313] die Prozession ordnete. Harmodios wurde nach der Tat sofort von Leibwächtern der „Tyrannen" niedergemacht, Aristogeiton einige Zeit später ergriffen und ebenfalls getötet. Vor seinem Tod soll Aristogeiton noch eine Reihe von „Freunden" der Tyrannen als angebliche Mitwisser genannt haben, als er auf der Folter nach den Namen der Mitverschworenen befragt wurde.

[309] Schon bald nach der Vertreibung der Peisistratiden entstanden die „Tyrannenmördergruppe" des Antenor und „Trinklieder" (Skolia) auf Harmodios und Aristogeiton. Vgl. Ostwald, Nomos 121–136, 182–185; Ch. W. Fornara, The Cult of Harmodius and Aristogeiton, Philologus 114 (1970) 155–180. J. Day, Epigrams and History: The Athenian Tyrannicides, A Case in Point, in: The Greek Historians. Literature and History. Papers Presented to A. E. Raubitschek, Saratoga, Calif., 1985, 29, 44f., bestreitet allerdings, daß breitere Schichten des Demos sich anfangs bei der Verehrung des Harmodios und Aristogeiton von einer Art politischer Ideologie bestimmen ließen.
[310] Hdt. V 55; Thuk. VI 54. 56,1–59,1. Vgl. R. Develin, Herodotos and the Alkmeonids, in: Eadie – Ober, Ancient Historian 126f., 136, Anm. 5 (mit ausführlichen Literaturhinweisen); B. M. Lavelle, Herodotos and the Tyrant-Slayers, RhM 131 (1988) 211–215.
[311] Vgl. Aristot. Ath. Pol. 18,2–6, wonach nicht Hipparchos, sondern Thessalos sich an Harmodios zu rächen suchte, was aber wenig wahrscheinlich ist. Zutreffend erscheint demgegenüber die Angabe der Athenaion Politeia, daß Hippias den Festzug auf der Akropolis erwartete, während es bei Thuk. VI 57,1 heißt, daß Hippias mit seinen Leibwächtern die Prozession im Kerameikos ordnete. Zur Überlieferung vgl. im einzelnen Jacoby, Atthis 152ff.; Berve, Tyrannis II 559f.; Rhodes, Commentary 227ff., 231f.
[312] Thuk. VI 56,3: „... nicht viele." Anders Aristot. Ath. Pol. 18,2.
[313] Wohl im Nordwesten der Agora.

Der Anschlag war unzulänglich vorbereitet. Von einer gespannten Atmosphäre oder gar von einer vorrevolutionären Erregung der breiten Schichten in Athen unmittelbar vor dem Attentat kann keine Rede sein. Die Machthaber hatten offenbar nur die üblichen Sicherheitsmaßnahmen getroffen, als sie sich im Schutz ihrer Leibwächter mitten unter den Bürgern in der Prozession bewegten, während die Athener ihrerseits von dem Anschlag völlig überrascht wurden. Die Verschwörer waren außerstande, die Trabanten der Peisistratiden wenigstens kurze Zeit in Schach zu halten und die bewaffneten Festzugsteilnehmer zum Aufstand aufzurufen. Hippias blieb mit seinen Leibwächtern und Söldnern Herr der Lage.

Nach der Ermordung des Hipparchos war das politische Klima in Athen natürlich verändert. Hippias ließ wahrscheinlich die ihm verdächtig erscheinenden Athener verfolgen und töten. Sein Regiment nach dem Tod seines Bruders wird jedenfalls in der Überlieferung übereinstimmend als hart und drückend bezeichnet. Zu beachten ist in diesem Zusammenhang freilich auch die neue außenpolitische Situation, die um 513/12 durch den Vorstoß der Perser bis zum Strymon in Thrakien entstanden war. Hippias verlor hierdurch seine Einkünfte aus den peisistratidischen Metallbergwerken am Pangaion und sah sich jetzt offenbar gezwungen, von den Athenern zusätzliche Abgaben zu fordern. Offener Widerstand gegen das schärfere Regiment erhob sich in Athen indes nicht. Dennoch geriet Hippias zunehmend unter Druck, da er die auf seinen Sturz abzielenden Aktivitäten der Alkmeoniden in Delphi nicht zu verhindern vermochte.

Die Alkmeoniden hatten sich nach dem Scheitern ihrer Aktion in Leipsydrion von den Amphiktyonen in Delphi gegen eine Geldzahlung den Wiederaufbau des dortigen Apollontempels übertragen lassen, der bereits 548/47 niedergebrannt war. Nach der von Herodot referierten athenischen Tradition des 5. Jahrhunderts ließen sie durch Verwendung von parischem Marmor anstelle des im Kontrakt genannten Porossteines die Vorderseite des Tempels prachtvoller gestalten, als es im Plan vorgesehen war. Durch Bestechung sollen sie dann die Pythia veranlaßt haben, immer wieder alle Spartaner, die in privaten oder öffentlichen Angelegenheiten das Orakel befragten, zur Befreiung Athens aufzurufen, bis man in Sparta beschloß, eine Truppe unter Führung des Spartiaten Anchimolios zur Beseitigung der Tyrannis nach Athen zu entsenden, obschon die Peisistratiden Gastfreunde der Polis Sparta waren.[314] Wahrscheinlich haben die Alkmeoniden von Delphi aus Kontakte mit führenden Spartanern aufgenommen. Als Vermittler kommen insonderheit Spartas Sendboten zum delphischen Heiligtum (die

---

[314] Hdt. V 62,2 – 63,2. Dazu jetzt ausführlich M. Zahrnt, ZPE 76 (1989) 297–307. Zu den Überlieferungsfragen s. auch R. Thomas, Oral Tradition and Written Record in Classical Athens, Cambridge – New York 1989.

sog. Pythioi) in Betracht, die von den beiden spartanischen Königen ernannt wurden.³¹⁵ Die Fäden liefen vermutlich bei Kleomenes I. zusammen, der damals bereits die einflußreichste Persönlichkeit in Sparta war. Durch die Einschaltung des Orakels sollte offenbar die breite Masse der Spartiaten beeindruckt werden, die in der Apella über den Interventionsbeschluß abzustimmen hatten. Die wiederholten gleichlautenden „Auskünfte" der Pythia lassen darauf schließen, daß die Entscheidung in Sparta erst nach längeren Debatten getroffen wurde. Hippias hatte sich inzwischen auf mehrfache Weise abzusichern versucht. Er hatte nicht nur das sog. Pelargikon auf der Akropolis als Fluchtburg eingerichtet und den Munichiaberg am Peiraieus befestigt, sondern zudem auch eine Art Rückversicherung mit einem persischen Vasallen abgeschlossen, als er seine Tochter mit dem Sohn des Tyrannen Hippokles von Lampsakos vermählte, der als Vertrauter des Großkönigs Dareios galt.³¹⁶ Möglicherweise hat gerade diese Heiratsallianz das Ende der Tyrannis in Athen beschleunigt, da nicht auszuschließen ist, daß Kleomenes I. und andere einflußreiche Spartaner eine Kollaboration des athenischen Tyrannenhauses mit der Großmacht Persien befürchteten und hierin eine Gefahr für die Hegemonie Spartas im Peloponnesischen Bund sahen.³¹⁷ In der Athenaion Politeia 19,4 heißt es zwar, daß auch die Freundschaft zwischen Peisistratiden und Argivern ein Motiv für den spartanischen Interventionsbeschluß gewesen sei, doch könnte dies ein späterer Interpretationsversuch sein, den die ältere Tradition noch nicht kannte. Daß 511/10 noch enge Beziehungen zwischen der Polis Argos und den Peisistratiden bestanden und Sparta sich hierdurch irgendwie bedroht fühlte, wird von Herodot nirgendwo erwähnt. Im übrigen wurde für den Kampf gegen die Peisistratiden nur eine relativ kleine Truppe aufgeboten, die 511 zur See über den Saronischen Golf vorstieß und bei Phaleron landete. Offenbar rechnete man in Sparta nur mit der Gegenwehr der Leibwache und der Söldner des Tyrannenhauses. Wahrscheinlich erwartete man auch einen Aufstand athenischer Bürger nach der Landung der spartanischen Streitmacht. Hippias war aber offenbar gewarnt und hatte wirksame Gegenmaßnahmen getroffen. Seine thessalischen Verbündeten hatten ihm rund 1000 Reiter zur Verfügung gestellt, die den Spartanern schwere Verluste zufügten und sie zum Rückzug zwangen.³¹⁸ Die Söldner des Hippias standen vermutlich in Athen in Bereitschaft, doch regte sich hier kein Widerstand gegen das Regime.

---

³¹⁵ Zahrnt, a. a. O. 305.
³¹⁶ Thuk. VI 59,2–3.
³¹⁷ D. M. Lewis, CAH IV (²1988) 301.
³¹⁸ Hdt. V 63,2–4; vgl. Aristot. Ath. Pol. 19,5. Kommandeur der thessalischen Streitmacht war der damalige Tagos, d. h. der höchste Beamte des Thessalischen Bundes.

Nach dem Fiasko der Invasion bei Phaleron verfolgte die spartanische Führung auch weiterhin ihr Ziel, die Herrschaft der Peisistratiden zu eliminieren. Dies bestätigt, daß nicht die Mahnungen der Pythia in Delphi, sondern politische Interessen den Ausschlag gaben, als der Interventionsbeschluß in Sparta gefaßt wurde.

Im Frühsommer 510 führte Kleomenes eine stärkere Truppe auf dem Landweg nach Attika. Die thessalischen Hilfstruppen des Hippias waren erneut zur Stelle, scheiterten aber an der spartanischen Phalanx und traten daraufhin sofort den Rückmarsch nach Thessalien an. Hippias zog sich mit seinen Familienangehörigen, Leibwächtern und Söldnern auf die Akropolis zurück. Den spartanischen Invasionstruppen, die die Burg belagerten, schlossen sich nunmehr diejenigen Athener an, „die frei sein wollten", wie es Herodot V 64,2 formuliert. Hieraus ist zu schließen, daß es auch in dieser Situation nicht zu einer allgemeinen Erhebung gegen die Tyrannis kam. Offenbar wußte man in Athen, daß Hippias die Verteidigung der Akropolis bestens vorbereitet hatte, während die Spartaner nicht auf eine längere Belagerung eingestellt waren. Ein Zufall entschied jedoch den Kampf. Jüngere Familienangehörige des Tyrannenhauses, die Hippias vorsorglich in Sicherheit zu bringen suchte, wurden auf der Flucht von den Belagerungstruppen ergriffen. Daraufhin kapitulierte Hippias gegen Rückgabe der Gefangenen. Er erhielt freies Geleit und konnte sich unbehelligt mit seiner Familie und seinem engsten Gefolge nach Sigeion zurückziehen.

c) Die Tyrannis als Epoche der athenischen Geschichte

Das Ende der Tyrannis kam für viele Athener letztlich überraschend. Die Inaktivität einer Reihe von Bürgern beim Sturz der Peisistratiden steht in bemerkenswertem Kontrast zu der Entschlossenheit großer Teile der Oberschicht und des Demos wenige Jahre später, ein von Kleomenes I. installiertes Regime des athenischen Aristokraten Isagoras, der mit spartanischer Unterstützung eine neue tyrannengleiche Machtstellung anzustreben schien, nicht zu tolerieren (508/07 v. Chr.). Im athenischen Geschichtsbild der perikleischen Zeit war der Wandel nach der Vertreibung der Peisistratiden gleichbedeutend mit dem Erwachen eines neuen Selbstgefühls der Athener. Herodot (V 78) hat offenbar eine damals verbreitete Auffassung übernommen, wenn er im Blick auf den athenischen Sieg über Boioter und Chalkidier 506 v. Chr. betont, daß die Athener unter den Tyrannen ihren Nachbarn im Kriege unterlegen waren, nach der Befreiung von der Herrschaft der Peisistratiden aber „bei weitem die Ersten" wurden. Die moderne Forschung hat demgegenüber vielfach andere Akzente in der Beurteilung der Tyrannis gesetzt und diese Herrschaftsform gleichsam als notwendiges

Die Tyrannis 259

Durchgangsstadium in der staatlichen Entwicklung Athens gewertet. Nach dieser Interpretation soll Peisistratos durch seine Usurpation des politischen Bereichs „in gewissem Sinne den Staat als ganzen" gerettet[319] und mit seinem persönlichen Regiment dazu beigetragen haben, „daß der politische Verband weiterhin an Gestalt gewann und seine Substanz sich mehrte".[320] Staatlichkeit und Bürgerbewußtsein sollen während der Tyrannis in Athen „die ihnen bislang mangelnde Schubkraft erhalten" haben.[321] Die Nachricht der aristotelischen Athenaion Politeia (16,7), daß die Herrschaft des Peisistratos als Wiederkehr des Goldenen Zeitalters des Kronos betrachtet worden sei, gilt als Beleg für die Popularität des Usurpators sowie als Beweis für „ein deutliches Überwiegen der Vorteile seines Regimes für weite Teile der Bevölkerung".[322] Der Demos soll in Peisistratos sogar einen zweiten Solon gesehen haben.[323]

Der Vergleich der Tyrannis des Peisistratos mit der Zeit des Kronos in der Athenaion Politeia ist aber selbstverständlich kein unverdächtiges Zeugnis. Es bleibt offen, wann und durch welche Kreise diese erstaunliche „Wertung" lanciert worden ist.[324] Sie erlaubt keinesfalls den Schluß, daß Peisistratos nach dem Erfolg seiner dritten Machtergreifung breite Zustimmung im

[319] Bleicken, Athenische Demokratie 26, der annimmt, daß die Athener nicht fähig gewesen seien, „den von Solon gezeichneten Rahmen in einem gemeinathenischen Sinne auszufüllen".

[320] Heuß, Hellas 182f. Die von Heuß vorgenommene historische Einordnung der Tyrannis in Athen hat vor allem in der deutschen althistorischen Forschung starken Einfluß ausgeübt (vgl. zuletzt P. Barceló, Thukydides und die Tyrannis, Historia 39, 1990, 401–425). Heuß vertritt a. a. O. die Auffassung, daß es für Peisistratos darauf ankam, „das Bewußtsein des Athenertums an sich zu heben". Einen diesbezüglichen Erfolg sieht Heuß in der „Ausstattung Athens mit einer Gründungsgeschichte". Die Legende vom angeblichen Synoikismos unter Theseus ist aber in der uns vorliegenden Form wohl kaum in der Zeit des Peisistratos entstanden.

[321] Stahl, Aristokraten 260. Vgl. auch R. K. Sinclair, Democracy and Participation in Athens, Cambridge u. a. 1988, 3, wonach die Tyrannis "a period of stability and the encouragement of a sense of unity in Attika" gewesen sei, sowie Manville, Citizenship 162: "... citizenship progressed under the custodianship of the Peisistratids." Ähnlich J. Ober, Mass and Elite in Democratic Athens, Princeton 1989, 66f.

[322] Raaflaub, Freiheit 112.

[323] W. Eder, Political Self-confidence and Resistance: The Role of Demos and Plebs after the Expulsion of the Tyrant in Athens and the King in Rome, in: Yuge – Doi, Control 469. Eder bezeichnet ebd. 470 die Tyrannenfamilie als "the symbol of the state". Siehe auch Manville, Citizenship 172: "... apparent harmony of Peisistratid rule" (vor 514/13), sowie Starr, Individual and Community 85, und C. Farrar, The Origins of Democratic Thinking. The Invention of Politics in Classical Athens, Cambridge u. a. 1988, 21.

[324] Vgl. oben Anm. 285.

Demos gefunden hat. Rückschlüsse aus der Bewilligung einer Leibwache von Keulenträgern für Peisistratos ca. 561/60 sind nicht möglich. Die Teilnehmer jener Volksversammlung, die damals einem entsprechenden Antrag eines „Gefährten" (Hetairos) des Peisistratos zustimmten, wollten zweifellos keinen Tyrannen in Athen einsetzen, sondern ihren Favoriten und Stasisführer gegen angeblich drohende Anschläge seiner Kontrahenten geschützt wissen. Hingegen wurde die von Peisistratos im Exil formierte Leibwache und Söldnertruppe von zahlreichen Athenern vermutlich ganz anders beurteilt. Vor allem gegen die Trabanten des Peisistratos und seiner Söhne und Nachfolger richtete sich offenbar der sogenannte Diapsephismos – eine Art Überprüfung des Bürgerrechts – nach dem Sturz der Tyrannis. Damals wurden diejenigen, „die nicht reiner (d.h. attischer) Abstammung waren", aus dem Polisverband ausgeschlossen.[325] Allem Anschein nach waren in der Zeit der Tyrannis u. a. auch Leibwächter und Söldner der Machthaber in den athenischen Demos aufgenommen worden. Nicht zuletzt hierdurch wird die Erinnerung an die gewaltsame Machtergreifung des Peisistratos wachgehalten worden sein.

Es war zweifellos für viele Athener ein traumatisches Erlebnis, als Peisistratos nach der Schlacht bei Pallene mit seiner siegreichen Armee, die zu einem großen Teil aus Fremden bestand, in die Polis einzog. Die Tyrannis war keineswegs „das folgerichtige Ergebnis des Verlaufs der archaischen Geschichte".[326] Peisistratos hat kein zerfallendes Gemeinwesen vor dem Zusammenbruch bewahrt, sondern seinerseits den Bürgerkrieg gegen seine Polis eröffnet. Nach seiner erfolgreichen Usurpation war er gewiß bestrebt, seine Macht maßvoll auszuüben und Frieden und Sicherheit zu gewährleisten. Die innere Ordnung war aber von ihm selbst gestört worden. Er hatte mit militärischer Gewalt in einen durchaus funktionsfähigen politischen Organismus eingegriffen und besaß dann im Grunde kein anderes Konzept als eine facettenreiche Politik der Machtsicherung. Konnte aber durch die bloße Konservierung des institutionellen Gefüges der Polis wirklich der politische Zusammenhalt des athenischen Polisverbandes gefestigt werden? Ließ sich durch die Ausschaltung des Einflusses angesehener Aristokraten und der freien Konkurrenz um Magistraturen erreichen, daß der einfache Bürger eine kritische Distanz gegenüber dem adligen Selbstverständnis und Führungsanspruch der regimentsfähigen Oberschicht gewann und bereit war, das neue Regime mitzutragen?

[325] Aristot. Ath. Pol. 13,5. Vgl. Rhodes, Commentary 188; M. Ostwald, CAH IV ([2]1988) 304; Manville, Citizenship 173 ff., 183 ff.
[326] Stahl, Aristokraten 258. Vgl. bereits J. Burckhardt, Griechische Kulturgeschichte, I, München 1977, 166 (ND der Ausgabe Basel 1956–57): „... die Tyrannis ist eine der ganz unvermeidlichen Formen der griechischen Staatsidee ..."

Daß Peisistratos die bestehenden Polisorgane nicht einfach durch eine institutionalisierte Monarchie ersetzen konnte, bestätigt zunächst – wie bereits ausgeführt – die Tragfähigkeit der Grundlage, die das säkulare Werk Solons für den athenischen Polisverband geschaffen hatte. Diese Basis war auch durch Staseis und adlige Machtkämpfe in den Jahrzehnten nach den solonischen Reformen nicht generell in Frage gestellt worden. Hingegen führten die neuen Machtverhältnisse nach dem Kampf bei Pallene zu einer Stagnation im politischen Leben der Bürgergemeinschaft. Peisistratos und seine Söhne forderten die Unterordnung unter ihren Machtanspruch. Sie haben in den rund dreieinhalb Jahrzehnten ihrer Herrschaft keine einzige Maßnahme getroffen, die als eine in die Zukunft weisende politische Reform bezeichnet werden könnte. Das Machtmonopol des Tyrannenhauses war eine Übersteigerung adligen Geltungsanspruchs. Daß zahlreiche Athener in dem System einer persönlichen Herrschaft eine echte Alternative zur Selbstorganisation des Gemeinwesens unter mehrstelliger aristokratischer Führung sahen, ist wenig wahrscheinlich. Nicht nur athenische Aristokraten, sondern auch viele Angehörige des Demos hatten zweifellos mannigfache Kontakte mit Bürgern tyrannisfreier Poleis und konnten die Machtverhältnisse in Athen und anderen Gemeinwesen vergleichen. Als in der Endphase der Tyrannis die aristokratische Opposition sich gegen die Peisistratiden formierte und offenbar schon die Idee der Isonomie propagiert wurde, bezeichnete dieser Begriff zwar zunächst wohl die Gleichheit der Oberschicht gegenüber dem Herrschaftsanspruch eines einzelnen bzw. einer einzelnen Familie.[327] Aus der Sicht des einfachen Bürgers war aber das Prinzip der Leitung der Polis durch Magistrate aus den Reihen des Adels in keiner Weise fragwürdig geworden. Dieses System war ja die Regel in der griechischen Poliswelt. Der athenische Bürgerverband war trotz der Größe seines Gebietes nach wie vor strukturell eine face-to-face society, in der die Idee der Isonomie zweifellos durch zahlreiche persönliche Kontakte und Beziehungen zwischen den Angehörigen der Oberschicht und des Demos auch in breiteren Kreisen bekannt und populär wurde, zumal das Regiment der Peisistratiden sich in Reaktion auf die Adelsopposition mehr und mehr verhärtete. Die Peisistratiden hatten keinen durchorganisierten Überwachungsapparat und konnten eine Verbreitung der Isonomieparole überhaupt nicht verhindern. Ihre Selbstdarstellung als führendes Adelshaus der Polisgemeinschaft wurde vollends zur Farce, als Hippias den Munichiaberg und das sog. Pelargikon der Akropolis zu Fluchtburgen ausbauen ließ und zu diesem Zweck wahrscheinlich Teile der athenischen Bevölkerung zu Fronarbeiten heranzog sowie zudem wohl auch die Folter als Instrument der Machtsiche-

---

[327] Vgl. im einzelnen K.-E. Petzold, Zur Entstehungsphase der athenischen Demokratie, RFIC 118 (1990) 145–178.

rung nach den Ereignissen an den Panathenäen 514 v. Chr. einsetzte. Als dann die Herrschaft der Peisistratiden durch die Interventionen der Spartaner bedroht und schließlich gestürzt wurde, hat der athenische Demos sich zwar nicht en bloc gegen die Tyrannis erhoben, aber auch nicht für dieses Regime gekämpft.

Hippias besaß keinen Rückhalt im Demos. Er vermochte nach der Ermordung des Hipparchos der Polis Athen weder den äußeren Frieden zu sichern noch die innere Entwicklung wieder in ruhige Bahnen zu lenken. Sicherlich waren die Panathenäen des Jahres 514 ein entscheidender Einschnitt. Andererseits haben aber Peisistratos und seine Nachfolger von der Errichtung der Tyrannis ca. 546 bis zu ihrem Ende 510 v. Chr. bezeichnenderweise nicht auf ihre Leibwache und Söldner verzichtet. Zweifellos war es vor allem dieses Machtpotential, das zahlreiche Athener noch bei den Interventionen der Spartaner fürchteten. Auch einfachen Bürgern in Athen und Attika dürfte längst deutlich gewesen sein, daß hier ein tiefer Gegensatz zu den tyrannisfreien Poleis bestand.

Weder durch die Errichtung öffentlicher Bauten noch durch die glanzvolle Ausrichtung der Kultfeste der Polisgemeinschaft konnten Peisistratos und seine Söhne erreichen, daß breitere Schichten im Tyrannenhaus einen neuen Bezugspunkt politischer Bindungen an das Gemeinwesen sahen. Die möglicherweise von Hipparchos angeregte Rezitation der homerischen Gesänge an den Panathenäen[328] wird den Machthabern angesichts der politischen Verhältnisse kaum viele neue Freunde gewonnen haben. Auch das Mäzenatentum des Hipparchos, der die Dichter Anakreon, Simonides von Kos und Lasos von Hermione nach Athen holte,[329] fand schwerlich ein breites Echo in der Bevölkerung Athens und Attikas, wenn auch Hipparchos selbst offenbar Spruchweisheiten in elegischem Versmaß auf Hermen verkündete, die er „auf halbem Wege zwischen der Stadt (Asty) und den Landgemeinden (Demen) aufstellen ließ".[330] Die Förderung bekannter Dichter sollte zwar offenbar den panhellenischen Geltungsanspruch der Machthaber in Athen demonstrieren, doch wurde das Tyrannenhaus hierdurch nicht zum glanzvollen Mittelpunkt des kulturellen Lebens in Griechenland. Eine Art Hofkunst ist in Athen sicherlich nicht entstanden.[331] Bezeichnenderweise läßt

---

[328] Vgl. oben Anm. 304.

[329] Anakreon und Simonides: Ps.-Plat. Hipparch. 228 c; Aristot. Ath. Pol. 18,1; Lasos: Hdt. VII 6, wonach zu diesem Kreis auch der Orakeldeuter Onomakritos gehörte, der aber auf Geheiß des Hipparchos Athen verlassen mußte, weil er von Lasos einer Fälschung in der Orakelsammlung des Musaios überführt worden sei.

[330] Vgl. oben Anm. 305.

[331] Die These vom „Musenhof" der Peisistratiden (vgl. etwa Berve, Tyrannis I 67) ist von Kluwe, Auftraggeber 43ff., überzeugend zurückgewiesen worden. Anders

Die Tyrannis 263

sich eine von den Peisistratiden inspirierte „höfische" Stilrichtung in der bildenden Kunst nicht nachweisen. In der damaligen attischen Plastik ist generell keine feste Bindung der Künstler an bestimmte Auftraggeber zu erkennen.[332] Im übrigen läßt sich die Blüte der archaischen attischen Plastik während der Peisistratidenherrschaft ebensowenig wie die großartige Entwicklung der attischen Vasenmalerei allein mit dem Hinweis auf Frieden und innere Sicherheit unter der Tyrannis erklären. Athen wurde vor der Schlacht bei Pallene nicht permanent von Kriegen und gewaltsamen inneren Auseinandersetzungen erschüttert. Für das Jahrzehnt vor der erfolgreichen Usurpation des Peisistratos sind keine blutigen Kämpfe in Athen und Attika belegt. Auch vorher wurde der Aufschwung des attischen Kunsthandwerks, der sich bereits in der ersten Hälfte des 6. Jahrhunderts abzeichnete, durch äußere Faktoren nicht gehemmt.

Andererseits sind freilich kunstvolle Weihgeschenke von Gewerbetreibenden aus dem späten 6. Jahrhundert ein Indiz für einen steigenden Wohlstand einiger Handwerker unter der Tyrannis. Dies besagt jedoch noch nicht, daß neue gesellschaftliche Kräfte durch die Machthaber politische Bedeutung gewonnen haben. Die Votivgaben der Handwerker orientierten sich an den Vorstellungen der „Adelswelt", deren Wertmaßstäbe unabhängig von den Auftraggebern gewissermaßen Leitbilder der Künstler blieben.[333] Dies kommt auch in zahlreichen Vasenbildern mit mythischen und heroischen bzw. „aristokratischen" Motiven (in Form von Zweikämpfen, Wagenszenen und Reiterdarstellungen) zum Ausdruck.[334] Die Oberschicht ließ ihrerseits nach wie vor aufwendige Grabmäler mit den Wertsymbolen einer gleichsam adligen Weltsicht errichten. Ein berühmtes Beispiel ist das Monument für den im Krieg gefallenen Athener Kroisos. Das Grabepigramm preist ihn als tapferen Vorkämpfer und erkennt ihm hierdurch ein heroisch-aristokratisches Prädikat zu.[335] Sein Ruhm wurde auf dem Grabmonument einer breiten Öffentlichkeit verkündet. Es ist nicht auszuschließen, das Kroisos im Kampf gegen die Tyrannis (bei Pallene?) getötet wurde.[336]

demgegenüber wieder Shapiro, Art and Cult 3, der Hipparchos sogar mit einem "Minister of Culture" vergleichen will.
[332] Kluwe, Auftraggeber 43.
[333] Vgl. Kluwe, Auftraggeber 29ff.; F. Kolb, JdI 92 (1977) 135, Anm. 214.
[334] Vgl. N. Himmelmann, Archäologisches zum Problem der griechischen Sklaverei, AAWM 1971, Nr. 13, S. 8f.
[335] CEG Nr. 27. Vgl. J. W. Day, Rituals in Stone: Early Greek Grave Epigrams and Monuments, JHS 109 (1989) 19.
[336] Aufgrund des Berichts bei Hdt. VI 125 über angebliche Beziehungen der Alkmeoniden zum Lyderkönige Kroisos wurde vielfach angenommen, daß der im Kampf gefallene Athener Kroisos ein Alkmeonide war. Dies ist jedoch nicht sicher (vgl. oben

Durch das Machtmonopol des „Tyrannenhauses" konnte das Sozialprestige athenischer Adelsfamilien nicht entscheidend geschwächt werden. Nach dem Ende der Tyrannis übernahmen Angehörige der Oberschicht wieder die Führung des Gemeinwesens. Wahrscheinlich wurden nicht einmal die noch in der Zeit der Peisistratidenherrschaft eingesetzten Archonten ihrer Ämter enthoben, so daß die Polisinstitutionen wohl bis zum turnusmäßigen Ämterwechsel unter der Leitung dieser Behörden blieben.[337] Blutige Racheakte an Verwandten, Freunden und Anhängern des „Tyrannenhauses" sind nicht überliefert. Dies läßt auf ein bemerkenswertes Augenmaß der überwiegenden Mehrheit der Polisbürger nach der Vertreibung der Peisistratiden schließen. Das Ende der Tyrannis führte nicht unmittelbar zu neuen Staseis. Vielmehr scheinen einige Maßnahmen zur Sicherung der neugewonnenen Selbständigkeit und zur Überwindung bestimmter Mißstände breite Zustimmung gefunden zu haben. Hierzu gehörte der schon erwähnte Ausschluß einer Reihe von „Neubürgern" aus dem Polisverband, die aber zweifellos nicht weiter politisch verfolgt wurden. Ferner wurde eine zeitlich unbegrenzte Verbannung (Atimie) der überlebenden Peisistratiden und ihrer Nachkommen beschlossen[338] sowie vermutlich das ältere Gesetz zur Bestrafung der Tyrannen und Tyrannisaspiranten bestätigt[339] und die Anwendung der Folter gegen athenische Bürger ausdrücklich verboten.[340]

Allen einsichtigen Athenern dürfte freilich klar gewesen sein, daß nach dem Ende der Tyrannis ein erheblicher Handlungsbedarf bestand und größere Reformen erforderlich waren. Die Kontroversen über eine Neuorganisation der Polisgemeinschaft führten dann allerdings 508/07 zu einer Polarisierung der Oberschicht und zu heftigen Machtkämpfen, in denen schließlich die Reformvorstellungen des Kleisthenes durchgesetzt werden konnten. Während

Anm. 226). Unklar ist auch, ob der Marmorblock mit dem Epigramm auf Kroisos und der sog. Kouros von Anavyssos (Richter, Kouroi 118 ff., Nr. 136) zu demselben Monument gehörten. Dazu jetzt Lohmann, Atene 218 f.

[337] M. Ostwald, CAH IV (²1988) 303. Nicht gerecht wird der Bedeutung des Tyrannofugiums m. E. die These P. Barcelós, Historia 39 (1990) 408, der zu stark den formal-institutionellen Aspekt der Ereignisse 510 v. Chr. betont: „Daher brachte die Entfernung der Peisistratiden aus Athen keinen Wechsel der Verfassung mit sich, sondern zunächst lediglich eine Änderung ihrer Spielregeln."

[338] Dies ist aus der bei Thuk. VI 55,1–2 erwähnten Steintafel zu erschließen, die sich auf der Akropolis befand und „an das Unrecht der Tyrannen erinnerte" sowie die Namen der Peisistratiden enthielt.

[339] Wahrscheinlich ist in diesem Sinne der bei Aristot. Ath. Pol. 16,10 zitierte Gesetzestext zu interpretieren. Vgl. Ostwald, CAH IV (²1988) 304.

[340] Nach Andok. 1,43 soll dieses Verbot im Archontat des Skamandrios, das wohl 510/09 v. Chr. anzusetzen ist, beschlossen worden sein.

das Regime des Peisistratos und seiner Söhne innen- und außenpolitisch in eine Sackgasse geführt hatte, bildeten die von Kleisthenes geschaffenen neuen Rahmenbedingungen und Handlungsmöglichkeiten in der Polis Athen die Voraussetzungen für die Entstehung jener Verfassung, die um 450 v. Chr. oder wenig später erstmals in der Geschichte als Demokratie bezeichnet wurde. Die Linie vom Eunomiagedanken Solons zum Demokratieverständnis der klassischen Zeit führte vorbei an der Tyrannis in Athen. Gleichwohl hinterließen die Peisistratiden kein politisches Vakuum. Da unter ihrer Herrschaft die Sozialstruktur des Polisverbandes und wesentliche Elemente seiner Selbstorganisation erhalten blieben, konnte das athenische Gemeinwesen, das sich in einem jahrhundertelangen Formungsprozeß zur Großpolis entwickelt hatte, seine Position in der griechischen Staatenwelt wahren. Drei Jahrzehnte nach dem Sturz der Tyrannis trug Athen mit seiner neuen Flotte entscheidend zur Abwehr der persischen Invasion in Griechenland bei. Wenige Jahre später war die athenische Polis als Hegemon des 478/77 v. Chr. gegründeten ersten Attischen Seebundes bereits eine ägäische Großmacht.

ABKÜRZUNGSVERZEICHNIS

a) Textausgaben, Fragmentsammlungen, Inschriften

Vorbemerkung: Antike Autoren und ihre Werke sind in der Regel nach den Vorschlägen von K. Ziegler und W. Sontheimer, Der Kleine Pauly. Lexikon der Antike, I, München 1975, S. XXI–XXVI abgekürzt. Die gebräuchlichen Ausgaben der Bibliotheca Teubneriana und der Bibliotheca Oxoniensis sind nicht gesondert aufgeführt.

Bekker, Anecd. Gr.	Anecdota Graeca, Vol. I, ed. I. Bekker, Berlin 1814.
CEG	P. A. Hansen, Carmina epigraphica Graeca saeculorum VII-V a. Chr. n., Texte und Kommentare XII, Berlin–New York 1983.
Diehl	Anthologia Lyrica Graeca, ed. E. Diehl, Fasc. 1, 3. Aufl., Leipzig 1954.
Gentili-Prato	Poetarum Elegiacorum Testimonia et Fragmenta, ed. B. Gentili et C. Prato, Pars Prior, Leipzig 1979.
Harpokration	Harpokration. Lexicon in decem oratores Atticos ex rec. Immanuelis Bekkeri, Berlin 1833.
Hesych	Hesychii Alexandrini Lexicon I–II (A–O) recensuit et emendavit K. Latte Kopenhagen 1953–56.
IG	Inscriptiones Graecae.
Jacoby, FgrHist	F. Jacoby, Die Fragmente der griechischen Historiker, Berlin 1923–1930, Leiden 1940 ff.
Meiggs-Lewis	A Selection of Greek Historical Inscriptions. To the End of the Fifth Century B. C., ed. by R. Meiggs – D. Lewis, Oxford 1969, ²1975, Revised Edition 1988.
Merkelbach-West	Fragmenta Hesiodea, ed. R. Merkelbach et M. L. West, Oxford 1967.
Photios	Photii Lexicon, I–II, ed. R. Porsonus, Leipzig 1823.
Pollux	Pollucis Onomasticon, ed. E. Bethe, Leipzig 1900–1937 (ND Stuttgart 1967).
Rose	Aristotelis qui ferebantur librorum fragmenta collegit V. Rose, Leipzig 1886.
Ruschenbusch, Solonos Nomoi	E. Ruschenbusch, Solonos Nomoi. Die Fragmente des solonischen Gesetzeswerkes mit einer Text- und Überlieferungsgeschichte, Historia-Einzelschr. H. 9, Wiesbaden 1966, ND 1983.
Suda	Suidae Lexicon, ed. A. Adler, Vol. I–IV, Leipzig 1928–1938.
Sylloge	Sylloge Inscriptionum Graecarum, ed. W. Dittenberger, 3. Aufl., Leipzig 1915–24.
Voigt	Sappho et Alcaeus: Fragmenta, ed. E.-M. Voigt, Amsterdam 1971.

b) Zeitschriften, Reihen, Sammelwerke

AA	Archäologischer Anzeiger.
AAA	Archaiologika Analekta ex Athenon.
AAWG	Abhandlungen der Akademie der Wissenschaften Göttingen, Philosophisch-Historische Klasse.
AAWM	Abhandlungen der Akademie der Wissenschaften und der Literatur, Mainz, Geistes- und Sozialwissenschaftliche Klasse.
AAWW	Anzeiger der Österreichischen Akademie der Wissenschaften in Wien, Philosophisch-Historische Klasse.
AC	L'Antiquité Classique.
ACD	Acta Classica Universitatis Scientiarum Debreceniensis.
AD	Archaiologikon Deltion, Athen.
AE	Archaiologike Ephemeris.
AJA	American Journal of Archaeology.
AJAH	American Journal of Ancient History.
AJPh	American Journal of Philology.
AM	Mitteilungen des Deutschen Archäologischen Instituts, Athen. Abt.
AncSoc	Ancient Society.
AncW	The Ancient World.
ANSMusN	The American Numismatic Society, Museum Notes.
AR	Archaeological Reports, London, Council of the Society of Hell. Stud.
ARA	Annual Revue of Anthropology.
AS	Anatolian Studies.
ASAG	Archives suisses d'anthropologie générale.
ASNP	Annali della Scuola normale Superiore di Pisa, Classe di Lettere e Filosofia, Pisa.
BCH	Bulletin de Correspondance Hellénique.
BIAL	Bulletin of the Institute of Archaeology of the University of London.
Boll. Num.	Bollettino di Numismatica.
BSA	Annual of the British School at Athens.
CAH	The Cambridge Ancient History.
CISA	Contributi dell'Istituto di Storia antica dell'Univ. del Sacro Cuore Milano.
CJ	The Classical Journal.
ClAnt	Classical Antiquity.
ClMed	Classica et Mediaevalia. Revue danoise de Philologie et d'Histoire.
CP	Classical Philology.
CQ	Classical Quarterly.
CR	Classical Review.
CSCA	Californian Studies in Classical Antiquity.
CSSH	Comparative Studies in Society and History.

Abkürzungsverzeichnis 269

EAZ	Ethnographisch-archäologische Zeitschrift.
EEThess	Ἐπιστημονικὴ Ἐπετηρίδα τῆς φιλοσοφικῆς Σχολῆς τοῦ Ἀριστοτελείου Πανεπιστημίου Θεσσαλονίκης.
EMC	Échos du Monde classique.
GGA	Göttingische Gelehrte Anzeigen.
G & R	Greece and Rome.
GRBS	Greek, Roman and Byzantine Studies.
HZ	Historische Zeitschrift.
IF	Indogermanische Forschungen.
JAWM	Jahrbuch der Akademie der Wissenschaften in Mainz.
JdI	Jahrbuch des Deutschen Archäologischen Instituts.
JHAW	Jahrbuch der Heidelberger Akademie der Wissenschaften.
JHS	Journal of Hellenic Studies.
JIES	Journal of Indo-European Studies.
JNG	Jahrbuch für Numismatik und Geldgeschichte.
JRGZM	Jahrbuch des Römisch-Germanischen Zentralmuseums Mainz.
MAT	Memoria dell'Accademia delle Scienze di Torino. Classe di Scienze morali, storiche e filologiche.
MH	Museum Helveticum.
NC	Numismatic Chronicle.
OJA	Oxford Journal of Archaeology.
OpAth	Opuscula Atheniensia.
PCPhS	Proceeding of the Cambridge Philological Society.
PP	La Parola del Passato.
P & P	Past and Present. A Journal of Historical Studies.
QUCC	Quaderni urbinati di Cultura Classica.
RA	Revue Archéologique.
RAL	Rendiconti della Classe di Scienze morali, storiche e filologiche dell' Accademia del Lincei, Rom.
RE	Paulys Real-Encyclopädie der classischen Altertumswissenschaft.
REG	Revue des Études Grecques.
RFIC	Rivista di Filologia e di Istruzione Classica.
RH	Revue Historique.
RHA	Revue Hittite et Asianique.
RhM	Rheinisches Museum.
RIDA	Revue Internationale des Droits de l'Antiquité.
RSA	Rivista Storica dell'Antichità.
SAWW	Sitzungsberichte der Österreichischen Akademie der Wissenschaften in Wien, Philosophisch-Historische Klasse.
SBAW	Sitzungsberichte der Bayerischen Akademie der Wissenschaften, Philosophisch-Historische Klasse.
Schw. Mbll.	Schweizer Münzblätter.
SHAW	Sitzungsberichte der Heidelberger Akademie der Wissenschaften, Philosophisch-Historische Klasse.
SlovArch	Slovenska Archeologia.

SMEA	Studi micenei ed egeo-anatolici.
SO	Symbolae Osloenses.
TAPA	Transactions and Proceedings of the American Philological Association.
TPhS	Transactions of the Philological Society, Oxford.
VDI	Vestnik Drevnej Istorii. Revue d'Histoire ancienne, Moskau.
WJb	Würzburger Jahrbücher für die Altertumswissenschaft.
WZ Jena	Wissenschaftliche Zeitschrift der Friedrich-Schiller-Universität Jena, Gesell.- und sprachwiss. Reihe.
ZPE	Zeitschrift für Papyrologie und Epigraphik.
ZRG	Zeitschrift der Savigny-Stiftung für Rechtsgeschichte, Romanistische Abteilung.

c) Buchtitel

Ålin, Fundstätten	P. Ålin, Das Ende der mykenischen Fundstätten auf dem griechischen Festland, Lund 1962.
Anderson Immerwahr, Agora XIII	S. Anderson Immerwahr, The Athenian Agora. Results of Excavations Conducted by the American School of Classical Studies at Athens, Vol. XIII: The Neolithic and Bronze Ages, Princeton 1971.
Athens Comes of Age	Athens Comes of Age: From Solon to Salamis. Papers of a Symposium Sponsored by the Archaeological Institute of America, Princeton 1978.
Bancroft, Acropolis	S. Bancroft, Problems Concerning the Archaic Acropolis, Diss. Princeton University 1979.
Beister-Buckler, Boiotika	Boiotika. Vorträge vom 5. Internationalen Böotien-Kolloquium zu Ehren von Prof. Dr. Siegfried Lauffer. Institut f. Alte Geschichte, Ludwig-Maximilians-Universität München, 13.–17. Juni 1986, hrsg. von H. Beister–J. Buckler, München 1989.
Beloch, GG I[2]	K. J. Beloch, Griechische Geschichte, Erster Band: Die Zeit vor den Perserkriegen, 2. Aufl., 1. Abteilung, Straßburg 1912; 2. Abteilung, Berlin–Leipzig 1926 (ND Berlin 1967).
Bengtson, GG[5]	H. Bengtson, Griechische Geschichte von den Anfängen bis in die Römische Kaiserzeit, München [5]1977.
Benzi, Ceramica micenea	M. Benzi, Ceramica micenea in Attica, Mailand 1975.
Berneker, Griech. Rechtsgesch.	Zur griechischen Rechtsgeschichte, Wege der Forschung 45, hrsg. von E. Berneker, Darmstadt 1968.
Bernhard u. Kandler-Pálsson, Ethnogenese	W. Bernhard und A. Kandler-Pálsson (Hrsg.), Ethnogenese europäischer Völker, Stuttgart–New York 1986.
Berve, Tyrannis	H. Berve, Die Tyrannis bei den Griechen, I–II, München 1967.
Bleicken, Athenische Demokratie	J. Bleicken, Die athenische Demokratie, Paderborn–München–Wien–Zürich 1985.

Boardman, Kolonien	J. Boardman, Kolonien und Handel der Griechen, München 1981.
Boersma, Building Policy	J. S. Boersma, Athenian Building Policy from 561/0 to 405/4 B. C., Groningen 1970.
Bourriot, Genos	F. Bourriot, Recherches sur la nature du genos. Étude d'histoire sociale athénienne. Periodes archaïque et classique, I–II, Lille–Paris 1976.
Breunig, ^{14}C-Chronologie	P. Breunig, ^{14}C-Chronologie des vorderasiatischen, südost- und mitteleuropäischen Neolithikums, Fundamenta, Monographien zur Urgeschichte, Reihe A, Bd. 13, Köln–Wien 1987.
Buchholz, Ägäische Bronzezeit	H.-G. Buchholz (Hrsg.), Ägäische Bronzezeit, Darmstadt 1987.
Bugh, Horsemen	G. R. Bugh, The Horsemen of Athens, Princeton 1988.
Bundgaard, Parthenon	J. A. Bundgaard, Parthenon and the Mycenaean City on the Heights, Kopenhagen 1976.
Burkert, Griech. Religion	W. Burkert, Griechische Religion der archaischen und klassischen Epoche, Stuttgart–Berlin–Köln–Mainz 1977.
Busolt, GG II²	G. Busolt, Griechische Geschichte bis zur Schlacht bei Chaeroneia, Bd. II: Die ältere attische Geschichte und die Perserkriege, 2. Aufl., Gotha 1895.
Busolt I	G. Busolt, Griechische Staatskunde, Erste Hälfte: Allgemeine Darstellung des griechischen Staates, München ³1920.
Busolt-Swoboda II	Griechische Staatskunde, Zweite Hälfte: Darstellung einzelner Staaten und der zwischenstaatlichen Beziehungen, 3. neugestaltete Aufl., bearb. von H. Swoboda, München 1926.
Cadogan, Early Bronze Age	G. Cadogan (Ed.), The End of the Early Bronze Age in the Aegean, Leiden 1986.
Camp, Agora	J. M. Camp, Die Agora von Athen, Mainz 1989.
Carlier, Royauté	P. Carlier, La royauté en Grèce avant Alexandre, Straßburg 1984.
Classical Contributions	Classical Contributions. Studies in Honour of M. F. McGregor, ed. by G. S. Shrimpton–D. J. McCargar, Locust Valley, N. Y. 1981.
Coldstream, Geometric Greece	J. N. Coldstream, Geometric Greece, London etc. 1977.
Crossland-Birchall, Bronze Age Migrations	Bronze Age Migrations in the Aegean, ed. by R. A. Crossland – A. Birchall, London 1973.
Davies, APF	J. K. Davies, Athenian Propertied Families 600 – 300 B. C., Oxford 1971.
Desborough, Dark Ages	V. R. d'A. Desborough, The Greek Dark Ages, London 1972.
Develin, Athenian Officials	R. Develin, Athenian Officials 684–321 B. C., Cambridge 1989.
Dickinson, Origins	O. T. P. K. Dickinson, The Origins of the Mycenaean Civilisation, Göteborg 1977.

Dover, Commentary IV	K. J. Dover, in: A. W. Gomme – A. Andrewes – K. J. Dover, A Historical Commentary on Thucydides, Vol. IV, Books V 25–VII, Oxford 1970.
Drews, Basileus	R. Drews, Basileus. The Evidence for Kingship in Geometric Greece, New Haven–London 1983.
Drews, Coming of the Greeks	R. Drews, The Coming of the Greeks: Indo-European Conquests in the Aegean and the Near East, Princeton 1988.
Eadie-Ober, Ancient Historian	The Craft of the Ancient Historian. Essays in Honor of Ch. G. Starr, ed. by J. W. Eadie–J. Ober, Canham–New York–London 1985.
Eder, Staat	Staat und Staatlichkeit in der frühen römischen Republik. Akten eines Symposiums 12.–15. Juli 1988, Freie Universität Berlin, hrsg. von W. Eder, Stuttgart 1990.
van Effenterre, Cité grecque	H. van Effenterre, La cité grecque. Des origines à la défaite de Marathon, Paris 1985.
Ehrenberg, Polis und Imperium	V. Ehrenberg, Polis und Imperium, Beiträge zur Alten Geschichte, hrsg. von K. F. Stroheker–A. J. Graham, Zürich–Stuttgart 1965.
French, Athenian Economy	A. French, The Growth of the Athenian Economy, London 1964.
Gagarin, Drakon	M. Gagarin, Drakon and Early Athenian Homicide Law, New Haven–London 1981.
Gagarin, Greek Law	M. Gagarin, Early Greek Law, Berkeley–Los Angeles–London 1986.
Garnsey-Whittaker, Trade	Trade and Famine in Classical Antiquity, ed. by P. Garnsey–C. R. Whittaker, Cambridge 1983.
Gehrke, Herodot	H.-J. Gehrke, Herodot und die Tyrannenchronologie, in: Memoria rerum veterum. Neue Beiträge zur antiken Historiographie und Alten Geschichte, Festschrift für C. J. Classen zum 60. Geburtstag, hrsg. v. W. Ax, Stuttgart 1990, 33–49.
Gomme, Commentary I	A. W. Gomme, A Historical Commentary on Thucydides, Vol. I, Oxford 1956.
Gschnitzer, Basileus	F. Gschnitzer, Basileus. Ein terminologischer Beitrag zur Frühgeschichte des Königtums bei den Griechen, in: Festschrift L. C. Franz, Innsbrucker Beiträge z. Kulturwissenschaft 11, Innsbruck 1965, 99–112.
Gschnitzer, Griech. Sozialgesch.	F. Gschnitzer, Griechische Sozialgeschichte von der mykenischen bis zum Ausgang der klassischen Zeit, Wiesbaden 1981.
Gschnitzer, Griech. Staatskunde	Zur Griechischen Staatskunde, Wege der Forschung 96, hrsg. von F. Gschnitzer, Darmstadt 1969.
Gschnitzer, Terminologie II	F. Gschnitzer, Studien zur griechischen Terminologie der Sklaverei. Zweiter Teil: Untersuchungen zur älteren, insbesondere homerischen Sklaventerminologie, Forschungen zur antiken Sklaverei VII, Wiesbaden 1976.
Hägg, Greek Renaissance	The Greek Renaissance of the Eighth Century B. C.: Tradition and Innovation, Proceedings of the Second International Sym-

	posium at the Swedish Institute in Athens, 1–5 June 1981, ed. by R. Hägg, Stockholm 1983.
Hägg-Marinatos, Minoan Thalassocracy	The Minoan Thalassocracy. Myth und Reality, Proceedings of the Third International Symposium at the Swedish Institute in Athens, 31 May–5 June 1982, ed. by R. Hägg–N. Marinatos, Stockholm 1984.
Hagel-Lauter, Kiapha Thiti	D. Hagel–H. Lauter, Die frühmykenische Burg von Kiapha Thiti/Attika. Erster Vorbericht, Marburger Winckelmannprogramm 1987, 3–13.
Hansen, Eisangelia	M. H. Hansen, Eisangelia. The Sovereignty of the People's Court in Athens in the Fourth Century B. C. and the Impeachment of Generals and Politicians, Odense University Classical Studies, Vol. 6, Odense 1975.
Hansen, Apagoge	M. H. Hansen, Apagoge, Endeixis and Ephegesis against Kakourgoi, Atimoi and Pheugontes. A Study in the Athenian Administration of Justice in the Fourth Century B. C., Odense University Classical Studies, Vol. 8, Odense 1976.
Harding, Mycenaeans	A. F. Harding, The Mycenaeans and Europe, London etc. 1984.
Harrison, Law	A. R. W. Harrison, The Law of Athens, Vol. I: The Family and Property, Vol. II: Procedure, Oxford 1968–71.
Heitsch, Antiphon	E. Heitsch, Antiphon aus Rhamnus, AAWM 1984, Nr. 3, Wiesbaden 1984.
Heitsch, Archon Basileus	E. Heitsch, Der Archon Basileus und die attischen Gerichtshöfe für Tötungsdelikte, in: Symposion 1985 (1989) 71–87.
Helck, Beziehungen	W. Helck. Die Beziehungen Ägyptens und Vorderasiens zur Ägäis bis ins 7. Jahrhundert v. Chr., Darmstadt 1979.
Herrmann-Köhn, Familie	Familie, Staat und Gesellschaftsformation. Grundprobleme vorkapitalistischer Epochen einhundert Jahre nach Friedrich Engels' Werk ›Der Ursprung der Familie, des Privateigentums und des Staates‹, hrsg. von J. Herrmann–J. Köhn, Berlin 1988.
Heubeck-Neumann, Res Mycenaeae	Res Mycenaeae. Akten des VII. Internationalen Mykenologischen Colloquiums in Nürnberg vom 6.–10. Apr. 1981, hrsg. von A. Heubeck–G. Neumann, Göttingen 1983.
Heuß, Hellas	A. Heuß, Hellas, in: Propyläen Weltgeschichte, Dritter Band: Griechenland. Die hellenistische Welt, hrsg. von G. Mann–A. Heuß, Berlin–Frankfurt a. M.–Wien 1962, 69–400.
Hiesel, Späthelladische Hausarchitektur	G. Hiesel, Späthelladische Hausarchitektur. Studien zur Architekturgeschichte des griechischen Festlandes in der späten Bronzezeit, Mainz 1989.
Hignett, Athenian Constitution	C. Hignett, A History of the Athenian Constitution to the End of the Fifth Century B. C., Oxford 1952 ([4]1967).
Hiller, Minoisches Kreta	St. Hiller, Das Minoische Kreta nach den Ausgrabungen des letzten Jahrzehnts, Wien 1977.
Hiller-Panagl, Frühgriechische Texte	St. Hiller–O. Panagl, Die frühgriechischen Texte aus mykenischer Zeit, Darmstadt [2]1986.

Hope Simpson, Mycenaean Greece	R. Hope Simpson, Mycenaean Greece, Park Ridge 1981.
Hurwit, Early Greece	J. M. Hurwit, The Art and Culture of Early Greece, 1100 – 480 B. C., Ithaca–London 1985.
Iakovides, Wehrbauten	Sp. Iakovides, Vormykenische und mykenische Wehrbauten, in: Archaeologia Homerica I, E, Kriegswesen, Teil 1, Göttingen 1977, 161–221.
Iakovidis, Citadels	Sp. E. Iakovidis, Late Helladic Citadels on Mainland Greece, Leiden 1983.
Jacoby, Atthis	F. Jacoby, Atthis. The Local Chronicles of Ancient Athens, Oxford 1949.
Jeffery, Archaic Greece	L. H. Jeffery, Archaic Greece. The City-States c. 700 – 500 B. C., London–Tonbridge 1976.
Kinzl, Tyrannis	K. H. Kinzl, Betrachtungen zur älteren Tyrannis, in: Die ältere Tyrannis bis zu den Perserkriegen. Beiträge zur griechischen Tyrannis, Wege der Forschung 510, hrsg. von K. H. Kinzl, Darmstadt 1979, 298–325.
Kluwe, Auftraggeber	E. Kluwe, Attische Adelsgeschlechter und ihre Rolle als Auftraggeber in der bildenden Kunst der spätarchaischen und frühklassischen Zeit, in: Der Mensch als Maß der Dinge. Studien zum griechischen Menschenbild in der Zeit der Blüte und Krise der Polis, hrsg. von R. Müller, Berlin 1976, 29–63.
Kopcke, Handel	G. Kopcke, Handel, Archaeologia Homerica M, Göttingen 1990.
Krzyszkowska-Nixon, Minoan Society	Minoan Society. Proceedings of the Cambridge Colloquium 1981, ed. by O. Krzyszkowska–L. Nixon, Bristol 1983.
Kübler, Kerameikos V 1	K. Kübler, Kerameikos. Ergebnisse der Ausgrabungen, 5. Bd., Teil 1: Die Nekropole des 10. bis 8. Jahrhunderts, Berlin 1954.
Kurtz-Boardman, Thanatos	D. C. Kurtz–J. Boardman, Thanatos. Tod und Jenseits bei den Griechen, Mainz 1985 (engl. London 1971).
Laffineur, Transition	Transition. Le monde égéen du bronze moyen au bronze récent. Actes de la deuxième rencontre égéenne internationale de l'Université de Liège (18–20 avril 1988), éd. par. R. Laffineur, Lüttich 1989.
de Laix, Probouleusis	R. A. de Laix, Probouleusis at Athens. A Study of Political Decision-Making, Berkeley–Los Angeles–London 1973.
Langdon, Hymettos	M. K. Langdon, A Sanctuary of Zeus on Mount Hymettos, Hesperia Supplem. 16, 1976.
Latacz, Kampfparänese	J. Latacz, Kampfparänese, Kampfdarstellung und Kampfwirklichkeit in der Ilias, bei Kallinos und Tyrtaios, Zetemata H. 66, München 1977.
Lauffer, Griechenland	Griechenland. Lexikon der historischen Stätten. Von den Anfängen bis zur Gegenwart, hrsg. von S. Lauffer, München 1989.

Legon, Megara	R. P. Legon, Megara. The Political History of a Greek City-State to 336 B. C., Ithaca–London 1981.
Lévy, Système palatial	Le système palatial en Orient, en Grèce et à Rome. Actes du Colloque du Strasbourg 19–22 juin 1985, éd. par E. Lévy, Leiden 1987.
Lipsius, AR	J. Lipsius, Das Attische Recht und Rechtsverfahren, I–III (in 4 Bänden), Leipzig 1905–15.
Lohmann, Atene	H. Lohmann, Atene. Forschungen zur Siedlungs- und Wirtschaftsstruktur des klassischen Attika, Bochum 1989 (unveröffentlichte Habil.-Schrift).
MacDowell, Law	D. M. MacDowell, The Law in Classical Athens, London 1978.
Manville, Citizenship	Ph. B. Manville, The Origins of Citizenship in Ancient Athens, Princeton 1990.
Meier, Demokratie	Chr. Meier, Entstehung des Begriffs „Demokratie". Vier Prolegomena zu einer historischen Theorie, Frankfurt a. M. 1970.
Meier, Entstehung des Politischen	Chr. Meier, Die Entstehung des Politischen bei den Griechen, Frankfurt a. M. 1980.
Mellink, Troy	Troy and the Trojan War. A Symposium Held at Bryn Mawr College in Oct. 1984, ed. by M. J. Mellink, Bryn Mawr College 1986.
Morris, Burial	I. Morris, Burial and Ancient Society. The Rise of the Greek City-State, Cambridge etc. 1987.
Muss–Schubert, Akropolis	U. Muss–Ch. Schubert, Die Akropolis von Athen, Graz 1988.
Murray-Price, Greek City	The Greek City from Homer to Alexander, ed. by O. Murray–S. Price, Oxford 1990.
Musti, Origini	D. Musti (Ed.), Le origini dei Greci. Dori e mondo egeo, Rom–Bari 1985.
Musti, Storia greca	D. Musti, Storia greca. Linee di sviluppo dall'età micenea all'età romana, Rom–Bari ²1990.
Mylonas, Aghios Kosmas	G. E. Mylonas, Aghios Kosmas. An Early Bronze Age Settlement and Cemetery in Attica, Princeton 1959.
Mylonas, Eleusis	G. Mylonas, Eleusis and the Eleusinian Mysteries, Princeton 1961.
Neils, Theseus	J. Neils, The Youthful Deeds of Theseus, Rom 1989.
Nörr, Mordtatbestand	D. Nörr, Zum Mordtatbestand bei Drakon, in: Studi in onore di A. Biscardi, IV, Mailand 1983, 631–653.
Oliva, Solon	P. Oliva, Solon – Legende und Wirklichkeit, Xenia, Konstanzer althistorische Vorträge und Forschungen H. 20, Konstanz 1988.
Ostwald, Nomos	M. Ostwald, Nomos and the Beginning of the Athenian Democracy, Oxford 1969.
Pantelidou, Athenai	M. A. Pantelidou, Ai Proïstorikai Athenai, Athen 1975.
Pelon, Tholoi	O. Pelon, Tholoi, tumuli et cercles funéraires. Recherches sur les monuments funéraires de plan circulaire dans l'Égée de l'âge du Bronze (IIIe et IIe millénaires av. J.-C.), Paris 1976.
Piccirilli, Arbitrati	L. Piccirilli, Gli arbitrati interstatali greci, Vol. I, Pisa 1973.

Prinz, Gründungsmythen	F. Prinz, Gründungsmythen und Sagenchronologie, Zetemata H. 72, München 1979.
Pullen, Social Organization	D. J. Pullen, Social Organization in Early Bronze Age Greece. A Multi-Dimensional Approach, Diss. Indiana University, Ann Arbor 1985.
Raaflaub, Freiheit	K. Raaflaub, Die Entdeckung der Freiheit. Zur historischen Semantik und Gesellschaftsgeschichte eines politischen Grundbegriffs der Griechen, München 1985.
Raubitschek, Dedications	A. E. Raubitschek, Dedications from the Athenian Acropolis, Cambridge/Mass. 1949.
Renfrew, Emergence of Civilisation	C. Renfrew, The Emergence of Civilisation. The Cyclades and the Aegean in the Third Millenium B. C., London 1972.
Renfrew, Archaeology and Language	C. Renfrew, Archaeology and Language. The Puzzle of Indo-European Origins, London 1987.
Renfrew-Cherry, Peer Polity Interaction	Peer Polity Interaction and Socio-Political Change, ed. by C. Renfrew–J. F. Cherry, Cambridge etc. 1986.
Rhodes, Commentary	P. J. Rhodes, A Commentary on the Aristotelian Athenaion Politeia, Oxford 1981.
Richter, Kouroi	G. M. A. Richter, Kouroi. Archaic Greek Youths. A Study of the Kouros Type in Greek Sculpture, London 1960.
Roussel, Tribu et cité	D. Roussel, Tribu et cité. Études sur les groupes sociaux dans les cités grecques aux époques archaïque et classique, Paris 1976.
Ruschenbusch, Untersuchungen	E. Ruschenbusch, Untersuchungen zur Geschichte des athenischen Strafrechts, Köln–Graz 1968.
Ruschenbusch, Rechtsstreit	E. Ruschenbusch, Der Ursprung des gerichtlichen Rechtsstreits bei den Griechen, in: Symposion 1977. Vorträge zur griechischen und hellenistischen Rechtsgeschichte, hrsg. von J. Modrzejewski–D. Liebs, Köln–Wien 1982, 1–8.
Sakellariou, Polis-State	M. B. Sakellariou, The Polis-State. Definition and Origin, Athen 1989.
de Sanctis, Atthis	G. de Sanctis, Atthis. Storia della repubblica ateniese, Turin ²1912.
Schachermeyr, Ägäische Frühzeit I	F. Schachermeyr, Die Ägäische Frühzeit. Forschungsbericht über die Ausgrabungen im letzten Jahrzehnt und über ihre Ergebnisse für unser Geschichtsbild, 1. Band: Die vormykenischen Perioden des griechischen Festlandes und der Kykladen, Wien 1976.
Schachermeyr, Ägäische Frühzeit II	dito, 2. Band: Die mykenische Zeit und die Gesittung von Thera, Wien 1976.
Schachermeyr, Ägäische Frühzeit IV	dito, 4. Band: Griechenland im Zeitalter der Wanderungen. Vom Ende der Mykenischen Ära bis auf die Dorier, Wien 1980.

Schachermeyr, Rückerinnerung	F. Schachermeyr, Die griechische Rückerinnerung im Lichte neuer Forschungen, Wien 1983.
Sealey, Essays	R. Sealey, Essays in Greek Politics, New York 1967.
Sealey, City States	R. Sealey, A History of the Greek City States ca. 700 – 338 B. C., Berkeley etc. 1976.
Sealey, Ephialtes	R. Sealey, Ephialtes, Eisangelia, and the Council, in: Classical Contributions 125–134.
Sealey, Athenian Republic	R. Sealey, The Athenian Republic. Democracy or the rule of Law?, Pennsylvania State University – London 1987.
Shapiro, Art and Cult	H. A. Shapiro, Art and Cult under the Tyrants in Athens, Mainz 1989.
Snodgrass, Dark Age	A. M. Snodgrass, The Dark Age of Greece: An Archaeological Survey of the Eleventh to the Eighth Centuries B. C., Edinburgh 1971.
Snodgrass, Archaic Greece	A. M. Snodgrass, Archaic Greece. The Age of Experiment, London etc. 1980.
Spahn, Mittelschicht	P. Spahn, Mittelschicht und Polisbildung, Frankfurt a. M.– Bern–Las Vegas 1977.
Spitaels, Studies I	P. Spitaels, Studies in South Attica, I, Gent 1982.
Stagl, Politikethnologie	J. Stagl, Politikethnologie, in: H. Fischer (Hrsg.), Ethnologie. Einführung und Überblick, Berlin ²1988, 173–197.
Stahl, Aristokraten	M. Stahl, Aristokraten und Tyrannen im archaischen Athen. Untersuchungen zur Überlieferung, zur Sozialstruktur und zur Entstehung des Staates, Stuttgart 1987.
Starr, Individual and Community	Ch. G. Starr, Individual and Community. The Rise of the Polis 800 – 500 B. C., New-York–Oxford 1986.
Stein-Hölkeskamp, Adelskultur	E. Stein-Hölkeskamp, Adelskultur und Polisgesellschaft. Studien zum griechischen Adel in archaischer und klassischer Zeit, Stuttgart 1989.
Stroud, Drakon's Law	R. S. Stroud, Drakon's Law on Homicide, Berkeley etc. 1968.
Stroud, Axones	R. S. Stroud, The Axones and Kyrbeis of Drakon and Solon, Univ. of California Class. Studies 19, Berkeley–Los Angeles 1979.
Symposion 1985 (1986)	Symposion 1985. Vorträge zur griechischen und hellenistischen Rechtsgeschichte (Ringberg, 24.–26. Juli 1985), hrsg. von G. Thür, Köln–Wien 1989.
Terre et paysans	Terre et paysans dépendants dans les sociétés antiques. Colloque international tenu à Besançon les 2 et 3 mai 1974, Paris 1979.
Thomas, Ägäische Vorgeschichte	Forschungen zur ägäischen Vorgeschichte. Das Ende der mykenischen Welt, Akten des Internationalen Kolloquiums 7.–8. Juli 1984 in Köln, hrsg. von E. Thomas, Köln 1987.
Thompson-Wycherley, Agora XIV	H. A. Thompson–R. E. Wycherley. The Athenian Agora. Results of Excavations Conducted by the American School of Classical Studies at Athens, Vol. XIV: The Agora of Athens.

	The History, Shape and Uses of an Ancient City Center, Princeton 1972.
Thomsen, Eisphora	R. Thomsen, Eisphora. A Study of Direct Taxation in Ancient Athens, Kopenhagen 1964.
Travlos, Bildlexikon Athen	J. Travlos, Bildlexikon zur Topographie des antiken Athen, Tübingen 1971.
Travlos, Bildlexikon Attika	J. Travlos, Bildlexikon zur Topographie des antiken Attika, Tübingen 1988.
Ulf, Homerische Gesellschaft	Chr. Ulf, Die homerische Gesellschaft. Materialien zur analytischen Beschreibung und historischen Lokalisierung, München 1990.
Wallace, Areopagos	R. W. Wallace, The Areopagos Council to 307 B.C., Baltimore–London 1989.
Walter-Felten, Alt-Ägina III	H. Walter–F. Felten. Alt-Ägina III, 1. Die vorgeschichtliche Stadt. Befestigungen, Häuser, Funde, Mainz 1981.
Welwei, Staatswerdung Athens	K.-W. Welwei, Die Staatswerdung Athens–Mythos und Geschichte, in: G. Binder–B. Effe (Hrsg.), Mythos. Erzählende Weltdeutung im Spannungsfeld von Ritual, Geschichte und Rationalität, Trier 1990, 162–187.
Whitehead, Demes	D. Whitehead, The Demes of Attica 508/7 – ca. 250 B.C., Princeton 1986.
Will, Korinthiaka	Ed. Will, Korinthiaka. Recherches sur l'histoire et la civilisation de Corinthe des origines aux guerres médiques, Paris 1955.
Wolff, Beiträge	H.J. Wolff, Beiträge zur Rechtsgeschichte Altgriechenlands und des hellenistisch-römischen Ägypten, Weimar 1961.
Woodhouse, Solon	W. J. Woodhouse, Solon the Liberator, Oxford 1938 (ND New York 1963).
Young, Building Projects	Ph. H. Young, Building Projects and Archaic Greek Tyrants, Diss. University of Pennsylvania 1980.
Yuge-Doi, Control	Forms of Control and Subordination in Antiquity, ed. by T. Yuge–M. Doi, Leiden etc. 1988.

REGISTER

Namen, Begriffe und Quellenangaben, die sowohl im Haupttext als auch in den zugehörigen Anmerkungen behandelt werden, sind nur durch die betreffenden Seitenangaben nachgewiesen. Nicht aufgenommen sind die in der Darstellung häufig genannten Stichwörter „Athen", „athenisch", „Attika" und „attisch" sowie „Griechenland", „Griechen" und „griechisch".

1. Personen, Gruppen, Völker
(auch Götter und mythische Gestalten)

Achaier 9. 92. 117
Achilles 74
Agamemnon 36 A 104. 86 A 20
Aglauros 216. 230 A 239
Aḫḫijāvā 36 A 104
Aias 93. 146 A 27. 213
Aigikoreis 119. 120 A 80. 122
Aigikores 54
Aigineten, aiginetisch 201. 212f.
Aioler 9
Akademos 64. 128
Akastos 67f.
Alkmaion 206 A 165. 207. 208 A 171. 212. 221
Alkmeonide(n) 93f. 108. 115. 133–135. 137. 207f. 212. 223f. 225 A 226 u. 227. 232f. 240 A 266. 248f. 253. 256. 263 A 336
Amasis (Pharao) 182
Anakreon 262
Anchimolios 256
Androklos 54
Antenor 255 A 309
Apollon Patroos 215
Apollon Pythios 251
Argadeis 119. 120 A 80. 122
Argas 54
Argiver 209 A 175. 242 A 269. 257
Aristaichmos (Archon) 138

Aristogeiton 252. 255
Aristoteles 67. 165. 170 A 85. 207
Artemis Brauronia 237f.
Athena 1 A 1. 71. 110f. 128. 137. 150. 199. 217. 232 A 243. 238f.
– Nike 237
– v. Pallene 228
– Phratria 116
– Polias 133. 216. 219

Bakchiaden 101f. A 58. 159
Boioter, boiotisch 65. 96. 258

Chairion (ath. Aristokrat) 108 A 66
Chalkidier 258
Charmos 249 A 295
Cicero 142

Damasias 220f.
Dareios 257
Demades 145
Demetrios v. Phaleron 192. 242 A 270
Diakrioi 222f.
Dionysos Eleuthereus 240f.
Dolonker 245. 250
Dorier, dorisch 2. 9. 46. 53f. 65. 119. 187f. 200

Drakon, drakontisch 93. 96f. 100. 105–107. 110. 112 A 70. 113f. 117. 121. 133. 135. 138f. 140 A 15 u. 16. 141f. 143–146. 164f. 169f. 171 A 85. 172. 174f. 193 A 142
Dymanen 121

Endoios 232 A 243
Ephialtes 193–195. 197
Erechtheus 71. 94. 128. 239
Eteoboutadai 94. 224. 240
Eudanemoi 94
Eumolpidai 94. 241
Euripides 54

Geleon 54
Geleontes 119. 120 A 80. 122
Gephyraioi 94

Harmodios 252. 255
Hegesistratos 228 A 234. 244
Hektor 92. 130 A 116
Hellanikos 53f. 68. 78. 101
Herakles, Herakliden 53. 239
Hermippos von Smyrna 135
Herodot 53. 78. 135
Hesiod 54. 83. 84 A 12. 92. 95 A 44. 96. 100. 104. 136. 151. 155. 234
Hethiter 46
Hipparchos 247–249. 251 A 301. 252 A 304. 253 A 305. 255f. 262
Hippias 108 A 66. 238. 241 A 269. 247f. 249 A 295. 250 A 296. 255–258. 261f.
Hippodamos von Milet 221
Hippokles von Lampsakos 257
Homer, homerisch 40 A 114. 56. 66. 83. 92. 95. 128. 252 A 304. 262
Hoples 54
Hopletes 119. 120 A 80. 122
Hylleer 121
Hyperakrioi 221. 223

Indoeuropäer, indoeuropäisch 8. 10. 12. 13. 15f.
Ion 54

Ionier, ionisch 9. 53–56. 119f. 191. 213. 244
Isagoras 133. 190 A 136. 226. 258
Isis 89

Kallias 232. 249 A 295
Kallinos 130
Kallisthenes 207
Karer 55
Kedon 249
Kekrops 71
Kimon 211
Kimon Koalemos 232f. 248. 250
Kleidemos 68 A 184. 249 A 295
Kleisthenes, kleisthenisch 2. 114 A 72. 133. 163. 175 A 99. 181. 184f. 231. 233. 238. 248f. 254 A 308. 264f.
Kleomenes I. 254 A 308. 255. 257f.
Kodriden 67f.
Kodros 53f. 65. 67
Kreon (Archon 683/82) 78
Kritias 221
Kroisos (Lyderkönig) 225 A 226. 245. 263 A 336
Kroisos (ath. Aristokrat) 225 A 226. 263
Krokonidai 94
Kronos 246 A 285. 259
Kylon 76. 125. 133–138. 145. 209 A 174
Kypseliden 211 A 178
Kypselos 136. 159

Lasos von Hermione 262
Leogoras 232
Leukotainioi 122
Lokrer (epizephyrische) 84 A 13
Lyder 228 A 234. 245
Lygdamis 228. 233. 243. 253. 254 A 307
Lykomidai 94
Lykourgos (Stasisführer) 221–224. 226f.
Lykourgos (ath. Politiker) 224

Medon, Medontiden 53f. 67f. 101f. A 58
Megakles (Archon) 133. 137
Megakles (Stasisführer) 221–227. 232

Megarer, megarisch 125. 134f. 146f.
204. 208–210. 213
Melanthos 65
Messenier, messenisch 43. 160
Miltiades d. Ä. 232. 233 A 244. 245f.
248. 250
Miltiades d. J. 246. 248. 250
Mimnermos 54
Minoer, minoisch 9. 24. 27. 29–32. 36
Musaios 262 A 329
Mykener, mykenisch 9. 26f. 30f. 34–40.
42. 44–50
Myron von Phlya 94. 135
Myrsilos 226
Mytilenaier 148f. 210

Neleus 53f.
Nestor 93. 116. 225. 239
Nisos 213

Onomakritos 262 A 329
Oroites (Satrap) 254
Orthagoras 136

Pamphyler 121
Panaitios 142
Pandion 213
Paral(i)oi 221–223
Pediakoi 222
Peisistratiden 184. 199 A 155. 211 A 184.
215 A 195. 217. 224. 226. 233 A 244.
238. 243 A 272. 245 A 281. 247–258.
261–265
Peisistratos 137. 153. 186 A 124. 191
A 136. 192. 198f. 201 A 159. 205f.
212f. 217 A 206
 – Aufstieg 221–229
 – Außenpolitik 149. 208. 209 A 175.
210. 211 A 178 u. 184. 243–246
 – Bauten 214–216. 236ff. 251
 – Beurteilung 229f. 259–263. 265
 – Herrschaftsausübung 231–243
 – Selbstdarstellung 238–241. 252
Peisistratos d. Jüngere 248. 250
Peloponnesier 65
Periander von Korinth 210f. 212 A 184

Perikles 133
Perser, persisch 114 A 72. 125 A 99. 216.
256. 265
Phaiaken 78. 91. 95. 105
Pheidon von Argos 200
Pheidon von Korinth 84 A 13
Pherekydes 54
Philaiden 93. 238. 245 A 281
Philaios 93. 213
Philleidai 94
Philolaos von Korinth 84 A 13
Phoiniker 91
Phrynon 147–150. 210. 213
Phytalidai 94
Plataier 254
Plutarch 120. 135. 155. 161
Polykrates von Samos 253f.
Poseidon 71. 94. 211
Prodikos 145 A 24

Ramses III. 46

Salaminioi 94
Sappho 99 A 51
Seevölker 46
Semnai 111. 112 A 70
Simonides von Kos 262
Skamandrios (Archon) 264 A 340
Skythen, skythisch 241 A 269
Solon 54. 94. 96. 98. 99 A 51. 106f. 110.
 112 A 70. 114f. 124. 125 A 97. 126. 135.
 142f. 154. 164. 206–210. 212–214. 220.
 231. 252 A 304. 259. 261. 265
 – Krisenanalyse 97. 150–153. 156. 159f.
 – Polisverständnis 77f.
 – Reformen, generell 92. 103. 108f.
 145. 161ff. 201–206. 219. 221. 223.
 234. 242. 249
 Amnestiegesetz 137
 Ausfuhrgesetz 166. 196. 213
 Axones 165
 Einbürgerungsgesetz 166
 Institutionen, Ämter 184–198
 Maße und Gewichte 198–201
 Nachbarschaftsrecht 169
 Popularklage 170. 174. 176f. 194

Solon (Forts.)
Rechenschaftsgedicht 155. 157f.
Rechtspflege 169–178
Schuldentilgung 161–163. 179.
   222
Stasisgesetz 171
Unterhaltsgesetz 167
Vereinsgesetz 205
Zensuseinteilung 178–184. 215
Spartaner, spartanisch 123 A 88. 160.
   209. 241 A 269. 252f. 254 A 308. 255–
   258. 262
Stesagoras 250

Theagenes von Megara 76. 134. 135 A 5.
   136f. 159
Themistokles 147
Theseus 2. 3. 66. 111. 211. 230 A 239.
   239. 259 A 320

Thespis 240
Thessalos (Sohn des Peisistratos) 246
   A 284. 247f. 255 A 311
Thukydides 78. 111. 135
Thymoites 53
Triptolemos 241
Tyrtaios 76. 130

Xanthos 53
Xerxes 1 A 1

Zaleukos 84 A 13
Zeus 73f. 151
– Agoraios 215 A 197
– Helikonios 120
– Herkeios 215
– Meilichios 134 A 4
– Olympios 250
– Phratrios 116

2. Topographische Bezeichnungen

Achaia 46f. 53
Acharnai 2
Achilleion 149
Ägäis 7. 119f. 244
Agora (Athen) 23. 63. 111. 139. 205
   A 164. 214–216. 219. 237. 243 A 272.
   248. 251. 255
Ägypten 46. 52. 69. 211
Aigaleos 224
Aigeira 47
Aigina 8 A 19. 20. 23. 212
Akovitika 20
Akropolis (Athen) 4–7. 22f. 34f. 39. 51.
   128. 133. 135. 137. 201 A 159. 218f.
   222f. 227. 230 A 239. 232 A 243. 237f.
   251. 255. 257f. 261. 264 A 338
Albanien 12
Aliki 51. 64. 65 A 179. 128
Anatolien 6. 12f. 15
Anavyssos 18. 64. 89. 225 A 226. 264
   A 336
Andros 87 A 22
Anthela 206

Aphidna 24
Areopag 33. 61. 87. 111
Argolis 11f. 14. 24–26. 33f. 37. 45f. 50.
   52. 54
Argos 26. 38. 45. 113. 132. 191 A 138.
   228. 246. 257
Arkadien 46
Asine 11. 14. 24. 38. 45
Askitario (Kap) 4. 20
Asopos 254
Atene 5 A 12. 226
Aulis 68 A 184

Berbati 37
Beşik-Bucht 148f.
Boiotien 12f. 17 A 46. 34. 38. 57. 65. 95
   A 44. 96. 100. 125. 234. 249. 254
Boutadai 94
Brauron 2. 24. 33. 39. 64. 65 A 179. 144.
   224. 238

Çatal Hüyük 15
Chalandriani 20

Topographische Bezeichnungen

Chersones 245f. 250
Chios 46. 188. 190f.

Dardanellen 125. 148. 245. 250
Delos 66. 110. 120. 127. 244
Delphi 47. 66. 76. 127. 131. 206–208. 218. 256
Dendra 37f.
Diakria 224
Dimini 5
Dodekanes 52
Dreros 76. 176 A 101

Eleusis 33. 38 A 111. 39. 51. 52 A 153. 53. 64. 65 A 179. 66. 89. 94. 128. 144. 208 A 173. 209. 212. 241
Eleutherai 240. 254 A 308
Elis 191 A 138
Ephesos 54. 56. 130
Epirus 12
Eretria 108 A 66. 228. 246
Eridanos 60. 63f.
Euboia 8 A 19. 15. 22. 34. 52. 68 A 184. 75 A 196. 231

Gla 38 A 111
Glyphada 51
Gournia 31

Hagia Triada 31
Hagios Kosmas 8. 11. 14 A 36. 17. 51. 52 A 153
Halikarnaß 56
Hellespont 125. 147. 244. 250
Hymettos 64. 120 A 80. 224
Hyperakria 224

Iasos 56
Ilissos 61. 250
Izmir 31 A 85

Kallithea 89
Kato Zakros 31
Kea 5. 8 A 19
Kephala 5
Kephisos 224

Kerameikos 7. 23. 54. 60. 63f. 72. 214. 216. 255 A 311
Keratea 52 A 158
Kerkyra (Korfu) 76
Kiapha Thiti 4. 5. 25. 27. 32
Kirrha 11 A 27. 206
Kitsos-Höhle 4
Kleinasien, kleinasiatisch 13 A 34. 52. 54. 75 A 196. 119f. 211
Knidos 113. 191 A 138
Knossos 30f. 37. 42. 47
Kolias (Kap) 124
Kolonna 8 A 19. 20. 23
Kolophon 54. 56
Kopaïsbecken 38 A 111
Kopreza 52
Korakou 14 A 36. 45. 47
Korinth, korinthisch 47. 101f. A 58. 121. 136. 159. 201. 218. 230
Korinthia 14 A 36. 21 A 56. 45
Koropi 51. 90. 253 A 305
Kreta, kretisch 9. 18. 22f. 28–30. 32f. 36f. 38 A 111. 46. 52. 75 A 196. 113
Krisa (s. Kirrha) 45. 206–208
Kykladen, kykladisch 7. 13 A 34. 15. 23. 47. 52. 55
Kypros 46. 52. 63. 69. 88. 90

Lakiadai 245 A 281
Lakonien 38. 45
Laureion 4. 22. 53. 199 A 155. 224. 236
Lefkandi 8 A 19. 46. 69–72
Leipsydrion 249. 256
Lemnos 22
Lerna 8 A 19. 11. 13 A 34. 14. 17. 20–22
Lesbos 159. 226
Leukas 22
Levante 63. 88
Ligori 52

Makedonien 11. 13. 18
Mallia 29 A 80. 31
Malthi 24
Manika 20. 22
Marathon 2f. 20. 24. 33. 52. 64. 65 A 179. 66. 89. 144. 228f. 231

Markopoulo 52
Megara 136. 146f. 159. 204. 209f. 213. 230
Megaris 125. 213
Melos 19 A 51. 23
Menidi 33. 52. 64. 90. 128
Merenda 64. 65 A 179. 89
Mesogaia 25. 128. 224
Mesopotamien 27
Messenien 20. 24f. 27. 37. 39. 44f. 48
Midea 38. 45
Milet 54–56
Mochlos 22
Munichia 261
Museion-Hügel (s. Philopappos-Hügel) 23. 64
Müsgebi 56
Mykale 120
Mykene 25–27. 30. 35–38. 45. 47f. 50
Mytilene 149. 226. 244

Naxos 5. 20. 46. 55 A 164. 228f. 233. 243
Nea Ionia 64. 65 A 179
Nea Makri 3
Nemea 218
Nisaia 208–210. 212f.

Oinoë 66
Olympia 127. 131. 218. 233
Orchomenos 38. 45. 47
Oropos 68 A 184. 254 A 308

Palaia Kokkinia 4. 89
Pallene 228f. 231f. 236. 243. 260f. 263
Pangaiongebirge 228. 256
Panormos (Naxos) 20
Paralia 224f.
Parnes 224. 249
Paros 55 A 164
Pedion 224
Peiraieus 4. 89. 147
Peloponnes 7. 13. 15. 53. 57. 65. 75 A 196
Pentelikon 120 A 80. 224
Perati 47. 52. 54. 58f.
Perinth 159 A 57
Peristeria 27 A 77

Persien 257
Phaistos 31
Phaleron 89. 124. 144 A 23. 147. 241 A 269. 257f.
Philopappos-Hügel (s. Museion-Hügel) 23. 51 A 151
Phlya 94
Phoinikien 69
Phokis 45
Phylakopi 23
Pikermi 52
Plasi 20. 24
Poliochni 22
Porto Raphti 52
Prasiai 125
Probalinthos 66
Pylos, pylisch 37–39. 40. 41 A 117. 42–45. 47f. 49 A 145. 53f. 74. 239

Raphina 4. 8. 14 A 36. 52
Rhaikelos 228

Salamis 60. 93. 125. 146f. 159 A 57. 209f. 213
Samos 159
Sardeis 228 A 234
Saronischer Golf 257
Sepeia 209 A 175
Sigeion 125. 147–150. 210–213. 244. 246. 250
Sikyon 121. 136. 230
Siphnos 22 A 60
Sizilien 127
Sounion 2. 25. 219 A 213
Sparta 2. 47. 76f. 113f. 120. 122. 130f. 160. 191. 254 A 308. 256–258
Spata 33. 52. 90
Strymon 228. 235f. 256
Syrien 52

Tanagra 68 A 184
Theben 8 A 19. 20. 37f. 45. 47. 84 A 13. 128. 228. 246. 249. 254
Thera 31 A 85
Thessalien, thessalisch 11–13. 15. 18. 38. 207. 241 A 269. 246. 257f.

Thorikos 4. 22 A 60. 25. 33. 39. 53. 59 A 169. 64f. 89. 128
Thrakien, thrakisch 199 A 155. 231. 235. 256
Tiryns 8 A 19. 11. 14 A 36. 35. 37f. 45–48. 49 A 146. 50. 53. 76. 175. 184 A 121. 191
Trikorythos 66
Troas 125. 149
Troja 8. 20. 22. 46 A 136. 86 A 20. 117. 149

Tylissos 31

Vari 5. 18. 25. 51. 89
Velanideza 52
Voula 51
Vourvatsi 51
Vrana 24. 26 A 72. 52

Zagora 87 A 22
Zygouries 11. 14. 21 A 56. 45

3. Begriffe, Institutionen, Bauwerke

Adelsbegriff 59
agathoi 78. 91. 95–98. 100. 108–110. 129 A 113. 141. 184. 202
Aglaureion 216
Agora, als Versammlung 104. 226
Agroikoi 220
Aidesis 140f. 143
Aisymnetes 226
Akademie Platons 7. 23
Amphiktyonen, Amphiktyonie 206–208. 256
Anarchia 220
Anti-Neutralitätsgesetz s. Solon, Stasis-Gesetz
Apagoge 173f. 189
Apaturien 116
Aphrodite- und Eros-Heiligtum 4. 7. 23
Apollontempel (Delphi) 256
Archon Basileus 71. 101. 104–107. 111. 112 A 70. 121. 143. 186. 215f. 249
Archontat, Archonten 67f. 92. 97. 101–109. 112–114. 134. 176f. 182. 184–187. 189. 191. 195f. 198. 203f. 215f. 219–221. 223. 226f. 231. 233. 243. 248f.
Areopag, als Institution 108. 111. 113. 142–144. 173. 184 A 122. 186. 190. 191 A 136. 192–198. 203f. 220
Areopagiten 111. 113. 142
aristoi 82. 91. 95. 179
Asklepieion 4. 7
Astoi 150f.
Asty 150. 224. 262

Atimie 170f. 196 A 151. 264
atimos 137. 172. 189
Athenatempel (Akropolis) 237. 251
Atthidographen, atthidographische Tradition 68. 124. 126. 133. 135. 153. 182. 198. 209. 234
Attischer Seebund (erster) 54 A 161. 110. 195 A 150. 265
Axones 138. 165f.

Basileus 41. 58. 66f. 70f. 73f. 78–86. 95f. 100. 102. 104f. 110f. 114
Big Man 21f.
Binnenkolonisation 77. 90. 129
Blutgerichtshöfe 251
Blutrache 92. 144
Blutrecht 111. 113. 118. 121. 137–139. 143f. 164. 170. 172. 175. 194
Boukoleion 216
Boulé 191 A 136 (Rat d. 400). 195 (Rat d. 500). 198 (Areopag)
Bouleuterion 111. 214

Chora 89. 115. 118. 129
Clans 24

da-mo (Damos) 42. 44. 57. 72. 74
Damos 76. 131. 191
Delisch-Attischer Seebund s. Attischer Seebund
Demen (Landgemeinden) 228. 233. 262
Demenordnung 175 A 99. 238

Demenrichter 233 f.
Demiourgoi 121 A 82. 220
Demokratie 193. 265
Demos als breite Masse 78. 84 f. 98. 100.
  102. 108. 114 f. 118 A 77. 128. 151 f. 156.
  159–162. 164. 178 f. 190. 202. 204 f.
  227. 230. 232–234. 240. 250. 252. 255
  A 309. 258 f. 262
Demos als Versammlung/Gemeinschaft
  78. 82. 98 f. 114 f. 135. 152. 162. 171.
  176. 184 A 122. 187–189. 191. 196. 218.
  221. 226. 238. 260
Diallaktes 158
Diapsephismos 222. 260
Dikai 73 f. 170
Dikaspoloi 73
Dikasterion 187–189. 194 f. 197
Dimini-Kultur, -Leute 4. 16
Dionysien° 240 f.
Dionysos-Heiligtum 23
Dipylon-Tor 90
Dmoai, Dmoes 95 f.
do-e-ra/do-e-ro 42 f.
Dokimasie 113. 195
du-ma 40
Dunkle Jahrhunderte 65 A 181. 68 A 184.
  69. 71. 73. 75. 82. 86 A 18. 92. 156
Dysnomia 151

Egalitäre Gesellschaft 5 A 15. 21
Eisangelia 193. 197
Ekklesia 114. 188. 190. 192. 195 A 150.
  196–198. 227. 243
Eleusinion 4
Elfmänner s. Hendeka
Endeixis 174
Ephegesis 173
Ephesis 187–189. 195 A 149
Epheten 112 A 70. 113. 121. 140–143
Epikleros 168. 181
epimortos Ge 156
epitimos 189
e-qe-ta 40
Erbtochter s. Epikleros
Erechtheion 7. 23. 34. 216
esthloi 108 f.

Eunomia 150 f. 160. 178. 198. 265
Eupatriden 101 A 58. 108 f. 121 A 82.
  220 f.
Euthynaiverfahren 195 f.

face-to-face society s. Kleingesellschaft
Fünfhundertscheffler s. Pentakosiomedimnoi

Gefolgschaften 82
Genos 93 f. 108 A 66. 116. 123. 158 A 54.
  168 A 78
Gentilverfassung 116
Geomoren 121 A 82. 159 (Samos)
Geronten 102. 105
Gerousia 76. 191
Große Rhetra 76

Halia, Haliaia 187 f.
Hegemones (des Demos) 78. 94 f. 107.
  150 f. 203. 231
Heiliger Krieg (erster) 204. 206 f. 212
Hekatompedon 216 A 202
Hektemorat 158. 162. 222. 225
Hektemoroi 155–159. 162. 234
Heliaia 164. 173 f. 180. 187–191. 194.
  196 f. 202. 232. 251
Heliasten 189 A 133. 190
Hellenotamiai 195 A 150
Heloten 2. 160
Hendeka 107. 109 f. 173 f. 185. 189
Heroenkult 128 f.
Hetairie
–, generell 93. 114 f.
–, homerisch 83. 92
– in Athen 100. 115. 135 f. 180. 204 f.
  223. 226 f. 250 A 296
– in Mytilene 226
Hetairoi
–, homerisch 82. 95 f.
– in Athen 76. 223. 226. 250
Hippeis 109. 180 f. 183–185. 191
Hopliten
–, generell 96. 131 f.
–, athenische 109 f. 136. 152. 160. 180.
  202. 208 A 171. 210. 229–231

Begriffe, Institutionen, Bauwerke

–, megarische 134 f.
– Aufgebot (Athen) 125. 146. 163
– Taktik 84. 130. 132
Horoi 151. 155. 157. 162

Isomoiria 159 f. 201
Isonomie 261
Isthmien 218

Kadmeia 45
kakoi 96–98
ka-ma 42
Klaros, Kleros 92. 160
Kleingesellschaft 62. 79. 85. 261
Kolakretai 109. 126. 185
Kolonisation
–, Große Griechische 119. 127. 148
–, Ionische 53–55. 56 A 166. 120
Kolonos Agoraios 61. 64. 215
ko-re-te 40
ko-to-na 41–43
ko-to-no-o-ko 41 f.
Kurgan, Kurgankultur 12. 26 A 72
Kynosarges-Gymnasium 90
Kyrbeis 165

Linear A 9. 32
Linear B 9. 31 A 87. 32. 37. 38 A 111. 39.
   44. 47. 74. 91

Menelaion 45. 47 f.
Minyische Grauware 11
Moicheia 173. 174 A 96
mo-ro-qa 40

Naukrarien 123–126. 131. 183
Naukraroi 109. 123–126
Nomophylakes 192. 193 A 141
Nomophylakie 193 f. 196 A 151. 197
Nomos 178. 247 f.
Nomothesie 170. 178. 198

Odeion des Herodes Atticus
   64
Oikeus 95–97
Oikia 93 f.

Oikos
   Besitz/Hausverband 58. 70. 80–83.
   90–92. 94–96. 100. 105. 107 f. 112.
   117 A 75. 158 A 54. 163. 165. 168. 177
   Organisation (mykenisch, s. Palastsystem) 35. 39. 43 f.
Olympieion 7. 23. 61. 250 A 300
o-na-to 42

Palastsystem 43 f. 49. 57. 60. 66
Panathenäen 205 A 164. 217–219. 230
   A 239. 240–242. 252. 255. 262
Pandroseion 71
Paranomieverfahren 193 A 141. 194. 196
patrimonial 35
Pelargikon 238. 261
Pelatai 155
Peloponnesischer Bund 257
Pentakosiomedimnoi 109 f. 180–182.
   184–186. 191. 202–204
Perioiken 2. 77
Personalexekution 155. 158
Personenverband 76. 78
Phalangiten 131. 231
Phalanx 104. 123. 131 f. 136. 180
Phanodikos-Stele 212. 244
Phonos 139. 141. 142 A 19. 143
Phratrien 56. 72. 97. 100. 102 A 58. 116–
   119. 121–123. 126. 136. 141. 155. 158
   A 54. 183. 202
Phyla (φῦλα) 117. 119. 122 f.
Phylen (φυλαί) 54. 56. 72. 112 A 70.
   116 f. 119–124. 126. 136. 155. 183–185.
   186 A 124. 190. 191 A 138. 192. 202
Phylobasileis 112 A 70. 121 f. 140. 143
Polemarchos 68. 104–107. 131. 185 f.
   203 f. 229. 249
Poletai 109 f. 185
Polis
   Entstehung 72 f. 76–79. 96
   Gemeinschaft, Verband 68. 96. 98.
   100. 103. 146–149. 161 A 60. 162.
   164. 168. 170 f. 175–179. 183. 184
   A 122. 185. 189. 191. 199. 210. 212.
   214–216. 218 f. 230 f. 235. 238. 240.
   242. 246 f. 249–251. 255. 261 f. 264 f.

Polis (Forts.)
Ordnung, Organisation 127. 159. 164.
178. 203. 220. 229–232. 234. 243
Organe, Institutionen 73. 104. 215.
226. 232. 234–236. 247. 264
Politeia 178. 193
Politen, Polisbürger 73. 77. 251
Pompeion (-Nekropole) 60–63
Popularklage s. Solon
Pronoia 139
Prorrhesis 139. 140 A 15. 141
Prothesis 90
Prytaneion (-gericht) 112 A 70. 142 f. 216
Prytanen (der Naukraroi) 124 f. 134
Pythia 256–258
Pythische Spiele 208. 218

qa-si-re-u 41. 58

Rang-Gesellschaft 21
Rat der 400 190. 192. 196. 198. 202. 215
Rat der 500 191. 194 f. 197 f.
ra-wa-ke-ta 40. 42

Schuldknechte, -sklaven 136. 152. 155 f.
159. 162 f. 166. 177 A 104. 213 A 186.
234
Schuldknechtschaft 136. 158. 162. 202.
213 A 186. 222. 225
Schuldrecht 153
Seisachtheia 161–163. 165 f. 177 A 104.
179. 190. 198. 201 A 160. 202. 222
Selbsthilfe 144. 169
Sesklokultur 4
Skolia 255 A 309
Spartiaten 2. 122. 160. 257
Sphagai 143
Stasis, Stasisbildung 135. 137. 153. 159.
164. 171. 186 A 124. 190 A 136. 204–
206. 213. 220–227. 261. 264
Stasisführer 204. 225 A 227. 231. 260
Stasis-Gesetz 171

Statussymbole 87
Stoa Basileios 215
Stoa des Eumenes 23
Strategenamt, Strategie 185. 208
Strategos 207. 208 A 171
Synoikia 122
Synoikismos 2. 3 A 5. 66. 79. 110. 121.
239. 259 A 320
Syssitien 82

Tamiai 109 f. 185
te-me-no 39 f.
te-re-ta 42
Thasischer Aufstand 211
Themis 74
Themistes 73 f. 81. 86
Therapontes 82. 95 f.
Theseion 211. 230 A 239
Thesmia 106 A 64
Thesmoi 179. 202
Thesmotheten 106. 138. 173. 195. 249
Thessalischer Bund 257 A 318
Theten 95. 97. 114 A 72. 156. 167. 180 f.
183. 191
Tholosgräber 27. 33. 37. 38 A 108
Timokratie 179
Trittyen 122–124
Trojanischer Krieg 1
Tyrannis 107. 108 A 66. 170. 171 A 85.
212. 215. 220–222. 227. 229 ff.

Volksrat 188. 190
Volksversammlung (s. Ekklesia) 113 f.
194

wa-na-ka, Wanax 36 A 104. 39 f. 41
A 117. 42. 49. 57–60. 66. 71 f.
Wappenmünzen 199

Zensuseinteilung (Ordnung, Klassen)
180. 182–185. 202. 251
Zeugiten 180–182. 183 A 120

4. Quellen (in Auswahl)

a) Autoren

Aischines
  3,107f.: 206 A 167
  3,108: 206 A 165. 207
Aischylos
  Eum. 398–403: 211 A 179
  570: 111
  684: 111
  701: 194
Alkaios (Voigt)
  Frgm. 130 b: 226 A 229
  Frgm. 167: 149 A 41
  Frgm. 306f, 19–20: 210 A 177
Andokides
  1,17: 193 A 141
  1,43: 264 A 340
  1,81–83: 143 A 22
  2,26: 232 A 241
Androtion (FgrHist 324)
  F 34: 198 A 154
  F 36: 109. 126 A 105
Antiphon
  5,14: 143 A 22
  6,2: 143 A 22
Apollodoros von Athen (FgrHist 244)
  F 27 a: 210 A 177
  F 113: 216 A 198
Aristophanes
  Lysistr. 1153: 250 A 296
  nub. 497–499: 173 A 94
  Schol. Lysistr. 665: 242 A 269
Aristoteles
  Ath. Pol. 2,2: 154f. 157 A 52. 158 A 54
  2,2–3: 151
  3,2–3: 104 A 63
  3,3: 68
  3,4: 106 A 64
  3,5: 216
  3,6: 111 A 70. 193 A 142
  4: 146
  4,1: 138 A 9
  4,4: 111 A 70. 193 A 142
  5,2: 184 A 122
  7,1: 143 A 22. 172 A 89
  7,2: 201 A 159
  7,3: 109. 110 A 67
  7,3–4: 180 A 112
  8,1: 184. 186 A 124
  8,2: 184 A 122
  8,2–4: 111 A 70
  8,3: 123f. 126
  8,4: 190. 192f. 196. 197 A 152
  8,5: 171 A 86. 171 A 87
  9,1: 187. 222
  10,1: 200
  10,1–2: 198
  10,2: 200
  11,1: 99 A 51
  12,1: 179
  13,1–2: 219
  13,2: 220
  13,4–5: 222. 260 A 325
  13,5: 222
  14,1: 227
  14,2–3: 201 A 159
  14,3: 232 A 240
  14,4: 238 A 260
  15,1: 227 A 232
  15,2: 228 A 233
  15,4: 230f.
  16,2–4: 235
  16,3: 234
  16,3–4: 236
  16,4: 235 A 249
  16,5: 233
  16,7: 246. 248 A 289. 259
  16,8: 232 A 240
  16,10: 170 A 85. 264 A 339
  17,3: 248
  17,4: 228 A 234
  18,1: 247 A 287. 248 A 288. 262 A 329
  18,2: 255 A 312
  18,2–6: 255 A 311

Aristoteles Ath. Pol. (Forts.)
  18,3: 240 A 265
  19,3: 108 A 66. 249 A 294
  19,4: 257
  19,5: 238 A 259. 257 A 318
  20,3: 190 A 136
  20,5: 249 A 294
  22,1: 232 A 240
  22,5: 184
  25,1–4: 194
  26,3: 235 A 248
  45,3: 195 A 149
  47,1: 185
  48,3–5: 195 A 150
  53,1: 235 A 248
  54,2: 195 A 150
  55,2–5: 195 A 149
  55,3: 195 A 148
  56,2: 103. A 61
  57,4: 112 A 70
  62,3: 104 A 62
  Frgm. 5 Diehl: 123 A 87. 123 A 88
  Eth. Nic. 1160 b 17–18: 179
  oec. 1347 a 4 ff.: 247 A 287. 253 A 306
  Pol. 1265 b 12–16: 84 A 13
    1267 b 30–33: 221 A 218
    1273 b 35 ff.: 184
    1273 b 40–74 a 2: 186 A 124
    1274 a 15–17: 184 A 122
    1274 a 15–18: 196
    1274 a 16–19: 184
    1274 a 19–21: 180 A 112
    1274 b 1–5: 84 A 13
    1274 b 15–16: 146
    1274 b 16–18: 145 A 24
    1281 b 32–34: 184. 196
    1285 a 35–37: 226
    1292 b 5–10: 115
    1305 a 24–26: 136 A 8
    1306 b 36 ff.: 160
    1323 a 8: 192
  Rhet. 1375 b 30: 213 A 187
    1375 b 31: 210 A 177
    1400 b 20 f.: 145 A 24
  Frgm. 394 Rose: 242 A 269
  Frgm. 637 Rose: 217 A 206

Demosthenes
  19,252: 146 A 26
  20,90: 195 A 149
  20,158: 143 A 22
  23,28: 106. 172
  23,51: 143 A 22. 172
  23,53: 173 A 92
  23,55: 173 A 92
  23,62: 196 A 151
  23,66: 143 A 22
  24,105: 177 A 106. 189
  24,113 f.: 173 A 93
  43,54: 177 A 105. 180 A 113. 181
  43,75: 177 A 105
  59,66: 174 A 96
Harpokration
  s. v. γεννῆται: 123 A 87
  s. v. ναυκραρικά: 134 A 4
Hellanikos (FgrHist 4)
  F 78: 213 A 188
Herodot
  I 29,2: 201 A 159
    57,3: 1 A 1
    59,3: 208 A 173. 223
    59,3–60,1: 221
    59,4: 208
    59,6: 232 A 240
    60: 238 A 260
    60,1–61,2: 227 A 232
    61,4: 228 A 234
    62,1: 228
    63,2: 231. 236
    64,1: 228 A 233. 230. 233. 235 f.
    64,2: 243
  II 177: 182
  V 55: 247 A 287. 255 A 310
    62,2: 247 A 287. 249 A 294
    62,2–63,2: 256 A 314
    63,2–3: 247 A 287
    63,2–4: 257 A 318
    64,2: 238 A 259. 258
    65,1: 247 A 287
    70,2: 134 A 3
    71: 133
    71,2: 124 A 93. 134
    72,2: 190 A 136

Quellen (in Auswahl)

78: 258
82–87: 212
90,1–2: 247 A 287
92 ε 2: 159 A 56
94–95: 244 A 276
94,1: 149. 210. 244
94,2: 210. 211 A 184
95,2: 210
97,2: 54 A 161
VI 35: 245
  35,1: 245
  36,1: 245
  39,1: 247 A 287. 250 A 297. 250 A 298
  88–93: 212
  103,1–3: 232 A 241
  103,3: 233 A 244. 250 A 297
  104,2: 246 A 283
  108: 254 A 308
  121: 232
  123,1: 247 A 287
  125: 225 A 226. 263 A 336
VII 6: 262 A 329
  161,3: 1 A 1
VIII 17: 125 A 99
IX 13,2: 218

Hesiod
Op. 109–126: 246 A 285
  232 ff.: 86 A 18
  276 ff.: 74 A 191
  469 ff.: 96 A 46
  602 f.: 96 A 46
  630 ff.: 99 A 51
  670 ff.: 99 A 51
Theog. 80–93: 103

Hesychios
s. v. ἑκτήμοροι: 157 A 52
s. v. ναύκλαροι: 124 A 92

Homer
Il. I 149 ff.: 86 A 20
  225 ff.: 86 A 20
  238 f.: 73
  292 ff.: 86 A 20
II 142 ff.: 104
  204–206: 73
  211 ff.: 114
  362 f.: 117
  547 f.: 128
  558: 213 A 188
IV 298 f.: 130
VI 209: 92
VII 467: 99 A 51
IX 63: 82. 117
  69: 71
  156: 85
  431 ff.: 82
X 415: 128
XII 243: 130
XV 497 f.: 92
XVI 171 ff.: 80
  386 ff.: 74
  542: 73
XVII 577: 82
XVIII 497 ff.: 74. 111
  497–508: 102
  505: 107 A 65
  509 ff.: 130
XXII 484 ff.: 83
XXIII 84 ff.: 82
  85–88: 139
Od. 1,180 ff.: 99 A 51
  1,397 f.: 96
  1,398: 96
  1,430 ff.: 96
  3,214 f.: 81
  3,244: 73
  4,736: 96
  6,3: 78 A 7
  6,34: 78 A 7
  6,54 f.: 81
  6,283: 78 A 7
  7,11: 78 A 7
  7,49: 78 A 6
  7,81: 128
  7,189: 105
  8,41: 78 A 6
  8,250 ff.: 91
  8,390: 78 A 7
  8,391 f.: 78 A 6
  9,112: 73
  9,215: 73
  11,186: 73
  12,439 f.: 100. 102

Homer Od. (Forts.)
13,259ff.: 81
14,96f.: 80
14,211: 92
14,235ff.: 81
14,237f.: 104
14,237ff.: 114
15,273: 93
18,356ff.: 97
19,109ff.: 73. 86 A 18
19,109–114: 81. 86
24,386ff.: 96
24,508: 92
Hymni Homerici
Dem. 150ff.: 111
Isaios
6,42: 173 A 94
Kleidemos (FgrHist 323)
F 8: 126 A 104
F 15: 249 A 295
Lykourgos
1,65: 145 A 24
Lysias
10,16: 189 A 133
10,17: 173 A 94
10,18: 165 A 67
26,11–12: 195 A 149
Pausanias
I 14,1: 251 A 303
17,6: 230 A 239
18,2–3: 216
19,1: 251 A 301
26,4: 232 A 243
39,4: 213 A 188
40,5: 146 A 26
X 37,6: 206 A 167
Philochoros (FgrHist 328)
F 35 a: 118 A 77
F 64 b: 193 A 141
Photios
s. v. Κωλιάς: 124 A 90
s. v. ναυκραρία: 124 A 92. 126 A 104
Platon
Hipparchos
228 b: 224. 238 A 256. 245 A 281.
247 A 287. 252 A 304

228 b–229 d: 248 A 288. 253 A 305
228 c: 262 A 329
Plutarch
Lykurg 6,2: 76 A 2
Solon 2,1: 99 A 51
8: 209 A 176
8,1–3: 147
8–9: 146 A 26
8–10: 125 A 97
9–10: 209
10,2–3: 213 A 187
10,3: 224. 238 A 256
11: 207
11,1: 206 A 165. 206 A 167
12: 133
12,5: 209 A 174
13,2: 152f.
13,3–4: 151f.
13,4: 157 A 52
13,4–5: 155
14,4: 160
15,3–4: 198 A 154
17: 172 A 89
17,1: 143 A 22
17,2: 145
18,1–2: 180 A 112
19,1–2: 190
19,2: 192 A 140
19,3: 142
19,4: 112 A 70. 137. 142. 143
A 21
21,3: 168 A 78
22,1: 167 A 73
23,3: 180 A 113. 181
24,1: 166 A 68. 176
24,4: 166 A 70
25,6–26,1: 99 A 51
30,1–31,2: 201 A 159
Theseus 25,2: 121 A 82
Moralia 303 E–304 C: 159 A 57
858 B: 149 A 41
Pollux
VII 151: 156
VIII 108: 124
109: 120 A 80
129: 180 A 112

Pollux VIII (Forts.)
   132: 183 A 120
Solon
  Gedichte (Gentili-Prato)
    Frgm. 1,41 ff.: 99 A 51
    2: 146
    3: 115. 146. 150 A 42
    3,7: 94 A 42
    3,12–13: 161 A 60
    3,26–29: 152
    3,30: 77 A 4
    4: 214 A 189
    7: 178
    7,1–2: 184 A 122
    8: 179
    8,1: 94 A 42
    12,3: 152
    14: 201 A 159
    15: 201 A 159
    30: 161. 198
    30,9: 157 A 53
    30,18: 96 A 47
    31: 201 A 160
  Gesetze (Ruschenbusch)
    F 20: 173 A 92. 175 A 99
    F 25: 173 A 94
    F 26: 164 A 63
    F 26–31 b: 175 A 97
    F 31 a: 175 A 99
    F 32 a–33 b: 175 A 97
    F 34: 96 A 45
    F 37 a: 170 A 85
    F 38 a: 171 A 87
    F 47: 175 A 99
    F 49 a–b: 168 A 76
    F 51–53: 168 A 75
    F 53: 175 A 99
    F 56: 167 A 73
    F 60–63: 169 A 80
    F 65: 166 A 68
    F 68: 165 A 67
    F 71 a–b: 168 A 79
    F 72 a–c: 169 A 79
    F 75: 166 A 70

F 76: 205 A 162
F 79: 126 A 101
F 80: 124 A 92
Strabon
  IX 1,6: 213 A 188
  1,10: 213 A 187
  XIII 1,38: 148 A 38. 149 A 41. 210 A 177. 244 A 276
  XVII 1,33: 99 A 51
Suda
  s. v. γεννῆται: 123 A 87
  s. v. ναυκραρικά: 134 A 4
Thukydides
  I 2,5: 1 A 1
  20,2: 247 A 287
  89,3: 218
  93,2: 218
  126: 133
  126,8: 134
  II 13,6–8: 2 A 4
  15: 2. 35 A 102. 79. 110
  15,5: 251
  20,1: 224
  20,4: 224
  36,1: 1 A 1
  55,1: 224
  III 68,5: 254 A 308
  VI 54: 255 A 310
  54,2: 247 A 287
  54,5: 235. 247 A 287
  54,5–6: 232 A 240. 248
  54,6–7: 251 A 301
  55,1: 247 A 287. 249 A 295
  55,1–2: 264 A 338
  56,1–59,1: 255 A 310
  56,2: 231 A 239
  56,3: 255 A 312
  57,1: 240 A 265. 255 A 311
  58,2: 231 A 239
  59,2–3: 257 A 316
  VII 19,1: 224
Tyrtaios (Gentili-Prato)
  Frgm. 10,16: 121 A 81. 122 A 85
  14: 76 A 2

b) Inschriften

I G I² 393: 185 A 123
  I² 472: 218 A 208
  I² 928: 211 A 180
  I³ 1: 131 A 119. 181 A 116
  I³ 4 B: 216 A 202
  I³ 104: 138 A 10
  I³ 104, 26–29: 142 A 19
Meiggs-Lewis 2: 76 A 1
  4: 76 A 1

6: 78 A 8
6c: 243 A 272. 248 A 290
11: 251 A 301
14: 131 A 119. 181 A 116
86: 138 A 10
86,13ff.: 93 A 36
86,18: 97 A 48
86,18f.: 100 A 56

KARTEN

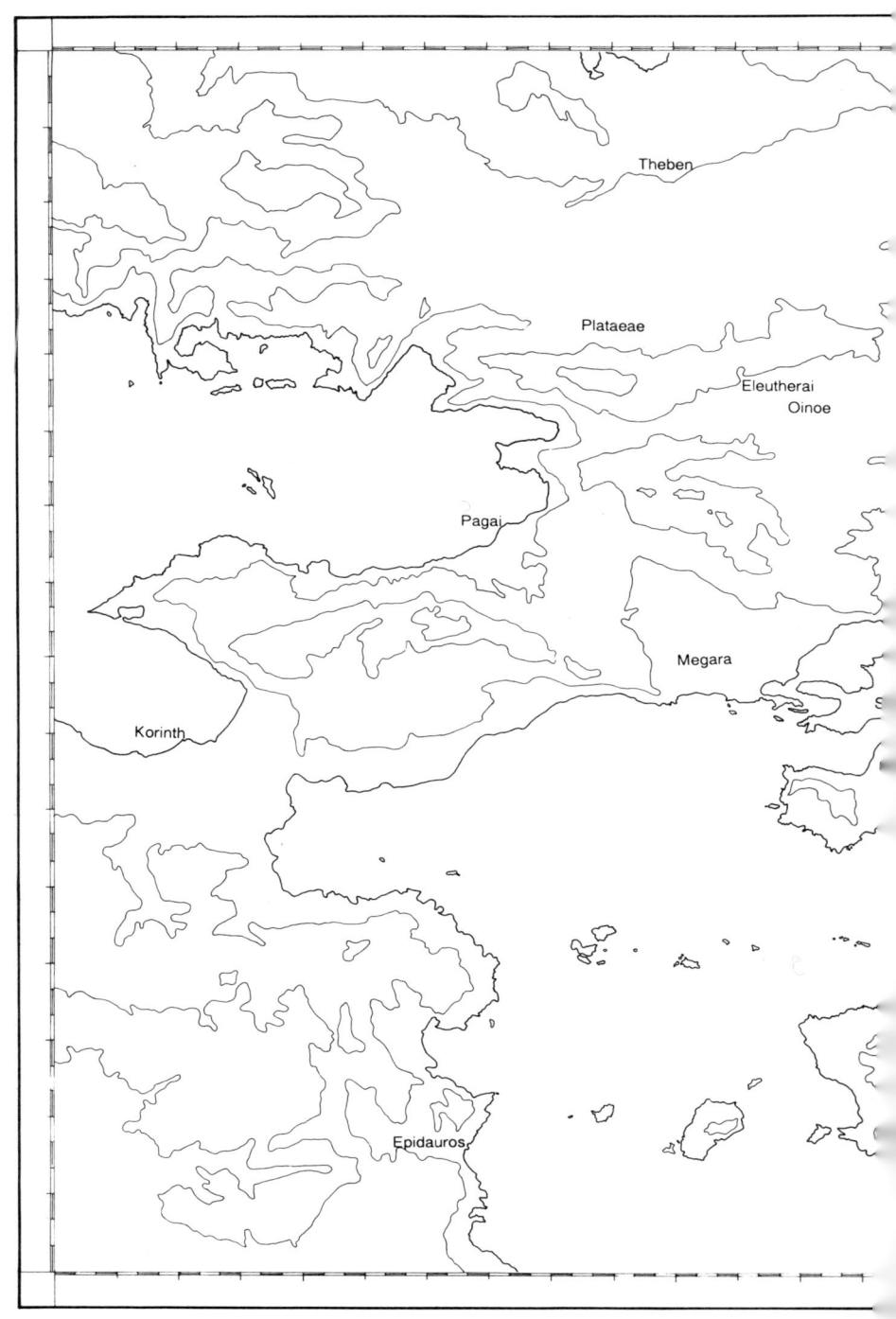

Karte 1: Attika und Umgebung.

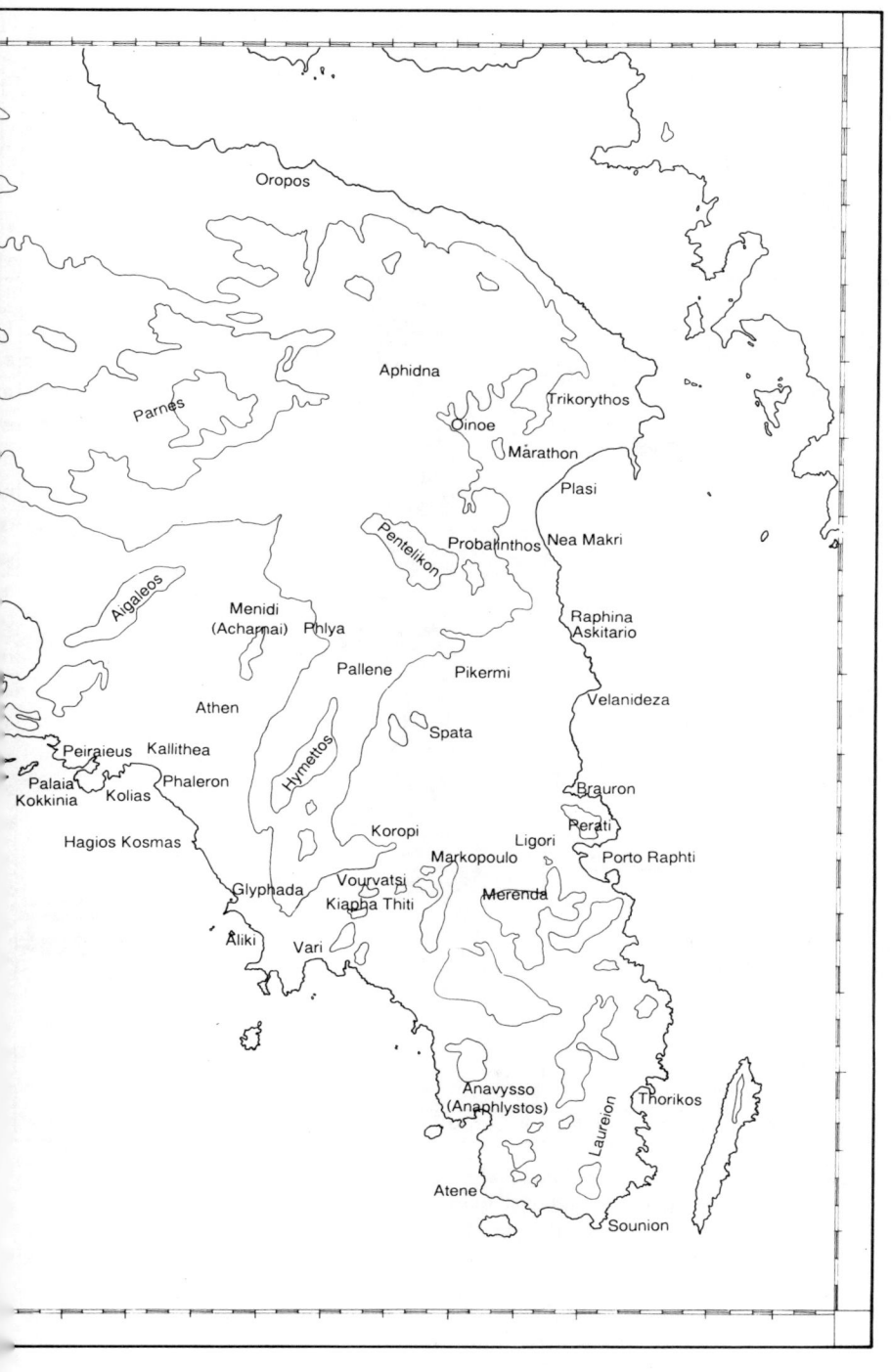

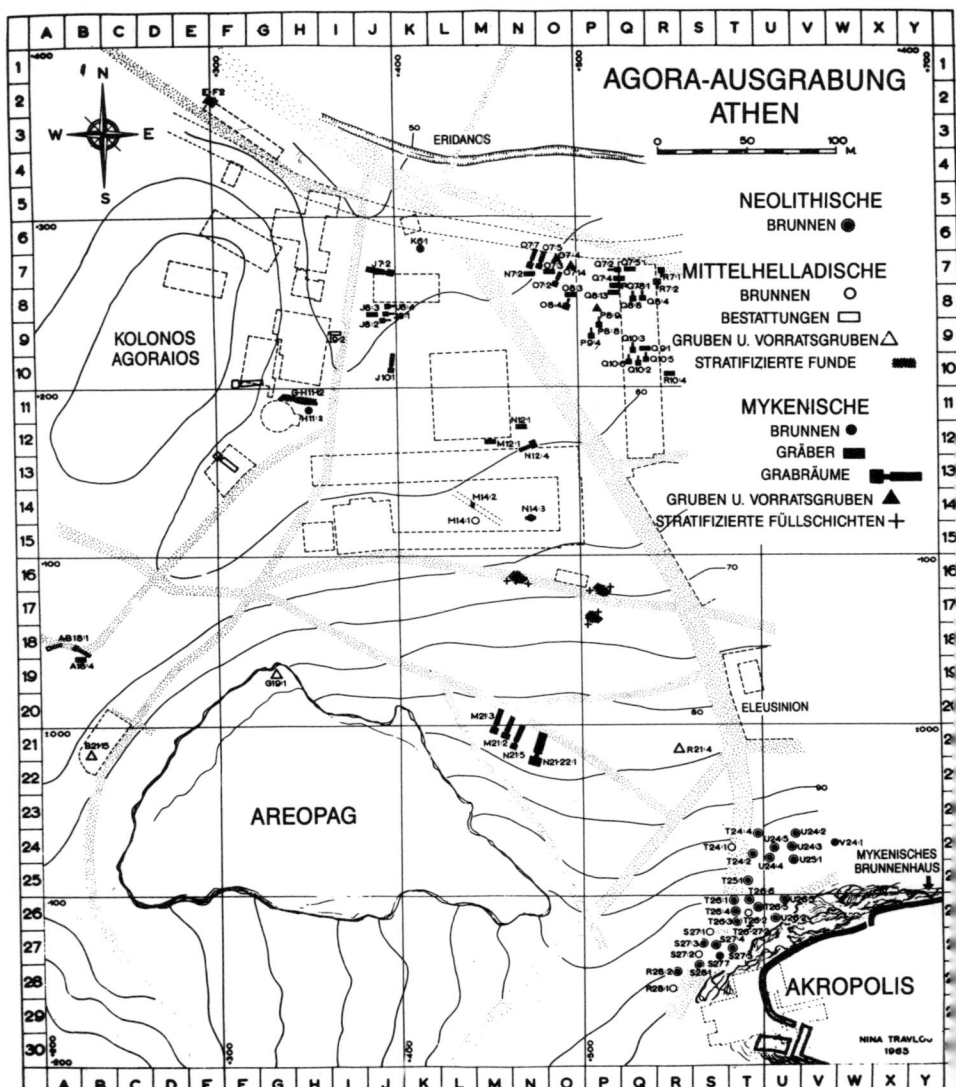

Karte 2: Neolithische, mittelhelladische und mykenische Funde im Bereich der Athener Agora. Spätere Gebäude sind umrißhaft angedeutet. (Nach J. M. Camp, Die Agora von Athen. Ausgrabungen im Herzen des klassischen Athen, Mainz: von Zabern 1989, Abb. 7.)

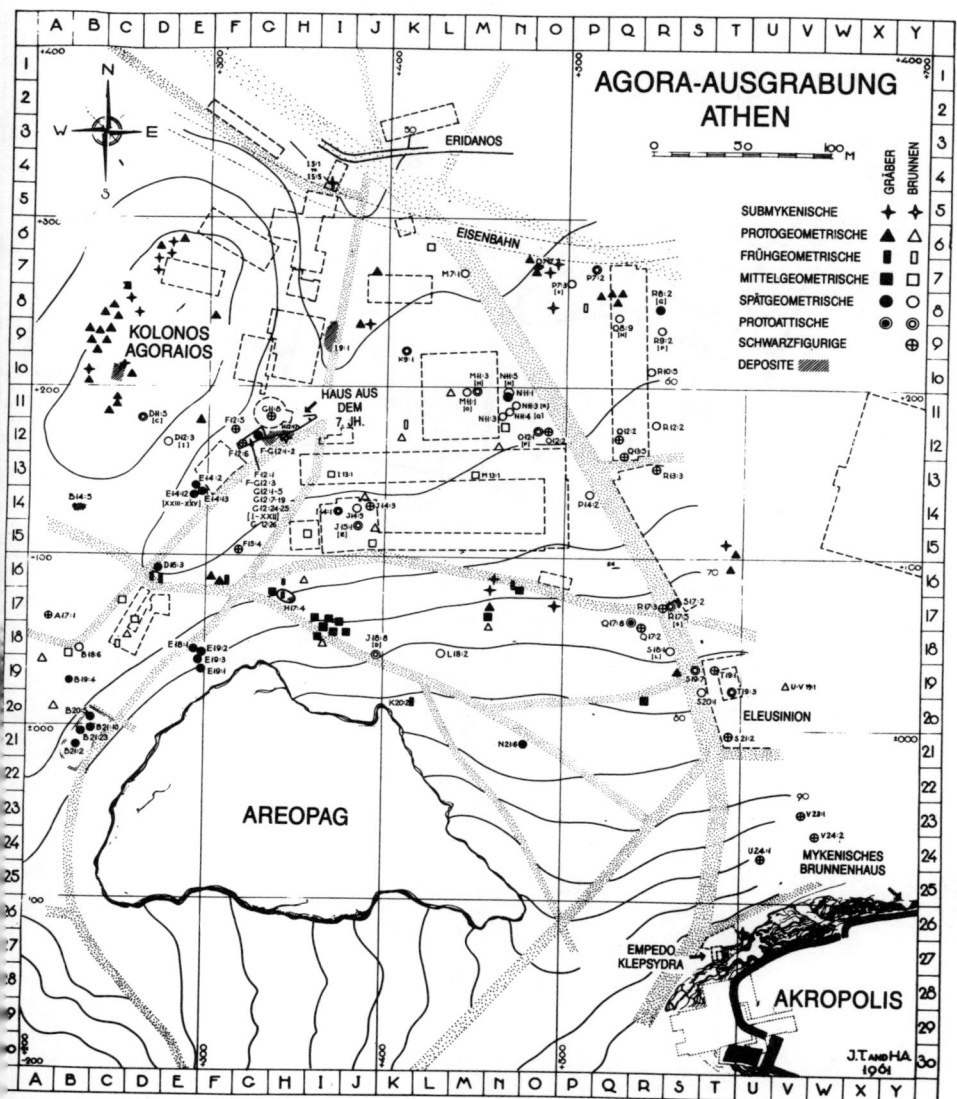

Karte 3: Eisenzeitliche Brunnen und Gräber im Bereich der Athener Agora. Die spätere Bebauung ist umrißhaft angedeutet. (Nach J.M. Camp, Die Agora von Athen, Abb. 11.)

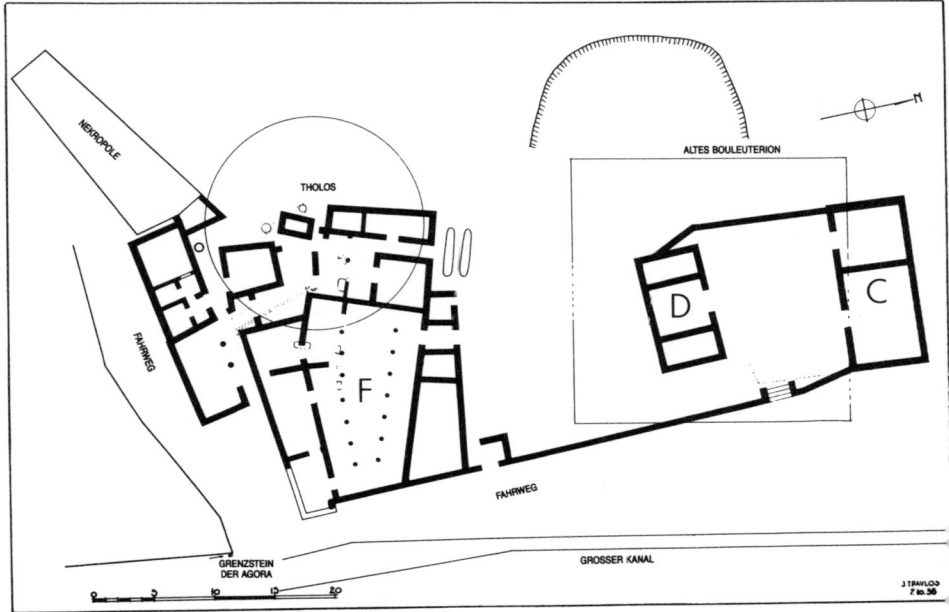

Karte 4: Erste „öffentliche" Gebäude auf der Westseite der Athener Agora. Die spätere Bebauung ist umrißhaft angedeutet. (Nach J. M. Camp, Die Agora von Athen, Abb. 22.)

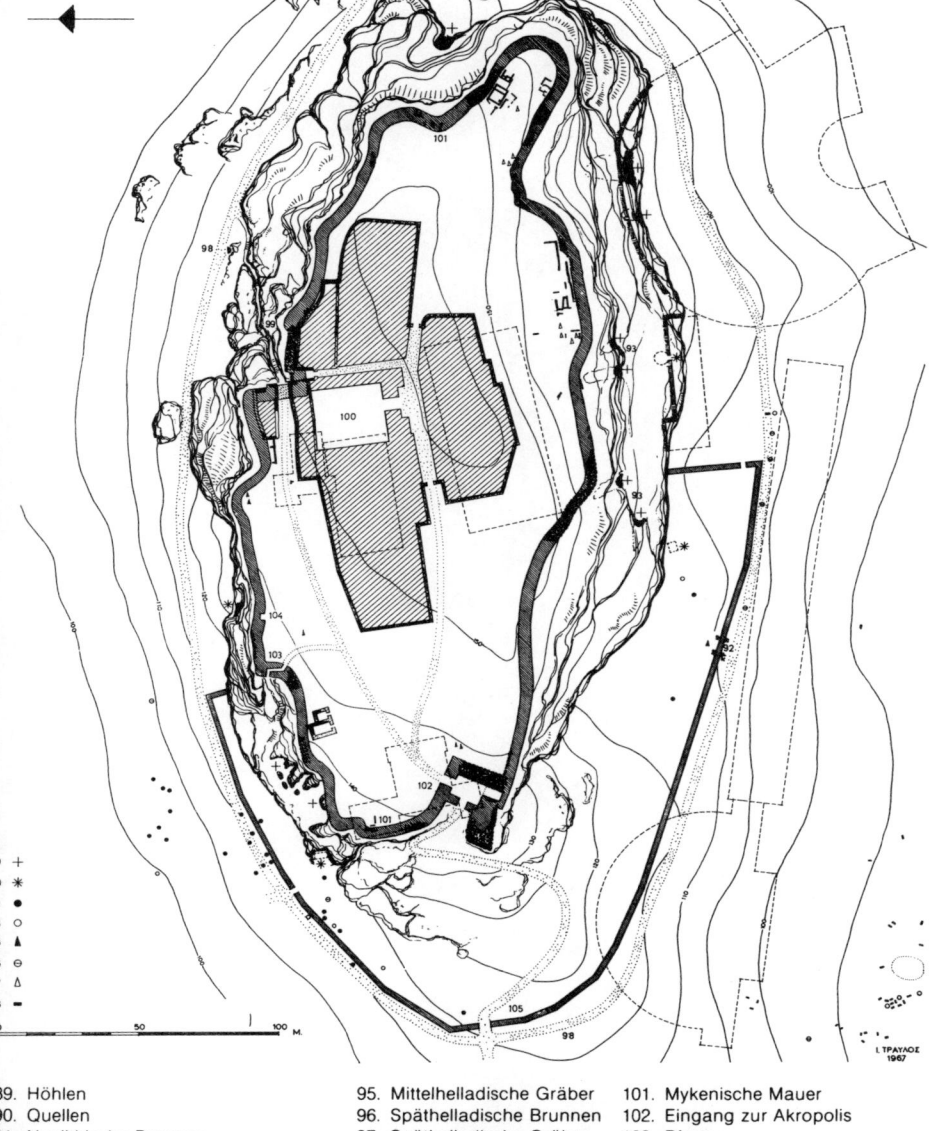

89. Höhlen	95. Mittelhelladische Gräber	101. Mykenische Mauer
90. Quellen	96. Späthelladische Brunnen	102. Eingang zur Akropolis
91. Neolithische Brunnen	97. Späthelladische Gräber	103. Pforte
92. Neolithisches Haus	98. Peripatos	104. Treppe zur mykenischen Quelle
93. Höhlen mit frühhelladischer Keramik	99. Mykenischer Aufweg	105. Pelargikon
94. Mittelhelladische Brunnen	100. Mykenischer Palast	106. Geometrische Gräber

Karte 5: Die Athener Akropolis in prähistorischer Zeit (nach J. Travlos, Bildlexikon zur Topographie des antiken Athen, Tübingen: Wasmuth 1971, Abb. 67).